Sławomir Morawski

Systeme der Ein- und Abstufung der Tatschwere im Strafrecht

Schriftenreihe des Max-Planck-Instituts für
ausländisches und internationales Strafrecht

Strafrechtliche Forschungsberichte

Herausgegeben von Ulrich Sieber

in Fortführung der Reihe
„Beiträge und Materialien aus dem Max-Planck-Institut
für ausländisches und internationales Strafrecht Freiburg"
begründet von Albin Eser

Band S 123

Max-Planck-Institut für ausländisches
und internationales Strafrecht

Systeme der Ein- und Abstufung der Tatschwere im Strafrecht

Ein deutsch-polnischer Vergleich

Sławomir Morawski

Duncker & Humblot · Berlin

Bibliografische Information der Deutschen Nationalbibliothek

Die Deutsche Nationalbibliothek verzeichnet diese Publikation in der Deutschen Nationalbibliografie; detaillierte bibliografische Daten sind im Internet über <http://dnb.ddb.de> abrufbar.

c/o Max-Planck-Institut für ausländisches und internationales Strafrecht
Günterstalstraße 73, 79100 Freiburg i.Br.
http://www.mpicc.de
Vertrieb in Gemeinschaft mit Duncker & Humblot GmbH, Berlin
http://www.duncker-humblot.de

Umschlagbild: © Alan Schein, Corbis
Druck: Stückle Druck und Verlag, Stückle-Straße 1, 77955 Ettenheim
Printed in Germany

ISSN 1860-0093
ISBN 978-3-86113-840-2 (Max-Planck-Institut)
ISBN 978-3-428-13578-3 (Duncker & Humblot)
Gedruckt auf alterungsbeständigem (säurefreiem) Papier
entsprechend ISO 9706 ♾

Meinen Eltern und meiner Frau Joanna

Moim rodzicom i mojej żonie Joannie

Vorwort

Die vorliegende Arbeit wurde im Rahmen der International Max Planck Research School for Comparative Criminal Law am Max-Planck-Institut für ausländisches und internationales Strafrecht angefertigt. Sie wurde im Wintersemester 2009 an der Rechtswissenschaftlichen Fakultät der Albert-Ludwigs-Universität Freiburg als Dissertation angenommen.

Mein Dank gilt zuvorderst meinem Doktorvater Prof. Dr. *Walter Perron*, der die Bearbeitung des Themas angeregt und das Entstehen der Arbeit mit umfassendem Rat und hilfreicher Kritik begleitet hat.

Meinem Zweitbetreuer, Herrn Prof. Dr. *Hans-Jörg Albrecht*, schulde ich Dank für zahlreiche Hinweise während der Betreuungsgespräche und die zügige Erstellung des Zweitgutachtens.

Bei Herrn Prof. Dr. *Ulrich Sieber* und allen Mitgliedern der International Max Planck Research School for Comparative Criminal Law bedanke ich mich für besonders wertvollen wissenschaftlichen Austausch während der Kolloquien und Seminare im Rahmen der Research School.

Besonderer Dank gilt schließlich allen Mitarbeitern des Lehrstuhls für Deutsches und Ausländisches Strafrecht und Strafprozessrecht an der Universität Freiburg für freundschaftliche Arbeitsatmosphäre und Hilfsbereitschaft.

Freiburg, im Januar 2011 *Sławomir Morawski*

Inhaltsverzeichnis

Zweiter Teil
Strafmilderungen und Strafschärfungen des Allgemeinen Teils als Mittel der Abstufung der Tatschwere

Vierter Teil

Abstufungen der Tatschwere im Besonderen Teil des Strafrechts am Beispiel der vorsätzlichen Tötungsdelikte und des Diebstahls

Fünfter Teil

Einstufungen der Deliktsschwere im Besonderen Teil des Strafrechts

Schlussfolgerungen

Abkürzungsverzeichnis

a.A.	anderer Ansicht
a.a.O.	am angegebenen Ort
Abs.	Absatz
a.F.	alte Fassung
Art.	Artikel
AT	Allgemeiner Teil
Bd.	Band
BGBl.	Bundesgesetzblatt (zitiert nach Jahr, Teil und Seite)
BGH	Bundesgerichtshof
BGHSt	Entscheidungen des Bundesgerichtshofs in Strafsachen (zitiert nach Band und Seite)
b.s.F.	besonders schwerer Fall / besonders schwere Fälle
BT	Besonderer Teil
BT-Drucks	Drucksache des Bundestages (zitiert nach Wahlperiode, Nummer und Seite)
BVerfG	Bundesverfassungsgericht
BVerfGE	Entscheidungen des Bundesverfassungsgerichts (zitiert nach Band und Seite)
bzw.	beziehungsweise
CPKiNP	Czasopismo Prawa Karnego i Nauk Penalnych (zitiert nach Jahr, Ausgabe-Nr. und Seite)
ders.	derselbe
d.h.	das heißt
dies.	dieselbe
DRiZ	Deutsche Richterzeitung (zitiert nach Jahr und Seite)
dt. StGB	deutsches Strafgesetzbuch
dt. StPO	deutsche Strafprozessordnung
Dz. U.	Dziennik Ustaw (*Gesetzblatt*, zitiert nach Jahr, Ausgabe-Nr. und laufender Nr.)
EGStGB	Einführungsgesetz zum Strafgesetzbuch

f., ff.	folgende, fortfolgende (Seite, Seiten)
Fn.	Fußnote
FS	Festschrift
GA	Goltdammer's Archiv für Strafrecht (zitiert nach Jahr und Seite)
GG	Grundgesetz
GS	Gedächtnisschrift
h.A.	herrschende Ansicht
Hrsg.	Herausgeber
i.e.S.	im engeren Sinne
i.d.F.	in der Fassung
i.V.m.	in Verbindung mit
JA	Juristische Arbeitsblätter (zitiert nach Jahr und Seite)
JR	Juristische Rundschau (zitiert nach Jahr und Seite)
Jura	Juristische Ausbildung (zitiert nach Jahr und Seite)
JuS	Juristische Schulung (zitiert nach Jahr und Seite)
JZ	Juristenzeitung (zitiert nach Jahr und Seite)
KK	Karlsruher Kommentar zur Strafprozessordnung
KV	Körperverletzung
LF	Lebenslange Freiheitsstrafe
LK	Leipziger Kommentar zum Strafgesetzbuch
MDR	Monatsschrift für Deutsches Recht (zitiert nach Jahr und Seite)
MK	Münchener Kommentar zum Strafgesetzbuch
m.s.F.	minder schwerer Fall / minder schwere Fälle
NJW	Neue Juristische Wochenschrift (zitiert nach Jahr und Seite)
NK	Nomos Kommentar zum Strafgesetzbuch
NP	Nowe Prawo (zitiert nach Jahr, Ausgabe-Nr. und Seite)
Nr.	Nummer
NStZ	Neue Zeitschrift für Strafrecht (zitiert nach Jahr und Seite)
NStZ-RR	NStZ – Rechtsprechungs-Report Strafrecht (zitiert nach Jahr und Seite)
OLG	Oberlandesgericht

OSNKW	Orzecznictwo Sądu Najwyższego Izba Karna i Wojskowa (zitiert nach Jahr, Ausgabe-Nr. und laufender Nr.)
PiP	Państwo i Prawo (zitiert nach Jahr, Ausgabe-Nr. und Seite)
pol. StGB	polnisches Strafgesetzbuch *(kodeks karny)*
pol. StPO	polnische Strafprozessordnung *(kodeks postępowania karnego)*
pol. StVollzGB	polnisches Strafvollzugsgesetzbuch *(kodeks karny wykonawczy)*
Prok. i Pr.	Prokuratura i Prawo (zitiert nach Jahr, Ausgabe-Nr. und Seite)
Prok. i Pr. Orz.	Prokuratura i Prawo Orzecznictwo (zitiert nach Jahr, Ausgabe-Nr. und laufender Nr.)
Pt.	Punkt
Rn.	Randnummer
S.	Seite
SA	Sąd Apelacyjny *(Appellationsgericht)*
SK	Systematischer Kommentar zum Strafgesetzbuch
SN	Sąd Najwyższy *(das Oberste Gericht)*
sog.	sogenannt
StÄG	Strafrechtsänderungsgesetz
StGB	Strafgesetzbuch
StPO	Strafprozessordnung
StrRG	Gesetz zur Reform des Strafrechts
StV	Strafverteidiger (zitiert nach Jahr und Seite)
StVollG	Strafvollzugsgesetz
TS	Tagessätze
u.a.	unter anderem, unter anderen
vgl.	vergleiche
Vorbem.	Vorbemerkung
WPP	Wojskowy Przegląd Prawniczy (zitiert nach Jahr, Ausgabe-Nr. und Seite)
z.B.	zum Beispiel
ZRP	Zeitschrift für Rechtspolitik (zitiert nach Jahr und Seite)
ZStW	Zeitschrift für die gesamte Strafrechtswissenschaft (zitiert nach Band, Jahr und Seite)

Einleitung

I. Gegenstand der Untersuchung

Im Gegensatz zu den Mindestbedingungen der Strafbarkeit sind die strafrechtlichen Systeme der Ein- und Abstufung der Tatschwere in den europäischen Rechtsordnungen im Rahmen rechtsvergleichender Untersuchungen noch nicht hinreichend erforscht. Das Defizit an Erkenntnissen in diesem Bereich, dessen Relevanz bei der Harmonisierung des Strafrechts auf EU-Ebene nicht zu unterschätzen ist, gilt insbesondere für den osteuropäischen Rechtskreis.

Gegenstand der Untersuchung ist die Einstufung der Tatschwere im Wege der Strafrahmenbildung. Diese gesetzliche Vorausbewertung des für den einzelnen Tatbestand typischen Unrechtsgehalts bildet die Grundlage für die konkrete richterliche Strafzumessung und erfüllt zugleich eine wichtige Garantiefunktion. Die abstrakt formulierten Straftatbestände stellen jedoch meistens eine derartige Bandbreite von möglichen Tatkonstellationen dar, dass ihre Erfassung durch einen engen, das Bestimmtheitsgebot bewahrenden Strafrahmen nicht möglich wäre. Zur Vermeidung von unangemessen breiten Strafrahmen bildet der Gesetzgeber für denselben Deliktstypus durch Verschiebungen des Grundstrafrahmens verschiedene Wertstufen. Im Mittelpunkt des Interesses steht somit nicht nur eine allgemeine Wertung der Deliktsschwere durch Festsetzung des Grundstrafrahmens, sondern das ganze, diese Wertung konkretisierende System von Abstufungen der Tatschwere (Grund- und Sonderstrafrahmen; Methoden und Kriterien des Strafrahmenwechsels).

Die Problematik der Ein- und Abstufungen der Tatschwere wird aus einer rechtsvergleichenden Perspektive untersucht. Die zu vergleichenden Rechtsordnungen sind das deutsche und das polnische Strafrecht. Ziel der Untersuchung ist die Gewinnung neuer Erkenntnisse für die Bewertung gesetzlicher Lösungen zur Sicherstellung schuldangemessener Strafen, vor allem der Methoden und Kriterien der Strafrahmenabschichtung. Des Weiteren soll die Untersuchung einen Überblick über wesentliche Unterschiede zwischen der deutschen und der polnischen Strafrechtsordnung verschaffen. Zu diesen Zwecken wird eine vergleichende Analyse der jeweiligen Rechtsvorschriften unter Berücksichtigung der Rechtsprechung, Rechtslehre und der Entwicklungen in den letzten Jahren unternommen.

Die Untersuchung ist nach dem klassischen Konzept einer rechtsvergleichenden Arbeit aufgebaut. Den Landesberichten zu den einzelnen Rechtsfragen folgt der eigentliche rechtsvergleichende Beitrag. Die Untersuchung setzt sich aus folgenden Teilen zusammen: 1. Sinn und Zweck der Strafe als Ausgangsfrage bei der Strafrahmenbildung, 2. Strafmilderungen und Strafschärfungen des Allgemeinen Teils des Strafrechts als Mittel der Abstufung der Tatschwere, 3. Methoden der Abstufung der Tatschwere im Besonderen Teil des Strafrechts, 4. Abstufungen der Tatschwere im Besonderen Teil des Strafrechts am Beispiel der vorsätzlichen Tötungsdelikte und des Diebstahls, 5. Einstufungen der Deliktsschwere im Besonderen Teil des Strafrechts am Beispiel ausgewählter Delikte, 6. Schlussfolgerungen.

II. Einführung in die Problematik

Den Kern der Untersuchung bilden die Kriterien und Methoden der gesetzlichen Abstufung der Tatschwere. Zum besseren Verständnis dieser Rechtsmaterie werden an dieser Stelle die allgemeinen Kriterien der Abstufung der Schwere einer Straftat im deutschen und im polnischen Strafrecht näher erläutert und anschließend die tatsächlich angewandten sowie die rein theoretischen Modelle der Strafrahmenabschichtung kurz dargestellt.

A. Kriterien der Abstufung der Tatschwere im Allgemeinen

1. Deutsches Recht

Zur Differenzierung der Tatschwere knüpft das deutsche Strafrecht entweder an den Grad des verwirklichten Unrechts oder an den Schuldgrad an.

Der Schuldgehalt wird durch den in der Tat zum Ausdruck kommenden Gesinnungsunwert bestimmt, der die fehlerhafte Einstellung zu den Verhaltensnormen der Rechtsordnung und die mangelnde Rechtsgesinnung des Täters widerspiegelt.[1] „Unter Gesinnung ist dabei nicht eine dauernde Artung des Täters, also auch nicht seine individuelle Gefährlichkeit im Sinne der Spezialprävention zu verstehen. Es handelt sich vielmehr um den Wert oder Unwert der in der konkreten Tat aktualisierten Haltung."[2] Da die Vorwerfbarkeit der Tat mit Rücksicht auf die darin betätigte rechtlich missbilligte Gesinnung graduierbar ist,[3] kann der Gesinnungsunwert als allgemeines Kriterium der Abstufung der Tatschwere dienen.

Innerhalb des Unrechtsgehalts wird im deutschen Schrifttum zwischen dem Erfolgsunwert und dem Handlungsunwert differenziert.[4] Der Erfolgsunwert als Krite-

---

[1] Vgl. *Wessels/Beulke*, AT, S. 5 f.

[2] *Gallas*, ZStW 67 (1955), 45.

[3] Ebd., 45 f.

[4] Vgl. *Ebert/Kühl*, Jura 1981, 231 ff.; *Gallas*, FS für Bockelmann, S. 161 ff.; *Jescheck/Weigend*, AT, S. 239 f.; *Krauß*, ZStW 76 (1964), 65 ff.; *Wessels/Beulke*, AT, S. 5.

rium der Abstufung der Tatschwere betrifft das Ausmaß der Verletzung oder konkreten Gefährdung des jeweiligen Schutzobjektes. Da jedoch nicht jede Begründung der Gefahr einer Rechtsgutsverletzung unter Strafe gestellt wird, muss zum Erfolgsunwert noch der Handlungsunwert hinzutreten. Der Handlungsunwert als Kriterium der Abstufung der Tatschwere betrifft die Frage nach dem Grad der Gefährlichkeit der Ausführungshandlung für geschützte Rechtsgüter oder anders formuliert die Frage nach der Wahrscheinlichkeit des Erfolgseintrittes. Das Handlungsunrecht setzt sich nach h.A. aus objektiven und subjektiven Elementen zusammen.[5] Die objektive Seite besteht aus äußeren Modalitäten des Verhaltens und aus objektiv-täterschaftlichen Merkmalen.[6] Die subjektive Seite betrifft den Intentionsunwert im Sinne einer besonderen Absicht des Täters.[7] Die Aufgabe der subjektiven Unrechtsmerkmale ist es, „den auf die Rechtsgutsverletzung gerichteten Handlungswillen des Täters näher zu kennzeichnen und dadurch der im Deliktstatbestand enthaltenen äußeren Unrechtsbeschreibung den inneren Unwertakzent zu verleihen.“[8] Über die besonderen Absichten hinaus wird nach der inzwischen überwiegenden Meinung im Schrifttum auch der Vorsatz als subjektives Unrechtselement angesehen.[9]

2. Polnisches Recht

Nach dem geltenden polnischen Strafrecht reicht allein die Begehung einer verbotenen, unter Strafe gestellten Tat für die Annahme einer Straftat nicht aus. Vielmehr muss eine solche Tat schuldhaft begangen werden (Art. 1 § 3 pol. StGB) und einen Sozialschädlichkeitsgrad aufweisen, der die Geringfügigkeitsgrenze nicht unterschreitet (Art. 1 § 2 pol. StGB). Die beiden zuletzt erwähnten Elemente einer Straftat – Verschulden *(wina)* und Sozialschädlichkeit *(społeczna szkodliwość czynu)* – sind graduierbar und somit als allgemeine Kriterien der Abstufung der Tatschwere im polnischen Strafrecht zu betrachten.

Die Beantwortung der theoretischen Frage nach dem Wesen der Schuld hat der polnische Gesetzgeber der Rechtslehre und der Rechtsprechung überlassen. Eine psychologische Schuldtheorie in reiner Form scheint er jedoch abzulehnen, indem er in der Begründung zum Entwurf des geltenden Strafgesetzbuchs den Schuld-

---

[5] Vgl. *Gallas*, FS für Bockelmann, S. 161; viele Autoren differenzieren nicht zwischen subjektiven und objektiven Unrechtsmerkmalen, sondern zwischen tatbezogenem und täterbezogenem (personalem) Handlungsunwert, vgl. *Ebert/Kühl*, Jura 1981, 233; *Jescheck/Weigend*, AT, S. 240.

[6] Vgl. *Ebert/Kühl*, Jura 1981, 233; *Jescheck/Weigend*, AT, S. 240 f.

[7] Vgl. *Ebert/Kühl*, Jura 1981, 231 ff.

[8] *Jescheck/Weigend*, AT, S. 241.

[9] Vgl. *Ebert/Kühl*, Jura 1981, 231 f.; *Jescheck/Weigend*, AT, S. 241 ff.; *Otto*, Grundkurs, S. 88; Schönke/Schröder-*Lenckner/Eisele*, Vorbem. §§ 13 ff. Rn. 52 f.

bereich von der subjektiven Tatseite klar abzugrenzen sucht.[10] Nach der überwiegenden Meinung im Schrifttum wird unter Schuld ein negativ zu bewertendes, tadelnswertes, psychisches Verhältnis des Täters zur begangenen Tat verstanden.[11] *Andrzej Zoll* definiert hingegen Schuld als ungerechtfertigte Mangelhaftigkeit der Entscheidungsbildung.[12] Schuld ist nach seiner Auffassung die Vorwerfbarkeit der Tat im Sinn des zumutbaren Andershandelnkönnens.[13]

Der Begriff der „Sozialschädlichkeit der Tat" als Straftatelement ist der Nachfolger des Begriffs „Sozialgefährlichkeit der Tat" aus dem Strafgesetzbuch von 1969. Die Begriffsänderung war dabei nicht rein zufällig, sondern diente der Trennung von manchen bisherigen Auslegungsrichtungen. Gemeint waren einerseits Versuche, dem alten Begriff der Sozialgefährlichkeit der Tat politisch und ideologisch gefärbten Inhalt zu geben, und andererseits die Einbeziehung täterbezogener Umstände wie das bisherige Leben des Täters sowie seine Persönlichkeit in die Bewertung.[14] Der Mangel der alten Rechtslage bestand aber vor allem darin, dass es im Schrifttum und in der Rechtsprechung an einer einheitlichen Auslegung des Begriffs der Sozialgefährlichkeit der Tat fehlte. Hauptsächlich wurden hier drei verschiedene Ansätze vertreten.[15] Nach dem objektiven Ansatz sollten bei der Bewertung der Sozialgefährlichkeit der Tat allein die objektiven, tatbezogenen Umstände, wie vor allem das Ausmaß des angerichteten Schadens berücksichtigt werden.[16] Die subjektive Tatseite wurde hingegen dem Schuldbereich zugerechnet. Nach dem objektiv-subjektiven Ansatz sollten sowohl die objektiven als auch die subjektiven Tatmomente für die Bewertung der Sozialgefährlichkeit maßgebend sein.[17] Vereinzelt wurde schließlich vorgeschlagen, die Sozialgefährlichkeit nicht allein nach den Tatumständen, sondern nach dem gesamten Tatkontext, also auch nach täterbezogenen Umständen (Täterpersönlichkeit, bisheriges Täterleben) zu bewerten. Die Letztgenannten sollten freilich nur mitberücksichtigt werden, sofern sie die Tat in gewisser Weise kennzeichneten und mit ihr in engem Zusammenhang standen.[18]

---

[10] Vgl. Uzasadnienie do projektu, S. 5; *Wąsek*, in: Górniok u.a., Kodeks, Art. 1 Nr. 54.

[11] Vgl. *Marek*, Kodeks, Art. 1 Nr. 20; *Wąsek*, in: Górniok u.a., Kodeks, Art. 1 Nr. 60 ff.

[12] Vgl. *Zoll*, in: ders. (Hrsg.), Kodeks, Art. 1 Nr. 38.

[13] Ebd. Nr. 37.

[14] Vgl. Uzasadnienie do projektu, S. 4.

[15] Näheres zu diesen Ansätzen: *Zawłocki*, Pojęcie, S. 178 ff.

[16] Vgl. *Lernell*, PiP 1954, Nr. 12, 717 f.; *Mioduski*, WPP 1955, Nr. 3, 24 f.; *Szerer*, Karanie a humanizm, S. 32 ff.

[17] Vgl. *Kaczmarek*, Materialna istota przestępstwa, S. 24 ff.; *Marek*, NP 1966, Nr. 2, 202 ff.

[18] Vgl. *Sienkiewicz*, Społeczne niebezpieczeństwo czynu, S. 74 ff.; *Świda*, Prawo karne, S. 122.

Im heutigen polnischen Strafgesetzbuch werden die einzelnen, die Sozialschädlichkeit der Tat mitbestimmenden Umstände abschließend aufgezählt.[19] Gemäß Art. 115 § 2 pol. StGB berücksichtigt das Gericht bei der Bewertung des Grades der Sozialschädlichkeit einer Tat die Art und den Charakter des verletzten Gutes, das Ausmaß des angerichteten oder drohenden Schadens, die Art und Weise und die Umstände der Tatbegehung, das Gewicht und die Bedeutung der vom Täter verletzten Pflichten sowie die Form des Vorsatzes, die Beweggründe des Täters, die Art der verletzten Sorgfaltsregeln und den Grad ihrer Verletzung.[20] Die Sozialschädlichkeit der Tat stellt somit einen Sammelbegriff für sämtliche subjektive und objektive Elemente des Unrechtsgehalts der Tat dar. Sozialschädlichkeit und Schuldseite der Tat sind dabei keine klar abgrenzbaren Begriffe. Ihre Gebiete überlappen sich vielmehr in vielen Bereichen.[21] Beim Begriff der Sozialschädlichkeit der Tat wird der Akzent gleichwohl auf die objektiven Elemente gesetzt. Im Mittelpunkt steht hier das geschützte Rechtsgut, dessen Verletzung oder Gefährdung die notwendige Voraussetzung für die Annahme einer sozialschädlichen und somit strafwürdigen Tat darstellt.[22]

B. Modelle der Abstufung der Tatschwere[23]

1. Weite Grundstrafrahmen und Verzicht auf Strafrahmenabschichtung

Das sicherlich am wenigsten anspruchsvolle Modell gesetzlicher Einstufung der Tatschwere besteht im Verzicht auf Strafrahmenabschichtung bei den einzelnen Deliktstypen und in der Bildung von entsprechend breiten Grundstrafrahmen. Diesem Strafrahmen sollte der Richter die Strafe sowohl für die denkbar leichtesten als auch für die denkbar schwersten Fälle entnehmen. Bei der Bemessung der Strafe wäre er lediglich an die allgemeinen Strafzumessungsrichtlinien gebunden, bei deren Auslegung er meistens einen breiten Spielraum hat. Ein solches Modell gesetzlicher Einstufung der Tatschwere mag zwar sicherstellen, dass es in jeder Fallkonstellation möglich wird, eine schuldangemessene und gerechte Strafe zu verhängen, doch dies geht auf Kosten der Rechtssicherheit. Die Bildung von breiten Strafrahmen unter Verzicht auf Strafrahmenabschichtung setzt folglich ein hohes

---

19 Einen abgeschlossenen Charakter der Aufzählung in Art. 115 § 2 pol. StGB nehmen u.a. an: *Gardocki*, Prawo karne, S. 145; *Majewski*, in: Zoll (Hrsg.), Kodeks, Art. 115 § 2 Nr. 5; *Marek*, Kodeks, Art. 115 § 2 Nr. 3; anders *Wąsek*, in: Górniok u.a., Kodeks, Art. 115 § 2 Nr. 9.

20 Übersetzung übernommen aus: *Weigend*, Das polnische Strafgesetzbuch.

21 Vgl. *Gardocki*, Prawo karne, S. 145.

22 Vgl. *Gardocki*, Prawo karne, S. 145; *Warylewski*, Prawo karne, S. 88, 279.

23 Zu verschiedenen Modellen der Strafrahmenabschichtung vgl. *Eisele*, Die Regelbeispielsmethode, S. 431 ff.

Vertrauen des Gesetzgebers in die Richtigkeit (im Sinne der Angemessenheit von verhängten Strafen) und Einheitlichkeit richterlicher Entscheidungen voraus.

2. Abstufung der Tatschwere im Wege von zwingenden, kasuistisch formulierten Privilegierungen und Qualifizierungen

Das klassische Modell gesetzlicher Abstufung der Tatschwere ist die Regelung von näher bestimmten Strafänderungsgründen in Form von Privilegierungs- oder Qualifizierungstatbeständen, deren Vorliegen eine Strafrahmenverschiebung zwingend zur Folge hat. Der Vorteil dieser Abstufungsmethode liegt darin, dass durch die mehrfach abgestufte Tatschwere innerhalb des Gesamtstrafrahmens eine gewisse Rechtssicherheit im Sinne der Einheitlichkeit richterlicher Strafzumessung gewährleistet wird. Unter zwei Gesichtspunkten ist das klassische Modell der Abstufung der Tatschwere jedoch besonders problematisch. Es ist zunächst zweifelhaft, ob die strafschärfenden und strafmildernden Umstände in sachgerechter Weise abschließend benannt werden können. Bereits ein Versuch der Erstellung eines solchen abschließend normierten Katalogs von möglichen, strafmodifizierenden Tatumständen würde zur unüberschaubaren Gesetzeskasuistik führen. Sollte sich der Gesetzgeber hingegen mit der Regelung nur der am häufigsten vorkommenden Tatmodalitäten besonderer Strafwürdigkeit oder minderer Strafwürdigkeit begnügen, so könnte sich der Richter in manchen Fällen dazu gezwungen sehen, ungerechte Strafen zu verhängen. Bedenken gegen das klassische Modell der Abstufung der Tatschwere hängen ferner mit der Verbindlichkeit der Strafrahmenänderung zusammen. Das Problem liegt in der Schwierigkeit, einen Qualifizierungs- oder Privilegierungstatbestand zu formulieren, dessen Vorliegen ausnahmslos die Annahme eines Falls besonderer bzw. minderer Strafwürdigkeit rechtfertigt.

3. Normierung von abschließend geregelten, nicht zwingenden Strafänderungsgründen

Die Abstufungsmethode der Verwendung von abschließend normierten, aber nicht zwingenden Strafänderungsgründen unterscheidet sich vom klassischen Modell der Regelung von Qualifizierungs- bzw. Privilegierungstatbeständen lediglich dadurch, dass die Anwendung des Sonderstrafrahmens nicht zwingend ist. Diese Methode kann vor allem bei den Strafmilderungen und Strafschärfungen des Allgemeinen Teils Anwendung finden, da die dort normierten, strafschärfenden oder strafmildernden Merkmale wegen ihrer allgemeinen Natur oft nicht präzise genug formuliert werden können. Eine besondere Ausprägung der Methode der Verwendung von abschließend normierten, aber nicht zwingenden Strafänderungsgründen ist die Kombination eines Qualifizierungstatbestands mit einem unbenannten Strafmilderungsgrund sowie die Kombination eines Privilegierungstatbestands mit einem unbenannten Strafschärfungsgrund.

Problematisch bei der Verwendung von nicht zwingenden Strafänderungsgründen ist vor allem die Wahl des anzuwendenden Strafrahmens. Sollte die Strafrahmenentscheidung völlig dem Ermessen des erkennenden Richters überlassen werden, so hätte die Verwendung der beschriebenen Abstufungsmethode in Wirklichkeit eine bloße Strafrahmenerweiterung zur Folge. Das Hauptproblem ist folglich die Art und Weise der Einschränkung des Ermessensspielraums des Richters bei der Strafrahmenwahl. Im Übrigen gelten hier die gleichen Bedenken wie beim klassischen Modell der Regelung von Qualifizierungs- oder Privilegierungstatbeständen, bis auf die durch Verbindlichkeit der Strafrahmenänderung bedingte Starrheit des Gesetzes.

4. Verwendung von unbenannten Strafänderungsgründen

Die Methode der Verwendung von unbenannten Strafänderungsgründen zeichnet sich durch generalklauselartig gefasste Voraussetzungen der Strafrahmenänderung aus. Es handelt sich um solche Formulierungen wie: „in besonders schweren Fällen", „in minder schweren Fällen", „in besonders begründeten Fällen". Im Vergleich zur Regelung von breiten Gesamtstrafrahmen unter Verzicht auf Strafrahmenabschichtung scheint diese Abstufungsmethode vorteilhaft zu sein, da sie den Richter nicht nur zur Begründung der im Einzelfall verhängten Strafe, sondern auch zur Begründung der Strafrahmenentscheidung zwingt. Freilich werden dem Richter bei dieser Entscheidung überhaupt keine Leitlinien an die Hand gegeben. Dass die Einzelstrafe in „minder schweren Fällen" dem unteren Bereich und in „besonders schweren Fällen" dem oberen Bereich des Gesamtstrafrahmens zu entnehmen ist, braucht als Selbstverständlichkeit im Gesetzestext nicht eigens erwähnt zu werden. Somit wird die Strafrahmenentscheidung völlig dem freien Ermessen des erkennenden Richters überlassen, was die Rechtssicherheit und Einheitlichkeit richterlicher Strafzumessung sicherlich nicht fördert.

5. Erläuterung von unbenannten Strafänderungsgründen durch nicht zwingende Beispiele

Die Mängel der Methode der Verwendung von unbenannten Strafänderungsgründen können dadurch verringert werden, dass die generalklauselartig formulierten Schärfungs- oder Milderungsgründe durch nicht zwingende Beispiele – sog. Regelbeispiele – näher erläutert werden. Beim Vorliegen eines gesetzlichen Regelbeispiels wird ein Fall besonderer bzw. minderer Strafwürdigkeit in dem Sinne indiziert, dass keine zusätzliche Begründung der Angemessenheit des Sonderstrafrahmens erforderlich wird. Vielmehr bedarf in einem solchen Fall die ausnahmsweise Angemessenheit des Grundstrafrahmens eines besonderen Nachweises. Die Regelbeispiele können darüber hinaus als Leitlinien behelfsweise bei der Begründung eines sonstigen „besonders schweren" bzw. „minder schweren" Falls herangezogen werden. Die Vor- und Nachteile der vom deutschen Gesetzgeber oft angewandten Methode der Erläuterung von unbenannten Strafänderungsgründen durch nicht zwingende Beispiele werden im Laufe der weiteren Untersuchung im Einzelnen dargestellt.

6. Erläuterung von unbenannten Strafänderungsgründen durch zwingende Beispiele

Alternativ zur Erläuterung von unbenannten Strafänderungsgründen durch nicht zwingende Regelbeispiele kommt die Regelung von zwingenden Schärfungs- oder Milderungsgründen in Betracht, die ebenso wie die Erstgenannten eine Beispielfunktion erfüllen. Weder die eine noch die andere Erläuterungsmethode beseitigt jedoch den Hauptmangel der Verwendung von unbenannten Strafänderungsgründen. Dieser besteht darin, dass die Annahme eines sonstigen „minder“ bzw. „besonders schweren“ Falls völlig dem Ermessen des erkennenden Richters überlassen wird.

Ob die Verwendung von zwingenden oder nicht zwingenden Beispielen zur Erläuterung gesetzlicher Generalklauseln unter dem Gesichtspunkt der Rechtssicherheit und des Schuldprinzips zweckdienlicher ist, muss in Bezug auf das konkrete Schärfungs- oder Milderungsmerkmal beantwortet werden. Je nach dem Gewicht des jeweiligen Tatmerkmals kann dessen Ausgestaltung entweder als zwingendes oder als nicht zwingendes Beispiel für den Fall besonderer bzw. minderer Strafwürdigkeit angemessen erscheinen.

7. Regelung von Strafschärfungs- und Strafmilderungsgründen im Allgemeinen Teil

Als Modell gesetzlicher Abstufung der Tatschwere kommt schließlich die Regelung von Strafschärfungs- und Strafmilderungsgründen im Allgemeinen Teil des Strafrechts in Betracht. Praktisch wird es in jeder Strafrechtsordnung nötig sein, bereits im Allgemeinen Teil gewisse Strafrahmenverschiebungen zu bestimmen, die mit typischerweise an dieser Stelle zu regelnden Rechtsinstituten, wie irrtumsbedingtem Handeln, verminderter Schuldfähigkeit oder Versuchsstrafbarkeit, zusammenhängen. Der Vorteil dieser Methode liegt einerseits in der Überschaubarkeit des gesamten Systems gesetzlicher Abstufungen der Tatschwere und andererseits in der Einheitlichkeit der Regeln zur Berechnung der Grenzen des Sonderstrafrahmens. Der Nachteil liegt darin, dass sich kaum strafschärfende Merkmale benennen lassen, die auf alle Straftatbestände zugeschnitten sind. Um der Rechtssicherheit willen müsste folglich der Katalog von allgemeinen Strafänderungsgründen eher begrenzt bleiben.

Erster Teil

Sinn und Zweck der Strafe als Ausgangsfrage bei der Strafrahmenbildung

I. Einführung

Bevor ich zum Kern der Untersuchung komme, bedarf die Frage nach dem Sinn und Zweck der Strafe einer näheren Betrachtung. Die Auseinandersetzung mit den Modellen eines Tat- und eines Täterstrafrechts bildet den Ausgangspunkt für die Untersuchung der konkreten Ausgestaltung des Strafrahmensystems. Je nachdem, wie die Akzente bei der Festlegung der geltenden Straftheorie verteilt werden, können gesetzliche Einstufungen und Abstufungen der Tatschwere entweder als Störfaktoren in einem an Präventionsgesichtspunkten orientierten Strafrecht angesehen werden oder als bindende Grundlage der auf Vergeltung beruhenden Strafzumessung eine wichtige Einschränkung des richterlichen Spielraums darstellen. Im Folgenden werden die in der Rechtslehre vertretenen Straftheorien und ihre Rolle in der jeweiligen Rechtsordnung näher dargestellt.

II. Deutsches Recht

A. Vergeltungstheorie

Unter „Vergeltungstheorie" wird in der deutschen Rechtslehre vor allem die durch die Philosophie des deutschen Idealismus geprägte absolute Straftheorie oder zumindest eine ihrer Varianten verstanden.[1] Danach hat die Strafe ihren Sinn außerhalb des Bereiches der empirisch erfahrbaren sozialen Realität. Gestraft wird nicht, um einen bestimmten Zweck zu erreichen, sondern weil das Zufügen von Leid gegenüber einem sittlich schuldigen Rechtsbrecher an sich von Wert sei.[2]

---

[1] Vgl. *Roxin*, AT 1, S. 70. Eine andere Variante der absoluten Straftheorie ist die Sühnetheorie: vgl. *Jakobs*, AT, S. 19; *Lesch*, JA 1994, 513; *Neumann/Schroth*, Neuere Theorien, S. 16; *Schmidhäuser/Alwart*, AT, S. 15. Manche Autoren differenzieren ferner zwischen Vergeltungs- und Gerechtigkeitstheorien: vgl. *Neumann/Schroth*, Neuere Theorien, S. 11 ff.

[2] Vgl. *Neumann/Schroth*, Neuere Theorien, S. 11.

Durch die Auferlegung eines Übels soll die Schuld des Täters in gerechter Weise vergolten, ausgeglichen oder gesühnt werden.[3]

Die Bewertung der Vergeltungstheorie in der deutschen Rechtslehre war in den letzten Jahrzehnten je nach herrschendem Zeitgeist unterschiedlich. Nach der Dominanz des Vergeltungs- und Gerechtigkeitsgedankens in der ersten Nachkriegszeit[4] kam es in den 60er Jahren zu einer Hochblüte spezialpräventiver Straftheorien, die bereits im nächsten Jahrzehnt durch die Orientierung an der positiven Generalprävention weitgehend abgelöst wurde.[5] Gegenwärtig wird der Gedanke der strafbegründenden, gerechten Vergeltung von der herrschenden Lehre abgelehnt.[6] Die Aufgabe des Staates kann danach nicht die Verwirklichung der absoluten Sittlichkeit auf Erden sein.[7] Die Strafe als quasireligiöser Vergeltungsakt ist dem heutigen, weltanschaulich neutralen Staat fremd. Bemerkenswert ist, dass selbst die Autoren, die das Wesen der Strafe in einem funktionalen Vergeltungsakt zur Befriedigung der tiefenpsychologisch begründeten Vergeltungsbedürfnisse der Allgemeinheit erblicken, die Befriedigung dieser Bedürfnisse als an sich noch nicht gerechtfertigt ansehen. Die Rechtfertigung der vergeltenden Strafe erfolgt vielmehr erst durch ihre generalpräventive, normstabilisierende Wirkung.[8] Reine Vergeltungstheorien sind aber auch bei den Rechtstheoretikern der ersten Nachkriegszeit nicht zu finden. Eine vergeltende Strafe war bereits nach damaliger Auffassung nur soweit legitimiert, als sie für die Aufrechterhaltung der Rechtsordnung unerlässlich war.[9] Elemente der Theorie, die heutzutage als Theorie der positiven Generalprävention bezeichnet wird, waren also der damaligen Vergeltungstheorie durchaus bekannt.

Trotz der Ablehnung der Vergeltungstheorie als eines Strafbegründungskonzepts in der Rechtslehre ist die Präsenz des Vergeltungsgedankens in der Rechtsprechung deutscher Gerichte unübersehbar. Dies zeigt sich insbesondere an dem konsequenten Festhalten am Schuldprinzip. In der höchstrichterlichen Rechtsprechung setzte sich die Ansicht durch, die präventiven Gesichtspunkte seien nur im Rahmen schuldangemessener Strafe zu berücksichtigen (sog. Spielraumtheorie).[10] „Von

---

[3] Vgl. *Roxin*, AT 1, S. 70.

[4] Der Vergeltungsgedanke tritt in den Vordergrund u.a. in den Lehren von: *Maurach*, Deutsches Strafrecht, S. 76 ff.; *Spendel*, Zur Lehre vom Strafmaß, S. 87 ff.; *Welzel*, Das deutsche Strafrecht, S. 238.

[5] Vgl. *Kaiser*, FS für Roxin, S. 991.

[6] Vgl. *Freund*, AT, S. 2; *Roxin*, AT 1, S. 72 f., 88 ff.; *Schmidhäuser/Alwart*, AT, S. 17 f., 20. Nach BGHSt 24, 40, 42 hat die Strafe nicht die Aufgabe, Schuldausgleich um ihrer selbst willen zu üben, sondern ist nur gerechtfertigt, wenn sie sich zugleich als notwendiges Mittel zur Erfüllung der präventiven Schutzaufgabe des Strafrechts erweist.

[7] Vgl. *Jescheck/Weigend*, AT, S. 71.

[8] Vgl. *Ebert*, in: Krummacher (Hrsg.), Geisteswissenschaften – wozu? S. 55; *Streng*, ZStW 92 (1980), 679.

[9] Vgl. *Mayer*, AT, S. 33; *Welzel*, Das deutsche Strafrecht, S. 239.

[10] Näher dazu: *Bruns*, Das Recht der Strafzumessung, S. 89 ff.

ihrer Bestimmung als gerechter Schuldausgleich darf sich die Strafe weder nach oben noch nach unten inhaltlich lösen".[11] Die Formel von der Schuld als „Grundlage der Strafe" (§ 46 Abs. 1 dt. StGB) wird folglich in der Rechtsprechung des BGH trotz mehrerer Deutungsmöglichkeiten im Sinne der Vergeltungstheorie ausgelegt.[12] Die der herrschenden Spielraumtheorie[13] zugrunde liegende Maxime „Prävention im Rahmen der Repression" enthält die Grundannahme einer Vereinigungstheorie, in der jedoch, wie gezeigt, die vergeltenden Elemente den Vorrang genießen.

Zum Teil wird die Vergeltungstheorie auch im heutigen deutschen Schrifttum vertreten.[14] Nach *Michael Köhler* ist der Normbewährungseffekt, sowohl im positiven (Stabilisierung der Rechtstreue der Allgemeinheit) als auch im negativen Sinn (Abschreckung tatgeneigter Personen), der tatschuldbegründeten Strafe akzidentell, nicht substanziell.[15] Auch nach *Ernst A. Wolff* erfolgt die Strafe nur um der Gerechtigkeit willen.[16] Unverkennbar ist ferner das Einfließen von Vergeltungselementen in die heute nahezu herrschende Theorie der positiven Generalprävention.[17] Bezeichnend ist in diesem Zusammenhang die Behauptung der Vertreter dieser Theorie, Integrationswirkung habe „am ehesten diejenige Strafe, die man als gerechte Ahndung der Tat, als Äquivalent für das verwirklichte Tatunrecht ansehen kann".[18] Eng mit der Vergeltungstheorie ist insbesondere *Michael Bocks* Lehre von der „Latenz" sozialer Funktionen der Strafe verknüpft.[19] Nach dessen Auffassung vermag nur eine Strafe, die als eine „von allen Zwecken freie und insofern reine Negation der Negation" begriffen wird, generalpräventive Wirkungen zu entfalten.[20]

B. Spezialprävention als Sinn und Zweck der Strafe

Unter der Theorie der Spezialprävention wird in der deutschen Rechtslehre der auf die Straftheorie von *Franz von Liszt* zurückgehende Gedanke verstanden, der Sinn und Zweck der Strafe liege in der Abhaltung des Straftäters von der Begehung weiterer Straftaten durch seine Besserung, Abschreckung oder Unschädlich-

---

11 BGHSt 24, 132, 134; zur Problematik der Unterschreitung der Schuldgrenze in der Rechtsprechung des BGH siehe: *Bruns*, Neues Strafzumessungsrecht?, S. 36 ff.

12 Vgl. *Roxin*, JA 1980, 548.

13 Vgl. NK-*Streng*, § 46 Rn. 97; ders., Strafrechtliche Sanktionen, S. 252 ff.

14 Eine Übersicht über die Anhänger der Vergeltungstheorie findet sich bei: Roxin, AT 1, S. 90 (Fn. 70).

15 Vgl. *Köhler*, Über den Zusammenhang, S. 45.

16 Vgl. *Wolff*, ZStW 97 (1985), 826.

17 Näher dazu: *Hoffmann*, Zum Verhältnis der Strafzwecke, S. 167 ff.

18 Vgl. *Müller-Dietz*, FS für Jescheck, S. 824.

19 Vgl. *Bock*, ZStW 103 (1991), 649 ff.

20 Ebd., 652.

machung.[21] Die am meisten beachtete positive Komponente dieser Straftheorie – Resozialisierung – erlebte in den 60er und 70er Jahren des 20. Jahrhunderts international eine kräftige Blütezeit.[22] In Deutschland fand diese Strömung ihren normativen Ausdruck vor allem im Alternativentwurf eines Strafgesetzes – dem Strafgesetzbuch von 1966, das dem Schuldprinzip lediglich eine straflimitierende Funktion zuwies (§ 59 AE), sowie in der Aufnahme des Resozialisierungsgedankens als Vollzugsziel durch das neue Strafvollzugsgesetz von 1976. Eine gründliche Umgestaltung der Strafrechtsordnung im Geiste der Spezialprävention ist in Deutschland allerdings nie erfolgt. Aus heutiger Sicht stellt die „Renaissance“ der positiven Spezialprävention in der Nachkriegszeit eine relativ kurze Episode in der Strafrechtsdiskussion dar. Bereits Mitte der 70er Jahre zeichnete sich in der internationalen Kriminalpolitik und folgerichtig auch in der deutschen Rechtslehre die Abkehr von der Behandlungsidee ab.[23] Ursächlich für diesen Wandel waren vor allem Berichte aus Amerika und den skandinavischen Ländern über die Erfolglosigkeit jeglicher Behandlung.[24]

Obwohl die Skepsis gegenüber der Effizienz der Behandlungsprogramme in der Gegenwart weiterhin besteht, hat sich die Kritik an der Resozialisierungsidee seitens der empirischen Forschung weitgehend entschärft.[25] In der kritischen Auseinandersetzung mit den bisher erprobten Behandlungsmodellen sowie mit den ungünstigen empirischen Befunden geht ein Teil der heutigen deutschen Rechtslehre von der Annahme aus, verlässliches Wissen über die Besserungsfähigkeit des Straftäters und über die wirksamen Methoden der Resozialisierung liege nicht vor, für ein endgültiges Urteil über den Realitätsgehalt der Resozialisierungsidee sei es noch zu früh.[26]

Die empirisch-reale Seite des Besserungsgedankens erschöpft nicht alle Anhaltspunkte der Kritik. Der vorsichtige Optimismus der deutschen Rechtslehre im Hinblick auf die Resozialisierungsmöglichkeiten[27] stößt auf der normativen Ebene auf weitere, diesmal ethische und verfassungsrechtliche Bedenken gegenüber der prä-

---

21 Vgl. *Neumann/Schroth*, Neuere Theorien, S. 19 f.

22 Vgl. *Bock*, ZStW 102 (1990), 505; *Lesch*, JA 1994, 591.

23 Vgl. *Jescheck*, ZStW 91 (1979), 1037 ff; *Roxin*, AT 1, S. 77; zur Kritik des Resozialisierungskonzepts in der heutigen deutschen Lehre siehe noch: *Bock*, JuS 1994, 93 ff.; *Lesch*, JA 1994, 593.

24 Zur Kritik der Behandlung und Resozialisierung in den USA siehe: *Weigend*, ZStW 94 (1982), 808 ff; Zur Kritik der zwangsweisen Behandlung in Skandinavien siehe: *Anttila*, ZStW 95 (1983), 742 ff.

25 Vgl. *Meier*, Strafrechtliche Sanktionen, S. 32; *Roxin*, AT 1, S. 77 f.

26 Vgl. *Neumann/Schroth*, Neuere Theorien, S. 23 f.; *Schreiber*, ZStW 94 (1982), 292 f.; Zur Kritik bisheriger Resozialisierungsmethoden siehe: *Lüderssen*, JA 1991, 224.

27 Der „vorsichtige Optimismus“ wird insbesondere bei *Dieter Dölling* deutlich, vgl. *Dölling*, FS für Lampe, S. 604 ff.

ventiven Sozialtherapie.[28] Es handelt sich vor allem um die möglichen Kollisionen mit dem Gebot der Achtung der Menschenwürde und dem Rechtsstaatsprinzip.[29] Die Schwächen der Resozialisierungsidee zeigen sich ferner daran, dass „das Warten auf das Geschehen einer Straftat ein wahrlich schlechter Anlass für spezialpräventive Interventionen sein dürfte".[30] Ebenso wie die Resozialisierung sind auch die sonstigen Komponenten der Theorie der Spezialprävention (Individualabschreckung und Unschädlichmachung) empirischen oder verfassungsrechtlichen Einwänden ausgesetzt.[31] Angesichts des Gewichts der vorgebrachten Kritik wird die Eignung des Gedankens der Spezialprävention zur Rechtfertigung staatlichen Strafens in der deutschen Rechtslehre verneint.[32] Das Verwerfen einer spezialpräventiven Deutung der Strafe findet Bestätigung in der Entscheidung des deutschen Gesetzgebers, dem Sanktionssystem des dt. StGB das Modell der Zweispurigkeit der Straftatfolgen (Strafen und Maßregel der Besserung und Sicherung) zugrunde zu legen.

Von der Frage nach Sinn und Rechtfertigung der Strafe ist die Frage nach den möglichen Zwecken der Strafe zu unterscheiden. Unter dem letzteren Gesichtspunkt wird der Gedanke der Spezialprävention weder von der deutschen Rechtslehre noch von der Rechtsprechung aufgegeben.[33] Nachdrücklich wird betont, dass es, solange an der Freiheitsstrafe festgehalten wird, zum Resozialisierungsvollzug keine Alternative gibt.[34] Selbst bei den ungünstigen Erfolgsmeldungen ist die Sozialtherapie immer noch die vernünftigste Weise der Ausfüllung der freien Zeit des Gefangenen. Folgerichtig hält das deutsche Strafvollzugsgesetz am Resozialisierungskonzept fest.[35] Über den Strafvollzug hinaus finden die spezialpräventiven Gesichtspunkte im deutschen Strafrecht und in der Rechtsprechung deutscher Gerichte auch auf der Ebene der Strafzumessung Berücksichtigung.[36] Die spezialpräventive Konkretisierung der Strafe durch das Gericht erfolgt insbesondere anhand des Rechtsinstitutes der Strafaussetzung zur Bewährung (§ 56 dt. StGB) und des Grundsatzes, dass kurze Freiheitsstrafen die *ultima ratio* bilden müssen (§ 47

---

28 Vgl. *Neumann/Schroth*, Neuere Theorien, S. 25 ff.; zur Vereinbarkeit der präventiven Resozialisierung mit den Grundrechten siehe ferner: *Calliess*, FS für Müller-Dietz, S. 116 ff.; *Lüderssen*, JA 1991, 225 ff.

29 Vgl. *Leyendecker*, (Re-)Sozialisierung und Verfassungsrecht, S. 128 ff.

30 Vgl. *Lesch*, JA 1994, 594.

31 Vgl. *Neumann/Schroth*, Neuere Theorien, S. 21 f.

32 Vgl. *Kaufmann*, Das Schuldprinzip, S. 202; *Lesch*, JA 1994, 591 ff.; *Stratenwerth/Kuhlen*, AT 1, S. 11.

33 Vgl. *Bruns*, Das Recht der Strafzumessung, S. 94; *Fischer*, § 46 Rn. 3; *Stratenwerth/Kuhlen*, AT 1, S. 11.

34 Vgl. *Hassemer*, Einführung, S. 287; *Neumann/Schroth*, Neuere Theorien, S. 24.

35 Vgl. § 2 StVollG.

36 Zur Frage, inwieweit das deutsche Strafrecht den Strafzweck der Spezialprävention verfolgt, siehe: *Dölling*, FS für Lampe, S. 598 ff.

dt. StGB).[37] Etwas bescheidener ist die Rolle des Gedankens der Spezialprävention im Bereich der Strafzumessung im engeren Sinne. Der Anweisung des Gesetzgebers, die Auswirkungen der Strafe auf das künftige Leben des Täters bei der Strafzumessung zu beachten (§ 46 Abs. 1 Satz 2 dt. StGB), wird in der Rechtsprechung nur begrenzt gefolgt.[38] Die Berücksichtigung spezialpräventiver Gesichtspunkte beschränkt sich im Wesentlichen auf das Vermeiden von sozialschädlichen Strafen innerhalb des Schuldrahmens.[39] Großzügiger als in der Rechtsprechung wird der Aspekt der Spezialprävention als Strafmaßstab in der Rechtslehre gehandhabt. Im Gegensatz zur ständigen Rechtsprechung halten manche Autoren die Unterschreitung der Schuldstrafe aus spezialpräventiven Gründen, insbesondere bei hoher Gefahr einer Persönlichkeitszerstörung, für zulässig.[40]

C. Generalprävention als Sinn und Zweck der Strafe

Die „Krise der Spezialprävention" und Kritik an der absoluten Rechtfertigung der Strafe in der deutschen Rechtslehre führte zur stärkeren Hinwendung zur Theorie der Generalprävention. Diese steht heute im Mittelpunkt der Strafrechtsdiskussion in Deutschland.[41]

Die heutige deutsche Rechtslehre unterscheidet zwischen dem negativen und positiven Aspekt der Generalprävention.[42] Der negative, klassische Aspekt beruht auf der von *Feuerbach* begründeten Theorie des psychischen Zwangs und erschöpft sich in der Abschreckung potenzieller Straftäter.[43] Dank der Einfachheit und Plausibilität ihrer Grundthese spielt die Theorie der negativen Generalprävention in der Öffentlichkeit immer noch eine bedeutsame Rolle. In der Rechtslehre sind hingegen ihre Mängel seit Langem bekannt. Neben den ethischen Bedenken, den Straftäter zum bloßen Demonstrationsobjekt im Interesse der Allgemeinheit zu degradieren, unterliegt die Abschreckungstheorie gewichtigen empirischen Einwänden. Die bisherigen Studien erbrachten insbesondere keinen Beweis für einen Zusammenhang zwischen der Art und Schwere der Strafe und der Kriminalitätsrate.[44] Obwohl die methodischen Grundlagen der empirischen Forschung sicherlich nicht ganz unumstritten sind, rechtfertigen die Untersuchungsergebnisse beträchtliche Zweifel am Realitätsgehalt der Abschreckungstheorie. Aus diesen Gründen wird im deutschen

---

37 Vgl. *Frisch*, FS für Kaiser, S. 773 ff.

38 Ebd., S. 769 ff.

39 Ebd., S. 772 f.

40 Vgl. *Frisch*, ZStW 99 (1987), 369; *Roxin*, AT 1, S. 93.

41 Vgl. *Dölling*, ZStW 102 (1990), 1; *Maurach/Zipf*, AT 1, S. 82.

42 Vgl. *Roxin*, AT 1, S. 80.

43 Vgl. *Neumann/Schroth*, Neuere Theorien, S. 35.

44 Vgl. *Dölling*, ZStW 102 (1990), 6; *Meier*, Strafrechtliche Sanktionen, S. 28.

Schrifttum nicht mit der These von der die Strafe legitimierenden negativen Generalprävention argumentiert. Auch auf der Ebene der richterlichen Strafzumessung kommt dem Aspekt der allgemeinen Abschreckung nur eine sekundäre Bedeutung zu. Insbesondere ist eine über die Schuldgrenze hinausgehende generalpräventive Strafschärfung nach der ständigen Rechtsprechung unzulässig.[45] Innerhalb des Schuldrahmens kommt es bei der Berücksichtigung generalpräventiver Gesichtspunkte zusätzlich auf das Vorliegen der Verbreitungsgefahr an, für deren Bejahung zunehmend strenge Anforderungen gestellt werden.[46]

Angesichts schwerwiegender Einwände gegen die These von der Allgemeinabschreckung als Aufgabe der Strafe erfreuen sich die positiven Komponenten der Theorie der Generalprävention in der deutschen Rechtslehre und Rechtsprechung immer größerer Beliebtheit. Die höchstrichterliche Rechtsprechung sieht die Aufgabe der Strafe in der Erhaltung und Stärkung des Vertrauens in die Bestands- und Durchsetzungskraft der Rechtsordnung.[47] Ein rechtskonformes Verhalten der Gesellschaftsmitglieder sollte nicht durch Furcht, wie bei der negativen Generalprävention, sondern durch Einsicht herbeigeführt werden. Unter der Bezeichnung „Theorie der positiven Generalprävention" nimmt diese Konzeption in der heutigen deutschen Strafrechtswissenschaft eine dominante Rolle bei der Rechtfertigung des staatlichen Strafens ein.[48]

Die Theorie der positiven Generalprävention stellt kein einheitliches Konzept dar, sondern besteht aus unterschiedlichen Varianten und Denkmodellen.[49] Je nach Intensität der Einwirkung auf die Allgemeinheit sehen die Vertreter dieser Theorie die Funktion der Strafe entweder in einer sittenbildenden, d.h. die Moral gestaltenden Wirkung[50] oder in der Stärkung des bereits vorhandenen Rechtsbewusstseins der Gesellschaftsmitglieder durch die Befriedigung ihres Rechtsgefühls (Integrationsprävention).[51] Die am meisten beachtete Konzeption wurde in der deutschen Rechtslehre von *Günther Jakobs* begründet. Aufgabe der Strafe ist nach seiner Auffassung die Erhaltung der Norm als Orientierungsmuster für sozialen Kontakt.[52]

Bezeichnend für die Theorie der positiven Generalprävention ist ihre unverkennbare Nähe zur Vergeltungstheorie. *Günther Jakobs* beschreibt den Inhalt der Strafe als einen auf Kosten des Normbrechers erfolgenden Widerspruch gegen die Des-

---

45 Vgl. *Bruns*, Das Recht der Strafzumessung, S. 98.

46 Ebd., S. 101 ff.

47 Vgl. BVerfGE 45, 187, 256; BGHSt 24, 40, 44.

48 Vgl. *Hörnle/von Hirsch*, GA 1995, 261 und die dort zitierte Literatur.

49 Übersicht über die Denkmodelle der positiven Generalprävention bei *Schumann*, Positive Generalprävention, S. 1 ff.

50 Vgl. *Mayer*, AT, S. 23.

51 Vgl. *Roxin*, FS für Bockelmann, S. 306.

52 Vgl. *Jakobs*, AT, S. 10.

avouierung der Norm und knüpft somit an die Hegelsche These von der Strafe als „Negation der Negation“ an.[53] Auch in anderen Denkmodellen positiver Generalprävention kommt der Vergeltungsgedanke deutlich zum Ausdruck. Die Anknüpfung an die Gerechtigkeitsidee erfolgt dort durch die Annahme eines kausalen Zusammenhangs zwischen der gerechten, schuldangemessenen Strafe und dem Normstabilisierungseffekt.[54] Im Gegensatz zu Vertretern der Vergeltungstheorie begnügen sich die Anhänger der Integrationstheorie nicht mit der These einer keiner weiteren Rechtfertigung benötigenden Schuldstrafe, sondern stützen sich auf die Erkenntnis, eine schuldangemessene, die Gerechtigkeitsbedürfnisse befriedigende Strafe könnte den präventiven Zwecken dienlich sein. So betrachtet ist die positive Generalprävention die rationalisierte Form der rächenden Vergeltung.[55]

Ebenso wie jede zweckorientierte Straftheorie ist auch die Theorie der positiven Generalprävention auf die Bestätigung ihrer Kernaussagen durch die empirische Forschung angewiesen. Hier ist der Forschungsstand leider noch dürftiger als bei der Abschreckungstheorie.[56] Die Zusammenhänge zwischen Strafrecht und Normstabilisierung bzw. Moralgestaltung sind aufgrund ihrer Komplexität im Grunde bis heute unerforscht geblieben.[57] Das fehlende empirische Wissen scheint aber für die durchaus plausible Theorie der positiven Generalprävention eher von Vorteil als von Nachteil zu sein. Solange die mangelnde Effizienz der Strafe als Integrationsmittel nicht bewiesen wird, ist die Grundannahme dieser Theorie gegen Einwände seitens der empirischen Forschung gesichert. Die Theorie der positiven Generalprävention wird auf diese Weise zum „enttäuschungssicheren Paradies für präventive Phraseologie“.[58]

D. Strafzweck der Schadenswiedergutmachung

Es ist fraglich, ob die Strafe im deutschen Strafrecht unter Umständen auch die Aufgabe der Schadenswiedergutmachung haben kann. Dafür könnte einerseits das Rechtsinstitut der Verfahrenseinstellung unter Erteilung der auf Schadenswiedergutmachung gerichteten Auflagen und Weisungen nach § 153a dt. StPO und andererseits das Rechtsinstitut des Täter-Opfer-Ausgleichs nach § 46a dt. StGB sprechen. Nach der letztgenannten Regelung darf das Gericht die Strafe mildern oder unter Umständen von der Verhängung einer Strafe sogar absehen, wenn der Täter

---

[53] Ebd.

[54] Vgl. *Müller-Dietz*, FS für Jescheck, S. 824; *Roxin*, FS für Bockelmann, S. 305; *Schmidhäuser/Alwart*, AT, S. 18.

[55] Vgl. *Hoffmann*, Zum Verhältnis der Strafzwecke, S. 174.

[56] Zum Stand der Forschung siehe: *Schumann*, Positive Generalprävention, S. 26 ff.

[57] Ebd.

[58] Vgl. *Bock*, ZStW 103 (1991), 656.

in dem Bemühen, einen Ausgleich mit dem Verletzten zu erreichen, seine Tat ganz oder zum überwiegenden Teil wiedergutgemacht oder deren Wiedergutmachung ernsthaft erstrebt hat bzw. wenn der Täter in einem Fall, in welchem die Schadenswiedergutmachung von ihm erhebliche persönliche Leistungen oder persönlichen Verzicht erfordert hat, das Opfer ganz oder zum überwiegenden Teil entschädigt hat. Die Schadenswiedergutmachung und der Täter-Opfer-Ausgleich sind jedoch nach der im Schrifttum vertretenen Ansicht keine Strafen, sondern lediglich eigenständige Reaktionsmittel, die Strafe überflüssig machen oder mildern.[59] Sie können höchstens als „dritte Spur" im Sanktionssystem neben den Strafen und Maßregeln bezeichnet werden.

E. Zusammenfassung

Der vorstehende Überblick über die in Deutschland vertretenen Straftheorien lässt sich wie folgt zusammenfassen: Ausgangspunkt für die Überlegungen über den Sinn und Zweck der Strafe in der deutschen Rechtslehre ist die Ablehnung einer absolut begriffenen, schuldausgleichenden Strafe. Somit begrenzt sich der Kreis der in Betracht kommenden Theorien auf die präventiven, d.h. auf den Gedanken der Kriminalitätsvorbeugung aufbauenden Strafkonzepte. In diesem Rahmen rückt die Theorie der sog. positiven Generalprävention aufgrund der Kritik an der Besserungs- und Abschreckungsidee in den Vordergrund. Danach hat die Strafe die Aufgabe, durch die Stärkung des Rechtsbewusstseins in der Gesellschaft die Rechtsordnung zu stabilisieren. Aufgrund des Fehlens von sicheren Maßstäben, nach denen eine stabilisierend wirkende Strafe konkret zu bemessen wäre, knüpft die Theorie der positiven Generalprävention an den Gedanken des gerechten Schuldausgleichs und somit an die Vergeltungstheorie an. Eine schuldangemessene Strafe sollte danach zugleich die erwartete Integrationswirkung entfalten. So betrachtet ist die positive Generalprävention *de facto* eine rationalisierte Form der gerechten Vergeltung, die dem im deutschen Recht seit Langem verankerten Schuldprinzip eine wissenschaftlich gesicherte Grundlage verschaffen soll.

Der Straftheorie der Individualprävention kommt in der deutschen Rechtslehre eine eher sekundäre Bedeutung zu, da sie aufgrund ihrer zahlreichen Mängel das Institut der Strafe nicht zu begründen vermag. Dennoch wird die Spezialprävention als Strafzweck anerkannt. Die Verwirklichung dieses Zwecks erfolgt im deutschen Recht über den Strafvollzug hinaus insbesondere anhand der spezialpräventiv ausgerichteten Instrumente der Strafzumessung im weiteren Sinne, von denen die Strafaussetzung zur Bewährung, die Wahl der Strafart und die spezialpräventiv bedingte Strafrahmenverschiebung eine besondere Stellung einnehmen.

---

[59] Vgl. *Lackner/Kühl*, § 46a Rn. 1a.

III. Polnisches Recht

A. Theorie der gerechten Vergeltung

Die in der polnischen Strafrechtslehre breit vertretene Gerechtigkeitstheorie[83] stellt einen Zweig der klassischen Vergeltungstheorie dar. Von der Letztgenannten ist sie allerdings aufgrund der Präsenz des Zweckgedankens abzugrenzen.

Das Konzept einer absolut begriffenen, den sozialen Zwecken gegenüber indifferenten Strafe ist nach h.A. in der polnischen Rechtslehre unhaltbar und wird abgelehnt.[84] Eine konsequente Distanzierung von der Straftheorie der gerechten Vergeltung bleibt dennoch aus.[85] Diese Theorie wird vielmehr, wie bereits erwähnt, in Form einer auf dem Zweckmäßigkeitsgedanken aufbauenden Gerechtigkeitstheorie vertreten. Nach h.A. dient die Strafe neben der Prävention auch der Befriedigung des empirisch überprüfbaren, gesellschaftlichen Gerechtigkeitsgefühls und ist somit selbst als gerechte Vergeltung stets zweckorientiert.[86] Überschneidungen zwischen diesem Konzept und der Theorie der positiven Generalprävention sind hier nicht zu übersehen.

Der in der Begründung zum Entwurf des neuen polnischen Strafgesetzbuchs formulierten Auffassung, wonach die zugrunde gelegte Axiologie des demokratischen Rechtsstaates die Strafe nicht mehr als Mittel zur Vergeltung für begangenes Unrecht betrachtet,[87] ist die polnische Strafrechtslehre nicht gefolgt.[88]

Eine Strafe trägt dem Zweck der gerechten Vergeltung Rechnung, sofern sie zur Schuld des Täters und zum Grad der Sozialschädlichkeit der Tat in einem angemessenen Verhältnis steht.[89] Inwiefern diese Maßstäbe im positiven Recht berücksichtigt werden, lässt sich anhand der Richtlinien der Strafzumessung nach Art. 53 § 1 pol. StGB feststellen. Obwohl dem Schuldgehalt nach dieser Vorschrift nur noch eine „nach oben" limitierende Funktion zukommt, hat der erkennende Richter

---

83 Vgl. *Bojarski*, Polskie prawo karne, S. 213; *Cieślak*, NP 1969, Nr. 2, 208 ff.; *Gardocki*, Prawo karne, S. 7; *Kaczmarek*, Sędziowski wymiar kary, S. 75; *ders.*, in: Waltoś (Hrsg.), Problemy kodyfikacji prawa karnego, S. 166 f.; *Mącior*, PiP 1973, Nr. 12, 103 f.; *Wolter*, PiP 1969, Nr. 10, 508 ff. Zu den Gegnern der Vergeltungstheorie zählt in der polnischen Strafrechtslehre u.a. *Kazimierz Buchała*, vgl. *Buchała*, PiP 1969, Nr. 2, 307 f.; *ders.*, Przegląd prawa karnego 1995, Nr. 13, S. 8.

84 Vgl. *Cieślak*, NP 1969, Nr. 2, 204; *Kaczmarek*, in: Waltoś (Hrsg.), Problemy kodyfikacji prawa karnego, S. 166; *Zoll*, PiP 1992, Nr. 1, 98.

85 Vgl. *Cieślak*, NP 1969, Nr. 2, 204.

86 Vgl. *Cieślak*, NP 1969, Nr. 2, 208 f.; *Kaczmarek*, Sędziowski wymiar kary, S. 64 ff.; *ders.*, in: Waltoś (Hrsg.), Problemy kodyfikacji prawa karnego, S. 167; *Mącior*, PiP 1973, Nr. 12, 104; *Wolter*, PiP 1969, Nr. 10, 508. Näher zu den Vergeltungstheorien mit empirischem Hintergrund siehe: *Lernell*, Podstawowe zagadnienia penologii, S. 83 ff.

87 Vgl. Uzasadnienie do projektu, S. 35.

88 Vgl. *Bojarski*, Polskie prawo karne, S. 213 f.; *Gardocki*, Prawo karne, S. 7.

89 Vgl. *Marek*, Prawo karne, S. 240; *Mącior*, PiP 1973, Nr. 12, 103.

den Grad der Sozialschädlichkeit der Tat stets als Grundlage der Strafe zu berücksichtigen. Auf diese Weise wird die Gerechtigkeit der verhängten Strafen gewährleistet.

B. Theorie der Spezialprävention

Die polnische Rechtslehre deutet den Strafzweck der Spezialprävention, in Übereinstimmung mit dem herkömmlichen Verständnis, als Vorbeugung weiterer Straftaten durch die Abschreckung, Unschädlichmachung oder Besserung (Erziehung) des Täters.[90]

In der polnischen Gesetzgebungsgeschichte konnte sich die Idee vor allem bei den Arbeiten am ersten polnischen Strafgesetzbuch aus dem Jahr 1932 durchsetzen. Die Verfasser stützten das Gesetzeswerk vorwiegend auf die Strafphilosophie der Individualprävention.[91] Wie weit allerdings diese Entscheidung von der damaligen Rechtswirklichkeit entfernt war, zeigte sich schon bald nach dem Inkrafttreten des Gesetzes, als Rechtslehre und Gerichtspraxis neben der Spezialprävention auch die gerechte Vergeltung und Generalprävention als gleichrangige Strafzwecke anerkannten.[92] Ihre Auffassung teilten auch die Autoren des Strafgesetzbuchs von 1969, deren Konzeption alle drei Strafkonzepte, zumindest theoretisch, im gleichen Umfang berücksichtigte.

Trotz der gegenwärtig verbreiteten Skepsis gegenüber der Effektivität der Spezialprävention haben die Verfasser des geltenden polnischen Strafgesetzbuchs aus dem Jahr 1997 den Gedanken der individualpräventiven Wirkung der Strafe nicht aufgegeben.[93] Im Hinblick auf den Strafzweck der Resozialisierung erfolgt jedoch eine Verlagerung der Akzente von der Besserung im Rahmen eines entsprechend ausgestalteten Strafvollzuges auf die Besserung durch die ambulanten Maßnahmen, wie die Bewährungsmaßnahmen und die Freiheitsbeschränkungsstrafe, sowie auf den Besserungseffekt durch die Auferlegung von Schadenswiedergutmachungspflichten.[94] Der Unschädlichmachung von resozialisierungsunfähigen Straftätern dienen die 25-jährige Freiheitsstrafe und die lebenslange Freiheitsstrafe sowie die Strafmaßnahmen des Berufs- und Fahrverbotes. Nach den Richtlinien der Strafzumessung gemäß Art. 53 § 1 pol. StGB nimmt der Strafzweck der Spezialprävention im Strafzumessungsvorgang neben dem Gebot der Proportionalität der Strafe zum

[90] Vgl. *Bojarski*, Polskie prawo karne, S. 214; *Gardocki*, Prawo karne, S. 189; *Sienkiewicz*, in: Górniok u.a., Kodeks, Art. 53 Nr. 19.

[91] Vgl. *Buchała*, in: Waltoś (Hrsg.), Problemy kodyfikacji prawa karnego, S. 131 f.; *Sienkiewicz*, in: Górniok u.a., Kodeks, Art. 53 Nr. 1.

[92] Vgl. *Kaczmarek*, in: Waltoś (Hrsg.), Problemy kodyfikacji prawa karnego, S. 161 f.

[93] Vgl. Uzasadnienie do projektu, S. 36.

[94] Vgl. Uzasadnienie do projektu, S. 36; *Marek*, Kodeks, Art. 53 Nr. 13.

Unrechtsgehalt der Tat und dem Zweck der Generalprävention, zumindest dem Gesetzeswortlaut nach, eine gleichberechtigte Stellung ein.[95]

C. Theorie der Generalprävention

Die polnische Rechtslehre unterscheidet zwischen dem negativen und dem positiven Aspekt der Generalprävention und schließt sich somit der auch im deutschen Schrifttum üblichen Unterteilung generalpräventiver Wirkungen der Strafe an.[96]

Nach dem Zweiten Weltkrieg dominierte in der polnischen Kriminalpolitik bis in die 80er Jahre die Vorstellung von der Strafe als Mittel zur Abschreckung potenzieller Straftäter (negativer Aspekt der Generalprävention).[97] Die damit verbundene Überzeugung von der Effektivität strenger Strafen im Kampf gegen die „Feinde der sozialistischen Gesellschaftsordnung" führte zur übermäßigen Repressivität der Strafrechtspraxis, in der die Freiheitsstrafe in den Mittelpunkt des Sanktionssystems rückte.[98] Diese Repressivität wurde zum typischen Merkmal des Strafrechts der Volksrepublik Polen. Nach der politischen Wende im Jahr 1989 zeichneten sich bei den Arbeiten am neuen Strafgesetzbuch die Abkehr von der auf Abschreckung aufbauenden Kriminalpolitik und das Streben nach der Milderung von Strafen ab.[99]

Die seit den 80er Jahren immer deutlicher werdende Distanzierung der polnischen Rechtslehre vom Abschreckungsgedanken führte zur stärkeren Hinwendung zur Theorie der positiven Generalprävention.[100] Diese gilt heutzutage als die einzige akzeptable Variante des generalpräventiven Strafkonzepts.[101] Abschreckung darf nach der gegenwärtigen Auffassung der Lehre höchstens eine Nebenfolge der Strafe, nicht aber ihr eigentlicher Zweck sein.[102]

Nach den Richtlinien der Strafzumessung gemäß Art. 53 § 1 pol. StGB hat der Richter bei der Bemessung der Strafe die Bedürfnisse im Bereich der Bildung des gesellschaftlichen Rechtsbewusstseins zu berücksichtigen. Der auf diese Weise zum Ausdruck gebrachte Strafzweck der positiven Generalprävention besteht nach h.A.

---

95 Nur im Hinblick auf die Jugendlichen und Heranwachsenden tritt der Zweck der Resozialisierung gemäß Art. 54 § 1 pol. StGB in den Vordergrund.

96 Vgl. *Buchała*, in: Buchała/Zoll, Kodeks, Art. 53 Nr. 71; *Sienkiewicz*, in: Górniok u.a., Kodeks, Art. 53 Nr. 24; *Wróbel*, in: Zoll (Hrsg.), Kodeks, Art. 53 Nr. 64.

97 Vgl. *Buchała*, in: Waltoś (Hrsg.), Problemy kodyfikacji prawa karnego, S. 133 ff.

98 Vgl. *Buchała*, PiP 1981, Nr. 8, 30 ff.; *Kaczmarek*, NP 1981, Nr. 5, 101.

99 Zur Milderung des Sanktionsniveaus im neuen Strafgesetzbuch aus dem Jahr 1997 im Vergleich zum früheren Recht siehe: *Kochanowski*, Redukcja, S. 18 ff.

100 Vgl. *Kaczmarek*, Palestra 1995, Nr. 3–4, 63.

101 Vgl. *Marek*, Kodeks, Art. 53 Nr. 15; *Sienkiewicz*, in: Górniok u.a., Kodeks, Art. 53 Nr. 25; *Wróbel*, in: Zoll (Hrsg.), Kodeks, Art. 53 Nr. 65 ff.; Uzasadnienie do projektu, S. 36 f.

102 Vgl. *Wróbel*, in: Zoll (Hrsg.), Kodeks, Art. 53 Nr. 65.

in der Stabilisierung der Rechtsordnung durch Bestätigung der Geltung von verletzten Normen, durch Stärkung von rechtskonformen Einstellungen in der Gesellschaft sowie durch Bildung von Vertrauen zur Rechtsordnung und Rechtspflege.[103] Die Idee einer positiven Wirkung der Strafe auf die Allgemeinheit ist im polnischen Strafrecht keineswegs neu, sondern geht auf die Ansichten der Verfasser des Strafgesetzbuchs aus dem Jahr 1969 zurück.[104] Der Unterschied zum damaligen Verständnis der Generalprävention liegt im Prinzip nur in der ausdrücklichen Distanzierung des geltenden Rechts von den negativen Aspekten dieser Straftheorie.[105]

Ähnlich der deutschen Rechtslehre verbinden auch die polnischen Autoren die positiven, generalpräventiven Wirkungen der Strafe mit dem Konzept der gerechten Strafe. Die stabilisierenden Wirkungen entfalten demnach nur solche Strafen, die in einem angemessenen Verhältnis zur Schuld und zum Unrechtsgehalt der Tat (Grad der Sozialschädlichkeit) stehen.[106] In der kritischen Auseinandersetzung wird auf die Unselbstständigkeit der Theorie der positiven Generalprävention hingewiesen. *De facto* stellt sie eine moderne, aus soziologischem Gesichtspunkt betrachtete Vergeltungstheorie dar.[107] Dem Strafkonzept der positiven Generalprävention wird ferner die fehlende empirische Überprüfbarkeit[108] sowie die Abhängigkeit von den gut funktionierenden informellen Instrumenten der Sozialkontrolle vorgeworfen.[109]

D. Strafzweck der Schadenswiedergutmachung

Zu den Strafzwecken werden von manchen polnischen Autoren auch die Wiedergutmachung des durch die Straftat angerichteten Schadens sowie die Genugtuung für erlittene Schmerzen des Opfers gezählt.[110] Die Zweckmäßigkeit einer strikten Trennung von Aufgaben des Zivil- und des Strafrechts wird dabei infrage gestellt.[111] Auf der Gesetzesebene dienen dem Strafzweck der Wiedergutmachung

---

103 Vgl. Uzasadnienie do projektu, S. 36 f; *Buchała*, in: Buchała/Zoll, Kodeks, Art. 53 Nr. 75; *Sienkiewicz*, in: Górniok u.a., Kodeks, Art. 53 Nr. 25; *Wróbel*, in: Zoll (Hrsg.), Kodeks, Art. 53 Nr. 66.

104 Vgl. *Kaczmarek*, Palestra 1995, Nr. 3–4, 63 f.

105 Vgl. Uzasadnienie do projektu, S. 36 f.

106 Vgl. *Buchała*, in: Buchała/Zoll, Kodeks, Art. 53 Nr. 75; *Gardocki*, Prawo karne, S. 189; *Marek*, Kodeks, Art. 53 Nr. 16; *Sienkiewicz*, in: Górniok u.a., Kodeks, Art. 53 Nr. 29; anders *Wróbel*, in: Zoll (Hrsg.), Kodeks, Art. 53 Nr. 74.

107 Vgl. *Krajewski*, in: Tyszkiewicz (Hrsg.), Problemy nauk penalnych, S. 92; *Wilk*, PiP 2000, Nr. 2, 52 f.

108 Vgl. *Krajewski*, in: Tyszkiewicz (Hrsg.), Problemy nauk penalnych, S. 93; *Wilk*, PiP 2000, Nr. 2, 51.

109 Vgl. *Krajewski*, in: Tyszkiewicz (Hrsg.), Problemy nauk penalnych, S. 98 f.

110 Vgl. *Cieślak*, NP 1969, Nr. 2, 210; *Marek*, Prawo karne, S. 242; *Sienkiewicz*, in: Górniok (Hrsg.), Kodeks, vor Art. 32 Nr. 2.

111 Vgl. *Cieślak*, NP 1969, Nr. 2, 210.

und Genugtuung insbesondere folgende Rechtsinstitute: Schadenswiedergutmachung und Bußzahlung *(nawiązka)* als Strafmaßnahmen[112] sowie Schadenswiedergutmachung als Auflage im Rahmen der Bewährungsmaßnahmen.[113]

E. Verhältnis der Strafzwecke zueinander

Die Strafphilosophie des geltenden polnischen Strafrechts wird im Schrifttum als Mischtheorie bezeichnet, in der keiner der anerkannten, oben erläuterten Strafzwecke den Vorrang genießt.[114] Im Hinblick auf die Strafzumessungsentscheidung formulierten die Verfasser des Strafgesetzbuchs von 1997 allerdings ein klares Konzept, das die gesamte Strafphilosophie des Gesetzes widerspiegelt. Nach der Begründung zum Entwurf des Strafgesetzbuchs bestimmt die Schuld des Täters die obere Grenze der Strafe, während die Bedürfnisse im Bereich der Bildung des gesellschaftlichen Rechtsbewusstseins (positive Generalprävention) die untere Grenze definieren. In diesem Rahmen wird die konkrete Strafe nach Maßgabe spezialpräventiver Bedürfnisse festgelegt.[115] Folgt man der oben erwähnten Ansicht, wonach die positiven, generalpräventiven Wirkungen der Strafe untrennbar mit einer gerechten, d.h. der Tatschwere entsprechenden Strafe verbunden sind, so ergibt sich aus der zitierten Begründung zum Entwurf des Strafgesetzbuchs eindeutig eine Rahmentheorie im Sinne der Formel „Prävention im Rahmen der Repression“.[116] Der Grad der Sozialschädlichkeit der Tat (Unrechtsgehalt der Tat) und die Schuld des Täters, die eine gerechte und zugleich stabilisierend wirkende Strafe indizieren, sollten somit den Rahmen oder die Grundlage für die konkrete, spezialpräventiv ausgerichtete Strafe bilden.[117] Ein solches Strafzumessungskonzept stellt *de facto* den Strafzweck der gerechten Vergeltung in den Vordergrund. Für eine großzügigere Berücksichtigung spezialpräventiver Gesichtspunkte bleibt dagegen Raum im Rahmen der Strafzumessung im weiteren Sinne – bei der Entscheidung über Strafaussetzung, Wahl der Strafart, Anwendung von Strafmaßnahmen und über die außerordentliche, spezialpräventiv bedingte Strafmilderung.

---

112 Vgl. Art. 39 Nr. 5, 6 i.V.m. Art. 46 § 1 und 2 pol. StGB.

113 Vgl. Art. 67 § 3 und Art. 72 § 2 pol. StGB.

114 Vgl. *Bojarski*, Polskie prawo karne, S. 215 f.

115 Vgl. Uzasadnienie do projektu, S. 37; *Zoll*, PiP 1992, Nr. 1, 98.

116 Zu beachten ist, dass die gesetzliche Strafzumessungsrichtlinie der Berücksichtigung des Grades der Sozialschädlichkeit der Tat nach manchen Autoren der Vermeidung von allzu milden Strafen dient. Die untere Grenze der Strafe bestimmt sich somit nach dem Grad der Sozialschädlichkeit der Tat, vgl. *Gardocki*, Prawo karne, S. 187; *Sienkiewicz*, in: Górniok u.a., Kodeks, Art. 53 Nr. 17; *Wróbel*, in: Zoll (Hrsg.), Kodeks, Art. 53 Nr. 83.

117 Vgl. *Buchała*, Przegląd prawa karnego 1995, Nr. 13, 9; *Marek*, Kodeks, Art. 53 Nr. 16.

IV. Vergleich

Im Hinblick auf das Begreifen des Wesens und der Zwecke der Strafe ist zwischen den untersuchten Rechtsordnungen nur auf den ersten Blick ein Unterschied zu verzeichnen. Es handelt sich um das Verhältnis der Rechtslehre zum Konzept der Strafe als gerechter Vergeltung. Während im deutschen Schrifttum der Strafe ausschließlich die Aufgabe der Kriminalitätsvorbeugung, vor allem in Form der positiven Generalprävention, beigemessen wird, geht die polnische Lehre von der Annahme aus, die Strafe diene neben den präventiven Zwecken auch der Befriedigung des gesellschaftlichen Gerechtigkeitsgefühls. In Wirklichkeit sind jedoch Differenzen zwischen der zweckorientierten Gerechtigkeitstheorie und dem Strafkonzept der positiven Generalprävention kaum erkennbar. Es handelt sich hier nur um leicht voneinander abweichende Ansätze bei der Begründung einer der Tatschwere entsprechenden Strafe. Die Rechtfertigung einer schuldangemessenen und gerechten Strafe erfolgt in Deutschland durch die Behauptung ihrer Notwendigkeit zur positiven Einwirkung auf die Allgemeinheit und zur Stabilisierung der Rechtsordnung (positive Generalprävention). Die polnischen Rechtstheoretiker begnügen sich hingegen mit der Annahme, die Verhängung einer der Tatschwere entsprechenden Strafe sei schon allein durch die Befriedigung des empirisch nachweisbaren Gerechtigkeitsgefühls legitimiert. Noch mehr verwischt sich der angesprochene Unterschied zwischen den beiden Rechtsordnungen, wenn man einerseits das Einfließen von Vergeltungselementen in die deutsche Theorie der positiven Generalprävention und das Festhalten der deutschen Rechtsprechung am Schuldprinzip, und andererseits die Anerkennung und gesetzliche Verankerung des Gedankens der positiven Generalprävention in Polen berücksichtigt. In den Rechtslehren der beiden Länder bleibt das Konzept des gerechten Schuldausgleichs durch die Verhängung einer Strafe, trotz zum Teil unterschiedlicher Begründung, dem Grunde nach unberührt.

Weder die deutsche noch die polnische Rechtslehre kennt ein einheitliches Strafkonzept. Es werden vielmehr Vereinigungstheorien vertreten, in denen generalpräventive bzw. vergeltende Elemente sich mit individualpräventiven Aspekten vermischen. Jede der beiden Rechtsordnungen verfügt über ein System von spezialpräventiv ausgerichteten Strafzumessungsinstrumenten, das als Parallele zu den gesetzlichen Abstufungen der Tatschwere angesehen werden kann. Es handelt sich vor allem um die Bewährungsmaßnahmen, die Grundsätze der Wahl der Strafart und die spezialpräventiv bedingten Strafmilderungen. Auf der Ebene der Strafzumessung im engeren Sinne kommt dem Strafzweck der Individualprävention dagegen eine eher sekundäre Rolle zu, die sich vorwiegend in der Konkretisierung der unrechts- und schuldangemessenen Rahmenstrafe erschöpft.

Der Vergleich der Straftheorien bildet den Ausgangspunkt und die Grundlage der weiteren Untersuchung. Insbesondere ermöglicht er Erkenntnisse über die Rolle der gesetzlichen Strafrahmen. Diese übernehmen in beiden Rechtsordnungen die

Aufgabe der Gewährleistung von gerechten und zugleich integrierend wirkenden Strafen durch eine bindende Vorausbewertung des für den bestimmten Tatbestand typischen Unrechtsgehalts. Sie stellen in erster Linie eine Tatschwereskala dar, die für die Berücksichtigung spezialpräventiver Gesichtspunkte nur einen eher begrenzten Raum lässt. Zu erwarten in den Strafgesetzen der beiden Länder sind somit Strafandrohungen von relativ hohem Bestimmtheitsgrad im Gegensatz zum System breiter Strafrahmen, das der individuellen Prognose des künftigen Täterverhaltens in großem Umfang Rechnung trägt.

Zweiter Teil

Strafmilderungen und Strafschärfungen des Allgemeinen Teils als Mittel der Abstufung der Tatschwere

I. Einführung

Die Strafmilderungen und zum Teil auch die Strafschärfungen des Allgemeinen Teils des Strafrechts bilden in den heutigen Strafrechtsordnungen einen festen Bestandteil des Systems gesetzlicher Abstufungen der Tatschwere. Bei den abstrakten, auf alle Straftatbestände anwendbaren Strafrahmenbestimmungen gewinnen die Aspekte der Rechtssicherheit und Schuldangemessenheit von Strafandrohungen besondere Bedeutung. Aus rechtsvergleichender Perspektive ist hier zunächst die Methode des Strafrahmenwechsels interessant, bei deren Analyse die Bewertung folgender Lösungsalternativen nötig ist: obligatorischer oder fakultativer Strafrahmenwechsel, Strafrahmenverschiebung oder bloße Strafrahmenerweiterung, Zulässigkeit oder Unzulässigkeit der Gesamtbetrachtung bei der Strafrahmenwahl. Im Mittelpunkt des Interesses steht in diesem Teil ferner die Frage nach der strafrechtlichen Bewertung von den typischerweise im Allgemeinen Teil geregelten Straftatbegehungsformen wie Versuch, Teilnahme, Garantenunterlassen, irrtumsbedingtes Handeln oder Handeln in Notwehr bzw. im Notstand. Was die Kriterien der allgemeinen Strafrahmenverschiebungen angeht, so beschränkt sich die Untersuchung auf die Tatumstände im engeren Sinne (Unrechts- und Schuldgehalt der Tat). Die Umstände aus dem Vorleben des Täters sowie sein Verhalten nach der Tat bleiben demnach außer Betracht.

Der jeweilige Landesbericht ist wie folgt aufgebaut: Zuerst werden die Regelung des Sonderstrafrahmens, die Frage der Fakultativität des Strafrahmenwechsels sowie die im Schrifttum und in der Rechtsprechung entwickelten Methoden der Strafrahmenwahl bei den fakultativen Strafmilderungen erläutert. Sodann werden die einzelnen fakultativen und obligatorischen Strafmilderungs- und Strafschärfungsgründe in der jeweiligen Rechtsordnung dargestellt, wobei ein besonderer Akzent auf die Frage der Rechtfertigung der Strafrahmenverschiebung und auf die Tatsachenbasis der Entscheidung über den Strafrahmenwechsel gelegt wird. Anschließend wird auf die gesetzlichen Lösungen hinsichtlich der Behandlung der Bagatellkriminalität sowie auf die Strafrahmenwahl beim Zusammentreffen von mehreren Strafmilderungs- bzw. Strafschärfungsgründen eingegangen. Den beiden Landesberichten folgen Zusammenfassung, Rechtsvergleich und Bewertung.

II. Deutsches Recht

A. Strafrahmenschärfung anhand der Regelungen des Allgemeinen Teils

Nach der Aufhebung der unter anderem wegen der Unvereinbarkeit mit dem Schuldprinzip stark kritisierten[1] Rückfallvorschrift des § 48 dt. StGB durch das 23. StÄG vom 13. April 1986[2] sind im Allgemeinen Teil des deutschen Strafrechts Strafrahmenschärfungen nicht mehr vorgesehen. Die gesetzliche Abstufung der Tatschwere durch Anhebung des Regelstrafrahmens findet ausschließlich im Zusammenhang mit den einzelnen Straftatbeständen des Besonderen Teils statt. Aus Gründen der Vollständigkeit empfiehlt es sich dennoch an dieser Stelle, die aufgehobene Rückfallbestimmung des deutschen Rechts kurz zu erläutern.

Der allgemeinen Strafschärfung wegen Rückfalls nach § 48 dt. StGB a.F. lag neben den spezialpräventiven Gesichtspunkten die Erwägung zugrunde, der Umstand der Rückfälligkeit des Täters könne den Schuldgehalt der konkreten Tat beeinflussen.[3] Die Rechtfertigung der Rückfallbestimmung bestand somit in der erhöhten Tatschuld des Rückfalltäters und nicht etwa in dessen erhöhter Lebensführungsschuld, was auch eine automatische Anwendung des § 48 dt. StGB a.F. ausschließen sollte.[4] Ein Rückfall nach § 48 dt. StGB a.F. lag vor, wenn jemand eine vorsätzliche Straftat begangen hatte, nachdem er schon mindestens zweimal wegen einer vorsätzlichen Straftat verurteilt worden war und eine Freiheitsstrafe von mindestens drei Monaten verbüßt hatte. Für die Strafrahmenschärfung war es ferner erforderlich, dass dem Täter im Hinblick auf die Art und Umstände der Straftaten vorzuwerfen war, er habe sich die früheren Verurteilungen nicht zur Warnung dienen lassen (§ 48 Abs. 1 dt. StGB). Die Strafrahmenschärfung beim Rückfall bestand in der Anhebung der Mindeststrafe, die bei der Erfüllung der Voraussetzungen des § 48 dt. StGB a.F. sechs Monate Freiheitsstrafe betrug, wenn die Tat nicht ohnehin mit einer höheren Mindeststrafe bedroht war. Der Anwendungsbereich des § 48 dt. StGB a.F. erfasste somit nur die leichtere und mittelschwere Kriminalität, bei der die Möglichkeit der Verhängung von sog. kurzen Freiheitsstrafen bestand. An dieser Regelung wird auch deutlich, dass die Rückfallvorschrift in erster Linie der Vermeidung von kurzen Freiheitsstrafen und folglich den spezialpräventiven Zwecken diente.

---

1 Vgl. *Baumann/Weber*, AT, S. 642; *Baumann*, DRiZ 1970, 7 f.; *Frosch*, Die allgemeine Rückfallvorschrift, S. 184 ff.; *Horn*, ZStW 89 (1977), 566 f.; *Kürschner*, Die materielle Rückfallklausel, S. 107 f.

2 BGBl 1986, Teil I, S. 393.

3 Vgl. Schönke/Schröder-*Stree*, 22. Auflage, § 48 Rn. 1; LK-*Hirsch*, 10. Auflage, § 48 Rn. 1.

4 Ebd.

B. Strafrahmenmilderung anhand der Regelungen des Allgemeinen Teils

Die Abstufung der Tatschwere im Allgemeinen Teil des deutschen Strafgesetzbuchs erfolgt anhand zahlreicher Strafmilderungsvorschriften, die eine fakultative oder zwingende Strafrahmenherabsetzung vorsehen. Die Änderung des Strafrahmens knüpft dabei stets an benannte, näher umschriebene Milderungsgründe an. Es handelt sich im Einzelnen um folgende Umstände:

Zwingende allgemeine Milderungsgründe	Fakultative allgemeine Milderungsgründe
Beihilfe, § 27 II dt. StGB Fehlen besonderer persönlicher Merkmale beim Teilnehmer, § 28 I dt. StGB Versuch der Beteiligung, § 30 I 2 dt. StGB und die Fälle des § 30 II dt. StGB Vermeidbare irrige Annahme eines entschuldigenden Notstands, § 35 II 2 dt. StGB	Unterlassen, § 13 II dt. StGB Vermeidbarer Verbotsirrtum, § 17 dt. StGB Erheblich verminderte Schuldfähigkeit, § 21 dt. StGB Versuch, § 23 II und III dt. StGB Verursachung der Notstandslage und sonstige Fälle der Gefahrtragungspflicht, § 35 I 2 dt. StGB

C. Sonderstrafrahmen bei Strafmilderungen des Allgemeinen Teils

§ 49 dt. StGB regelt die Grenzen des Sonderstrafrahmens für alle auf diese Vorschrift verweisenden Strafmilderungsbestimmungen, darunter alle Strafmilderungen des Allgemeinen Teils. Die Vorschrift unterscheidet zwischen der umfangsmäßig beschränkten Milderung (Abs. 1) und der umfangsmäßig unbeschränkten sog. Ermessensmilderung (Abs. 2).

Die Erstere besteht in der Verschiebung des gesamten Strafrahmens, indem sowohl die Mindest- als auch die Höchstgrenze der Strafandrohung ermäßigt werden. Das erhöhte Mindestmaß einer Freiheitsstrafe wird auf zwei Jahre (wenn die Untergrenze des Regelstrafrahmens zehn oder fünf Jahre beträgt), auf sechs Monate (beim Mindestmaß von drei oder zwei Jahren) auf drei Monate (beim Mindestmaß von einem Jahr) oder auf das gesetzliche Mindestmaß herabgesetzt. An die Stelle lebenslanger Freiheitsstrafe tritt Freiheitsstrafe nicht unter drei Jahren. Die Verhängung sonst nicht angedrohter Geldstrafe sowie das Absehen von Strafe sind dagegen anhand des § 49 Abs. 1 dt. StGB nicht möglich. Was die obere Grenze der Strafandrohung im Fall der Strafmilderung nach § 49 Abs. 1 dt. StGB anbelangt, so beträgt sie stets drei Viertel des Höchstmaßes des Regelstrafrahmens. Dadurch wird ein breiter Überschneidungsbereich zwischen dem Regel- und dem Sonderstrafrahmen geschaffen.

Die sog. Ermessensmilderung gemäß § 49 Abs. 2 dt. StGB besteht in der Reduzierung der unteren Strafgrenze auf das gesetzliche Mindestmaß und der Einräumung der Möglichkeit, statt auf Freiheitsstrafe auf Geldstrafe zu erkennen. Da die Obergrenze des Strafrahmens unberührt bleibt, findet hier eine bloße Strafrahmenerweiterung statt. Im Schrifttum wird dennoch die Ansicht vertreten, es dürfte hier zur Vermeidung von Wertungswidersprüchen von einer Herabsetzung auch des Höchstmaßes der Strafe nach dem Maßstab des Abs. 1 ausgegangen werden.[5] Dies empfiehlt sich auch angesichts des Umstands, dass eine erhebliche Ausweitung des Strafrahmens dem verfassungsrechtlichen Einwand ausgesetzt ist, eine vom Bestimmtheitsgebot geforderte gesetzliche Vorausbewertung des Unrechtsgehalts durch die Festlegung klarer Maßstäbe für die Strafzumessung i.e.S. liege hier nicht vor.[6] Dieses Problem wird zusätzlich dadurch verschärft, dass bei den meisten, auf § 49 Abs. 2 dt. StGB verweisenden Vorschriften zusätzlich auch die Möglichkeit des Absehens von Strafe vorgesehen ist.

Von den beiden in § 49 dt. StGB geregelten Arten der Strafrahmenänderung kommt bei den Strafmilderungen des Allgemeinen Teils praktisch nur diejenige des § 49 Abs. 1 dt. StGB zur Anwendung. Eine Ausnahme ist die Strafmilderung wegen des grob unverständigen Versuchs, die nach § 49 Abs. 2 dt. StGB erfolgt (§ 23 Abs. 3 dt. StGB).

D. Strafrahmenwahl

1. Problemstellung

Der Übergang vom Regelstrafrahmen zum Sonderstrafrahmen bereitet keine allzu großen Schwierigkeiten, sofern es sich um zwingende Milderungsgründe handelt. Liegt das in der einschlägigen, zwingenden Milderungsvorschrift umschriebene Tatmerkmal vor, so ist das konkrete Strafmaß stets dem in § 49 dt. StGB geregelten Sonderstrafrahmen zu entnehmen. Die einzige Schwierigkeit bei der Ermittlung des richtigen Strafrahmens liegt hier in der Auslegung des jeweiligen Milderungsgrundes. Insofern handelt es sich bei den obligatorischen allgemeinen Strafmilderungen um die gleiche Methode der Abstufung der Tatschwere wie bei den benannten, zwingenden Privilegierungen und Qualifizierungen des Besonderen Teils.

Ganz andere Probleme entstehen hingegen bei den fakultativen Strafmilderungen, bei denen die Entscheidung über die Wahl des Strafrahmens in das Ermessen des Gerichts gestellt wird. Das Vorliegen eines der gesetzlich vertypten Milde-

---

5 Vgl. *Bergmann*, Die Milderung der Strafe, S. 34; *Lackner/Kühl*, § 49 Rn. 5; MK-*Franke*, § 49 Rn. 6.

6 Vgl. *Fischer*, § 49 Rn. 5; Schönke/Schröder-*Stree*, § 49 Rn. 8.

rungsgründe ist hier zwar eine notwendige, nicht aber eine hinreichende Bedingung für die Anwendung des milderen Strafrahmens. Genauere Hinweise hinsichtlich der Kriterien, an die der Richter bei der Entscheidung über die Wahl des Strafrahmens anknüpfen könnte, lassen sich dem Gesetzeswortlaut nicht entnehmen. Ihre Herausarbeitung wird vielmehr Lehre und Rechtsprechung überlassen.

Diese schlagen drei Lösungswege vor. Erstens die sog. Gesamtbetrachtungsmethode, zweitens die Einschränkung der zugrunde zu legenden Tatsachenbasis auf Umstände, die auf den jeweiligen, vertypten Milderungsgrund bezogen sind, und drittens das Konzept des erweiterten Gesamtstrafrahmens, dessen Anhänger das Modell zweistufiger Strafzumessung (Strafrahmenwahl und Strafzumessung i.e.S.) ablehnen und auf die Entscheidung über die Wahl des Strafrahmens verzichten.

2. Gesamtbetrachtungsmethode

Nach ständiger Rechtsprechung ist die Entscheidung über den anzuwendenden Strafrahmen im Wege einer Gesamtwürdigung der Tatumstände im weitesten Sinne sowie der Persönlichkeit des Täters zu treffen.[7] Eine Strafmilderung nach § 49 Abs. 1 dt. StGB kommt demnach nicht in Betracht, wenn die Gesamtwürdigung ergibt, dass eine Strafe innerhalb des Regelstrafrahmens noch schuldangemessen wäre, weil die geringe Strafwürdigkeit wegen des Vorliegens eines vertypten Milderungsgrundes durch erschwerende Umstände wieder aufgewogen wird.[8]

Für die Gesamtbetrachtungsmethode sprechen mehrere Argumente. Zunächst ist zu beachten, dass das Gesetz die Entscheidung über die Wahl des Strafrahmens bei den fakultativen Strafmilderungen in das Ermessen des Gerichts stellt, ohne dieses Ermessen in irgendeiner Weise einzuschränken. Eine Begrenzung der zugrunde zu legenden Tatsachenbasis lässt sich dem Gesetzeswortlaut nicht entnehmen. Im Hinblick auf die Versuchsmilderung wird ferner argumentiert, eine klare Grenzziehung zwischen den versuchsbezogenen und den sonstigen Tatumständen sei nicht möglich.[9] Nach der Ansicht des BGH wäre eine solche Aufteilung der wesentlichen Ergebnisse der Hauptverhandlung weder nach brauchbaren, überzeugenden Maßstäben möglich noch sachgemäß, gerecht oder durch das Gesetz geboten.[10] Schließlich weist die höchstrichterliche Rechtsprechung ebenfalls im Zusammenhang mit der Versuchmilderung darauf hin, dass bei zahlreichen Versuchshandlungen, denen es an kennzeichnenden Zügen für die Beurteilung ihrer Schwere als Versuchstat

---

7 Vgl. BGHSt 7, 28, 30 f.; BGHSt 16, 351; BGHSt 17, 266; BGH StV 1981, 237; BGH StV 1981, 514; BGH StV 1983, 203; BGH NJW 1998, 3068. Dieser Auffassung hat sich zum Teil auch die Rechtslehre angeschlossen, vgl. *Bruns*, Das Recht der Strafzumessung, S. 172; LK-*Gribbohm*, § 49 Rn. 2; NK-*Lemke*, § 49 Rn. 7.

8 Vgl. BGH StV 1981, 237; OLG Celle StV 1983, 203.

9 Vgl. *Stratenwerth*, Die fakultative Strafmilderung, S. 258 f.

10 Vgl. BGHSt 17, 266 f.

fehlt, kein zuverlässiger Maßstab für die Ausübung des richterlichen Ermessens beim Verzicht auf die Gesamtbetrachtung gegeben wäre.[11]

In der neueren Rechtsprechung wird die herrschende Gesamtbetrachtungsmethode teilweise modifiziert, ohne dabei ihren Grundgedanken aufzugeben. Deutlich wird insbesondere eine stärkere Betonung der besonderen Rolle der auf den jeweiligen Milderungsgrund bezogenen Umstände bei der Strafrahmenwahl.[12]

3. Kritik der Gesamtbetrachtungsmethode

Die Gesamtwürdigung aller Tatumstände und der Täterpersönlichkeit als Methode der Strafrahmenwahl bei den fakultativen Strafmilderungen wird in der deutschen Rechtslehre stark kritisiert.[13] Die vor allem von der Rechtsprechung bevorzugte Methode wird insbesondere wegen folgender Mängel beanstandet:

Die Anwendung der Gesamtbetrachtungsmethode bei den fakultativen Strafrahmenmilderungen gemäß § 49 Abs. 1 dt. StGB führt nach manchen Autoren zum Verstoß gegen das Doppelverwertungsverbot.[14] Es ist nach *Eduard Dreher* unzulässig, Umstände, die bei der Bildung eines Strafrahmens mitgewirkt haben und deshalb für die ganze Breite dieses Rahmens vorausgesetzt sind, bei der Strafzumessung i.e.S. wieder zu verwerten.[15] Es käme folglich zu einer verbotenen Doppelverwertung strafrahmenbildender Umstände, wenn man alle strafzumessungsrelevanten Umstände sowohl bei der Strafrahmenwahl als auch bei der Festsetzung der konkreten Strafe innerhalb des gewählten Strafrahmens berücksichtigen würde. Im neueren Schrifttum wird die Auffassung *Drehers* als überholt angesehen.[16] Rahmenbildend wirkt nach *Michael Hettinger* nicht ein einzelner Umstand *in concreto*, sondern die Zugehörigkeit zu einer besonderen Wertgruppe, deren Prüfung einer Gesamtwürdigung aller Strafzumessungstatsachen bedarf. Dem Doppelverwertungsverbot unterliegt ausschließlich diese Gesamtbewertung und nicht die Betrachtung einzelner Tatsachen, die sowohl bei der Strafrahmenwahl als auch bei der Festsetzung des konkreten Strafmaßes verwertet werden darf.[17] Auf diese Weise wird dem Argument *Drehers* der Boden entzogen.

---

[11] Vgl. BGHSt 16, 351, 353.

[12] Vgl. BGHSt 35, 347, 355; BGHSt 36, 1, 18; BGH NJW 1989, 3230; BGH NStZ 1993, 134; BGH NStZ 1995, 285; BGH NStZ 1998, 245.

[13] Zur Kritik der Gesamtbetrachtungsmethode siehe: *Alberts*, Gesetzliche Strafmilderungsgründe, S. 113 ff.; *Frisch/Bergmann*, JZ 1990, 945 ff.; *Frisch*, FS für Spendel, S. 385 ff.; *Horn*, GS für Armin Kaufmann, S. 573 ff.; *Lackner/Kühl*, § 49 Rn. 4; *Timpe*, Strafmilderungen, S. 32 ff.

[14] Vgl. *Alberts*, Gesetzliche Strafmilderungsgründe, S. 113 ff.; *Dreher*, JZ 1957, 156; *ders.*, JZ 1968, 213.

[15] Vgl. *Dreher*, JZ 1957, 156; *ders.*, JZ 1968, 213.

[16] Vgl. *Frisch/Bergmann*, JZ 1990, 945.

[17] Vgl. *Hettinger*, Das Doppelverwertungsverbot, S. 193 f.

Die Entscheidung über die Wahl des Strafrahmens auf der Basis der Gesamtwürdigung sämtlicher Tatumstände ist wegen der vagen Maßstäbe der revisionsrechtlichen Nachprüfung nur schwer zugänglich. Es besteht die Gefahr, dass ähnliche Sachverhalte in der Praxis unterschiedlich bewertet werden. Die Gesamtbetrachtungsmethode wird somit den verfassungsrechtlichen Postulaten der Rechtsgleichheit und der hinreichenden Bestimmtheit der Straftatfolgen nicht gerecht.[18]

Nach mehreren Autoren ist die Gesamtbetrachtungslehre bereits angesichts der Regelung der Grenzen des Sonderstrafrahmens in § 49 Abs. 1 dt. StGB nicht haltbar.[19] Diese Vorschrift sieht nämlich einen nicht unerheblichen Überschneidungsbereich von Regel- und Sonderstrafrahmen vor. Bei drei Vierteln des Regelstrafrahmens liegt nach § 49 Abs. 1 dt. StGB die obere Grenze des Sonderstrafrahmens. Die Aussage über die Angemessenheit des einen oder des anderen Strafrahmens, d.h. über die Zugehörigkeit des konkreten Sachverhalts zu der einen oder anderen Wertgruppe auf der Basis der Gesamtwürdigung aller Tatumstände ist nicht möglich, wenn die konkurrierenden Strafrahmen zum großen Teil Strafen gleicher Höhe enthalten. Bei sich überschneidenden Strafrahmen ist eine solche Aussage nur möglich, wenn nicht allein die generell mindere oder größere Strafwürdigkeit, sondern das Vorliegen oder Fehlen eines näher umschriebenen, typisierbaren Merkmals ausschlaggebend ist.

Unvereinbar mit der Regelung der sich überschneidenden Regel- und Sonderstrafrahmen ist offenbar die in der Rechtsprechung formulierte These, die Strafrahmenherabsetzung nach § 49 Abs. 1 dt. StGB scheide immer dann aus, wenn eine innerhalb des Regelstrafrahmens bestimmte Strafe noch schuldangemessen wäre.[20]

Ferner kann gegen die Gesamtbetrachtungsmethode der Einwand erhoben werden, sie sei nicht vereinbar mit dem geltenden Modell des Strafrahmens als einer kontinuierlichen Schwereskala, auf der alle denkbaren Modalitäten der Tatbestandsverwirklichung, vom leichtesten bis zum schwersten Fall, einzuordnen sind.[21] Der Gesetzgeber hat nach diesem Konzept durch die Bildung von Strafrahmen bereits eine generelle Vorausbewertung der Deliktsschwere vorgenommen. Der Strafrahmenwechsel ist bei solcher Betrachtung nur dann sinnvoll und möglich, wenn er an konkrete, näher umschriebene Maßstäbe anknüpft. Der Sonderstrafrahmen sollte mit anderen Worten eine neue Schwereskala für die Fälle darstellen, die sich durch ein bestimmtes, typisierbares Merkmal und nicht allein durch generell mindere

---

[18] Vgl. *Alberts*, Gesetzliche Strafmilderungsgründe, S. 123 ff.; *Frisch/Bergmann*, JZ 1990, 945 ff.; *Frisch*, FS für Spendel, S. 387; *Timpe*, Strafmilderungen, S. 71 ff.

[19] Vgl. *Alberts*, Gesetzliche Strafmilderungsgründe, S. 122 f.; *Frisch/Bergmann*, JZ 1990, 948 ff.; *Frisch*, FS für Spendel, S. 388 f.; *Timpe*, Strafmilderungen, S. 81.

[20] Vgl. BGH StV 1981, 237; OLG Celle StV 1983, 203.

[21] Zum Modell des Strafrahmens als Schwereskala siehe u.a.: *Bruns*, Das Recht der Strafzumessung, S. 60 ff.; *Dreher*, Über die gerechte Strafe, S. 61 ff.; *Frisch*, Revisionsrechtliche Probleme, S. 161 ff.

Strafwürdigkeit auszeichnen. Die Anwendung der Gesamtbetrachtungsmethode kommt folglich nur innerhalb des konkreten Strafrahmens infrage, da andernfalls die durch die Festsetzung des Strafrahmens vorgenommene, gesetzliche Vorausbewertung der Tatschwere missachtet würde.[22]

Gegen die Anwendung der Gesamtbetrachtungsmethode bei fakultativen Strafmilderungen wird schließlich vorgetragen, sie ignoriere den Regelungszweck der Rahmenherabsetzung.[23] Bei der Ermittlung der Voraussetzungen des Strafrahmenwechsels gemäß § 49 Abs. 1 dt. StGB ist nämlich der teleologische Hintergrund der jeweiligen Milderungsregelung in Betracht zu ziehen. Die Strafrahmenverschiebung sollte folglich gerade wegen des Vorliegens des vertypten Milderungsgrundes und nicht nur anlässlich seines Vorliegens erfolgen.[24]

4. Strafrahmenwahl aufgrund eingeschränkter Tatsachenbasis

Die gegen die Gesamtbetrachtungsmethode erhobenen Einwände sind zugleich Argumente für die im deutschen Schrifttum weitverbreitete Ansicht, die Strafrahmenwahl bei den fakultativen Strafmilderungen nach § 49 Abs. 1 dt. StGB habe aufgrund einer eingeschränkten Tatsachenbasis zu erfolgen. Bei der Entscheidung über die Wahl des anzuwendenden Strafrahmens sind demnach nur Umstände zu berücksichtigen, die auf den jeweiligen vertypten Milderungsgrund bezogen sind.[25] Dieser Auffassung hat sich mittlerweile die Rechtsprechung angenähert, indem sie diesen Umständen bei der Entscheidung über die Wahl des Strafrahmens ein besonderes Gewicht beimisst.[26]

Bei der Konkretisierung der Kriterien der Strafrahmenwahl gehen die Auffassungen der Anhänger dieses Konzepts zum Teil weit auseinander. Darauf wird im Zusammenhang mit den einzelnen Milderungsgründen noch eingegangen. An dieser Stelle ist nur anzumerken, dass bereits die These – bei der Strafrahmenwahl seien nur die auf den jeweiligen Milderungsgrund bezogenen Umstände zu berücksichtigen – infrage gestellt wird. Nach *Wolfgang Frisch* fordert die Orientierung an der *ratio* der Milderungsnorm die Berücksichtigung nicht nur der milderungs-

---

[22] Vgl. *Frisch/Bergmann*, JZ 1990, 948.

[23] Vgl. *Alberts*, Gesetzliche Strafmilderungsgründe, S. 119 ff.; *Dreher*, JZ 1957, 156; *Frisch/Bergmann*, JZ 1990, 949 ff.; *Frisch*, FS für Spendel, S. 389; *Lackner/Kühl*, § 49 Rn. 4.

[24] Vgl. *Alberts*, Gesetzliche Strafmilderungsgründe, S. 119 ff.; *Dreher*, JZ 1957, 156; *Frisch/Bergmann*, JZ 1990, 949 ff.; *Frisch*, FS für Spendel, S. 389; *Lackner/Kühl*, § 49 Rn. 4.

[25] Vgl. *Dreher*, JZ 1956, 683; *ders.*, JZ 1957, 156; *ders.*, JZ 1968, 213; *Jescheck/Weigend*, AT, S. 900; *Lackner/Kühl*, § 49 Rn. 4; SK-*Horn*, § 46 Fn. 68 ff.

[26] Beispielsweise sind bei der Versuchsmilderung insbesondre die Nähe zur Tatvollendung, die Gefährlichkeit des Versuchs und die aufgewandte kriminelle Energie in Betracht zu ziehen, vgl. BGHSt 35, 347, 355; BGHSt 36, 1, 18.

grundbezogenen Umstände, sondern auch der Spezifika des jeweiligen Deliktstypus.[27] Auch *Gerhard Timpe* distanziert sich von dem Vorschlag *Drehers*, bei der Versuchsmilderung ausschließlich auf die versuchsbezogenen Umstände abzustellen. Die Lösung sucht er vielmehr in der Bildung von Typen von Versuchssachverhalten minderer Strafwürdigkeit.[28]

Gegen die Begrenzung der Tatsachenbasis auf die milderungsgrundbezogenen Umstände wird vorgetragen, der einzige wirkliche versuchsbezogene Umstand sei das Ausbleiben des Erfolges. Andere versuchsbezogene Umstände gebe es dagegen nicht, sondern nur solche, die sowohl beim Versuch als auch beim vollendeten Delikt in gleicher Weise auftreten können.[29]

5. Das Modell des erweiterten Gesamtstrafrahmens

Als Lösung des Problems, vor das der Richter bei der Entscheidung über die Wahl des Strafrahmens gestellt wird, wird schließlich die Annahme eines erweiterten, einheitlichen Gesamtstrafrahmens vorgeschlagen. Um die Schwierigkeiten, die mit den oben erläuterten Methoden der Strafrahmenwahl verbunden sind, zu vermeiden, sollte danach auf die Wahl zwischen zwei Strafrahmen verzichtet und nur aufgrund eines einheitlichen Strafrahmens entschieden werden. Der Gesamtstrafrahmen sollte sich zwischen der oberen Grenze des Regelstrafrahmens und der unteren Grenze des Sonderstrafrahmens erstrecken. Dieses von *Heinz Zipf* noch für das alte Recht vorgeschlagene Modell[30] versuchte *Eckhard Horn* auf das neue Recht zu übertragen,[31] das die Senkung nicht nur der Unter-, sondern auch der Obergrenze vorsieht. Die Anwendbarkeit des Modells des erweiterten Strafrahmens auf das geltende Recht ist nach *Horn* möglich, wenn man die Vorschrift des § 49 Abs. 1 dt. StGB in Verbindung mit den fakultativen Strafmilderungen so versteht, dass nicht zwischen zwei, sondern innerhalb von zwei Strafrahmen gewählt werden soll.[32]

Das Konzept des erweiterten Gesamtstrafrahmens wird von der herrschenden Lehre abgelehnt.[33] Diese geht auch bei den fakultativen Strafmilderungen von einem zweistufigen Strafzumessungsvorgang aus, in dem zunächst über den anzuwendenden Strafrahmen und dann über das konkrete Strafmaß entschieden wird.

---

27 Vgl. *Frisch*, FS für Spendel, S. 391 ff.; *Frisch/Bergmann*, JZ 1990, 952 f.

28 Vgl. *Timpe*, Strafmilderungen, S. 106 ff.

29 Vgl. *Stratenwerth*, Die fakultative Strafmilderung, S. 261; *Timpe*, Strafmilderungen, S. 106 f.; *Zipf*, Die Strafmaßrevision, S. 33.

30 Vgl. *Zipf*, Die Strafmaßrevision, S. 32 ff.

31 Vgl. SK-*Horn*, 2. Auflage, § 46 Rn. 56.

32 Ebd.

33 Vgl. *Alberts*, Gesetzliche Strafmilderungsgründe, S. 107 f.; *Fischer*, § 49 Rn. 2; *Frisch/Bergmann*, JZ 1990, 951 f.; *Timpe*, Strafmilderungen, S. 83 ff.

Gegen die Annahme eines einheitlichen Gesamtstrafrahmens sprechen insbesondere folgende Argumente: 1. Der Gedanke des erweiterten Strafrahmens bei den fakultativen Strafmilderungsgründen gemäß § 49 Abs. 1 dt. StGB widerspricht dem Wortlaut des Gesetzes, das nicht nur die Unter-, sondern auch die Obergrenze des Strafrahmens herabsetzt. 2. Durch die bloße Strafrahmenerweiterung wird die Funktion des Strafrahmens als Schwereskala missachtet, da eine gesetzlich nicht vorgesehene, breitere Schwereskala geschaffen wird. 3. Die Erweiterung des Strafrahmens verschärft das Problem der unzureichenden Bestimmtheit der Straftatfolgen.[34]

6. Fazit

Die Gesamtwürdigung aller strafzumessungsrelevanten Umstände sowie das Modell des erweiterten Gesamtstrafrahmens als Methoden der Strafrahmenwahl können der seitens der Rechtslehre geübten Kritik nicht standhalten. Sie sind vor allem mit dem gesetzlichen Konzept der Strafrahmenänderung gemäß § 49 Abs. 1 dt. StGB nicht vereinbar. Die erstgenannte Methode ist schon angesichts der sich überschneidenden und somit zum großen Teil die Strafen gleicher Höhe erfassenden Regel- und Sonderstrafrahmen nicht haltbar. Die Annahme eines erweiterten Gesamtstrafrahmens missachtet dagegen die Tatsache, dass das Gesetz die Herabsetzung nicht nur der Unter-, sondern auch der Obergrenze des Regelstrafrahmens vorsieht. Weitere Anhaltspunkte der Kritik beziehen sich auf die unzureichende Bestimmtheit der Straftatfolgen bei der Anwendung einer der beiden Methoden. Die mit ihnen verbundene Rechtsunsicherheit wird insbesondere beim Zusammentreffen von mehreren fakultativen Milderungsgründen und bei der mehrfachen Herabsetzung des Regelstrafrahmens deutlich. Um die gesetzlichen Lösungen nicht zu missachten und der Forderung nach hinreichender Bestimmtheit von Straftatfolgen gerecht zu werden, ist die Einschränkung der Tatsachenbasis bei der Strafrahmenwahl zu empfehlen. In diese Richtung geht auch die neuere Rechtsprechung, indem sie den auf den jeweiligen Milderungsgrund bezogenen Umständen den Vorrang vor sonstigen Umständen einräumt.[35] Es ist nicht zu übersehen, dass auch mit der Anwendung dieser Methode gewisse Unsicherheiten verbunden sind. Diese könnten durch die Herausarbeitung von konkreten Sachverhaltsgruppen minderer Strafwürdigkeit anstatt eines allgemeinen Hinweises auf die milderungsgrundbezogenen Umstände zum Teil aufgehoben werden. In diese Richtung geht auch der Ansatz von *Gerhard Timpe.*[36] Darüber hinaus wäre es empfehlenswert, *de lege ferenda* von der Fakultativität der allgemeinen Strafmilderung womöglich abzusehen.

---

[34] Vgl. *Frisch/Bergmann*, JZ 1990, 951 f.

[35] Vgl. BGHSt 35, 347, 355; BGHSt 36, 1, 18; BGH NJW 1989, 3230; BGH NStZ 1993, 134; BGH NStZ 1995, 285; BGH NStZ 1998, 245.

[36] Vgl. *Timpe*, Strafmilderungen.

E. Die einzelnen fakultativen Milderungsgründe des Allgemeinen Teils

1. Versuch

a) Allgemeines

Das deutsche Strafgesetzbuch sieht in § 23 Abs. 2 die Möglichkeit einer milderen Bestrafung des Täters vor, dessen Tat im Versuchsstadium geblieben ist. Gemeint ist die Milderung durch Herabsetzung des Strafrahmens nach § 49 Abs. 1 dt. StGB.

b) Rechtfertigung der Strafmilderung beim Versuch

Die Strafmilderung beim Versuch lässt sich auf drei verschiedene Weisen rechtfertigen: Folgt man der Unrechtslehre von *Diethart Zielinski*, so ist die Rechtfertigung der Strafmilderung bei der unternommenen, aber erfolglosen Tat jedenfalls nicht unter Berufung auf das im Vergleich zum vollendeten Delikt generell geringere Unrecht des Versuchs möglich. Nach *Zielinski* erschöpft sich das Unrecht allein im Handlungsunwert:

> Unrecht ist der pflichtwidrige finale Akt – und nur er.[37]

Das Fehlen des Erfolgseintritts kann somit den Unrechtsgehalt der Tat in der Regel nicht verringern. Bei solcher Betrachtung wird die Strafmilderung beim Versuch nur gerechtfertigt, wenn die Versuchstat im Einzelfall ein im Vergleich zum vollendeten Delikt geringeres Maß am Handlungsunwert aufweist. Dies wird nach *Zielinski* beim unbeendeten Versuch der Fall sein.[38]

> Auf der Unrechtsebene verläuft also eine qualitative Scheidelinie nicht zwischen versuchtem und vollendetem Verbrechen, sondern zwischen beendetem und unbeendetem Versuch.[39]

Die Strafmilderung nach § 23 Abs. 2 dt. StGB sollte sich somit ausschließlich auf den unbeendeten Versuch beziehen, dessen mildere Bestrafung auf den geringeren Handlungsunwert zurückzuführen ist.

Geht man hingegen von der Annahme aus, der Erfolgsunwert sei neben dem Handlungsunwert eine gleichrangige Komponente des Unrechts,[40] so lässt sich die Strafmilderung beim Versuch allein unter der Berufung auf den reduzierten Unrechtsgehalt von nicht vollendeten Delikten rechtfertigen.

---

[37] Vgl. *Zielinski*, Handlungs- und Erfolgsunwert, S. 143.

[38] Ebd., S. 217.

[39] Ebd., S. 144.

[40] H.A., vgl. *Jescheck/Weigend*, AT, S. 239 f.; *Maurach/Zipf*, AT 1, S. 205 ff.; *Roxin*, AT 1, S. 319; *Stratenwerth*, Die fakultative Strafmilderung, S. 256 f.

Der dritte alternative Ansatz bei der Begründung der Strafmilderung beim Versuch sieht von der Beantwortung der Streitfrage nach der Stellung des Erfolges im Unrecht ab. Nach *Gerhard Timpe* ist der Erfolgseintritt bereits unter dem Gesichtspunkt des Strafzwecks der positiven Generalprävention für die Strafzumessung von Belang:

> Der Erfolgseintritt vermittelt eine intensivere Geltungsschädigung für die Norm als ein erfolgsloses Handlungsprojekt. Dient die Sanktion aber gerade dem Zweck, die Fortgeltung von Normen zu garantieren, dann läuft der Verzicht auf Erfolgsberücksichtigung bei der Bemessung der Sanktion dem Zweck der Sanktion zuwider.[41]

Die beiden letzten Vorschläge führen auf den ersten Blick zur Annahme des Milderungszwanges, wobei sich dies nicht notwendig in der Herabsetzung des gesamten Strafrahmens äußern muss. Es stellt sich dennoch die Frage, ob sich den beiden Ansätzen tatsächlich ein Verbot entnehmen lässt, wegen der nur versuchten Tat auf eine Vollendungsstrafe zu erkennen. Eine positive Antwort würde die Forderung rechtfertigen, anstelle einer fakultativen eine obligatorische Strafrahmenherabsetzung beim Versuch einzuführen, da die Versuchsstrafe die Obergrenze des Strafrahmens ohnehin nicht erreichen kann.[42] Dem kann freilich wie folgt entgegnet werden: Die Höchststrafe innerhalb eines Strafrahmens kann nicht nur dem denkbar schwersten Fall vorbehalten werden, da sich gedanklich immer ein noch schwerer Fall bilden lässt und somit die Obergrenze des Strafrahmens unanwendbar wäre. Die Höchststrafe ist vielmehr für eine Fallgruppe angemessen, die sich unter dem Gesichtspunkt der Tatschwere durchaus noch abstufen lässt und auch schwerwiegende unvollendete Delikte umfassen kann.[43]

c) Tatsachenbasis der Entscheidung über die Versuchsmilderung

Auf die Differenzen zwischen Rechtsprechung und Rechtslehre hinsichtlich der Methode der Strafrahmenwahl bei fakultativer Strafmilderung nach § 49 Abs. 1 dt. StGB wurde bereits oben hingewiesen. Während nach der Rechtsprechung die Entscheidung über die Strafmilderung auf der Basis einer Gesamtwürdigung aller strafzumessungsrelevanten Umstände zu treffen ist, beschränkt die herrschende Lehre die Tatsachenbasis solcher Entscheidung auf ausgewählte Tatumstände. Bei der Versuchsmilderung gemäß § 23 Abs. 1 dt. StGB verlieren diese Unterschiede in der Gegenwart freilich an Deutlichkeit. Zwar haben sich die Vorschläge der Rechtslehre in der Rechtsprechung noch nicht durchgesetzt, in den Urteilsgründen erfolgt dennoch *de facto* eine Einschränkung der Tatsachenbasis, indem bestimmten Tatumständen besonderes Gewicht bei der Versuchsmilderung beigemessen

---

[41] *Timpe*, Strafmilderungen, S. 100.

[42] Die Obergrenze des milderen Strafrahmens könnte dann entsprechend höher als bei den sonstigen obligatorischen Milderungsgründen nach § 49 Abs. 1 StGB liegen, vgl. *Hettinger*, Das Doppelverwertungsverbot, S. 197.

[43] Vgl. *Zipf*, Die Strafmaßrevision, S. 34 f.

wird.[44] Im Folgenden wird auf die Tatumstände eingegangen, die nach Rechtsprechung und Lehre für die Entscheidung über die Strafrahmenmilderung bei versuchten Straftaten von besonderer bzw. entscheidender Bedeutung sind.

Die Beschreibung der Tatsachenbasis für die Entscheidung über die Versuchsmilderung nach § 23 Abs. 2 dt. StGB erfolgt in der deutschen Rechtsprechung und Lehre entweder durch die Angabe von den für die Strafrahmenwahl relevanten Tatumständen, ohne dabei für bestimmte Versuchskonstellationen eine Vorentscheidung bezüglich des anzuwendenden Strafrahmens zu treffen, oder durch die Aufstellung von Mustersachverhalten, bei denen eine obligatorische Milderung angenommen wird.

Der erstgenannte Ansatz geht hauptsächlich vom Kriterium der Versuchsbezogenheit aus. Danach sind bei der Strafmilderung nach § 23 Abs. 2 dt. StGB nur die versuchsspezifischen Umstände zu berücksichtigen, d.h. diejenigen, die die Tat in ihrer Eigenschaft als Versuch betreffen.[45] Die Entscheidung über die Versuchsmilderung gemäß § 23 Abs. 2 dt. StGB sollte dann im Wege einer Gesamtabwägung dieser Umstände erfolgen.[46] Als versuchsbezogene Umstände werden insbesondere die Nähe zur Tatvollendung (beendeter oder unbeendeter Versuch) und die Gefährlichkeit des Versuchs (Maß der aufgewandten kriminellen Energie und Frage der Tauglichkeit des Versuchs) angesehen.[47] Besonders breit wird der Begriff der Versuchsbezogenheit von *Thomas Hillenkamp* ausgelegt. Zu den versuchsbezogenen Umständen zählen nach seiner Auffassung auch das deliktstypische Vollendungsdefizit des Versuchs, risikominderndes Verhalten des Täters sowie die Auswirkungen der versuchten Tat, wenn sie zugleich als Erfolg einer vollendeten Tat ihre Strafbarkeit begründen.[48]

Der zweite Ansatz bei der Beschreibung der Tatsachenbasis für die Strafmilderung nach § 23 Abs. 2 dt. StGB besteht, wie oben erwähnt, in der Bildung von Versuchskonstellationen, bei deren Vorliegen der Regelstrafrahmen obligatorisch gemildert oder beibehalten werden soll. Auf die Versuchsbezogenheit der für die Strafrahmenwahl relevanten Tatumstände kommt es hier meistens nicht an. Die Vorschläge der Vertreter dieser Richtung gehen zum Teil weit auseinander. Ein Teil der Lehre will den milderen Strafrahmen dem Fall des unbeendeten Versuchs vorbehalten und von der Strafmilderung beim beendeten Versuch folgerichtig absehen.[49] Eine solche pauschalierende Bewertung des beendeten und des unbeende-

---

44 Vgl. BGHSt 35, 347, 355; BGHSt 36, 1, 18.

45 Vgl. *Jescheck/Weigend*, AT, S. 522; *Lackner/Kühl*, § 23 Rn. 2; LK-*Hillenkamp*, § 23 Rn. 28 ff.

46 Vgl. *Lackner/Kühl*, § 23 Rn. 2.

47 Vgl. BGHSt 35, 347, 355; BGHSt 36, 1, 18; *Lackner/Kühl*, § 23 Rn. 2.

48 Vgl. LK-*Hillenkamp*, § 23 Rn. 31 ff.

49 Vgl. *Kaufmann*, FS für Welzel, S. 403 f.; SK-*Horn*, § 46 Rdn. 68a; *Zielinski*, Handlungs- und Erfolgsunwert, S. 216 f.

ten Versuchs wird im Schrifttum häufig kritisiert.[50] Im Folgenden gilt die besondere Aufmerksamkeit den Vorschlägen von *Wolfgang Frisch* und *Gerhard Timpe*.

Wolfgang Frisch[51] stellt zunächst die These von der Relevanz nur versuchsbezogener Umstände bei der Versuchsmilderung infrage:

> Nicht nur Eigentümlichkeiten des Versuchs bzw. der Versuchsdogmatik kommen als Gründe für die Inadäquität der Vollendungsstrafe in Betracht. [...] Da die Delikte des StGB höchst unterschiedlich konzipiert sind, ist es nicht ausgeschlossen, dass bei bestimmten Delikten oder Deliktstypen bereits die fehlende Vollendung als solche Grund genug ist, die Versuchsmilderung zu gewähren.[52]

Dies ist nach *Frisch* bei den eigentlichen Erfolgsdelikten der Fall, „bei denen der vollendete Tatbestand neben der Tatbestandshandlung noch einen eigenen Unwerterfolg voraussetzt."[53] Der Versuch solcher Delikte ist nach *Frisch* generell aus dem gemilderten Strafrahmen des § 49 Abs. 1 dt. StGB zu ahnden.[54] Bei den Delikten dagegen, „bei denen die fehlende Vollendung noch nicht zugleich ein erhebliches Defizit des Versuchs gegenüber der Vollendungstat repräsentiert", ist der angemessene Strafrahmen durch Würdigung versuchsbezogener Umstände zu ermitteln. Gemeint sind hier vor allem die reinen Tätigkeitsdelikte, die abstrakten Gefährdungsdelikte und die kupierten Erfolgsdelikte.[55] Eine obligatorische Strafmilderung nach § 23 Abs. 2 dt. StGB kommt nach *Frisch* bei den Delikten aus dieser Gruppe in zwei Fallkonstellationen in Betracht: erstens in den Fällen des untauglichen Versuchs und zweitens in den Versuchsfällen, „bei denen es noch nicht einmal zur Vornahme der eigentlichen Tatbestandshandlung gekommen ist".[56]

Gerhard Timpe unternahm bei der Auslegung des § 23 Abs. 2 dt. StGB den Versuch, Typen von Versuchssachverhalten minderer Strafwürdigkeit zu bilden, und knüpfte dabei an die auf das Versuchsstadium der Tat bezogenen Regelungen über den grob unverständigen Versuch (§ 23 Abs. 3 dt. StGB) und über den freiwilligen Rücktritt vom Versuch (§ 24 dt. StGB) an.[57] Die Strafrahmenmilderung beim Versuch gemäß § 23 Abs. 2 dt. StGB ist nach *Timpe* erstens in den Fällen des untauglichen Versuchs angezeigt, in denen die Untauglichkeit in dem Sinne offensichtlich ist, dass bereits das „Allgemeinwissen" – als Gegensatz zum Sonderwissen – erklären kann, warum es nicht zur Tatvollendung kam.[58] Zweitens kommt nach *Timpe*

---

[50] Vgl. *Frisch*, FS für Spendel, S. 407; *Lackner/Kühl*, § 23 Rdn. 2; LK-*Hillenkamp*, § 23 Rn. 32.

[51] Zur Kritik des Versuchsmilderungskonzepts von *Wolfgang Frisch* siehe: MK-*Herzberg*, § 23 Rn. 18 ff.

[52] *Frisch*, FS für Spendel, S. 394.

[53] Ebd., S. 399 f.

[54] Ebd., S. 400.

[55] Ebd., S. 402 ff.

[56] Ebd., S. 404 ff.

[57] Vgl. *Timpe*, Strafmilderungen, S. 108.

[58] Ebd., S. 126 f.

der Sonderstrafrahmen des § 49 Abs. 1 dt. StGB in den Fällen des rücktrittsähnlichen Verhaltens in Betracht.[59] Die Aussonderung dieser Gruppe minderer Strafwürdigkeit ist wegen der Graduierbarkeit der „Freiwilligkeit" und „Ernstlichkeit" möglich, die die Voraussetzungen des strafbefreienden Rücktritts gemäß § 24 dt. StGB bilden.

2. Grob unverständiger Versuch

a) Allgemeines

Über die allgemeine Versuchsmilderung nach § 23 Abs. 2 dt. StGB hinaus sieht das deutsche Strafgesetzbuch in § 23 Abs. 3 im Hinblick auf Versuchstaten eine zusätzliche, für Extremfälle konzipierte Strafrahmenherabsetzung vor. Diese gilt in den Fällen, in denen der Täter aus grobem Unverstand verkannt hat, dass der Versuch nach der Art des Gegenstands, an dem, oder des Mittels, mit dem die Tat begangen werden sollte, überhaupt nicht zur Vollendung führen konnte. Liegt ein solcher Fall vor, so kann das Gericht gemäß § 23 Abs. 3 dt. StGB von Strafe absehen oder auf eine Strafe erkennen, die dem nach § 49 Abs. 2 dt. StGB gemilderten Strafrahmen (sog. Ermessensmilderung) zu entnehmen ist. Somit reicht der Spielraum des Richters in diesen Fällen vom Absehen von Strafe bis zur höchstmöglichen Vollendungsstrafe. Abgesehen davon, dass eine solche Regelung wegen der Weite des Strafrahmens dem Einwand mangelnder Bestimmtheit von Straftatfolgen ausgesetzt ist, ist es offenbar ungerechtfertigt, dass der Sonderstrafrahmen für kaum strafwürdige Versuchsfälle sowohl den allgemeinen Versuchsstrafrahmen nach § 23 Abs. 2 dt. StGB als auch den Regelstrafrahmen für vollendete Straftaten beinhaltet. Zu Recht wird im Schrifttum folglich vorgeschlagen, die Obergrenze des Sonderstrafrahmens für grob unverständige Versuche nicht § 49 Abs. 2 dt. StGB, sondern dem für die allgemeine Versuchsmilderung einschlägigen § 49 Abs. 1 dt. StGB zu entnehmen.[60] Zum gleichen Ergebnis käme man freilich auch dann, wenn man bei der Strafrahmenverschiebung nach § 23 Abs. 3 dt. StGB i.V.m. § 49 Abs. 2 dt. StGB nicht an den Regelstrafrahmen, sondern an den Versuchsstrafrahmen gemäß § 23 Abs. 2 i.V.m. § 49 Abs. 1 dt. StGB anknüpfen würde.

Da die Strafwürdigkeit der Fälle des § 23 Abs. 3 dt. StGB vom Gesetzgeber als derart gering erachtet wird, dass in der Regel allein der Schuldspruch ohne Verhängung einer Strafe (Absehen von Strafe) ausreichen sollte,[61] muss nach der verbreiteten Auffassung im Schrifttum bei § 23 Abs. 3 dt. StGB von einer obligatorischen Strafmilderung ausgegangen werden.[62] Dies wäre nach *Rolf D. Herzberg*

---

[59] Ebd., S. 127 ff.

[60] Vgl. MK-*Herzberg*, § 23 Rn. 62.

[61] Vgl. BT-Drucksache 5/4095, S. 12.

[62] Vgl. MK-*Herzberg*, § 23 Rdn. 57 ff.; Schönke/Schröder-*Eser*, § 23 Rdn. 18; SK-*Rudolphi*, § 23 Rn. 10; anders LK-*Hillenkamp*, § 23 Rn. 72.

auch mit dem Wortlaut des Gesetzes vereinbar, da § 23 Abs. 3 dt. StGB auch restriktiv in dem Sinne ausgelegt werden kann, dass dem Richter allein die Wahl zwischen dem Absehen von Strafe und der Milderung nach § 49 Abs. 2 dt. StGB gelassen werden sollte.[63]

§ 23 Abs. 3 dt. StGB bezieht sich auf die Fälle, in denen der Täter aus grobem Unverstand verkannt hat, dass der Versuch überhaupt nicht zur Vollendung führen konnte. Aufgrund von Schwierigkeiten bei der Auslegung der Formulierung „überhaupt nicht zur Vollendung führen konnte"[64] kommt bei der Anwendung des § 23 Abs. 3 dt. StGB dem Merkmal des „groben Unverstands" praktisch die entscheidende Bedeutung zu.[65] Nach der breit vertretenen Auffassung handelt der Täter aus grobem Unverstand, wenn er bei der Tatausführung von völlig abwegigen Vorstellungen über gemeinhin bekannte Ursachenzusammenhänge ausgeht. Dabei muss der Irrtum nicht nur für fachkundige Personen, sondern für jeden Menschen mit durchschnittlichem Erfahrungswissen offenkundig sein.[66] Die Reduzierung der Unverstandsklausel auf die Irrtümer über Ursachenzusammenhänge unter dem Ausschluss sämtlicher Fehlvorstellungen über Sachverhalte ist freilich nicht haltbar. Gegen eine enge Auslegung des „Handelns aus grobem Unverstand" wird im Schrifttum vorgetragen, diese widerspreche dem Gesetzeswortlaut, nach dem die Besserstellung gemäß § 23 Abs. 3 dt. StGB nicht nur für die Fälle der Untauglichkeit des Mittels, sondern auch der Untauglichkeit des Objekts und somit für die Fehlvorstellungen über Sachverhalte vorgesehen wird.[67] Zu Recht schließt *Thomas Hillenkamp* aus dem Anwendungsbereich des § 23 Abs. 3 dt. StGB nur diejenigen Fehlvorstellungen über Sachverhalte aus, die ihre Ursache nicht im Unverstand, sondern allein in einer Sinnestäuschung haben.[68] Maßgeblich bei § 23 Abs. 3 dt. StGB ist folglich die Unterscheidung zwischen den rein ontologischen Irrtümern einerseits und den nomologischen, den Erfahrungssatz betreffenden andererseits.[69]

Aus dem Anwendungsbereich des § 23 Abs. 3 dt. StGB wird von der herrschenden Rechtslehre der sog. abergläubische bzw. irreale Versuch schon wegen des Fehlens eines Versuchs gemäß § 22 dt. StGB herausgenommen.[70] Dagegen ist § 23 Abs. 3 dt. StGB nach h.A. über die dort ausdrücklich erwähnten Fälle der Untaug-

---

[63] Vgl. MK-*Herzberg*, § 23 Rn. 57 ff.

[64] Vgl. *Gössel*, GA 1971, 227 f.; *Lackner/Kühl*, § 23 Rn. 6.

[65] Vgl. Schönke/Schröder-*Eser*, § 23 Rn. 17.

[66] Vgl. BGHSt 41, 94, 95; *Roxin*, JuS 1973, 331; *Fischer*, § 23 Rn. 7; *Lackner/Kühl*, § 23 Rn. 8; Schönke/Schröder-*Eser*, § 23 Rn. 17.

[67] Vgl. MK-*Herzberg*, § 23 Rn. 48.

[68] Vgl. LK-*Hillenkamp*, § 23 Rn. 64.

[69] Ebd.

[70] Vgl. *Gössel*, GA 1971, 234 f.; *Maurach/Gössel/Zipf*, AT 2, S. 43 f.; *Lackner/Kühl*, § 23 Rn. 5; LK-*Hillenkamp*, § 22 Rn. 190; *Roxin*, JuS 1973, 331; SK-*Rudolphi*, § 23 Rn. 8.

lichkeit des Tatmittels und des Tatobjekts hinaus auch auf die Fälle der Untauglichkeit des Subjekts analog anwendbar.[71]

b) Begründung der Strafrahmenherabsetzung beim grob unverständigen Versuch

Die herrschende Lehre begründet die in § 23 Abs. 3 dt. StGB vorgesehene Möglichkeit des Absehens von Strafe mit dem Hinweis auf die mangelnde Strafbedürftigkeit von formell tatbestandsmäßigen, aber grob unverständigen Versuchstaten aufgrund des fehlenden Bedürfnisses generalpräventiver Einwirkung auf die Gemeinschaft (positive Generalprävention). Der grob unverständige Versuch einer Straftat ist nämlich nicht geeignet, das Vertrauen der Gemeinschaftsmitglieder in die Unverbrüchlichkeit der Rechtsordnung zu erschüttern und damit den Rechtsfrieden zu beeinträchtigen.[72] Die Regelung des § 23 Abs. 3 dt. StGB beschränkt sich dennoch nicht nur auf die Möglichkeit des Strafverzichts, sondern lässt auch die Bestrafung aus dem nach § 49 Abs. 2 dt. StGB herabgesetzten Strafrahmen zu. Folgt man dem generalpräventiv ausgerichteten Begründungsmodell, so scheint eine Ermessensmilderung in den Fällen des § 23 Abs. 3 dt. StGB aufgrund der nur geringfügigen Rechtsfriedensstörung gerechtfertigt zu sein.

Im Gegensatz zum generalpräventiven Ansatz stößt ein Versuch unrechtsbezogener Begründung der Strafmilderung nach § 23 Abs. 3 dt. StGB auf die Schwierigkeit, das Unrechtsdefizit der grob unverständigen Versuche im Vergleich zu den sonstigen, unter die Milderungsvorschrift des § 23 Abs. 2 dt. StGB fallenden Versuchsfälle nachzuweisen. Dies wäre insbesondere durch den Hinweis auf das Fehlen der objektiven Gefährlichkeit der Ausführungshandlung nicht möglich, da bereits ein „normaler" untauglicher Versuch dieses Unrechtsdefizit aufweist. Vereinzelt wird dennoch vorgeschlagen, die mindere Strafwürdigkeit grob unverständiger Versuche im Vergleich zu den sonstigen untauglichen Versuchen damit zu erklären, dass die Ersteren als ungefährlich und die Letzteren als relativ gefährlich anzusehen sind. Bei der Beurteilung der Gefährlichkeit der Ausführungshandlung sollte nach diesem Ansatz auf die Perspektive und den Wissensstand des Täters und nicht eines allwissenden Beobachters abgestellt werden.[73]

---

71 Vgl. *Gössel*, GA 1971, 235 f.; *Lackner/Kühl*, § 23 Rn. 7; LK-*Hillenkamp*, § 23 Rn. 54 f.; Schönke/Schröder-*Eser*, § 23 Rn. 16; SK-*Rudolphi*, § 23 Rn. 9.

72 Vgl. *Bloy*, ZStW 113 (2001), 97 f.; *Jescheck/Weigend*, AT, S. 531; *Roxin*, JuS 1973, 331; SK-*Rudolphi*, § 23 Rn. 5.

73 Vgl. MK-*Herzberg*, § 23 Rn. 38 f.; *Herzberg*, GA 2001, 265 f.

c) Wahl des milderen Strafrahmens beim grob unverständigen Versuch

Beim Vorliegen eines grob unverständigen Versuchs sind dem Richter bei der Strafzumessung drei Möglichkeiten eröffnet: von Strafe abzusehen, die Strafe nach § 23 Abs. 3 dt. StGB i.V.m. § 49 Abs. 2 dt. StGB zu mildern oder die Strafe dem in § 49 Abs. 1 dt. StGB i.V.m. § 23 Abs. 2 dt. StGB geregelten Strafrahmen zu entnehmen.[74] Die Anwendbarkeit des Regelstrafrahmens wird hingegen in diesen Fällen von der Rechtslehre verneint.[75] Da die Obergrenze des Strafrahmens nach § 49 Abs. 2 dt. StGB i.V.m. § 23 Abs. 3 dt. StGB nach dem im Schrifttum vertretenen Ansatz und entgegen dem Gesetzeswortlaut die gleiche wie die des normalen Versuchsstrafrahmens nach § 49 Abs. 1 dt. StGB i.V.m. § 23 Abs. 2 dt. StGB sein sollte,[76] wird der Frage nach der Wahl zwischen diesen beiden Strafrahmen praktisch kaum Bedeutung zukommen. Insbesondere werden sich die beiden Strafrahmen bei vielen Delikten vollständig oder zum großen Teil decken. Im Ergebnis kommt es also nur auf die Wahl zwischen dem Absehen von Strafe und der Strafmilderung nach § 23 Abs. 3 dt. StGB i.V.m. § 49 Abs. 2 dt. StGB an. Die Tatsachenbasis für die Entscheidung bilden nach *Hans-Joachim Rudolphi* ausschließlich die versuchsbezogenen Umstände.[77] In Wirklichkeit handelt es sich hier allerdings um einen einheitlichen Strafrahmen, dessen Untergrenze das Absehen von Strafe ist und dessen Obergrenze bei zwei Dritteln des Regelstrafrahmens liegt. Innerhalb dieses Strafrahmens ist nach allen strafzumessungsrelevanten Umständen zu entscheiden. Dabei ist zu beachten, dass der Umstand der offensichtlichen Ungefährlichkeit der Tat durchaus graduierbar ist und einen wesentlichen Maßstab für die Strafzumessungsentscheidung bildet.

3. Tatbegehung durch Unterlassen

a) Allgemeines

Begeht der Täter eine Straftat nicht durch aktives Tun, sondern durch nach § 13 Abs. 1 dt. StGB strafbares Unterlassen einer ihm obliegenden Erfolgsabwendungshandlung, so kann die Strafe nach § 49 Abs. 1 dt. StGB gemildert werden (§ 13 Abs. 1 dt. StGB). Die Milderungsklausel bezieht sich ausschließlich auf die unechten Unterlassungsdelikte, da für die echten Unterlassungsdelikte im Besonderen Teil eigene Strafrahmen vorgesehen sind.

---

[74] Vgl. SK-*Rudolphi*, § 23 Rn. 10.

[75] Vgl. MK-*Herzberg*, § 23 Rn. 57 ff.; SK-*Rudolphi*, § 23 Rn. 10.

[76] Vgl. MK-*Herzberg*, § 23 Rn. 62.

[77] Vgl. SK-*Rudolphi*, § 23 Rn. 10; anders *Fischer*, § 23 Rn. 8, der den gemilderten Strafrahmen bei Wiederholungstat oder besonderer krimineller Energie für anwendbar hält.

b) Rechtfertigung der Strafrahmenmilderung bei unechten Unterlassungsdelikten

Eine fakultative Strafrahmenmilderung bei unechten Unterlassungsdelikten wird damit begründet, dass die Schuld des Unterlassenden in der Regel geringer als die des aktiv Handelnden ist. Die Tatbegehung durch Unterlassen zeichnet sich nämlich im Vergleich zur aktiven Handlung meistens durch eine „weniger ausgeprägte rechtsfeindliche Gesinnung“ bzw. durch „geringere verbrecherische Energie“ aus.[78] Hinzu kommt, dass in mehreren Fällen auch der Unrechtsgehalt des Unterlassungsdelikts hinter dem des entsprechenden Begehungsdelikts zurückbleibt.[79] So wird bei den reinen Erfolgsdelikten der Handlungsunwert des strafbaren Unterlassens häufig geringer als der der aktiven Erfolgsherbeiführung sein. Und auch bei den verhaltensgebundenen Delikten, bei denen neben dem Erfolg auch die Art und Weise der Erfolgsherbeiführung zum gesetzlichen Tatbestand gehört, verlangt die Entsprechungsklausel nach § 13 Abs. 1 dt. StGB keine volle Gleichwertigkeit des Handlungsunwerts. Es mögen folglich auch bei diesen Delikten Differenzen hinsichtlich des Unrechtsgehalts zwischen dem Unterlassen und dem aktiven Tun bestehen.[80]

Besonders nachdrücklich setzt sich für die Strafmilderungsmöglichkeit bei den unechten Unterlassungsdelikten *Armin Kaufmann* ein, der eine „prinzipielle Wertdifferenz“ zwischen Handeln und Unterlassen annimmt. Die Aktivität erfordert nach seiner Auffassung Entschluss- und Tatkraft. Die Passivität beruht dagegen auf ihrem Fehlen.[81] Die grundsätzliche Wertdifferenz zwischen Handeln und Unterlassen findet nach *Kaufmann* Bestätigung in der Neigung der Rechtsprechung und Rechtslehre, die Fälle der unechten Unterlassung, wenn irgend möglich, nur als Beihilfe durch Unterlassen einzustufen.[82] Gegen die Annahme einer „prinzipiellen Wertdifferenz“ wendet sich *Gerhard Timpe*, der sich dabei des Beispiels der Verkehrspflichten bedient:

> In sozialen und soziotechnischen Systemen ist es leicht möglich, durch Umstellungen in der Organisation eine Handlungspflicht durch eine gleichwertige Pflicht zum Nichthandeln zu ersetzen (und umgekehrt) – ohne dass sich das Verhalten des Systems zu seiner Umwelt dadurch änderte. (...) Ist es aber nach dem jeweiligen Zuschnitt eines Systems zufällig, ob ein Tun oder ein Unterlassen für die Vermeidung identischer Folgen von den Systemmitgliedern gefordert wird, kann die jederzeit durch triviale organisatorische Manipulationen überspielbare Verhaltensdifferenz von Tun und Unterlassen kaum über einen Unterschied in den Graden der Strafwürdigkeit von Tun und Unterlassen entscheiden.[83]

---

[78] Vgl. *Herzberg*, Die Unterlassung, S. 271; *Jescheck/Weigend*, AT, S. 610 f.; *Lackner/Kühl*, § 13 Rn. 17; Schönke/Schröder-*Stree*, § 13 Rn. 64; SK-*Rudolphi*, § 13 Rn. 65.

[79] Vgl. *Jescheck/Weigend*, AT, S. 611; *Lackner/Kühl*, § 13 Rn. 17.

[80] Vgl. *Jescheck/Weigend*, AT, S. 611.

[81] Vgl. *Kaufmann*, Die Dogmatik der Unterlassungsdelikte, S. 300 ff.

[82] Ebd.

[83] *Timpe*, Strafmilderungen, S. 162 f.

c) Wahl des milderen Strafrahmens bei unechten Unterlassungsdelikten

Nach verbreiteter Auffassung im Schrifttum ist die Anwendung des § 13 Abs. 2 dt. StGB bei bestimmten Straftatbeständen von vornherein ausgeschlossen. Abgesehen von ausdrücklich im Besonderen Teil geregelten Unterlassungsdelikten gilt dies für Straftaten, bei denen die Strafbarkeit des Unterlassens sich wie bei § 266 dt. StGB unmittelbar aus der Auslegung der einschlägigen Strafvorschrift des Besonderen Teils ergibt. Gemeint sind folglich Straftatbestände, die die Begehungsform des Unterlassens zwar nicht ausdrücklich erfassen, deren Auslegung aber ergibt, dass Tun und Unterlassen gleichgestellt sind.[84] Dem Ausschluss dieser Delikte aus dem Anwendungsbereich des § 13 Abs. 2 dt. StGB wird freilich in der Rechtsprechung nicht zugestimmt.[85]

Bei den durch den Anwendungsbereich des § 13 Abs. 2 dt. StGB erfassten Fällen stellt sich die Frage nach den Kriterien für die Wahl des milderen Strafrahmens. Die Rechtsprechung des BGH gibt darauf keine eindeutige Antwort. Während er in einigen Urteilsbegründungen fordert, die Entscheidung über die Strafmilderung nach § 13 Abs. 2 dt. StGB auf der Basis nur der wesentlichen unterlassungsbezogenen Umstände zu treffen,[86] macht er bei den anderen Entscheidungen deutlich, dass bei der Strafrahmenwahl gemäß § 13 Abs. 2 dt. StGB eine Gesamtwürdigung aller Umstände erforderlich ist.[87] Im Schrifttum dominiert hingegen die Ansicht, bei der Ermittlung des anzuwendenden Strafrahmens solle ausschließlich auf die unterlassungsspezifischen Umstände abgestellt werden.[88] Die Strafrahmenmilderung gemäß § 13 Abs. 2 dt. StGB kommt nach verbreiteter Auffassung insbesondere dann in Betracht, wenn die gebotene Handlung vom Unterlassungstäter keine selbstverständliche, in den normalen Regelablauf des Lebens von vornherein eingeplante Tätigkeit, sondern den außergewöhnlichen Einsatz eines rechtstreuen Willens verlangt und somit an der Grenze zum Unzumutbaren liegt.[89] Als einen weiteren möglichen Grund der Strafmilderung nach § 13 Abs. 2 dt. StGB nennt *Gerhard Timpe* auch das Mitverschulden des Opfers.[90] Die Milderungsgründe sind nach seiner Auffassung schließlich in der Möglichkeit der Materialisierung des Garantenbegriffs angelegt.[91]

---

[84] Vgl. LK-*Jescheck*, § 13 Rn. 10; Schönke/Schröder-*Stree*, § 13 Rn. 1a; SK-*Rudolphi*, § 13 Rn. 4 ff.

[85] Vgl. BGHSt 36, 227, 228 f.; gegen die Einschränkung der Anwendbarkeit des § 13 Abs. 2 StGB äußert sich auch MK-*Freund*, § 13 Rn. 288.

[86] Vgl. BGH NStZ 1998, 245; BGH NJW 1982, 393; *Bruns*, FS für Tröndle, S. 130.

[87] Vgl. BGH NJW 1998, 3068.

[88] Vgl. *Lackner/Kühl*, § 13 Rn. 18; LK-*Jescheck*, § 13 Rn. 63; Schönke/Schröder-*Stree*, § 13 Rn. 64; SK-*Rudolphi*, § 13 Rn. 66.

[89] Vgl. *Lackner/Kühl*, § 13 Rn. 18; LK-*Jescheck*, § 13 Rn. 62; *Roxin*, JuS 1973, 200; Schönke/Schröder-*Stree*, § 13 Rn. 64.

[90] Vgl. *Timpe*, Strafmilderungen, S. 214 ff.

[91] Ebd., S. 212 ff.

4. Erheblich verminderte Schuldfähigkeit

a) Allgemeines

Eine fakultative Strafrahmenherabsetzung ist im deutschen Strafrecht für den Fall der erheblich verminderten Schuldfähigkeit gemäß § 21 dt. StGB vorgesehen. Gemeint ist damit eine durch die in § 20 dt. StGB genannten psychischen Störungen bedingte Verminderung der Fähigkeit des Täters, das Unrecht der Tat einzusehen oder nach dieser Einsicht zu handeln. Die Rechtfertigung der Strafrahmenverschiebung in diesen Fällen ist an sich unproblematisch und liegt im verminderten Schuldgehalt der im Zustand erheblich eingeschränkter Schuldfähigkeit begangenen Tat.[92] Schwierigkeiten bereitet hingegen die Begründung der Fakultativität der Milderung, worauf im Folgenden kurz eingegangen wird.

b) Wahl des Strafrahmens bei erheblich verminderter Schuldfähigkeit

Die Fakultativität der Strafmilderung bei erheblich verminderter Schuldfähigkeit wird im Schrifttum wegen der Unvereinbarkeit mit dem Schuldprinzip zum Teil stark kritisiert. Insbesondere wird von manchen Autoren eine obligatorische Strafrahmenmilderung in den Fällen des § 21 dt. StGB gefordert, sodass es auf die Strafrahmenwahl überhaupt nicht ankommen sollte.[93] Dieser Auffassung hat sich der BGH zwar nicht angeschlossen, aber weitgehend angenähert, indem er den milderen Strafrahmen gemäß § 49 Abs. 1 dt. StGB in den Fällen der erheblich verminderten Schuldfähigkeit für regelmäßig anwendbar erklärt hat.[94]

Die Frage nach dem anzuwendenden Strafrahmen bei erheblich verminderter Schuldfähigkeit ist ausschließlich nach dem Schuldgehalt der Tat zu entscheiden.[95] Eine Strafmilderung darf aus schuldfremden Erwägungen nicht unterbleiben.[96] Die Anwendung des Regelstrafrahmens kommt nach der Rechtsprechung und zum Teil auch nach der Lehre insbesondere in zwei Fallgruppen in Betracht: Erstens beim Hinzutreten von zusätzlichen, Schuld erhöhenden Umständen wie besondere Brutalität und Grausamkeit, Begehung mehrerer Delikte, Verletzung mehrerer Menschen oder Verwirklichung mehrerer Mordmerkmale.[97] Im Hinblick auf diese Fallgruppe

---

92 Vgl. BGHSt 7, 30; *Fischer*, § 21 Rn. 18; LK-*Jähnke*, § 21 Rn. 19.

93 Vgl. *Kotsalis*, FS für Baumann, S. 41; *Rautenberg*, Verminderte Schuldfähigkeit, S. 180 ff. (mit Ausnahme des selbstverschuldeten Rausches); Schönke/Schröder-*Lenckner/Perron*, § 21 Rn. 14; *Stratenwerth/Kuhlen*, AT 1, S. 202.

94 Vgl. BGH NStZ 2004, 619.

95 Vgl. BGHSt 7, 29–31; BGH NJW 1993, 2544 f.; SK-*Rudolphi*, § 21 Rn. 6.

96 Vgl. BGHSt 7, 29, 30 ff.; Schönke/Schröder-*Lenckner/Perron*, § 21 Rn. 15; SK-*Rudolphi*, § 21 Rn. 6.

97 Vgl. *Fischer*, § 21 Rn. 22; LK-*Jähnke*, § 21 Rn. 21.

wird bei der Strafrahmenwahl *de facto* eine Gesamtwürdigung sämtlicher schuldbezogener Tatumstände vorgenommen, gegen die als Methode der Strafrahmenwahl mehrere, bereits oben aufgeführte Einwände erhoben worden sind. Zweitens kann nach h.A. von der Strafmilderung gemäß § 21 i.V.m. § 49 Abs. 1 dt. StGB abgesehen werden, wenn der Täter den Zustand erheblich verminderter Schuldfähigkeit vorwerfbar verursacht hat.[98] Bei der Konkretisierung dieser Voraussetzung im Zusammenhang mit dem praktisch bedeutsamsten Fall der verschuldeten Trunkenheit ist die Rechtsprechung freilich nicht einheitlich. In der Vergangenheit war der Verzicht auf die Strafrahmenmilderung in diesen Fällen erst zulässig, wenn der Täter aufgrund früherer Erfahrungen wusste oder wissen musste, dass er nach dem Alkoholgenuss zu Straftaten neigt.[99] In der Entscheidung vom 27. März 2003 distanzierte sich der BGH von dieser Auffassung und stellte bei der Begründung des Verzichts auf Strafmilderung nach § 21 dt. StGB allein auf den Umstand der verschuldeten Trunkenheit ab. Auf die früheren Erfahrungen des Täters sollte es folglich nicht ankommen.[100] Eine Kompromisslösung schlug der BGH in der Entscheidung vom 17. August 2004 vor. Danach sollte das Absehen von der Strafmilderung nach § 21 dt. StGB nicht bereits bei bloßer Vorwerfbarkeit des Rauschzustands, sondern erst bei der Vorhersehbarkeit der signifikanten Erhöhung des Risikos der Begehung von Straftaten infolge der Alkoholisierung begründet werden.[101]

5. Vermeidbarer Verbotsirrtum

a) Allgemeines

Fehlt dem Täter bei der Tatausführung das Unrechtsbewusstein, so kommt es bei der Frage nach der Strafbarkeit auf die Vermeidbarkeit des Irrtums an (§ 17 dt. StGB). Während die Unvermeidbarkeit des Verbotsirrtums die Schuld des Täters ganz ausschließt, bleibt bei vermeidbarer Verbotsunkenntnis der Schuldvorwurf bestehen. Die Strafe kann aber in diesem Fall nach § 49 Abs. 1 dt. StGB gemildert werden (§ 17 Satz 2 dt. StGB). Im Gegensatz zum Tatbestandsirrtum gemäß § 16 dt. StGB, bei dessen Vorliegen der Strafrahmen für die Vorsatztat von vornherein ausgeschlossen ist, ist beim Verbotsirrtum lediglich eine fakultative Milderung dieses Strafrahmens vorgesehen. Das Verbot an sich wird im deutschen Recht folglich nicht als Tatumstand betrachtet, auf den sich der Tatvorsatz erstrecken muss.[102] Eine strengere Behandlung des Verbotsirrtums im Vergleich zum

---

98 Vgl. *Fischer*, § 21 Rn. 24 ff.; *Jescheck/Weigend*, AT, S. 444; LK-*Jähnke*, § 21 Rn. 22.
99 Vgl. BGHSt 34, 29, 33.
100 Vgl. BGH NJW 2003, 2394 f.
101 Vgl. BGHSt 49, 240, 241.
102 Vgl. BGH NJW 1964, 1331.

Tatbestandsirrtum betont das größere Gewicht einer Fehlvorstellung von in der Gesellschaft anerkannten Werten im Vergleich zur bloßen Unaufmerksamkeit.[103]

Ähnlich wie bei der erheblich verminderten Schuldfähigkeit bereitet die Rechtfertigung der Strafrahmenmilderung beim vermeidbaren Verbotsirrtum keine nennenswerten Schwierigkeiten. Bleibt der im unvermeidbaren Verbotsirrtum handelnde Täter schuldlos, so ist die Schuld des Täters, dessen fehlendes Unrechtsbewusstsein vermeidbar war, jedenfalls geringer als die des bewussten Rechtsbrechers.[104]

b) Wahl des Strafrahmens beim vermeidbaren Verbotsirrtum

Nach verbreiteter Auffassung in der Rechtslehre wird die Strafrahmenmilderung in den Fällen des vermeidbaren Verbotsirrtums in der Regel angezeigt sein.[105] Die Verhängung einer Strafe aus dem Regelstrafrahmen sollte daher eine Ausnahme bilden. Das Absehen von der Strafmilderung gemäß § 17 Satz 2 dt. StGB i.V.m. § 49 Abs. 1 dt. StGB kommt insbesondere in den Fällen in Betracht, in denen der Verbotsirrtum auf Rechtsfeindschaft oder Rechtsblindheit beruht.[106] Eine rechtsfeindliche Einstellung des Täters wird von *Günter Warda* als Einstellung definiert, „die die fundamentalen sittlich-kulturellen Wertgrundlagen ignoriert, die den unverzichtbaren Grundstock jeder wahren Rechtsordnung bilden."[107] Weitere Fallgruppen des vermeidbaren Verbotsirrtums, bei denen die Anwendung des Regelstrafrahmens als erforderlich erachtet wird, nennt *Gerhard Timpe*. Von der Strafmilderung ist nach seiner Auffassung in der Regel abzusehen, wenn der Täter in wiederkehrenden Angelegenheiten des eigenen Lebenskreises über das Recht irrt.[108] Treten ungewohnte Ereignisse auf, so kommt es bei der Entscheidung über die Strafmilderung auf die situationsspezifischen Handlungsbedingungen an (z.B. Überlegungszeit). Überschreitet der Täter die Grenzen des eigenen Lebenskreises, so ist die Strafmilderung nach *Timpe* nicht akzeptabel, „wenn entgegen dem Wissen um Zulassungsbedingungen ein verschlossener Lebenskreis betreten und dort über das Recht geirrt wurde."[109]

---

[103] Vgl. *Roxin*, ZStW 76 (1964), 604.

[104] Vgl. *Warda*, ZStW 71 (1959), 254.

[105] Vgl. *Lackner/Kühl*, § 17 Rn. 8; Schönke/Schröder-*Cramer/Sternberg-Lieben*, § 17 Rn. 25; SK-*Rudolphi*, § 17 Rn. 48.

[106] Vgl. *Lackner/Kühl*, § 17 Rn. 8; MK-*Joecks*, § 17 Rn. 68; *Roxin*, ZStW 76 (1964), 605; SK-*Rudolphi*, § 17 Rn. 48; *Warda*, ZStW 71 (1959), 252 ff.

[107] *Warda*, ZStW 71 (1959), 267.

[108] Vgl. *Timpe*, Strafmilderungen, S. 245 ff.

[109] Ebd., S. 248 ff.

6. Zumutbarer Notstand

a) Allgemeines

Eine fakultative Strafrahmenherabsetzung ist im deutschen Recht schließlich für den Fall der Notstandshandlung nach § 35 Abs. 1 dt. StGB vorgesehen, wenn die Entschuldigung wegen der Zumutbarkeit der Gefahrhinnahme ausscheidet. Die Zumutbarkeit ist nach § 35 Abs. 1 Satz 2 dt. StGB insbesondere in den Fällen zu bejahen, in denen der Täter die Gefahr selbst verursacht oder mit Rücksicht auf ein besonderes Rechtsverhältnis hinzunehmen hat. Über die ausdrücklich genannten Beispiele hinaus ist die Strafbarkeit des Notstandstäters unter anderem auch in den Fällen begründet, in denen die Pflicht zum Ertragen der Notstandslage sich aus den fürsorgerischen Garantieverhältnissen, aus den Verhältnissen innerhalb einer Gefahrengemeinschaft oder aus der Disproportionalität von drohender Einbuße und Folgen der Tat ergibt.[110]

b) Rechtfertigung der Strafmilderung beim zumutbaren Notstand

Die Rechtfertigung der milderen Bestrafung des zur Gefahrtragung verpflichteten Notstandstäters liegt in der verminderten Schuld des Täters, der unter dem gesteigerten Motivationsdruck handelt. Das an sich verminderte Unrecht der Notstandstat aufgrund der Rettung eines anderen Rechtsguts wird hingegen, im Gegensatz zur straflosen Notstandshandlung gemäß § 35 Abs. 1 Satz 1 dt. StGB, durch das in der Verletzung einer besonderen Gefahrtragungspflicht liegende Unrecht wieder aufgewogen.[111]

c) Wahl des Strafrahmens beim zumutbaren Notstand

Die Anwendbarkeit des nach § 49 Abs. 1 dt. StGB gemilderten Strafrahmens auf die zur Gefahrtragung verpflichteten Notstandstäter scheidet aufgrund einer ausdrücklichen gesetzlichen Regelung (§ 35 Abs. 1 Satz 2 dt. StGB) in den Fällen aus, in denen der Täter die Gefahr mit Rücksicht auf ein besonderes Rechtsverhältnis hinzunehmen hat. Im Fall der Verursachung der Notstandslage kommt es bei der Frage nach der Strafrahmenmilderung vor allem auf die Gründe der Gefahrverursachung an. Wurde das die Gefahr begründende Vorverhalten des Täters nachvollziehbar veranlasst, etwa weil es in einer notstandsnahen Situation begangen wurde, so wird die Strafmilderung in der Regel angezeigt sein.[112] Wurde dagegen die Notstandslage vorsätzlich und ohne nachvollziehbaren Beweggrund herbeigeführt, so

---

[110] Vgl. *Lackner/Kühl*, § 35 Rn. 11; LK-*Hirsch*, § 35 Rn. 57 ff; Schönke/Schröder-*Lenckner/Perron*, § 35 Rn. 30 ff.; *Timpe*, Strafmilderungen, S. 313 ff.

[111] Vgl. SK-*Rudolphi*, § 35 Rn. 11.

[112] Vgl. MK-*Müssig*, § 35 Rn. 72; *Timpe*, Strafmilderungen, S. 312 f.

scheidet die Strafmilderung grundsätzlich aus.[113] Ebenso scheidet sie im Fall eines krassen Missverhältnisses zwischen drohender Einbuße und den Folgen der Tat aus.[114] Beruht die Gefahrtragungspflicht auf einem fürsorgerischen Garantieverhältnis, so kommt die Strafmilderung insbesondere in den Fällen der materiell nicht vollständig ausgefüllten Garantenstellung, des Mitverschuldens des Opfers und der Rettung aus ungewohnten Gefahrsituationen in Betracht.[115]

F. Die obligatorischen Milderungsgründe des Allgemeinen Teils

1. Beihilfe

Bei der Ermittlung des Strafrahmens für den Gehilfen wird im deutschen Strafrecht von dem für den Täter maßgeblichen Strafrahmen ausgegangen. Dieser ist im Fall der Beihilfe nach Maßgabe des § 49 Abs. 1 dt. StGB obligatorisch zu mildern (§ 27 Abs. 2 dt. StGB). Mit dieser Regelung wird zum Ausdruck gebracht, dass die Beihilfe nie die Strafwürdigkeitsstufe der beliebigen Form der Täterschaft aus dem oberen Strafrahmenbereich erreichen kann. Das Unrecht der denkbar schwersten Beihilfe wiegt stets weniger schwer als das Unrecht der denkbar schwersten Täterschaft. Dies liegt daran, dass der Gehilfe im Gegensatz zum Mittäter oder mittelbaren Täter, aber auch im Gegensatz zum Anstifter den Haupttäter nicht zu seiner Tathandlung motiviert, sodass ihm dessen Handlung und das dadurch verwirklichte Handlungsunrecht nur eingeschränkt zugerechnet werden können.[116] Die Förderung einer fremden Tat wiegt folglich in der Regel weniger schwer als die Mitausführung der Tat oder die Hervorrufung des Tatentschlusses. Folgerichtig wird der Anstifter im deutschen Recht gemäß § 26 dt. StGB härter als der Gehilfe und gleich einem Täter bestraft.

An dieser Stelle empfiehlt es sich, noch näher auf den Strafrahmen einzugehen, von dem bei der Ermittlung des Strafrahmens für den Teilnehmer ausgegangen wird. Es handelt sich, wie schon in den §§ 26 und 27 dt. StGB angedeutet wird, um den Strafrahmen, der für den Täter und seine tatsächlich verwirklichte, rechtswidrige Tat und nicht für die ursprüngliche Vorstellung des Teilnehmers von der geförderten Tat maßgeblich ist. Dies ergibt sich aus dem Prinzip der Akzessorietät der Teilnahme (Abhängigkeit der Teilnahme von der Haupttat), welches die Folge der in der deutschen Strafrechtslehre herrschenden Förderungs- bzw. Verursachungs-

---

113 Vgl. Schönke/Schröder-*Lenckner/Perron*, § 35 Rn. 37.

114 Vgl. *Alberts*, Gesetzliche Strafmilderungsgründe, S. 166; Schönke/Schröder-*Lenckner/Perron*, § 35 Rn. 37.

115 Vgl. *Alberts*, Gesetzliche Strafmilderungsgründe, S. 166 f.; *Timpe*, Strafmilderungen, S. 315 ff.

116 Vgl. SK-*Hoyer*, § 27 Rn. 1.

theorie ist.[117] Danach begeht der Teilnehmer (Gehilfe oder Anstifter) keine selbstständige Straftat. Er beteiligt sich vielmehr lediglich an einer fremden Tat, indem er sie fördert oder verursacht. Das Unrecht der Teilnehmertat wird folglich erst begründet, wenn eine rechtswidrige, vorsätzliche Haupttat vorliegt (Ausnahme: § 30 Abs. 1 dt. StGB). Hat der Haupttäter weniger als das vom Teilnehmer Vorgestellte verwirklicht (nur Versuch oder milder zu bestrafende Tatbestandsabwandlung), so kommt dies auch dem Gehilfen oder dem Anstifter grundsätzlich zugute.[118] Für die Exzesse des Täters haftet der Teilnehmer wegen des fehlenden Vorsatzes in Bezug auf die erschwerenden Umstände dagegen nicht, es sei denn, dass die Voraussetzungen des § 18 dt. StGB erfüllt sind.[119]

2. Fehlen besonderer persönlicher Merkmale beim Teilnehmer

In § 28 Abs. 1 dt. StGB ist eine allgemeine Abstufung der Schwere der Teilnehmertat vorgesehen. Fehlen besondere persönliche Merkmale beim Anstifter oder Gehilfen, welche die Strafbarkeit des Täters begründen, so ist die Strafe für die Teilnahme obligatorisch nach § 49 Abs. 1 dt. StGB zu mildern. § 28 Abs. 2 dt. StGB verweist hingegen auf die gesetzlich geregelten, an die persönlichen Merkmale anknüpfenden Abstufungen der Tatschwere. Diese gelten für den Teilnehmer, sofern die Strafänderungsvoraussetzungen bei ihm vorliegen. Als persönliche Merkmale werden persönliche Eigenschaften (z.B. Alter), Verhältnisse (z.B. Verwandtschaftsverhältnis, Stellung als Amtsträger) und Umstände (z.B. Gewerbsmäßigkeit) angesehen.[120]

Aus § 28 Abs. 1 dt. StGB ergibt sich, dass die Teilnahme auch dann strafbar ist, wenn der Gehilfe oder Anstifter die Täterschaftsvoraussetzungen nicht erfüllt. Da allerdings die persönlichen Merkmale im Sinn des § 28 Abs. 1 dt. StGB ihrem Wesen nach in besonders hohem Maß an konkrete Person gebunden sind, wäre es nicht angemessen, das gesamte, durch diese Merkmale mitbegründete Unrecht der Tätertat dem Teilnehmer zuzurechnen.[121] Darin liegt auch der Grund für eine obligatorische Strafrahmenmilderung beim Teilnehmer, der die strafbegründenden persönlichen Merkmale nicht besitzt.

3. Versuch der Beteiligung

§ 30 dt. StGB regelt die Strafbarkeit der versuchten Anstiftung zur Verbrechensbegehung sowie die Strafbarkeit anderer Beteiligungsformen im Vorbereitungssta-

[117] Vgl. *Jescheck/Weigend*, AT, S. 685 und die dort zitierte Literatur.

[118] Vgl. *Fischer*, § 26 Rn. 16b.

[119] Vgl. *Fischer*, § 26 Rn. 16a und § 27 Rn. 24.

[120] Vgl. *Fischer*, § 28 Rn. 3a ff.; Schönke/Schröder-*Cramer/Heine*, § 28 Rn. 11 ff.

[121] Vgl. *Geppert*, Jura 1997, 300 f.; Schönke/Schröder-*Cramer/Heine*, § 28 Rn. 1.

dium, nämlich des Sichbereiterklärens, der Annahme des Erbietens und der Verabredung zur Verbrechensbegehung. Die Strafe ist in diesen Fällen die Versuchsstrafe für das in Aussicht genommene Verbrechen.[122] Die Strafrahmenmilderung nach § 49 Abs. 1 dt. StGB ist allerdings obligatorisch. Der Grund dafür liegt darin, dass bei der versuchten Anstiftung das dem Anstifter zurechenbare Unrecht der Tätertat überhaupt nicht begründet wird und bei den anderen Beteiligungsformen im Vorbereitungsstadium das das Handlungsunrecht erhöhende unmittelbare Ansetzen zur Tatbestandsverwirklichung fehlt.

4. Vermeidbare irrige Annahme eines entschuldigenden Notstands

Eine obligatorische Strafrahmenmilderung nach § 49 Abs. 1 dt. StGB sieht das Gesetz in § 35 Abs. 2 dt. StGB für den Fall des vermeidbaren Irrtums über einen Sachverhalt vor, bei dessen Vorliegen der Täter nach § 35 Abs. 1 dt. StGB entschuldigt wäre. § 35 Abs. 2 dt. StGB wird im Schrifttum als Ausdruck der vom Gesetzgeber anerkannten Lösung hinsichtlich der Behandlung des vermeidbaren Irrtums über die Voraussetzungen eines Entschuldigungsgrundes angesehen.[123] Obwohl die Vorschrift ihrem Wortlaut nach nur die Fälle des entschuldigenden Notstands betrifft, ist sie nach h.A. auch auf die Fälle der irrigen Annahme des Sachverhalts anderer anerkannter Entschuldigungsgründe analog anwendbar.[124]

Beim vermeidbaren Irrtum über die Voraussetzungen eines Entschuldigungsgrundes bleibt der Schuldvorwurf wegen der Zumutbarkeit der Erkenntnis der maßgeblichen Umstände zwar bestehen, die Strafwürdigkeit der Tat ist dennoch aufgrund des Handelns unter dem gesteigerten Motivationsdruck deutlich geringer als in den sonstigen Fällen. Die Strafrahmenmilderung ist im Gegensatz zum Fall des zumutbaren Notstands gemäß § 35 Abs. 1 Satz 2 dt. StGB obligatorisch. Die Verletzung von Gefahrtragungspflichten wird folglich als schwerwiegender angesehen als die Verletzung von Sorgfaltspflichten.

G. Einstufung der Bagatellkriminalität

Die Behandlung der Bagatellkriminalität wird im deutschen Recht durch das Verfahrensrecht geregelt. Die maßgeblichen Rechtsinstitute sind hier die Verfahrenseinstellung wegen der Geringfügigkeit der Schuld gemäß § 153 dt. StPO und die Verfahrenseinstellung unter Erteilung von Auflagen und Weisungen gemäß § 153a dt. StPO.

---

122 Vgl. *Lackner/Kühl*, § 30 Rn. 9.

123 Vgl. *Jescheck/Weigend*, AT, S. 508.

124 Vgl. *Jescheck/Weigend*, AT, S. 508; LK-*Hirsch*, § 35 Rn. 79; Schönke/Schröder-*Cramer/Sternberg-Lieben*, § 16 Rn. 31.

Nach § 153 dt. StPO kann die Staatsanwaltschaft mit Zustimmung des Gerichts von der Verfolgung absehen, wenn die Schuld des Täters als gering anzusehen ist, kein öffentliches Interesse an der Verfolgung besteht und das Verfahren ein Vergehen zum Gegenstand hat. Unter weiteren Voraussetzungen kann die Verfahrenseinstellung auch ohne Zustimmung des Gerichts erfolgen.[125] Ein öffentliches Verfolgungsinteresse kann vor allem aus Gründen der Spezial- und der Generalprävention bestehen.[126] Da allerdings das Bedürfnis nach einer positiven Einwirkung auf die Allgemeinheit eng mit dem Ausmaß des verwirklichten Unrechts und der Schuld zusammenhängt, lässt besonders geringe Schuld das öffentliche Interesse entfallen.[127] Das Rechtsinstitut der Verfahrenseinstellung nach § 153 dt. StPO wird folglich bei vielen Fallkonstellationen *de facto* als Instrument zur Einstufung der besonders geringen Tatschwere zur Anwendung kommen.

Ähnliche Funktion kommt dem Rechtsinstitut der Verfahrenseinstellung unter Erteilung von Auflagen und Weisungen zu. Gemäß § 153a dt. StPO kann die Staatsanwaltschaft bei einem Vergehen von der Erhebung der öffentlichen Klage absehen und zugleich dem Beschuldigten Auflagen und Weisungen erteilen, wenn diese geeignet sind, das öffentliche Interesse an der Strafverfolgung zu beseitigen, und die Schwere der Schuld nicht entgegensteht. Zwar wird hier die Geringfügigkeit der Schuld nicht vorausgesetzt, es mag aber durchaus sein, dass das öffentliche Verfolgungsinteresse gerade in der Befriedigung des Gerechtigkeitsbedürfnisses der Allgemeinheit durch schuldangemessene Bestrafung des Täters besteht. Es kann also bei der Anwendung des § 153a dt. StPO auf die Fälle ankommen, bei denen die Schuld des Täters derart gering ist, dass bereits die Auferlegung von Auflagen oder Weisungen ohne Schuldspruch das öffentliche Verfolgungsinteresse beseitigen kann.

H. Einstufung der Fahrlässigkeitsdelikte – Tatbestandsirrtum und Erlaubnistatbestandsirrtum

Fahrlässig begangene Straftaten sind nach deutschem Strafrecht nur strafbar, wenn das Gesetz dies ausdrücklich vorsieht (§ 15 dt. StGB). Die Sonderstrafrahmen für Fahrlässigkeitsdelikte sind in der Regel deutlich milder als diejenigen für vorsätzlich begangene Straftaten. Ein gesetzlich geregelter Anwendungsfall des Strafrahmens für Fahrlässigkeitsdelikte ist der Tatbestandsirrtum (vermeidbare Unkenntnis eines zum gesetzlichen Tatbestand gehörenden Umstands – § 16 Abs. 1 dt. StGB). Eine Sonderregelung sieht das deutsche Strafgesetzbuch für den Fall der irrigen Annahme von Umständen vor, welche den Tatbestand eines milderen

[125] Vgl. § 153 Abs. 1 Satz 2 StPO.

[126] Vgl. *Meyer-Goßner*, § 153 Rn. 7; KK-*Schoreit*, § 153 Rn. 22.

[127] Vgl. KK-*Schoreit*, § 153 Rn. 21.

Gesetzes verwirklichen würden. Die Bestrafung des Täters wegen vorsätzlicher Tatbegehung kann dann nur nach dem milderen Gesetz erfolgen (§ 16 Abs. 2 dt. StGB). Auf die Frage der Vermeidbarkeit des Irrtums kommt es hier nicht an.

Die Strafrahmen für Fahrlässigkeitsdelikte sind ferner nach der überwiegenden Meinung in Lehre und Rechtsprechung auch in den Fällen des Irrtums über die sachlichen Voraussetzungen eines rechtlich anerkannten Rechtfertigungsgrundes (Erlaubnistatbestandsirrtum) analog anwendbar.[128] Dies wird freilich unterschiedlich begründet. Nach den Vertretern der Lehre von den negativen Tatbestandsmerkmalen gehören die Rechtfertigungsvoraussetzungen als negative Tatbestandsmerkmale zum Gesamt-Unrechtstatbestand.[129] Bei solchem Ansatz stellt der Erlaubnistatbestandsirrtum lediglich eine Art des einfachen Tatbestandsirrtums mit der Folge dar, dass § 16 Abs. 1 dt. StGB unmittelbare Anwendung findet. Nach der eingeschränkten Schuldtheorie bleibt hingegen beim Erlaubnistatbestandsirrtum lediglich Raum für eine entsprechende Anwendung des § 16 Abs. 1 dt. StGB. Ebenso wie bei dem in § 16 Abs. 1 dt. StGB geregelten Tatbestandsirrtum muss nach den Vertretern dieser Theorie auch in den Fällen einer irrtümlichen Annahme einer rechtfertigenden Sachlage der Vorsatz des Täters verneint werden, da zwischen den Tatbestandsmerkmalen und Rechtfertigungsgründen unter dem Gesichtspunkt der Unrechtsvoraussetzungen kein qualitativer Unterschied besteht.[130] Schließlich bleibt nach der rechtsfolgenverweisenden, eingeschränkten Schuldtheorie der Vorsatz als Tatbestandsvorsatz zwar unberührt, der Vorsatz als Schuldform sollte aber ausgeschlossen werden.[131] Der mildere Strafrahmen sollte folglich allein wegen der verminderten Schuld analog angewandt werden.

I. Strafrahmen beim Zusammentreffen von mehreren Strafmilderungsgründen

Treffen mehrere Strafmilderungsgründe des Allgemeinen Teils zusammen, so kann der Strafrahmen grundsätzlich mehrmals gemildert werden. Dies sollte bei den obligatorischen Strafmilderungen stets der Fall sein. Bei den nur fakultativen Strafmilderungen wird das Gericht dagegen vor die Aufgabe gestellt, unter mehreren Alternativen den angemessenen Strafrahmen zu finden. Hier wird auch die

---

128 Nachweise bei *Jescheck/Weigend*, AT, S. 464.

129 Vgl. *Baumann/Weber*, AT, S. 277 f., 415; *Arthur Kaufmann*, Das Unrechtsbewusstsein, S. 66 f.

130 Vgl. *Baumann/Weber/Mitsch*, AT, S. 506 ff.; *Frisch*, in: Eser/Perron (Hrsg.), Rechtfertigung und Entschuldigung, S. 270; *Kühl*, AT, S. 378 ff.; *Kuhlen*, Die Unterscheidung, S. 323 ff., 330; *Roxin*, AT 1, S. 526 ff.; Schönke/Schröder-*Cramer/Sternberg-Lieben*, § 16 Rn. 18.

131 Vgl. *Blei*, AT, S. 204 ff.; *Dreher*, FS für Heinitz, S. 223 ff.; *Jescheck/Weigend*, AT, S. 464 f.; *Wessels/Beulke*, AT, S. 174.

Notwendigkeit besonders deutlich, den Richter an klare, näher umschriebene Kriterien der Strafrahmenwahl beim Vorliegen allgemeiner Strafmilderungsgründe zu binden. Die Gesamtwürdigung aller strafzumessungsrelevanten Tatumstände als Methode der Strafrahmenwahl könnte beim Zusammentreffen mehrerer fakultativer Strafmilderungsgründe *de facto* zur Entstehung von uferlosen Strafrahmen und somit zum Verlust der Rechtssicherheit führen. Die Notwendigkeit der Herausarbeitung von einheitlichen Kriterien des Strafrahmenwechsels entsteht in manchen Fallkonstellationen aber auch in Bezug auf die obligatorischen Strafmilderungsgründe. Besonders deutlich wird dies im Fall der Beihilfe durch Unterlassen, wo eine doppelte Strafrahmenmilderung zulässig ist. In welchen Fällen der Unterlassende als Gehilfe und nicht als Täter einzustufen ist, ist im Schrifttum stark umstritten.[132] Je nach Auffassung kann ein anderer Strafrahmen anwendbar sein.

Über die Forderung nach klaren und einheitlichen Kriterien der Strafrahmenwahl hinaus ist die vielfache Strafrahmenmilderung auf ihre Vereinbarkeit mit dem Schuldprinzip zu überprüfen. Die diesbezüglichen Bedenken entstehen insbesondere beim Zusammentreffen von Milderungsgründen des vermeidbaren Verbotsirrtums und der erheblich verminderten Schuldfähigkeit sowie beim Zusammentreffen von Milderungsgründen der Beihilfe und des Fehlens besonderer persönlicher Merkmale beim Teilnehmer.

Eine erhebliche Verminderung der Einsichtsfähigkeit wegen einem der in § 20 dt. StGB bezeichneten seelischen Defekte kann nach h.A. nur dann zur Strafmilderung gemäß § 21 dt. StGB führen, wenn sie tatsächlich das Fehlen der Unrechtseinsicht bewirkt hat.[133] Voraussetzung der Strafmilderung nach § 21 dt. StGB ist folglich das Vorliegen eines bereits in § 17 dt. StGB geregelten Verbotsirrtums. Da es sich hier trotz des Vorliegens von zwei selbstständigen Strafmilderungsgrundlagen immerhin um denselben Milderungsgrund (Schuldmilderung wegen der fehlenden Unrechtseinsicht) handelt, kommt nur eine einmalige Strafrahmenverschiebung in Betracht. Schwierigkeiten bereitet der Fall, in dem es an der nach § 21 dt. StGB erforderlichen Erheblichkeit der für den Verbotsirrtum ursächlichen Verminderung der Einsichtsfähigkeit fehlt. Die Zulässigkeit der Strafmilderung wegen eines

---

132 Vgl. *Jescheck/Weigend*, AT, S. 696, nach denen der Tatbeitrag des Unterlassenden neben dem die Tatherrschaft ausübenden Täter eines vorsätzlichen Begehungsdelikts nur die Bedeutung von Beihilfe besitzt. Die Tatherrschaft geht erst dann auf den Unterlassenden über, wenn der Handelnde den Tatablauf nicht mehr beherrscht; LK-*Roxin*, § 25 Rn. 209, nach dem die Beihilfe durch Unterlassen nur dann infrage kommt, wenn ein Tatbestand durch Unterlassen nicht verwirklicht werden kann (z.B. bei eigenhändigen Delikten, höchstpersönlichen Pflichtdelikten oder bei qualifizierten Herrschaftsdelikten); LK-*Schünemann*, § 25 Rn. 211, nach dem es auf den Zeitpunkt der unterlassenen Erfolgsabwendung im Gesamtgeschehen ankommt (Vorbereitungsstadium – dann Beihilfe oder Ausführungsstadium – dann Täterschaft).

133 Vgl. *Lackner/Kühl*, § 21 Rn. 1; LK-*Schöch*, § 21 Rn. 8; Schönke/Schröder-*Lenckner/Perron*, § 21 Rn. 4; SK-*Rudolphi*, § 21 Rn. 4.

Verbotsirrtums nach § 17 dt. StGB würde dann die Regelung des § 21 dt. StGB im Hinblick auf die Verminderung der Einsichtfähigkeit praktisch überflüssig machen. Da jedoch die Verweigerung jeglicher Strafmilderung gegen das Schuldprinzip verstoßen würde, wird im Schrifttum dem § 17 dt. StGB der Vorrang vor § 21 dt. StGB eingeräumt.[134] Bei einem solchen Ansatz bleiben im Anwendungsbereich des § 21 dt. StGB nur die Fälle der erheblich verminderten Steuerungsfähigkeit. Eine alternative Lösung zur Harmonisierung der §§ 17 und 21 dt. StGB liegt nach *Theodor Lenckner* und *Walter Perron* in der Annahme einer obligatorischen Strafmilderung in den Fällen der erheblich verminderten Schuldfähigkeit.[135]

Ein weiteres Problem beim Zusammentreffen von mehreren allgemeinen Strafmilderungsgründen entsteht bei der Suche nach dem anzuwendenden Strafrahmen für den Gehilfen, bei dem es an den besonderen persönlichen Merkmalen im Sinn des § 28 Abs. 1 dt. StGB fehlt. Nach dem Wortlaut des Gesetzes (§ 27 Abs. 2 und § 28 Abs. 1 dt. StGB) wäre hier eine doppelte Strafrahmenherabsetzung obligatorisch. Es stellt sich dennoch die Frage, ob ein Tatbeteiligter, der allein wegen des Fehlens eines besonderen persönlichen Merkmals als Gehilfe und nicht als Täter zu bestrafen ist, eine doppelte Strafmilderung verdient. Nach h.A. ist hier entgegen dem Gesetzeswortlaut nur eine einmalige Milderung des Strafrahmens zulässig, da sonst derselbe Umstand doppelt verwertet würde.[136] Erst wenn dem nichtqualifizierten Tatbeteiligten auch die Tatherrschaft fehlt, ist eine doppelte Herabsetzung des Strafrahmens möglich.[137] Anderer Auffassung ist dagegen *Claus Roxin*, der stets eine doppelte Strafmilderung für angemessen hält, um „das Stufenverhältnis zur Anstiftung" nicht zu verfehlen.[138]

III. Polnisches Recht

A. Strafrahmenmilderung anhand der Regelungen des Allgemeinen Teils

Die Herabsetzung des gesetzlichen Strafrahmens anhand der Regelungen des Allgemeinen Teils erfolgt im polnischen Strafrecht im Rahmen des Rechtsinstituts der sog. außerordentlichen Strafmilderung *(nadzwyczajne złagodzenie kary)*. Diese stellt das Gegenstück zur „ordentlichen" Milderung innerhalb des gesetzlichen Strafrahmens dar und besteht in der Verhängung einer Strafe unterhalb der Mindestgrenze

---

134 Vgl. LK-*Schöch*, § 21 Rn. 9; Schönke/Schröder-*Lenckner/Perron*, § 21 Rn. 6 f.

135 Vgl. Schönke/Schröder-*Lenckner/Perron*, § 21 Rn. 6 f.

136 Vgl. BGHSt 26, 53; LK-*Schünemann*, § 28 Rn. 83; Schönke/Schröder-*Stree*, § 49 Rn. 6; SK-*Hoyer*, § 28 Rn. 45.

137 Vgl. LK-*Schünemann*, § 28 Rn. 83.

138 Vgl. LK-*Roxin*, § 28 Rn. 88.

der angedrohten Strafe oder einer Strafe milderer Art. Die neuen Mindestgrenzen sind nach Maßgabe von Art. 60 § 6 pol. StGB zu berechnen. Die einzelnen Milderungsgründe des Allgemeinen Teils beziehen sich sowohl auf das Täterverhalten nach der Tat (tätige Reue, Schadenswiedergutmachung, Offenbarung der Tatumstände bzw. der Identität der Mitbeteiligten) als auch auf die Tatschwere. Bei der Abstufung der Tatschwere im Allgemeinen Teil knüpft der polnische Gesetzgeber an folgende Tatumstände an:

- Jugendlicher oder Heranwachsender als Straftäter, Art. 10 § 3, Art. 60 § 1 pol. StGB;
- Untauglicher Versuch, Art. 14 § 2 pol. StGB;
- Beihilfe, Art. 19 § 2 pol. StGB;
- Fehlen besonderer persönlicher Merkmale beim Beteiligten, Art. 21 § 3 pol. StGB;
- Erfolglose Anstiftung oder Beihilfe, Art. 22 § 2 pol. StGB;
- Überschreitung der Notwehr, Art. 25 § 2 pol. StGB;
- Überschreitung der Notstandsgrenzen, Art. 26 § 3 pol. StGB;
- Unentschuldbarer Irrtum über rechtfertigende oder entschuldigende Umstände, Art. 29 pol. StGB;
- Unentschuldbarer Verbotsirrtum, Art. 30 pol. StGB;
- Erheblich verminderte Schuldfähigkeit, Art. 31 § 2 pol. StGB.

Über diese Milderungsgründe hinaus sieht das polnische Strafgesetzbuch im Allgemeinen Teil auch einen unbenannten Strafmilderungsgrund vor. Gemäß Art. 60 § 2 pol. StGB ist die außerordentliche Strafmilderung auch in besonders begründeten Fällen möglich, wenn selbst die niedrigste Strafe innerhalb des Regelstrafrahmens unangemessen streng wäre.

B. Sonderstrafrahmen bei allgemeinen Strafmilderungen

Die außerordentliche Strafmilderung besteht gemäß Art. 60 § 6 pol. StGB in der Verhängung einer Strafe unterhalb der Mindestgrenze der angedrohten Strafe. Die Untergrenze des Regelstrafrahmens bildet somit zugleich die Obergrenze des Sonderstrafrahmens. Die Untergrenze des Sonderstrafrahmens ist Art. 60 § 6 pol. StGB zu entnehmen. Bei Verbrechen[139] darf die außerordentlich gemilderte Strafe ein Drittel der Untergrenze des Regelstrafrahmens nicht unterschreiten. Bei Vergehen wird zwischen Straftaten differenziert, die im Mindestmaß mit einer Freiheitsstrafe von einem Jahr, und solchen, die mit einer Freiheitsstrafe ohne besonderes Mindest-

---

139 Verbrechen ist nach Art. 7 § 2 pol. StGB eine rechtswidrige Tat, die im Mindestmaß mit Freiheitsstrafe von drei Jahren oder darüber bedroht ist.

maß bedroht sind. Im ersten Fall besteht die außerordentliche Strafmilderung in der Verhängung einer Geldstrafe, einer Freiheitsbeschränkungsstrafe oder einer Freiheitsstrafe von mindestens einem Monat (gesetzliches Mindestmaß). Im zweiten Fall ist bei der Strafmilderung nach Art. 60 pol. StGB eine Geld- oder Freiheitsbeschränkungsstrafe zu verhängen. Bei allen allein mit Freiheitsstrafe bedrohten Vergehen wird somit die Möglichkeit des Übergangs von der Freiheitsstrafe zu anderen, milderen Sanktionsarten eröffnet. Ist eine Straftat alternativ mit Geld-, Freiheitsbeschränkungs- und Freiheitsstrafe bedroht, so besteht die außerordentliche Strafmilderung gemäß Art. 60 § 7 pol. StGB im Absehen von Strafe und in der obligatorischen Verhängung einer Strafmaßnahme[140] nach Art. 39 Nr. 2–8 pol. StGB.

Im Zusammenhang mit der Regelung von den einzelnen Strafmilderungsgründen des Allgemeinen Teils wird der Sonderstrafrahmen oft zusätzlich um die Möglichkeit des Absehens von Strafe erweitert. Dies gilt für den untauglichen Versuch, die erfolglose Teilnahme und die Überschreitung der Notwehr oder der Notstandshandlung. Zu beachten ist freilich, dass zwischen dem Absehen von Strafe und der Untergrenze des Sonderstrafrahmens bei Verbrechen eine Reihe von möglichen Strafen besteht, deren Anordnung dem Richter vorbehalten ist. In diesen Fällen setzt sich der Sonderstrafrahmen mit anderen Worten aus zwei Bereichen zusammen – Absehen von Strafe und eigentlichem Sonderstrafrahmen –, die zusammen betrachtet keinesfalls eine lückenlose Schwereskala darstellen.

C. Strafrahmenwahl

Die Strafzumessung beim Vorliegen eines vertypten Milderungsgrundes erfolgt nach im Schrifttum verbreiteter Auffassung in zwei Stufen. Erstens trifft das Gericht die Entscheidung über den anzuwendenden Strafrahmen (Regel- oder Sonderstrafrahmen). In einer zweiten Phase bestimmt es das konkrete Strafmaß innerhalb

[140] Das Strafgesetzbuch von 1997 ersetzte das bis dahin geltende System der Nebenstrafen durch das System der sog. Strafmaßnahmen *(środki karne)*. Ihre Rechtsnatur lässt sich aufgrund der Vielfalt von Formen und verfolgten Zielen innerhalb dieser Sanktionsgruppe nicht einheitlich definieren. Es handelt sich jedenfalls nicht in erster Linie um zusätzliche Vergeltungsmaßnahmen, sondern eher um die Mittel rationaler Kriminalpolitik mit dem Zweck der Vorbeugung weiterer Straftaten durch den Täter sowie der Schadenswiedergutmachung und Abschöpfung des rechtswidrigen Vermögenszuwachses. Die Strafmaßnahmen werden in der Regel neben den Hauptstrafen angeordnet. Unter Umständen können sie nach der gegenwärtigen Rechtslage jedoch auch die Rolle der Hauptsanktionen übernehmen. Dies wird erstens bei der außerordentlichen Strafmilderung gemäß Art. 60 § 7 pol. StGB und zweitens beim Absehen von Strafe gemäß Art. 59 pol. StGB der Fall sein. Zu den Strafmaßnahmen zählen nach Art. 39 pol. StGB: Aberkennung öffentlicher Rechte, Berufsverbot, Kontaktverbot, Fahrverbot, Verfall, Verpflichtung zur Schadenswiedergutmachung, Bußzahlung, Geldleistung und öffentliche Bekanntgabe des Urteils.

des gewählten Rahmens.[141] Angesichts der generellen Fakultativität der außerordentlichen Strafmilderung im polnischen Strafrecht stellt sich die Frage nach den einzelnen Umständen, die für die Wahl des Sonderstrafrahmens von Bedeutung sein könnten. Im Schrifttum wird in diesem Zusammenhang oft auf die allgemeinen Richtlinien der Strafzumessung gemäß Art. 53 pol. StGB verwiesen. Gemeint sind hier die Berücksichtigung des Grades der Sozialschädlichkeit der Tat, der spezialpräventiven Bedürfnisse und der Gestaltung des Rechtsbewusstseins der Gesellschaft bei der Bemessung der Strafhöhe sowie das Verbot der Überschreitung der Schuldgrenze. Diese Richtlinien sind nach h.A. in Lehre und Rechtsprechung auf die Entscheidung über die Strafrahmenmilderung entsprechend anzuwenden.[142] Wird das Gericht vor die Frage nach der außerordentlichen Milderung des Regelstrafrahmens gestellt, so hat es folglich die Gesamtheit der die Tat und den Täter betreffenden Umstände zu berücksichtigen.[143] Die geltende Methode der Strafrahmenwahl bei den fakultativen Strafmilderungsgründen kann im Ergebnis als die Gesamtbetrachtung sämtlicher strafzumessungsrelevanter Umstände bezeichnet werden. Zu beachten sind freilich diejenigen Meinungen aus der Rechtslehre, nach denen bei den benannten Strafmilderungsgründen der gesetzlich umschriebene Umstand in erster Linie vor sonstigen Umständen zu berücksichtigen ist.[144] Der benannte Milderungsgrund sollte ferner eine Hinweisfunktion bei der Beantwortung der Frage erfüllen, welcher der allgemeinen Strafzumessungsrichtlinien der Vorrang einzuräumen ist.[145] Bezieht er sich ausschließlich auf die Tatschwere, so ist daraus zu schließen, dass die Direktive der Unrechts- bzw. Schuldangemessenheit der Strafe bei der Strafrahmenwahl ausschlaggebend sein sollte.

Bei der Erörterung der Voraussetzungen der außerordentlichen Strafrahmenmilderung bei den benannten, fakultativen Strafmilderungsgründen wird im Schrifttum oft eine Parallele zum allgemeinen, unbenannten Milderungsgrund gemäß Art. 60 § 2 pol. StGB gezogen. Danach kann der Strafrahmen immer dann gemildert werden, wenn selbst die niedrigste Strafe innerhalb des Regelstrafrahmens unangemessen streng wäre. Diese Voraussetzung sollte auch bei den benannten Milderungsgründen entsprechend gelten.[146] Betrachtet man diese Aussage im Zusammenhang mit der geltenden Gesamtbetrachtungsmethode, so wird deutlich, dass der Regelstrafrahmen in der polnischen Rechtslehre in Wirklichkeit nicht als Schwereskala aufgefasst wird, die sowohl die schwersten als auch die leichtesten Fälle erfasst.

---

141 Vgl. *Daszkiewicz*, Nadzwyczajne złagodzenie kary, S. 29; Wolter, PiP 1973, Nr. 1, 57.

142 Vgl. *Ćwiąkalski*, in: Zoll (Hrsg.), Kodeks, Art. 60 Nr. 1; *Daszkiewicz*, Nadzwyczajne złagodzenie kary, S. 27 ff.; *Wolter*, PiP 1973, Nr. 1, 57 f.

143 Vgl. SN OSNKW 1980, Nr. 1/3; SN OSNKW 1973, Nr. 9/91.

144 Vgl. *Daszkiewicz*, Nadzwyczajne złagodzenie kary, S. 34.

145 Vgl. *Ćwiąkalski*, in: Zoll (Hrsg.), Kodeks, Art. 60 Nr. 1; *Daszkiewicz*, Nadzwyczajne złagodzenie kary, S. 28 f.

146 Vgl. *Ćwiąkalski*, in: Zoll (Hrsg.), Kodeks, Art. 60 Nr. 12; *Daszkiewicz*, Nadzwyczajne złagodzenie kary, S. 9 ff.; *Wolter*, PiP 1973, Nr. 1, 52; *ders.*, PiP 1977, Nr. 6, 106.

Die Tatschwereskala erstreckt sich vielmehr zwischen der Obergrenze des Regelstrafrahmens und der Untergrenze des Sonderstrafrahmens. Es liegt folglich die Annahme nahe, dass das Rechtsinstitut der außerordentlichen Strafmilderung keineswegs die Möglichkeit eines Strafrahmenwechsels zum Inhalt hat, sondern stets eine bloße Strafrahmenerweiterung bewirkt. Liegt ein gesetzlicher Milderungsgrund vor, so ist bei der Festsetzung der Strafhöhe mit anderen Worten immer der erweiterte Strafrahmen zugrunde zu legen.

D. Die einzelnen Milderungsgründe des Allgemeinen Teils

1. Jugendlicher oder Heranwachsender als Straftäter

Ein Jugendlicher, der das 15., nicht aber das 17. Lebensjahr vollendet hat, kann gemäß Art. 10 § 2 pol. StGB strafrechtlich zur Verantwortung gezogen werden, wenn er eine der in dieser Vorschrift aufgezählten Straftaten begangen hat und wenn die Tatumstände, der Entwicklungsgrad des Täters, seine Eigenschaften und seine persönliche Lage für die Anwendung des allgemeinen Strafrechts sprechen.[147] In diesen Fällen darf die Strafe freilich zwei Drittel der Obergrenze des anzuwendenden Strafrahmens nicht übersteigen und kann auch außerordentlich gemildert werden (Art. 10 § 3 pol. StGB). Die Strafrahmenverschiebung kann in diesen Fällen zweierlei Gründe haben. Entweder wird hier ein verminderter Schuldgehalt der Tat eines Jugendlichen im Vergleich zur Erwachsenentat pauschal angenommen oder es werden präventive Aspekte, insbesondere Erziehungsbedürfnisse berücksichtigt. Dass bei der Einführung des Art. 10 § 3 pol. StGB präventive Erwägungen im Vordergrund standen, zeigt sich an der besonderen, auf jugendliche Täter anzuwendenden Strafzumessungsrichtlinie gemäß Art. 54 § 1 pol. StGB. Danach hat das Gericht bei der Festsetzung der Strafe für einen Jugendlichen oder Heranwachsenden vor allem das Erziehungsbedürfnis in Betracht zu ziehen.

Auch die Möglichkeit der außerordentlichen Strafmilderung bei Heranwachsenden gemäß Art. 60 § 1 pol. StGB ist nicht in erster Linie als allgemeine Abstufung der Tatschwere, sondern als Erweiterung des Spielraums des Richters zur umfas-

---

[147] Ansonsten finden auf einen Jugendlichen, der eine rechtswidrige, mit Strafe bedrohte Tat begangen hat oder Anzeichen des Sittenverfalls aufweist, die Vorschriften des Gesetzes über das Verfahren in Jugendsachen *(ustawa o postępowaniu w sprawach nieletnich)* vom 26.10.1982 (Dz. U. vom 1982, Nr. 35, 228) Anwendung. Entgegen seinem Titel regelt dieses Gesetz nicht nur verfahrensrechtliche, sondern auch materiellrechtliche Fragen. Die Letztgenannten beziehen sich vor allem auf die Maßnahmen, die dem erkennenden Gericht zur Verfügung stehen. Zu diesen zählen nach Art. 5 des Gesetzes Erziehungsmaßnahmen und eine freiheitsentziehende Besserungsmaßnahme in Form der Unterbringung in einer Besserungsanstalt *(umieszczenie w zakładzie poprawczym)*. Gemäß Art. 15 des Gesetzes über das Verfahren in Jugendsachen gehören Jugendsachen in die Zuständigkeit von Familiengerichten. Das vom allgemeinen Strafrecht zu unterscheidende „Jugendstrafrecht“ ist dem polnischen Recht nicht bekannt.

senden Berücksichtigung der Erziehungsbedürfnisse des Täters zu verstehen.[148] Darauf deutet in Art. 60 § 1 pol. StGB schon ein Verweis auf die Strafzumessungsrichtlinie des Art. 54 § 1 pol. StGB als Grundlage für die Entscheidung über die Strafmilderung sowie die Begriffsbestimmung des Heranwachsenden hin. Gemäß Art. 115 § 10 pol. StGB ist ein Heranwachsender ein Straftäter, der zum Zeitpunkt der Tatbegehung das 21. und zum Zeitpunkt der Verurteilung im ersten Rechtszug das 24. Lebensjahr nicht vollendet hat. Eine Strafrahmenmilderung kommt folglich nicht infrage, wenn der Täter seine Straftat zwar als Heranwachsender begangen hat, die Erziehungsbedürfnisse dennoch wegen seines Alters zum Zeitpunkt der Verurteilung nicht mehr vorhanden sind.

2. Untauglicher Versuch

a) Allgemeines

Die Strafe für den Versuch einer Straftat[149] ist gemäß Art. 14 § 1 pol. StGB dem Strafrahmen zu entnehmen, der im Fall der Vollendung maßgeblich wäre. Die im Laufe der Kodifikationsarbeiten vorgeschlagene obligatorische Herabsetzung der Obergrenze des Strafrahmens auf zwei Drittel stieß auf Kritik der Lehre[150] und fand in der Endfassung des Gesetzes keine Berücksichtigung. Die gleiche Bestrafung eines Straftatversuchs und einer vollendeten Tat wird dennoch weder im Schrifttum noch in der Rechtsprechung für angemessen gehalten. Vielmehr wird eine generell mindere Strafwürdigkeit der nur versuchten Tat angenommen.[151] Im Gegensatz zum deutschen Recht ist der Versuch sowohl eines Verbrechens als auch eines Vergehens im polnischen Recht stets strafbar.

Eine Strafrahmenherabsetzung im Wege außerordentlicher Strafmilderung nach Maßgabe des Art. 60 pl. StGB ist für den Fall des untauglichen Versuchs vorgesehen. Nach Art. 13 § 2 pol. StGB liegt ein strafbarer Versuch auch dann vor, wenn dem Täter nicht bewusst ist, dass die Vollendung der verbotenen Tat in Ermangelung eines für die Tatausführung tauglichen Objekts oder infolge der Verwendung eines für die Tatausführung untauglichen Mittels unmöglich ist.[152] Das Gericht kann jedoch in diesen Fällen gemäß Art. 14 § 2 pol. StGB die Strafe außerordentlich mildern oder von der Strafe absehen. Beruht die Untauglichkeit auf einem

148 Vgl. *Daszkiewicz*, Nadzwyczajne złagodzenie kary, S. 77.

149 Der strafbare Versuch ist nach Art. 13 § 1 pol. StGB ein mit dem Vorsatz der Begehung einer rechtswidrigen Tat unternommenes und unmittelbar auf die Vollendung dieser Tat gerichtetes Verhalten. Das dritte Merkmal des Versuchs bildet das Ausbleiben der Vollendung.

150 Vgl. *Gardocki*, Palestra 1993, Nr. 3–4, 35 f.; *Mącior*, PiP 1992, Nr. 10, 93.

151 Vgl. *Marek*, Kodeks, Art. 14 Nr. 1; *Wąsek*, in: Górniok u.a, Kodeks, Art. 14 Nr. 6; *Zoll*, in: ders. (Hrsg.), Kodeks, Art. 14 Nr. 2.

152 Übersetzung übernommen aus: *Weigend*, Das polnische Strafgesetzbuch.

gesetzlich nicht benannten Grund, z.B. auf dem Fehlen eines tauglichen Subjekts bei Sonderdelikten, so ist der Versuch nicht strafbar.[153] Die Strafbarkeit kommt nach im Schrifttum breit vertretener Auffassung auch in den Fällen nicht infrage, in denen jeder verständige Dritte die Ungefährlichkeit der Handlung sofort erkannt hätte. Dies wird insbesondere dann der Fall sein, wenn der Irrtum auf Aberglauben oder auf der Verkennung elementarer Naturgesetze beruht.[154]

b) Begründung der Strafrahmenmilderung beim untauglichen Versuch

Die Milderung des Strafrahmens beim untauglichen Versuch kann unterschiedlich begründet werden, je nachdem, wie der Grund für die Strafbarkeit dieser Straftatform definiert wird. In der polnischen Rechtslehre werden hierzu mehrere Vorschläge gemacht.

Nach *Kazimierz Buchała* stellt der untaugliche Versuch einen Angriff auf die Rechtsnorm als Teil der sozialpolitischen Ordnung dar. Den objektiven Unrechtsgehalt (Sozialschädlichkeit) des untauglichen Versuchs sieht er folglich in der Gefährdung der sozialpolitischen Ordnung.[155] Die Ähnlichkeiten zwischen dieser Auffassung und der deutschen Konstruktion der Verteidigung der Rechtsordnung und der Eindruckstheorie sind nicht zu übersehen.[156] Folgt man *Buchała*, so liegt der Grund für eine mildere Bestrafung des untauglichen Versuchs in der verminderten Sozialschädlichkeit der Tat: Zwar werden hier die Geltung der Norm und somit die sozialpolitische Ordnung infrage gestellt, ein individualisiertes Rechtsgut wird aber weder verletzt noch unmittelbar gefährdet.

Andere Autoren gehen bei der Begründung der Strafbarkeit des untauglichen Versuchs von der objektiven Ungefährlichkeit der Tat aus. Die Strafbarkeit des untauglichen Versuchs ist nach ihrer Auffassung die Ausnahme von dem Grundsatz, dass es stets die Straftat ist, die die Grundlage strafrechtlicher Verantwortung bildet. Die Strafbarkeit ergibt sich hier ausnahmsweise aus der Gefährlichkeit des Täters und nicht der Tat.[157] Durch die Erweiterung des Strafrahmens bis zur Möglichkeit des Absehens von Strafe wird dem Richter in den Fällen des untauglichen Versuchs ein breiter Spielraum zur Verfügung gestellt, der die Verhängung einer an den einzelnen Täter angepassten, spezialpräventiven Strafe ermöglichen sollte.

---

153 Vgl. *Wąsek*, in: Górniok u.a., Kodeks, Art. 13 Nr. 36; *Zoll*, in: ders. (Hrsg.), Kodeks, Art. 13 Nr. 32.

154 Vgl. *Bojarski/Giezek/Sienkiewicz*, Prawo karne materialne, S. 199; *Buchała/Zoll*, Polskie prawo karne, S. 287; *Zoll*, in: ders. (Hrsg.), Kodeks, Art. 13 Nr. 30.

155 Vgl. *Buchała*, Prawo karne materialne, S. 370; *Buchała/Zoll*, Polskie prawo karne, S. 287; kritisch *Spotowski*, PiP 1988, Nr. 7, 77.

156 Vgl. *Jędrzejewski*, Bezprawie usiłowania, S. 164.

157 Vgl. *Gardocki*, Prawo karne, S. 108 f.; *Mącior*, PiP 1996, Nr. 7, 76.

Eine dritte Begründung der Strafbarkeit des untauglichen Versuchs geht von einer Parallele zu den abstrakten Gefährdungsdelikten aus.[158] Die Versuchstaten sind demnach quasi abstrakte Gefährdungsdelikte, bei denen die objektive Gefährlichkeit der Handlung wegen der vagen Grenze zwischen Tauglichkeit und Untauglichkeit nicht zum Tatbestand gehört. Für die Bejahung der Sozialschädlichkeit der Tat reicht somit die abstrakte Gefährdung eines Rechtsguts aus. Durch die gesetzlich eingeräumte Möglichkeit der Verhängung einer Strafe unterhalb der Mindestgrenze oder des Absehens von Strafe wird dem Umstand Rechung getragen, dass die Ausführungshandlung bei der Untauglichkeit des Versuchs meistens zwar potenziell, aber nicht konkret gefährlich ist und das Handlungsunrecht folglich geringeres Gewicht hat.

c) Tatsachenbasis für die Strafrahmenwahl

Die Entscheidung über die außerordentliche Strafmilderung beim untauglichen Versuch trifft das Gericht unter Beachtung der allgemeinen Strafzumessungsrichtlinien, d.h. sowohl des Grades der Sozialschädlichkeit der Tat als auch der Erfordernisse der Prävention. Im Schrifttum wird dennoch die Ansicht vertreten, bei der Strafrahmenwahl sollte in erster Linie der Grad der Untauglichkeit des Versuchs berücksichtigt werden.[159]

3. Erheblich verminderte Schuldfähigkeit

Der nach Art. 60 § 6 pol. StGB gemilderte Strafrahmen steht dem Gericht auch im Fall der erheblich verminderten Schuldfähigkeit des Täters zur Verfügung. Gemeint ist damit eine stark eingeschränkte Fähigkeit, die Bedeutung der Tat zu erkennen oder sein Verhalten zu steuern (Art. 31 § 2 pol. StGB). Die Strafmilderung gründet sich dabei offenbar auf die erhebliche Verminderung der Schuld des Täters. Die einzelnen Gründe für die psychischen Störungen werden in Art. 31 § 2 pol. StGB zwar nicht genannt, nach der im Schrifttum vertretenen Ansicht kommt es hier aber auf die in Art. 31 § 1 pol. StGB aufgezählten Störungsursachen an.[160] Es handelt sich somit um psychische Krankheiten, geistige Behinderung und andere Störungen der Geistestätigkeit.

Die Vorschriften über die außerordentliche Strafmilderung bei erheblich verminderter Schuldfähigkeit sowie über die Straflosigkeit schuldunfähiger Täter gelten gemäß Art. 31 § 3 pol. StGB nicht, wenn die Störung der Geistestätigkeit ihre

---

158 Vgl. *Zoll*, in: ders. (Hrsg.), Kodeks, Art. 13 Nr. 30; kritisch *Spotowski*, PiP 1988, Nr. 7, 79 ff.

159 Vgl. *Jędrzejewski*, Bezprawie usiłowania, S. 151; *Marek*, Kodeks, Art. 14 Nr. 2; *Zoll*, in: ders. (Hrsg.), Kodeks, Art. 14 Nr. 4.

160 Vgl. *Zoll*, in: ders. (Hrsg.), Kodeks, Art. 31 Nr. 23.

Ursache im freiwilligen Konsum von Alkohol oder anderen Rauschmitteln hat und der Täter die Auswirkungen dieses Konsums auf seine Schuldfähigkeit vorausgesehen hat oder voraussehen konnte. Das Schuldprinzip wird in diesen Fällen nach der Auffassung von *Andrzej Zoll* zum Schutz von Rechtsgütern preisgegeben.[161]

Im Gegensatz zu den früheren Gesetzesentwürfen, nach denen die erheblich verminderte Schuldfähigkeit des Täters eine automatische Herabsetzung der Strafobergrenze auf zwei Drittel zur Folge hatte, sieht das geltende Strafgesetzbuch lediglich eine fakultative Milderung der Mindestgrenze vor.[162] Zwar wird das Vorliegen erheblich verminderter Schuldfähigkeit im Schrifttum als ein durchaus starkes Signal an den Richter betrachtet, eine außerordentlich gemilderte Strafe in Erwägung zu ziehen,[163] gleichwohl bleibt die Rechtsprechung auf dem Standpunkt, eine Regel-Ausnahme-Bestimmung könne der Vorschrift über die außerordentliche Strafmilderung bei verminderter Schuldfähigkeit nicht entnommen werden.[164] Bei der Entscheidung über die Anwendung des Art. 31 § 2 pol. StGB seien vielmehr stets alle Strafzumessungsgesichtspunkte zu berücksichtigen.[165]

4. Unentschuldbarer Irrtum über rechtfertigende oder entschuldigende Umstände

Gemäß Art. 29 pol. StGB begeht keine Straftat, wer eine verbotene Tat in der entschuldbaren, d.h. unvermeidbaren irrigen Annahme begeht, dass rechtfertigende oder schuldausschließende Umstände vorliegen. Gemeint ist damit der Irrtum über das Vorliegen der sachlichen Voraussetzungen für einen rechtlich anerkannten Rechtfertigungs- oder Entschuldigungsgrund und nicht der Irrtum über die rechtlichen Grenzen oder die Existenz eines Rechtfertigungs- (Verbotsirrtum) bzw. Entschuldigungsgrundes (rechtlich irrelevant).[166] Die Regelung des Art. 29 pol. StGB bezieht sich ferner nach h.A. nicht auf die Irrtümer über das Vorliegen der gesetzlichen Voraussetzungen der Schuldfähigkeit (z.B. das Erreichen des gesetzlichen Mindestalters).[167]

Ist der oben umschriebene Irrtum vermeidbar und somit nicht entschuldbar, so bleibt der Schuldvorwurf zwar bestehen, die Strafe kann aber gemäß Art. 29

161 Vgl. *Zoll*, in: ders. (Hrsg.), Kodeks, Art. 31 Nr. 37 ff.

162 Vgl. *Wąsek*, in: Górniok u.a., Kodeks, Art. 31 Nr. 27.

163 Vgl. *Zoll*, in: ders. (Hrsg.), Kodeks, Art. 31 Nr. 27.

164 Vgl. SN OSNKW 1973, Nr. 2–3/29; SA Gdańsk Prok. i Pr. 2001, Nr. 12/26.

165 Vgl. *Wąsek*, in: Górniok u.a., Kodeks, Art. 31 Nr. 37 f. und die dort zitierte Rechtsprechung.

166 Vgl. *Wąsek*, in: Górniok u.a., Kodeks, Art. 29 Nr. 6; *Zoll*, in: ders. (Hrsg.), Kodeks, Art. 29 Nr. 3 und 7.

167 Vgl. *Szczepaniec*, CPKiNP 2000, Nr. 2, 109 f.; *Zoll*, in: ders. (Hrsg.), Kodeks, Art. 29 Nr. 8.

pol. StGB wegen des verminderten Schuldgehalts der Tat außerordentlich gemildert werden. Der herabzusenkende Strafrahmen ist der Strafrahmen für das Vorsatzdelikt. Bemerkenswert in diesem Zusammenhang ist die unterschiedliche Bewertung der bloßen Tatbestandsirrtümer (Strafrahmen für Fahrlässigkeitsdelikt) und der Irrtümer über rechtfertigende oder entschuldigende Umstände (Strafrahmen für Vorsatzdelikt mit herabgesetzter Untergrenze) sowie die Gleichbehandlung des Erlaubnistatbestandsirrtums und des Irrtums über die Entschuldigungsgründe.

5. Unentschuldbarer Verbotsirrtum

Gemäß Art. 30 pol. StGB begeht der Täter einer verbotenen Handlung keine Straftat, wenn er in entschuldbarer, d.h. unvermeidbarer Unkenntnis ihrer Rechtswidrigkeit handelt. Da es hier auf die Unkenntnis der Rechtswidrigkeit ankommt, ist allein die Unkenntnis der Strafbarkeit der Tat für den Schuldausschluss nicht ausreichend. Erst beim unvermeidbaren Irrtum über die Bewertung der Tat durch die gesamte Rechtsordnung greift Art. 30 pol. StGB.[168] Bei der Bewertung der Entschuldbarkeit (Vermeidbarkeit) wird im Schrifttum auf das Kriterium des hypothetischen Kenntnisstands und der Erkennungsmöglichkeiten eines rechtstreuen Bürgers mit dem gleichen Wissen und den gleichen Erfahrungen wie diejenigen des Täters abgestellt. Dabei sind allerdings auch individuelle Eigenschaften des Täters mitzuberücksichtigen.[169]

War der Verbotsirrtum des Täters vermeidbar und somit nicht entschuldbar, so kann die Strafe gemäß Art. 30 Satz 2 pol. StGB wegen der verringerten Schuld außerordentlich gemildert werden. Obwohl der Gesetzgeber den vermeidbaren Irrtum über die rechtfertigenden oder entschuldigenden Umstände und den vermeidbaren Verbotsirrtum in getrennten Vorschriften geregelt hat, wird die Tatschwere in den beiden Konstellationen, zumindest auf Gesetzesebene, gleich bewertet.

6. Überschreitung der Notwehr

Überschreitet der Täter die Grenzen der rechtfertigenden Notwehr, so handelt er zwar rechtswidrig und macht sich strafbar, die Strafe kann aber gemäß Art. 25 § 2 pol. StGB wegen der verminderten Schuld (besonderer Motivationsdruck) sowie des verminderten Unrechts (Rechtsgutsverletzung wird zum Teil durch die Erhaltung des geschützten Rechtsguts ausgeglichen) außerordentlich gemildert werden. Zusätzlich wird der Spielraum des Richters in diesen Fällen um die Möglichkeit erweitert, von Strafe abzusehen. Das obligatorische Absehen von Strafe ist gemäß

---

168 Vgl. *Wąsek*, in: Górniok u.a., Kodeks, Art. 30 Nr. 3; *Zoll*, in: ders. (Hrsg.), Kodeks, Art. 30 Nr. 5.

169 Vgl. *Ćwiąkalski*, Błąd co do bezprawności, S. 138; *Zoll*, in: ders. (Hrsg.), Kodeks, Art. 30 Nr. 8.

Art. 25 § 3 pol. StGB für den Fall vorgesehen, in dem die Überschreitung der Notwehrgrenzen die Folge von Angst oder Erregung ist, die aufgrund der Umstände des Angriffs entschuldbar sind.[170]

Bevor auf die Notwehrüberschreitung eingegangen wird, sind die Grenzen der rechtfertigenden Notwehr im polnischen Recht kurz zu erläutern. Rechtfertigende Notwehr setzt zunächst einen gegenwärtigen und rechtswidrigen Angriff auf ein Rechtsgut voraus (Art. 25 § 1 pol. StGB). Die Intensität der Notwehrhandlung darf ferner nicht außer Verhältnis zur Angriffsgefahr stehen (Art. 25 § 2 pol. StGB). Dies bedeutet vor allem, dass zwischen dem geschützten und dem verletzten Rechtsgut kein krasses Missverhältnis bestehen darf.[171] Auf der subjektiven Seite ist ein Handeln in der Absicht erforderlich, die Gefahr von sich oder einem anderen abzuwenden.[172] Die Frage nach der Subsidiarität der Notwehrhandlung wird im Schrifttum unterschiedlich beantwortet. Während herrschende Lehre und Rechtsprechung die Subsidiarität der Notwehr grundsätzlich verneinen,[173] geht ein Teil der Lehre vom Grundsatz der relativen Subsidiarität aus, nach dem die Notwehrhandlung erst dann straflos bleibt, wenn kein alternatives und rationales Verhalten zur Vermeidung der Rechtsgutsverletzung infrage kam.[174]

Die Überschreitung der Notwehr kommt im Wesentlichen in zwei Fällen in Betracht. Erstens wenn die Notwehrhandlung vor dem Angriff oder nach der Beendigung des Angriffs unternommen wurde (kein gegenwärtiger Angriff) und zweitens wenn ein grobes Missverhältnis zwischen der Intensität der Notwehrhandlung und der Angriffsgefahr, insbesondere ein krasses Missverhältnis zwischen dem geschützten und dem verletzten Rechtsgut besteht.[175] Um überhaupt von einer Überschreitung der Notwehr sprechen zu können, müssen allerdings die Kernmerkmale des Notwehrtatbestands vorliegen. Zu diesen werden die Gefahrabwendungsabsicht und der rechtswidrige Angriff bzw. die nicht unerhebliche Wahrscheinlichkeit seines Eintritts gezählt.[176]

---

170 Übersetzung übernommen aus: *Weigend*, Das polnische Strafgesetzbuch.

171 Vgl. *Zoll*, in: ders. (Hrsg.), Kodeks, Art. 25 Nr. 42 ff.

172 Vgl. *Marek*, Kodeks, Art. 25 Nr. 14; *Wąsek*, in: Górniok u.a., Kodeks, Art. 25 Nr. 25 ff.; *Zoll*, in: ders. (Hrsg.), Kodeks, Art. 25 Nr. 33 ff.

173 Vgl. *Buchała*, Palestra 1974, Nr. 5, 34 ff.; *Marek*, Obrona konieczna, S. 70 ff.; *ders.*, Kodeks, Art. 25 Nr. 4.

174 Vgl. *Wąsek*, in: Górniok u.a., Kodeks, Art. 25 Nr. 28 ff.; *Zoll*, in: ders. (Hrsg.), Kodeks, Art. 25 Nr. 41.

175 Vgl. *Gardocki*, Prawo karne, S. 117; *Zoll*, in: ders. (Hrsg.), Kodeks, Art. 25 Nr. 50.

176 Vgl. *Buchała*, Palestra 1974, Nr. 5, 45; *Wąsek*, in: Górniok u.a., Kodeks, Art. 25 Nr. 67; *Zoll*, in: ders. (Hrsg.), Kodeks, Art. 25 Nr. 48 ff.

7. Überschreitung der Notstandsgrenzen

Aus ähnlichen Gründen wie bei der Notwehrüberschreitung sieht das Gesetz in Art. 26 § 3 pol. StGB für den Fall der Überschreitung der Grenzen des Notstands die Möglichkeit der außerordentlichen Strafmilderung und des Absehens von Strafe vor. Die Grenzen des rechtfertigenden Notstands werden in Art. 26 § 1 pol. StGB näher bestimmt. Danach begeht keine Straftat, wer zum Zwecke der Abwendung einer gegenwärtigen Gefahr handelt, die einem Rechtsgut droht, und die Gefahr nicht anders abwendbar ist und das geopferte Gut einen niedrigeren Wert als das gefährdete darstellt.[177] Wird ein Rechtsgut geopfert, das keinen offensichtlich höheren Wert als das gefährdete Gut darstellt, so ist die Schuld des Täters gemäß Art. 26 § 2 und 4 pol. StGB ausgeschlossen, es sei denn, der Täter hat ein Rechtsgut geopfert, zu dessen Schutz er sogar unter Gefährdung der eigenen Person besonders verpflichtet war.

Die Möglichkeit außerordentlicher Strafmilderung besteht sowohl im Fall der Überschreitung der Grenzen des rechtfertigenden als auch des entschuldigenden Notstands. Die Überschreitung der Notstandsgrenzen liegt insbesondere vor: beim Verstoß gegen das Subsidiaritätsprinzip, beim offensichtlichen Missverhältnis zwischen den kollidierenden Interessen und in den Fällen, in denen die Gefahr nicht mehr bzw. noch nicht gegenwärtig war.[178] Zu den konstitutiven Elementen des Notstandstatbestands, deren Vorliegen auch bei der Anwendung des Art. 26 § 3 pol. StGB vorausgesetzt wird, gehören die Gefahrenabwendungsabsicht und das Bestehen einer Gefahr für das rechtlich geschützte Gut bzw. die nicht unerhebliche Wahrscheinlichkeit ihres Eintritts.[179]

8. Beihilfe

Die Strafe für Anstiftung oder Beihilfe entnimmt das Gericht gemäß Art. 19 § 1 pol. StGB dem für die Täterschaft vorgesehenen Strafrahmen. Die Strafe für Beihilfe kann allerdings gemäß Art. 19 § 2 pol. StGB außerordentlich nach Maßgabe des Art. 60 pol. StGB gemildert werden. Somit wird der vom Gehilfen geleistete Beitrag zur Rechtsgutsverletzung oder -gefährdung vom Gesetzgeber generell als geringer angesehen als der Beitrag des Täters oder des Anstifters, ohne dessen Tat die Straftat möglicherweise sogar ausbleiben würde.[180] Die Hervorrufung eines Tatentschlusses bzw. dessen Ausführung trägt mit anderen Worten in wesentlich höherem Maß zur Gefährdung eines Rechtsguts bei als die Förderung einer bereits beschlossenen Straftat.

---

[177] Übersetzung übernommen aus: *Weigend*, Das polnische Strafgesetzbuch.

[178] Vgl. *Gardocki*, Prawo karne, S. 124 f.; Zoll, in: ders. (Hrsg.), Kodeks, Art. 26 Nr. 41 ff.

[179] Vgl. *Zoll*, in: ders. (Hrsg.), Kodeks, Art. 26 Nr. 40.

[180] Vgl. *Kardas*, in: Zoll (Hrsg.), Kodeks, Art. 19 Nr. 6.

Um die gesetzliche Bewertung von Beihilfe und Anstiftung im polnischen Strafrecht vollständig darzustellen, bedarf es noch einer näheren Erläuterung der geltenden Beteiligungstheorie. Der polnische Gesetzgeber betrachtet die Hilfeleistung und die Anstiftung zu einer Straftat als selbstständige Straftatformen, deren Unrecht von demjenigen der Haupttat grundsätzlich losgelöst ist.[181] Ihre Strafbarkeit ist somit von der Begehung der Haupttat unabhängig. Dieser Ansatz beruht auf dem Gedanken, dass jede Beihilfe oder Anstiftung eine strafrechtlich relevante Gefahr für das Rechtsgut schafft, und zwar unabhängig davon, ob die gewollte oder geförderte Tat tatsächlich begangen wird. Bei der Ermittlung des Strafrahmens für den Gehilfen und für den Anstifter ist folglich von dem Strafrahmen auszugehen, der für die vom Teilnehmer vorgestellte und gewollteTat und nicht für die tatsächlich verwirklichte maßgebend ist.[182] Konsequenterweise bestimmt Art. 20 pol. StGB, dass jeder, der sich an der Begehung einer verbotenen Tat beteiligt, nach seinem Vorsatz oder seiner Fahrlässigkeit und ohne Rücksicht auf die Strafbarkeit der übrigen Beteiligten strafbar ist.[183] Eine Einschränkung dieses Ansatzes enthält Art. 22 pol. StGB, worauf unten näher eingegangen wird.

9. Fehlen besonderer persönlicher Merkmale beim Beteiligten

Persönliche Umstände, die die Strafbarkeit ausschließen, mildern oder schärfen, werden gemäß Art. 21 § 1 pol. StGB nur bei der Person berücksichtigt, bei der sie vorliegen. Als persönliche Umstände im Sinne dieser Vorschrift werden im Schrifttum unter anderem anerkannt: Minderjährigkeit, Schuldunfähigkeit bzw. eingeschränkte Schuldfähigkeit, Tatbestands-, Erlaubnis- oder Verbotsirrtum, schuldausschließender Notstand, tätige Reue, Verwandtschaftsverhältnis zum Täter, Rückfall, Gewerbsmäßigkeit.[184]

Eine Sonderregelung sieht das Gesetz in Art. 21 § 2 pol. StGB für den Fall des Fehlens persönlicher Tatbestandsmerkmale beim Beteiligen vor, die die Strafbarkeit begründen oder eine Strafrahmenschärfung bewirken.[185] Hatte der Beteiligte von einem solchen persönlichen Merkmal beim Täter Kenntnis, so ist das Fehlen dieses Merkmals beim Beteiligten für dessen Strafbarkeit gemäß Art. 21 § 2 pol. StGB unbeachtlich. Da allerdings die Sozialschädlichkeit bzw. der Schuldgehalt der Tat in diesen Fällen regelmäßig deutlich geringer als beim qualifizierten Betei-

---

181 Vgl. Uzasadnienie do projektu, S. 13; *Kardas*, in: Zoll (Hrsg.), Kodeks, Art. 18 Nr. 7 ff.; *Wąsek*, in: Górniok u.a., Kodeks, Art. 18 Nr. 4.

182 Vgl. *Gardocki*, Prawo karne, S. 100 f.

183 Übersetzung übernommen aus: *Weigend*, Das polnische Strafgesetzbuch.

184 Vgl. *Kardas*, in: Zoll (Hrsg.), Kodeks, Art. 21 Nr. 12; *Wąsek*, in: Górniok u.a., Kodeks, Art. 21 Nr. 3.

185 Vgl. *Kardas*, in: Zoll (Hrsg.), Kodeks, Art. 21 Nr. 16; *Wąsek*, in: Górniok u.a., Kodeks, Art. 21 Nr. 6.

ligten ist,[186] kann die Strafe gemäß Art. 21 § 3 pol. StGB außerordentlich gemildert werden.

Als persönliche Tatbestandsmerkmale im Sinne des Art. 21 § 2 pol. StGB kommen unter anderem in Betracht: die Eigenschaft als Amtsträger bzw. als Soldat, die Gewerbsmäßigkeit sowie der besondere Fall des Rückfalls gemäß Art. 148 § 3 pol. StGB.

10. Erfolglose Anstiftung und Beihilfe

In Art. 22 pol. StGB wird eine Abstufung der Schwere der vollendeten Beihilfe und der Anstiftung vorgesehen. Als Maßstab für die Differenzierung dient hier das Ausmaß der tatsächlichen Verletzung bzw. Gefährdung des Rechtsguts durch die vom Teilnehmer hervorgerufene oder geförderte Tat des Täters.[187] Dies bedeutet eine Abschwächung der grundsätzlichen Unabhängigkeit der Strafbarkeit der Beihilfe und Anstiftung von der Strafbarkeit der Haupttat zugunsten des Akzessorietätsprinzips. Ist die Tat des Täters nur versucht worden, so sind der Gehilfe und der Anstifter nach Art. 22 § 1 pol. StGB wie wegen eines Versuchs zu bestrafen. Da allerdings der Strafrahmen für den Versuch und für die Vollendung nach Art. 14 § 1 pol. StGB der gleiche und die Tat auf den beiden Verwirklichungsstufen stets strafbar ist, ist die praktische Bedeutung des Art. 22 § 1 pol. StGB eher eingeschränkt. Diese Vorschrift kann nur als eine Richtlinie für die Strafzumessung i.e.S. verstanden werden.[188] Größere Relevanz kommt Art. 22 § 2 pol. StGB zu. Ist eine verbotene Tat nicht einmal versucht worden, so kann das Gericht danach die Strafe für den Gehilfen oder Anstifter außerordentlich mildern oder sogar von der Verhängung einer Strafe absehen.[189]

Art. 22 pol. StGB findet gemäß Art. 24 pol. StGB keine Anwendung auf den Provokateur, d.h. eine Person, die eine andere Person zur Begehung einer verbotenen Tat veranlasst, um ein Strafverfahren gegen sie in Gang zu setzen.[190] Der Provokateur beabsichtigt neben der Veranlassung der Verletzung von Rechtsgütern Dritter auch die Beeinträchtigung der Güter des Täters infolge seiner Verurteilung. Darin liegt auch der Grund für den Ausschluss der Möglichkeit der Strafrahmenmilderung nach Art. 22 pol. StGB in diesen Fällen.

---

[186] Vgl. *Kardas*, in: Zoll (Hrsg.), Kodeks, Art. 21 Nr. 23; *Marek*, Kodeks, Art. 21 Nr. 4.

[187] Vgl. *Kardas*, in: Zoll (Hrsg.), Kodeks, Art. 22 Nr. 15.

[188] Ebd., Art. 22 Nr. 21.

[189] Übersetzung übernommen aus: *Weigend*, Das polnische Strafgesetzbuch.

[190] Ebd.

11. Besonders begründeter Fall

Über die besonderen, benannten Milderungsgründe hinaus ist im polnischen Strafgesetzbuch auch eine allgemeine Grundlage für die außerordentliche Strafmilderung vorgesehen. Gemäß Art. 60 § 2 ist die außerordentliche Strafmilderung in besonders begründeten Fällen möglich, wenn selbst die niedrigste Strafe innerhalb des Regelstrafrahmens unangemessen streng wäre. Es liegt die Annahme nahe, dass es sich bei Art. 60 § 2 pol. StGB um eine Generalklausel handelt, die durch einzelne benannte Milderungsgründe näher erläutert wird. Sein Anwendungsbereich wird jedenfalls nicht dadurch eingeschränkt, dass die besonders begründeten Fälle im Sinne dieser Vorschrift im Gesetzestext beispielweise benannt werden – darunter freiwillige Schadenswiedergutmachung bzw. deren Versuch, Selbstschaden im Sinne von *poena naturalis*.[191] Das Rechtsinstitut der außerordentlichen Strafmilderung nach Art. 60 § 2 sollte zweifelsfrei nicht nur der Vorbeugung weiterer Straftaten dienen bzw. freiwillige Schadenswiedergutmachung fördern, sondern auch ganz allgemein die Verhängung von gerechten Strafen bei geringem Unrecht oder bei geringer Schuld ermöglichen.[192] Allein die Ansammlung von mildernden Umständen kann dennoch die außerordentliche Strafmilderung nach Art. 60 § 2 nicht rechtfertigen.[193] Dies hätte eine generelle Erweiterung aller Regelstrafrahmen des Besonderen Teils zur Folge. Die Unterschreitung der Untergrenze des Regelstrafrahmens unter Berufung auf die Generalklausel von Art. 60 § 2 bedarf vielmehr eines typisierbaren Grundes, dessen Gewicht demjenigen der benannten Milderungsgründe ähnlich ist.

Die außerordentliche Strafmilderung nach Art. 60 § 2 wird im Schrifttum und in der Rechtsprechung unter anderem in folgenden Fällen für gerechtfertigt gehalten: schlechter Gesundheitszustand des Täters, der den Empfindlichkeitsgrad der Strafe wesentlich erhöht, besondere Beweggründe des Täters, vorgerücktes Alter und damit verbundene eingeschränkte Einsichtsfähigkeit des Täters.[194]

E. Einstufung der Bagatellkriminalität

Die Einstufung der Bagatellkriminalität erfolgt im polnischen Recht bereits durch die Berücksichtigung materieller Elemente in der Straftatdefinition. Danach ist für die Bejahung einer Straftat nicht allein die Tatbestandmäßigkeit und die

---

191 Vgl. *Ćwiąkalski*, in: Zoll (Hrsg.), Kodeks, Art. 60 Nr. 20; *Marek*, Kodeks, Art. 60 Nr. 9; *Sienkiewicz*, in: Górniok u.a., Kodeks, Art. 60 Nr. 17.

192 Vgl. *Ćwiąkalski*, in: Zoll (Hrsg.), Kodeks, Art. 60 Nr. 18.

193 Vgl. *Marek*, Kodeks, Art. 60 Nr. 9; anders *Ćwiąkalski*, in: Zoll (Hrsg.), Kodeks, Art. 60 Nr. 20; *Sienkiewicz*, in: Górniok u.a., Kodeks, Art. 60 Nr. 14.

194 Vgl. *Ćwiąkalski*, in: Zoll (Hrsg.), Kodeks, Art. 60 Nr. 19; *Marek*, Kodeks, Art. 60 Nr. 9.

Rechtswidrigkeit der Handlung sowie das Verschulden des Täters, sondern auch die Überschreitung eines gewissen Maßes an Sozialschädlichkeit der Tat notwendig. Gemäß Art. 1 § 2 pol. StGB ist eine verbotene Tat keine Straftat, wenn die Sozialschädlichkeit geringfügig ist. Die die Sozialschädlichkeit der Tat mitbegründenden Umstände werden, wie bereits oben in der Einleitung erwähnt, in Art. 115 § 2 pol. StGB abschließend aufgezählt. Die Feststellungen der Strafverfolgungsorgane bezüglich des Grades der Sozialschädlichkeit unterliegen den allgemeinen Grundsätzen des Beweisrechts und können vom Beschuldigten oder Verletzten infrage gestellt werden.[195]

Bei geringer Sozialschädlichkeit der Tat ist gemäß Art. 17 § 1 Pt. 3 pol. StPO von der Einleitung des Verfahrens abzusehen. Ein bereits eingeleitetes Verfahren ist einzustellen. Gegen den Beschluss über die Einstellung des Ermittlungsverfahrens sowie gegen den Beschluss über die Ablehnung der Einleitung des Ermittlungsverfahrens ist gemäß Art. 306 § 1 pol. StPO eine Beschwerde zulässig. Im ersten Fall können die Parteien des Verfahrens und im zweiten Fall kann nur der Verletzte das Rechtsmittel einlegen.

Ein weiteres allgemeines Instrument zur Einstufung der geringen Tatschwere im polnischen Strafrecht ist das Rechtsinstitut des Absehens von Strafe nach Art. 59 pol. StGB. Das Gericht kann danach von der Verhängung von Strafe absehen und gleichzeitig eine Strafmaßnahme[196] anordnen, sofern erstens die begangene Straftat mit einer Freiheitsstrafe bis zu drei Jahren oder alternativ mit den in Art. 32 Ziff. 1–3 pol. StGB bezeichneten Strafen bedroht wird, zweitens die Sozialschädlichkeit der Tat unerheblich ist und drittens die angeordnete Strafmaßnahme die Strafzwecke erfüllen wird. Die Vorschrift setzt einen besonders niedrigen Grad der Sozialschädlichkeit der Tat – unerhebliche Sozialschädlichkeit – voraus, der allerdings im Vergleich zur „Geringfügigkeit“ auf der Tatschwereskala etwas höher liegt.

Bei einer positiven Sozialprognose des Täters kann das Gericht sogar vom Schuldspruch absehen und das Verfahren nach Art. 66 pol. StGB bedingt einstellen, sofern Schuld und Sozialschädlichkeit der Tat unerheblich sind, die Tatumstände zweifelsfrei feststehen und auch die sonstigen Voraussetzungen der bedingten Verfahrenseinstellung gemäß Art. 66 erfüllt sind.

Im Zusammenhang mit Art. 66 weist *Andrzej Zoll* auf die in polnischer Sprache bestehenden Unterschiede zwischen den Wendungen „unerheblich sein“ *(być nieznaczny)* und „nicht erheblich sein“ *(nie być znaczny)* hin, wobei es in den Art. 59 und 66 pol. StGB nach seiner Auffassung auf die letztere Variante ankommen soll (dies wäre auch die wörtliche Übersetzung aus dem Polnischen). Der Begriff der

195 Vgl. *Wąsek*, in: Górniok u.a., Kodeks, Art. 1 Nr. 35.

196 Vgl. Teil 2, Fußnote 140.

„nicht erheblichen“ Sozialschädlichkeit erfasst in polnischer Sprache im Gegensatz zum Begriff der „Unerheblichkeit“ alle Stufen der Sozialschädlichkeit der Tat, die den Grad der Erheblichkeit nicht erreicht haben.[197] Bei dieser Auslegung würden die Rechtsinstitute des Absehens von Strafe und der bedingten Verfahrenseinstellung fast ausschließlich spezialpräventiven Charakter erhalten, da die „Unerheblichkeit“ der Sozialschädlichkeit bei ihrer Anwendung nicht mehr vorausgesetzt wäre. Als Mittel zur Einschränkung des Strafzumessungsspielraums käme dann höchstens der das Gericht bindende Strafzweck der Gestaltung des Rechtsbewusstseins der Gesellschaft in Betracht.

F. Einstufung der Tatbegehung durch Unterlassen und der Fahrlässigkeitsdelikte

Im Anschluss an die Strafmilderungsgründe des Allgemeinen Teils ist noch kurz die gesetzliche Bewertung von manchen generalisierbaren Tatkonstellationen zu erläutern, bei denen der Handlungsunwert geringer als im Regelfall ist. Es handelt sich um die Tatbegehung durch Unterlassen und um die fahrlässig begangenen Delikte.

Wegen eines durch Unterlassen begangenen Erfolgsdelikts ist gemäß Art. 2 pol. StGB nur derjenige zu bestrafen, der eine rechtliche besondere Pflicht zur Erfolgsabwendung hatte.[198] Im Schrifttum werden meistens drei Quellen der Garantenpflichten genannt: das Gesetz, die freiwillige Übernahme von Pflichten und die Verursachung der Gefahrenlage.[199] Eine durch Unterlassen begangene Straftat wird nach dem polnischen Strafgesetzbuch aus dem gleichen Strafrahmen wie die Tatbegehung durch das aktive Tun bestraft. Eine fakultative Strafmilderung bis zur Möglichkeit des Absehens von Strafe wird für den Fall der Pflichtenkollision vorgesehen. Gemäß Art. 26 § 5 pol. StGB gelten die Vorschriften des Art. 26 §§ 1–3 pol. StGB über den rechtfertigenden und entschuldigenden Notstand auch für den Fall entsprechend, in dem der Täter nur eine von mehreren ihm obliegenden Pflichten erfüllen kann.

Eine fahrlässig begangene Straftat ist in Polen nur strafbar, wenn es sich um ein Vergehen handelt und das Gesetz die Strafbarkeit ausdrücklich vorsieht (Art. 8 pol. StGB). Ein Vergehen ist gemäß Art. 7 § 3 pol. StGB eine verbotene Tat, die mit Geldstrafe von mehr als 30 Tagessätzen, Freiheitsbeschränkungsstrafe oder Freiheitsstrafe von mehr als einem Monat bedroht ist. Ist die Untergrenze des Straf-

---

197 Vgl. *Zoll*, in: ders. (Hrsg.), Kodeks, Art. 66 Nr. 10.

198 Übersetzung übernommen aus: *Weigend*, Das polnische Strafgesetzbuch.

199 Vgl. *Wąsek*, in: Górniok u.a., Kodeks, Art. 2 Nr. 11; *Zoll*, in: ders. (Hrsg.), Kodeks, Art. 2 Nr. 15 ff.

rahmens drei Jahre Freiheitsstrafe oder eine höhere Strafe, so liegt gemäß Art. 7 § 2 pol. StGB ein Verbrechen vor, dessen Strafbarkeit stets vorsätzliches Handeln voraussetzt. Die gesetzlichen Strafandrohungen bei fahrlässig begangenen Vergehen sind in der Regel deutlich milder als die bei Vorsatzdelikten.

Ein gesetzlich geregelter Anwendungsfall des Strafrahmens für Fahrlässigkeitsdelikte ist die Straftatbegehung beim Vorliegen eines vermeidbaren Irrtums über Umstände, die zum gesetzlichen Straftatbestand gehören (Tatbestandsirrtum nach Art. 28 § 1 pol. StGB). Handelt der Täter hingegen in der irrigen Annahme der zum Tatbestand gehörenden Umstände, die eine mildere Bestrafung begründen würden, so ist er nach der milderen Vorschrift zu bestrafen, wenn sein Irrtum entschuldbar war (Art. 28 § 2 pol. StGB). Bei den verschuldeten Irrtümern ist somit stets der Regelstrafrahmen anwendbar.

G. Strafrahmenschärfung anhand der Regelungen des Allgemeinen Teils

Eine allgemeine Erhöhung des gesetzlichen Strafrahmens wird im polnischen Strafgesetzbuch vor allem im 7. Kapitel mit der Überschrift „Rückfall" geregelt. Hier sind als allgemeine Strafschärfungsgründe zwei Formen des besonderen Rückfalls, Gewerbsmäßigkeit, Straftatbegehung im Rahmen einer organisierten Gruppe oder Vereinigung sowie terroristischer Charakter der Tat vorgesehen. Außerhalb des 7. Kapitels wird eine Strafrahmenschärfung in Art. 57a pol. StGB für den Fall des Hooliganismus-Charakters der Tat normiert. Im Folgenden werden die einzelnen Schärfungsgründe sowie der jeweils einschlägige Sonderstrafrahmen näher erläutert.

1. Rückfall

Art. 64 pol. StGB regelt zwei Formen des besonderen Rückfalls. In beiden eröffnet der Gesetzgeber dem Gericht die Möglichkeit, eine Strafe bis zu der um die Hälfte erhöhten Obergrenze des Regelstrafrahmens zu verhängen, es sei denn, es handelt sich um ein Verbrechen, das ohnehin stets mit erheblich strengen Strafen bedroht ist (Art. 64 § 3 pol. StGB).

Die Annahme eines Rückfalls im Sinne des Art. 64 § 1 setzt Folgendes voraus: Die vorherige Verurteilung des Täters wegen einer vorsätzlichen Straftat zu einer Freiheitsstrafe, die Verbüßung von mindestens sechs Monaten dieser Strafe und die Begehung einer ähnlichen Straftat innerhalb von fünf Jahren nach der Vollstreckung der ersten Strafe. Der Begriff der Ähnlichkeit von Straftaten wird in Art. 115 § 3 pol. StGB näher definiert. Danach sind Straftaten ähnlich, wenn sie der gleichen Kategorie angehören. Straftaten, die unter Anwendung von Gewalt oder Drohung damit, sowie Straftaten, die in der Absicht begangen werden, einen Vermögensvorteil zu erzielen, werden nach der zitierten Vorschrift als ähnliche Straftaten angesehen.[200]

Eine qualifizierte Form des besonderen Rückfalls regelt Art. 64 § 2 pol. StGB. Für diese Rückfallsform sieht das Gesetz nicht nur die Anhebung des Höchstmaßes der gesetzlich angedrohten Strafe vor, sondern auch eine obligatorische Schärfung des Mindestmaßes. Es darf nur Freiheitsstrafe und diese oberhalb der gesetzlichen Untergrenze verhängt werden (mindestens einen Monat oberhalb des Mindestmaßes). Diese Rechtsfolgen gelten nur, sofern folgende Voraussetzungen erfüllt sind: die vorherige Verurteilung des Täters unter den Voraussetzungen von Art. 64 § 1 pol. StGB, die Verbüßung einer Freiheitsstrafe von insgesamt mindestens einem Jahr sowie die erneute Begehung (innerhalb von fünf Jahren) einer vorsätzlichen Straftat gegen Leib oder Leben, einer Vergewaltigung, eines Raubes, eines Einbruchdiebstahls oder eines anderen Eigentumsdelikts, das unter Anwendung von Gewalt oder unter Androhung von Gewalt verübt wurde. Da es sich bei den aufgezählten Delikten um schwerwiegende Straftaten handelt, bei denen die Verhängung einer Geld- oder Freiheitsbeschränkungsstrafe meistens ohnehin nicht infrage kommt, ist die praktische Bedeutung der Regelung über die obligatorische Verhängung einer Freiheitsstrafe eher gering.

Eine zusätzliche „Strafschärfung" beim Rückfall ist in Zusammenhang mit den einzelnen Rechtsinstituten des Allgemeinen Teils vorgesehen. Die Möglichkeit der bedingten Verfahrenseinstellung wird pauschal bei allen Wiederholungstätern ausgeschlossen, die bereits wegen einer vorsätzlichen Straftat verurteilt worden sind (Art. 66 § 1 pol. StGB). Darüber hinaus wird bei den Rückfalltätern im Sinne des Art. 64 § 2 pol. StGB die Möglichkeit der bedingten Aussetzung des Strafvollzuges auf besonders begründete Ausnahmefälle beschränkt (Art. 69 § 3 pol. StGB). Diesen Einschränkungen des richterlichen Spielraums im Fall eines Rückfalls kommt in der Praxis viel größere Bedeutung als den Strafrahmenverschiebungen nach Art. 64 pol. StGB zu.

In Zusammenhang mit der Rückfallbestimmung nach Art. 64 pol. StGB stellt sich die Frage nach dem Verhältnis zwischen dem Umstand der Rückfälligkeit und dem Grad des Verschuldens. In der polnischen Rechtslehre wird die Auffassung vertreten, die limitierende Funktion des Schuldprinzips gelte auch für Wiederholungstäter.[201] So betrachtet liegt der Strafschärfung nach § 64 die Annahme zugrunde, der Umstand der Rückfälligkeit könne den Schuldgehalt der konkreten Tat erhöhen (solange man die Schuld im Sinne der Vorwerfbarkeit auffasst). Dies darf dennoch nicht pauschal bei allen Rückfalltätern angenommen, sondern muss im

---

200 Übersetzung übernommen aus: *Weigend*, Das polnische Strafgesetzbuch.

201 Vgl. *Buchala*, in: Buchała/Zoll, Kodeks, Art. 64 Nr. 21 ff.; *Majewski*, in: Zoll (Hrsg.), Kodeks, Art. 64 Nr. 46.

Einzelfall festgestellt werden.[202] Ein Indiz für die erhöhte Schuld könnte z.B. eine erneute, demonstrative Begehung einer Straftat gegen dieselbe Person[203] oder die Verwendung von verbesserten Methoden zur Spurenbeseitigung[204] sein. Die Voraussetzung der Ähnlichkeit der begangenen Straftaten in den Rückfallsvorschriften trägt der gesteigerten Wahrscheinlichkeit der Schulderhöhung in diesen Fällen Rechnung. Die Überschreitung der Obergrenze des Regelstrafrahmens mag jedenfalls erst dann begründet sein, wenn Hinweise vorliegen, dass der Umstand der Rückfälligkeit im Einzelfall tatsächlich zur Schulderhöhung geführt hat.

Vor dem Hintergrund der bisherigen Überlegungen erscheint eine obligatorische Anhebung des Mindestmaßes der Strafe bei mehrmals rückfälligen Tätern gemäß Art. 64 § 2 pol. StGB nur schwer verständlich. Dies gilt vor allem angesichts der Annahme, dass die Feststellung der Schuldsteigerung desto schwieriger ist, je größer die Anzahl der Verurteilungen ist.

2. Gewerbsmäßigkeit

Gemäß Art. 65 § 1 pol. StGB finden die in Art. 64 § 2 pol. StGB vorgesehenen Strafzumessungsregeln sowie die besonderen Bestimmungen über die Anordnung von Straf- und Bewährungsmaßnahmen bei Rückfalltätern auch bei einem Täter Anwendung, der sich die Begehung von Straftaten zu einer festen Einkommensquelle gemacht hat. Entscheidend ist dabei eine gewisse Regelmäßigkeit und nicht die Höhe der Einnahmen, vor allem nicht ihr Verhältnis zum Gesamteinkommen des Täters.[205] Nach *Jarosław Majewski* sind allerdings bei der Anwendung des Art. 65 § 1 pol. StGB weder frühere Verurteilungen noch eine frühere Begehung von Straftaten erforderlich.[206] Die Regelmäßigkeit der Einnahmen wird folglich nur im subjektiven Bereich in Form einer entsprechenden, über die einzelne Tat hinausgehenden Absicht des Täters vorausgesetzt.

Bei der Begründung der Strafschärfung wegen Gewerbsmäßigkeit sollten die spezial- und generalpräventiven Bedürfnisse zumindest nicht in erster Linie herangezogen werden, da dies sich mit dem Prinzip der straflimitierenden Schuld nicht vereinbaren ließe. Die Rechtfertigung der Strafschärfung nach Art. 65 § 1 pol. StGB kann aber auch nicht in der Unrechtserhöhung liegen, da das Rechtsgut weder mehr gefährdet noch mehr als in den sonstigen Fällen verletzt wird. Als Rechtfertigung der härteren Bestrafung von gewerbsmäßig handelnden Tätern kann

---

[202] Vgl. *Buchała*, in: Buchała/Zoll, Kodeks, Art. 64 Nr. 23 ff.; *Majewski*, in: Zoll (Hrsg.), Kodeks, Art. 64 Nr. 47.

[203] Vgl. *Majewski*, in: Zoll (Hrsg.), Kodeks, Art. 64 Nr. 47.

[204] Vgl. *Buchała*, in: Buchała/Zoll, Kodeks, Art. 64 Nr. 23.

[205] Vgl. *Majewski*, in: Zoll (Hrsg.), Kodeks, Art. 65 Nr. 6 ff.; *Sienkiewicz*, in: Górniok u.a., Kodeks, Art. 65 Nr. 3.

[206] Vgl. *Majewski*, in: Zoll (Hrsg.), Kodeks, Art. 65 Nr. 19.

vielmehr nur die Schuldsteigerung infolge eines besonders verwerflichen Beweggrundes – die Verschaffung bzw. die Aufrechterhaltung einer rechtswidrigen Einkommensquelle – in Betracht kommen.

Abgesehen von der Regelmäßigkeit der Einnahmen setzt die Strafschärfung wegen Gewerbsmäßigkeit keine besonderen Tat- oder Tätermerkmale voraus. Theoretisch kann somit jeder Deliktstypus gewerbsmäßig begangen werden. Die besonderen Rechtsfolgen nach Art. 65 § 1 pol. StGB, insbesondere die Anhebung der Untergrenze des Strafrahmens (obligatorische Freiheitsstrafe), werden bei den Delikten besonders spürbar sein, die alternativ mit mehreren Strafarten bedroht sind. Die Einschränkung bei der Wahl der Strafart sowie die begrenzte Möglichkeit der bedingten Aussetzung des Strafvollzugs und der Verfahrenseinstellung tragen hier, ebenso wie bei der Rückfallbestimmung, vor allem spezialpräventiven Bedürfnissen Rechnung.

3. Tatbegehung in einer organisierten Gruppe oder Vereinigung

Die Strafzumessungsvorschriften des Art. 64 § 2 pol. StGB sowie die besonderen Bestimmungen über die Anordnung von Straf- und Bewährungsmaßnahmen bei Rückfalltätern finden gemäß Art. 65 § 1 pol. StGB auch bei einem Täter Anwendung, der die Straftat in einer die Straftatbegehung bezweckenden organisierten Gruppe oder Vereinigung begangen hat. Diese Regelung bezieht sich auf sämtliche Delikte bis auf die Straftat nach Art. 258 § 1 pol. StGB (Beteiligung an kriminellen Vereinigungen). Die erwähnten Vorschriften über die Anordnung von Straf- und Bewährungsmaßnahmen sind dennoch gemäß Art. 65 § 2 pol. StGB auch bei einer Straftat nach Art. 258 pol. StGB entsprechend anzuwenden.

Die Strafschärfung nach Art. 65 § 1 pol. StGB setzt das Bestehen eines durch gewisse Organisationselemente (z.B. Rollenverteilung, Koordination der Handlungen) gekennzeichneten, kriminellen Zwecken dienenden Zusammenschlusses von mindestens drei Menschen voraus, in dessen Rahmen eine Straftat begangen wird.[207] Der Unterschied zwischen einer organisierten Gruppe und einer Vereinigung liegt im unterschiedlichen Organisationsniveau, ist aber für die Anwendung von Art. 65 § 1 pol. StGB ohne Bedeutung.

Über die Notwendigkeit der Vorbeugung weiterer Straftaten hinaus liegt der Grund für die Heraufsetzung des Strafrahmens wegen des Handelns im Rahmen einer organisierten Gruppe nach Art. 65 § 1 pol. StGB offenbar in der Erhöhung des Handlungsunwerts. Die Begehung einer Straftat im Rahmen eines gut organisierten Zusammenschlusses von mehreren Menschen mit über die einzelne Tat

---

[207] Vgl. *Kolasiński*, Prok. i Pr. 2002, Nr. 5, 46 ff.; *Majewski*, in: Zoll (Hrsg.), Kodeks, Art. 65 Nr. 10 ff.

hinausgehenden, kriminellen Absichten stellt für das angegriffene Rechtsgut eine erheblich größere Gefahr dar als der Angriff eines allein handelnden Täters.

4. Terroristischer Charakter der Tat

Der dritte in Art. 65 § 1 pol. StGB vorgesehene Umstand, dessen Eintritt dieselben Rechtsfolgen wie die Rückfälligkeit im Sinne des Art. 64 § 2 pol. StGB auslöst, ist der terroristische Charakter der Tat. Eine allgemeine Strafschärfung bei den als terroristisch eingestuften Straftaten sowie die gesetzliche Definition einer terroristischen Straftat (Art. 115 § 20 pol. StGB) sind durch das Gesetz vom 16. April 2004 zur Umsetzung des Rahmenbeschlusses des Europäischen Rates zur Terrorismusbekämpfung vom 13. Juni 2002 in das polnische Strafrecht eingeführt worden. Gemäß Art. 115 § 20 pol. StGB ist eine terroristische Straftat eine verbotene Tat, die mit einer Freiheitsstrafe bedroht ist, deren Höchstmaß mindestens fünf Jahre beträgt und mit dem Ziel begangen wird,

- mehrere Personen auf schwerwiegende Weise einzuschüchtern;
- Organe der öffentlichen Gewalt der Republik Polen bzw. eines anderen Staates oder Organe einer internationalen Organisation zu einem Tun oder Unterlassen zu zwingen;
- die politischen oder wirtschaftlichen Grundstrukturen der Republik Polen, eines anderen Landes oder einer internationalen Organisation ernsthaft zu destabilisieren.

Als terroristische Straftat wird gemäß Art. 115 § 20 pol. StGB auch die Drohung mit der Begehung der oben bezeichneten Straftat eingestuft. Es ist davon auszugehen, dass die Strafschärfung wegen des terroristischen Charakters der Tat keine Anwendung auf diejenigen Delikte findet, bei denen die in Art. 115 § 20 pol. StGB bezeichnete Absicht des Täters als ein gesetzliches Merkmal bereits in den Grundtatbestand aufgenommen ist.

Die besondere Schwere einer terroristischen Straftat im Sinne des Art. 115 § 20 pol. StGB ergibt sich aus dem gesteigerten subjektiven Handlungsunrecht der Tat. Die nach Art. 115 § 20 pol. StGB erforderliche Absicht des Täters begründet neben der Gefahr für das unmittelbar angegriffene Rechtsgut auch eine nicht unerhebliche Gefahr für die grundlegenden Gesellschaftswerte.

5. Hooliganismus-Charakter der Tat

Die durch das Gesetz vom 16. November 2006 wiedereingeführte[208] allgemeine Strafrahmenschärfung wegen des Hooliganismus-Charakters der Tat gilt nur bei Vergehen. Die Strafe darf in diesen Fällen gemäß Art. 57a § 1 pol. StGB die um

---

208 Die Strafschärfung wegen des Hooliganismus-Charakters der Tat war bereits in Art. 59 des Strafgesetzbuchs von 1969 vorgesehen.

die Hälfte erhöhte Untergrenze des Regelstrafrahmens nicht unterschreiten. Darüber hinaus darf das Gericht weder von der Möglichkeit des Absehens von der Strafe nach Art. 59 § 1 pol. StGB (Art. 59 § 2 pol. StGB) noch von der Möglichkeit der Verhängung einer in der Strafandrohung nicht vorgesehenen Geld- oder Freiheitsbeschränkungsstrafe nach Art. 58 § 3 pol. StGB Gebrauch machen (Art. 58 § 4 pol. StGB). Gemäß Art. 57a § 2 pol. StGB ordnet das Gericht neben der bereits verschärften Strafe die Bußzahlung zugunsten des Verletzten oder Schadenswiedergutmachung an. Bei Verbrechen kann das Merkmal des Hooliganismus nur im Rahmen des Regelstrafrahmens strafschärfend berücksichtigt werden.[209]

Der Begriff „Hooliganismus-Vergehen" wird in Art. 115 § 21 pol. StGB näher definiert. Danach handelt es sich bei den Straftaten dieser Art um vorsätzliche Angriffe auf eines der aufgezählten Rechtsgüter: Gesundheit, Freiheit, Ehre und körperliche Integrität, allgemeine Sicherheit, Tätigkeit staatlicher Institutionen oder einer Institution der kommunalen Selbstverwaltung, öffentliche Ordnung oder Integrität einer Sache. Es wird ferner vorausgesetzt, dass der Täter öffentlich und ohne jeden Grund oder aus einem unerheblichen Grund gehandelt und auf diese Weise der Rechtsordnung grobe Missachtung erwiesen hat.

Das Merkmal der Öffentlichkeit des Handelns im Sinne des Art. 115 § 21 pol. StGB liegt vor, wenn die Handlung des Täters wegen des Handlungsortes, der einzelnen Umstände oder der Art der Handlung für eine nicht näher bestimmte Zahl von Betrachtern wahrnehmbar ist oder sein kann.[210] Die Voraussetzung der Öffentlichkeit der Handlung steht in einem unmittelbaren Zusammenhang mit dem Strafzweck der positiven Generalprävention.[211] Es stellt sich dennoch die Frage, ob eine obligatorische und nicht unerhebliche Anhebung der Untergrenze des Strafrahmens gemäß Art. 57a pol. StGB allein auf generalpräventiven Erwägungen, ohne Beachtung des Schuldprinzips beruhen kann. Zusätzliche Argumente bei der Begründung der Strafschärfung könnten jedenfalls den sonstigen Voraussetzungen des Art. 57a pol. StGB, nämlich dem Fehlen oder der Unerheblichkeit des Handlungsgrundes und der groben Missachtung der Rechtsordnung, entnommen werden.

Die Voraussetzung des Fehlens oder der Unerheblichkeit des Handlungsgrundes betrifft die Frage der Motivation des Täters. Da dem menschlichen Handeln stets ein Motiv zugrunde liegt, ist die Voraussetzung des Fehlens eines Beweggrundes ein Widerspruch in sich. Die Unerheblichkeit des Handlungsgrundes ist dagegen nach objektiven Kriterien zu bestimmen. Es handelt sich hierbei mit anderen Worten um das Fehlen eines rationalen Handlungsgrundes.[212] Dieses ist immer dann zu

209 Vgl. *Marek*, Kodeks, Art. 57a Nr. 2.

210 Vgl. *Buchała*, in: ders. (Hrsg.), Komentarz, Art. 59 Nr. 12 ff.; *Marek*, Kodeks, Art. 115 § 21 Nr. 7; *Bafia/Mioduski/Siewierski*, Kodeks, Art. 59 Nr. 17 f.

211 Vgl. *Buchała*, in: ders. (Hrsg.), Komentarz, Art. 59 Nr. 3.

212 Vgl. *Buchała*, in: ders. (Hrsg.), Komentarz, Art. 59 Nr. 15; *Marek*, Kodeks, Art. 115 § 21 Nr. 8.

bejahen, wenn zwischen dem Grund des Handelns und der Reaktion des Täters nach allgemeiner Auffassung ein krasses Missverhältnis besteht.[213] Eine solche Motivation kann man auch als Handeln aus besonders niedrigen Beweggründen bezeichnen. Dass es aber beim Hooliganismus-Vergehen nicht in erster Linie auf die Schuldsteigerung ankommt, zeigt sich schon daran, dass das Merkmal der Unerheblichkeit des Handlungsgrundes nur bei öffentlich begangenen, in Art. 115 § 21 pol. StGB bezeichneten Hooliganismus-Delikten strafschärfend wirkt.

Bei der Prüfung des Merkmals der groben Missachtung der Rechtsordnung durch den Täter wird in erster Linie auf das objektive Element der sozialen Auswirkung der Straftat abgestellt und danach gefragt, ob die Tat eine besonders starke Erschütterung des öffentlichen Rechtsbewusstseins zur Folge hat.[214] Nach manchen Autoren ist hier dennoch auch die subjektive Seite, nämlich eine entsprechende Einstellung des Täters zu beachten.[215] Die Frage, nach welchen näheren Kriterien die Grobheit der Missachtung der Rechtsordnung bestimmt werden sollte, bleibt allerdings unbeantwortet. Eine derart vage formulierte Strafschärfungsvoraussetzung kann dem verfassungsrechtlichen Bestimmtheitsgebot kaum gerecht werden. Maßgeblich beim Begriff der Hooliganismus-Straftat sind folglich die Merkmale der Öffentlichkeit der Handlung und des Fehlens eines rationalen Handlungsgrundes.

Zusammenfassend ist festzuhalten, dass die Strafschärfung wegen des Hooliganismus-Charakters der Tat nach Art. 57a pol. StGB allein den Bedürfnissen der positiven Generalprävention Rechnung trägt. Eine solche Lösung ist mit dem Schuldprinzip nur eingeschränkt vereinbar.

H. Strafrahmen beim Zusammentreffen mehrerer Strafmilderungs- oder Strafschärfungsgründe

Die Frage nach der Strafrahmenwahl beim Zusammentreffen von mehreren Strafmilderungs- bzw. Strafschärfungsgründen sowie die Frage nach der Strafzumessung bei der Kollision eines Strafmilderungsgrundes mit einem Strafschärfungsgrund werden im polnischen Strafgesetz ausdrücklich geregelt: Treffen mehrere voneinander unabhängige Gründe für eine außerordentliche Strafmilderung oder Strafschärfung zusammen, so darf das Gericht gemäß Art. 57 § 1 pol. StGB die Strafe nur einmal, unter Berücksichtigung aller zusammentreffenden Gründe für die außerordentliche Strafmilderung oder Strafschärfung, außerordentlich mildern oder schärfen.[216] Durch diese Regelung wird angesichts des offenen Kataloges

---

[213] Ebd.

[214] Vgl. *Bafia/Mioduski/Siewierski*, Kodeks, Art. 59 Nr. 23.

[215] Vgl. *Buchała*, in: ders. (Hrsg.), Komentarz, Art. 59 Nr. 18; *Marek*, Kodeks, Art. 115 § 21 Nr. 9.

[216] Übersetzung übernommen aus: *Weigend*, Das polnische Strafgesetzbuch.

von allgemeinen Strafmilderungsgründen sowie zahlreichen allgemeinen Strafschärfungsgründen eine gewisse Rechtssicherheit geschaffen, indem uferlose Strafrahmen vermieden werden. Trotz der Fakultativität der Strafrahmenänderung sollte der Richter beim Vorliegen mehrerer Strafmilderungs- bzw. Strafschärfungsgründe die Unterschreitung der Untergrenze oder die Überschreitung der Obergrenze des Regelstrafrahmens als besonders naheliegend erachten.

Treffen Gründe für eine außerordentliche Strafmilderung und Gründe für eine außerordentliche Strafschärfung zusammen, so kann das Gericht gemäß Art. 57 § 2 pol. StGB die Strafe entweder außerordentlich mildern oder außerordentlich schärfen.[217] Dem Gericht wird durch diese Vorschrift ein breites Spektrum von Strafen zur Verfügung gestellt, das die Verhängung einer an die Umstände des Einzelfalls angepassten Schuldstrafe ermöglichen soll. Zu beachten ist freilich, dass der Regelstrafrahmen stets nur einmal gemildert oder geschärft werden kann.

IV. Vergleich und Bewertung

A. Strafrahmenwechsel bei Strafmilderungen des Allgemeinen Teils

Im Hinblick auf die Methode der durch verminderte Tatschwere bedingten Milderung des Strafrahmens im Allgemeinen Teil unterscheiden sich die deutsche und die polnische Strafrechtsordnung. Im Folgenden sind diese Differenzen näher zu betrachten.

Die Methode der Strafrahmenmilderung im Allgemeinen Teil des deutschen Strafgesetzbuchs bringt das Bemühen des Gesetzgebers zum Ausdruck, ein möglichst hohes Maß an Rechtssicherheit und die möglichst beste Gewährleistung schuldangemessener Strafen zu erreichen. Dies zeigt sich insbesondere an den obligatorischen Strafmilderungen, bei denen, ebenso wie bei den Privilegierungstatbeständen des Besonderen Teils, ein milderer Sonderstrafrahmen (besondere untere und obere Strafgrenze) gilt. Im Fall des Zusammentreffens von mehreren obligatorischen Strafmilderungsgründen wird der Strafrahmen dem Grad der Tatschwere nach mehrfach abgesenkt. Bei den obligatorischen Milderungsgründen handelt es sich um Tatmerkmale, die die Tatschwere derart beeinflussen, dass der obere Bereich des Regelstrafrahmens auch beim Hinzutreten von zahlreichen Erschwerungsgründen nicht angemessen wäre. Bei den fakultativen Strafmilderungsgründen kommt es hingegen auf die Tatmerkmale an, deren Gewicht zwar erheblich, für eine automatische Strafrahmenherabsetzung aber nicht genügend ist. Auch in diesen Fällen verschiebt der deutsche Gesetzgeber sowohl die untere als

217 Ebd.

auch die obere Strafrahmengrenze und zwingt auf diese Weise die Rechtsprechung zur zweistufigen Strafzumessung und zur Herausarbeitung von näheren Kriterien der Strafrahmenwahl. Das vom Gesetzgeber erwünschte Ergebnis richterlicher Bemühungen wäre hier die Herausarbeitung von Sachverhaltsgruppen minderer Strafwürdigkeit, bei denen stets der mildere Strafrahmen anwendbar wäre. Die Diskrepanzen zwischen Rechtsprechung und Lehre bei der Definition von Kriterien der Strafrahmenwahl bei den fakultativen Strafmilderungen zeigen allerdings,[218] dass eine klare und bindende Abstufung der Tatschwere immer noch fehlt, was angesichts der Zulässigkeit mehrfacher Strafmilderung problematisch sein kann.

Angesichts der Forderung nach Sicherstellung einer einheitlichen Strafzumessungspraxis ist die im deutschen Strafgesetzbuch bisweilen angewandte besondere Methode der Strafrahmenmilderung nach § 49 Abs. 2 dt. StGB (sog. Ermessensmilderung) geradezu unverständlich. Die dort vorgesehene Herabsetzung der Untergrenze des Regelstrafrahmens bis auf das gesetzliche Mindestmaß ist für Extremfälle konzipiert, für welche die obligatorische Strafrahmenmilderung nach § 49 Abs. 1 dt. StGB allein nicht angemessen erscheint. Die Beibehaltung der Obergrenze des Regelstrafrahmens führt zur Entstehung von sehr breiten Strafrahmen, die angesichts der äußerst geringen Schwere der zu bestrafenden Fälle die Rechtssicherheit sicherlich nicht fördern.

Der polnische Gesetzgeber hat sich für eine andere Methode des Strafrahmenwechsels entschieden. Durch eine fakultative Milderung allein der Untergrenze des Regelstrafrahmens nach Art. 60 § 6 pol. StGB sollte dem Richter in bestimmten Fällen minderer Strafwürdigkeit ermöglicht werden, eine schuldangemessene Strafe zu verhängen. Eine Differenzierung zwischen den einzelnen auf die Tatschwere bezogenen Milderungsgründen unter dem Gesichtspunkt ihrer Verbindlichkeit findet im polnischen Strafgesetzbuch nicht statt. Die Strafmilderung ist vielmehr stets fakultativ.[219] Da die Unterschreitung des Regelstrafrahmens eine Gesamtwürdigung aller strafzumessungsrelevanten Umstände erfordert und die Obergrenze unverändert bleibt, liegt hier *de facto* eine bloße Strafrahmenerweiterung vor.[220] Den Belangen der Rechtssicherheit wird nur dadurch Rechnung getragen, dass eine mehrfache Strafrahmenmilderung gesetzlich ausgeschlossen ist (Art. 57 § 1 pol. StGB). Der nach Art. 60 § 6 pol. StGB erweiterte Spielraum des Richters bleibt somit auch beim Zusammentreffen von mehreren Milderungsgründen unberührt. Dies mag dennoch zur Erhöhung des Sanktionsniveaus führen.

Zusammenfassend ist festzuhalten, dass das deutsche Modell der Strafrahmenverschiebung bei den Strafmilderungen des Allgemeinen Teils der Forderung nach Sicherstellung der Einheitlichkeit und Schuldangemessenheit der Strafzumessung

---

[218] Vgl. Teil 2, II.D.

[219] Dies gilt freilich nur im Hinblick auf die Milderungsgründe, die auf den Tathergang im engeren Sinne bezogen sind.

[220] Vgl. Teil 2, III.C.

in größerem Maß als das polnische Modell Rechnung trägt. Der deutsche Gesetzgeber bemüht sich nicht nur um die bloße Erweiterung des richterlichen Spielraums beim Vorliegen von mildernden Umständen, sondern vor allem um die Bildung eines klaren Systems von Abstufungen der Tatschwere. Um dieses Modell noch zu verbessern,wäre eine eingehende Auseinandersetzung mit folgenden Fragen nötig: 1. Sind die obligatorischen Strafmilderungen wegen der verminderten Tatschwere hinreichend begründet? 2. Wäre ein Verzicht auf die Fakultativität bei manchen allgemeinen Strafmilderungsgründen gerechtfertigt? 3. Wie sind die Probleme bei der Strafrahmenwahl zu lösen, die beim Zusammentreffen von mehreren Strafmilderungsgründen entstehen?

B. Die Milderungsgründe des Allgemeinen Teils im Einzelnen

Eine nähere Betrachtung der einzelnen allgemeinen Milderungsgründe in den beiden Rechtsordnungen ermöglicht eine gewisse Systematisierung von Kriterien, an die bei den Abstufungen der Tatschwere im Allgemeinen Teil des Strafrechts angeknüpft wird. Im Folgenden werden die allgemeinen Milderungsgründe des deutschen und des polnischen Strafrechts vor dem Hintergrund des jeweils einschlägigen Kriteriums der Strafmilderung verglichen.

1. Grad der Gefährdung eines Rechtsguts bei unterbliebener Rechtsgutsverletzung

Das Kriterium des Grades der Gefährdung eines Rechtsguts bei unterbliebener Verletzung hängt einerseits mit dem Stadium der Verwirklichung des kriminellen Vorhabens (Nähe zur Tatvollendung) und andererseits mit der Frage der Tauglichkeit des unternommenen Angriffs auf ein Rechtsgut zusammen. Die Rechtfertigung der Strafmilderung unter diesen Gesichtspunkten liegt in der Minderung des Unrechtsgehalts der Tat, der das Maß der tatsächlichen oder nur potenziellen Gefährdung eines Rechtsguts widerspiegelt.

Weder im deutschen noch im polnischen Strafrecht wird das Ausbleiben der Tatvollendung als ein allgemeiner und zwingender Grund für die Strafrahmenherabsetzung betrachtet, ohne zwischen verschiedenen Fallkonstellationen zu differenzieren. Der Umstand der Nichtvollendung mag zwar in der Regel strafmildernd wirken, eine generelle Verschiebung des gesamten Strafrahmens wird aber nicht für gerechtfertigt erachtet.

Im deutschen Recht wird für den Fall des Versuchs einer Straftat nur eine fakultative Strafmilderung vorgesehen (§ 23 Abs. 2 dt. StGB). Der mildere Strafrahmen ist nach solchem Konzept in aller Regel bei den Versuchskonstellationen angemessen, die sich durch einen besonders geringen Unrechtsgehalt auszeichnen. Zu diesen werden im deutschen Schrifttum vor allem die Fälle des untauglichen und des unbeendeten Versuchs gezählt.[221] Wird ein untauglicher Versuch als grob unverständig eingestuft, so kommt zusätzlich die Ermessensmilderung gemäß § 49 Abs. 2 dt. StGB und sogar die Möglichkeit des Absehens von der Strafe in Betracht (§ 23 Abs. 3 dt. StGB). Unter dem Gesichtspunkt des Grades der Gefährdung eines Rechtsguts ist im deutschen Strafgesetzbuch eine Herabsetzung des Regelstrafrahmens auch für die strafbaren Vorbereitungshandlungen, nämlich für das Sichbereiterklären, die Annahme des Anerbietens und die Verabredung zur Verbrechensbegehung vorgesehen. Da das Rechtsgut in diesen Fällen im Vergleich zur bereits angefangenen Ausführungshandlung wesentlich weniger gefährdet wird, ist hier die Strafrahmenmilderung obligatorisch. Ein noch niedriger Grad der Gefährdung eines Rechtsguts, nämlich eine bloße Vorbereitung ohne das Zusammenwirken von mehreren Menschen, bleibt im deutschen Strafrecht grundsätzlich straflos.

Der polnische Gesetzgeber sieht für den Fall des Versuchs einer Straftat den gleichen Strafrahmen wie für die Vollendung vor (Art. 14 § 1 pol. StGB). Ein Sonderstrafrahmen – Herabsetzung der Strafrahmenuntergrenze bis hin zur Möglichkeit des Absehens von Strafe – gilt dennoch für den Fall des untauglichen Versuchs (Art. 14 § 2 pol. StGB). Ist die Verletzungsgefahr wegen der noch unbeendeten Ausführungshandlung wesentlich geringer als beim beendeten Versuch, so bleibt dem Richter der Weg offen, die Strafe nach Art. 60 § 2 pol. StGB (besonders begründeter Fall) außerordentlich zu mildern. Ein ausdrückliches Signal des Gesetzgebers an den Richter, in diesen Fällen eine mildere Strafe zu verhängen, fehlt allerdings. Die Vorbereitungshandlungen sind im polnischen Strafrecht im Gegensatz zum deutschen Recht grundsätzlich straflos, es sei denn, das Gesetz sieht die Strafbarkeit besonders vor (Art. 16 § 2 pol. StGB).

Bei der unterbliebenen Rechtsgutsverletzung sind die Abstufungssysteme der beiden untersuchten Rechtsordnungen bis auf die Fälle der Straftatvorbereitung ähnlich. An dieser Stelle empfiehlt es sich, noch kurz auf das Problem der Rechtfertigung der Strafmilderung beim unbeendeten und beim untauglichen Versuch sowie die Frage der Fakultativität der Strafmilderung in diesen Fällen einzugehen. Sowohl beim unbeendeten als auch beim untauglichen Versuch liegt über das Minus an Erfolgsunwert hinaus ein verminderter Handlungsunwert vor, sodass die Möglichkeit einer Strafrahmenherabsetzung in diesen Fällen als gewisses Mindestprogramm der Strafmilderung angesehen werden kann.

In Fällen, in denen die Ausführungshandlung nicht beendet worden ist, ist die Gefahr für das Rechtsgut in der Regel geringer als beim beendeten Versuch. Es handelt sich hier um eine Gefährdungsstufe, die zwischen dem straflosen Vorbereitungsstadium und dem beendeten Versuch eingeordnet werden kann. Die Strafrahmenmilderung beim unbeendeten Versuch sollte folglich zur Entschärfung des Übergangs von der Straflosigkeit zur Strafbarkeit indiziert sein. Auf der anderen

---

[221] Vgl. Teil 2, II.E.1. c).

Seite erscheint eine obligatorische Milderung nicht angemessen zu sein. Der Unterschied zwischen dem beendeten und dem unbeendeten Versuch kann im Hinblick auf den Unrechtsgehalt der Tat in manchen Fällen derart gering sein, dass die Verschiebung des gesamten Strafrahmens ungerechtfertigt wäre.

Bei der Untauglichkeit des Versuchs liegt der Grund für die Strafrahmenherabsetzung auf der Hand: Eine solche Straftat ist objektiv ungefährlich. Auf den ersten Blick liegt die Annahme nahe, eine obligatorische Strafmilderung wäre hier angemessen. Doch auch hier ist die Grenze zwischen Tauglichkeit und Untauglichkeit des Versuchs derart vage, dass die Fakultativität des Strafrahmenwechsels unvermeidbar ist. Wegen des Ausbleibens der Tatvollendung könnte *de facto* fast jeder Versuch als untauglich qualifiziert werden. Gerade in der Schwierigkeit der Grenzziehung zwischen tauglichem und untauglichem Versuch scheint der Grund für die Erstreckung der Strafbarkeit auch auf die untauglichen Versuche zu liegen. Der Versuch als Form der Straftatbegehung könnte somit als quasi abstraktes Gefährdungsdelikt betrachtet werden, bei dem schon die potenzielle und nicht unbedingt reale Gefährlichkeit der Handlung ausreicht, um das Unrecht der Tat zu begründen. Durch die Fakultativität der Strafrahmenmilderung bei Untauglichkeit des Versuchs wird dem Umstand Rechnung getragen, dass die untauglichen Versuche keine homogene Gruppe bilden, sondern sich untereinander im Grad der potenziellen Gefährlichkeit unterscheiden und zum Teil der Strafwürdigkeitsstufe der tauglichen Versuche sehr nahe kommen können. Je nachdem, wie viele bzw. wie gewichtige Ursachenzusammenhänge oder sonstige Erfahrungssätze vom Täter missachtet werden, kann die potenzielle Gefährlichkeit einer Straftat unterschiedlich beurteilt werden: Die Verwendung einer zu geringen Dosis des tödlich wirkenden Giftes steht beispielweise der realen Gefährdung des Lebens viel näher als die Verwendung eines völlig unschädlichen Mittels. Das Gleiche gilt für den Fall, in dem das angewandte Mittel nur gegenüber einem bestimmten Objekt unwirksam ist im Vergleich zum Fall, in dem es generell für alle Objekte einer bestimmten Art unschädlich ist.

2. Vorliegen von Interessenkonflikten

Interessenkonflikte liegen der Strafmilderung in Fällen zugrunde, in denen der Täter ein bestimmtes Rechtsgut zum Zweck des Schutzes eines anderen Rechtsguts preisgibt, wobei weder gesetzliche Rechtfertigungsgründe noch gesetzliche Entschuldigungsgründe vorliegen. Die Rechtfertigung der Strafrahmenmilderung in diesen Fällen liegt einerseits in der Schuldminderung wegen des gesteigerten Motivationsdrucks und andererseits in der Unrechtsminderung, da die Rechtsgutsverletzung durch die Erhaltung des geschützten Rechtsguts zum Teil ausgeglichen wird.

Das deutsche Strafrecht sieht im Hinblick auf das Kriterium einer Interessenkollision eine fakultative Strafrahmenmilderung für den Fall der Notstandshandlung nach § 35 Abs. 1 dt. StGB vor, wenn die Entschuldigung wegen der Zumutbarkeit der Gefahrhinnahme ausscheidet. Der Regelstrafrahmen ist jedoch obligatorisch, wenn der Täter die Gefahr mit Rücksicht auf ein besonderes Rechtsverhältnis hinzunehmen hat. Ansonsten regelt der deutsche Gesetzgeber klare Grenzen der Entschuldigungsgründe (§§ 33 und 35 dt. StGB) ohne für die Fälle der Überschreitung der Notwehr- oder Notstandsgrenzen einen milderen Strafrahmen vorzusehen. Zu beachten ist freilich, dass die Grenzen der entschuldigenden Notwehr im deutschen Recht sehr weit gefasst sind, sodass eine zusätzliche Möglichkeit, die Strafe bei Notwehrüberschreitung zu mildern, nicht unbedingt notwendig erscheint. Gemäß § 33 dt. StGB wird der Täter nicht bestraft, wenn er die Grenzen der Notwehr aus Verwirrung, Furcht oder Schrecken überschreitet.

Im polnischen Strafrecht wird im Hinblick auf Fälle der Interessenkollision eine besondere Tatschwerestufe gebildet, um die Straftaten zu erfassen, die einerseits deutlich unter dem Strafwürdigkeitsniveau der Regelfälle liegen, andererseits aber die gesetzlichen Voraussetzungen der Rechtfertigungs- und Entschuldigungsgründe nicht erfüllen. Werden die Grenzen des rechtfertigenden bzw. des entschuldigenden Notstands oder der Notwehr überschritten, so kann das Gericht die Strafe gemäß Art. 25 § 2 und 26 § 3 pol. StGB außerordentlich mildern oder von der Verhängung der Strafe sogar absehen. Die zuletzt genannte Vorschrift findet nach Art. 26 § 5 pol. StGB eine analoge Anwendung auf Fälle der Überschreitung der Grenzen einer rechtfertigenden oder entschuldigenden Pflichtenkollision. Eine entsprechende Regelung für sonstige Rechtfertigungsgründe ist zwar nicht vorgesehen, es könnte dennoch ein „besonders begründeter Fall" gemäß Art. 60 § 2 pol. StGB als Strafrahmenmilderungsgrund angenommen werden. In Notstandsfällen, in denen das geopferte Rechtsgut den gleichen oder zumindest keinen offensichtlich höheren Wert als das geschützte Gut darstellt (entschuldigender Notstand), ist stets der Regelstrafrahmen anzuwenden, wenn der Täter zum Schutz des geopferten Rechtsguts sogar unter Gefährdung der eigenen Person besonders verpflichtet ist (Art. 26 § 4 pol. StGB).

Die Zusammenstellung von entsprechenden Bestimmungen des deutschen und des polnischen Rechts ermöglicht Vorschläge *de lege ferenda*, um das jeweilige Rechtssystem besser an das Erfordernis der Schuldangemessenheit des Strafrahmensystems anzupassen. Dies gilt vor allem für das deutsche Konzept im Hinblick auf die Bewertung der den Rechtfertigungs- oder Entschuldigungsgründen nahe stehenden Fallkonstellationen.

Im deutschen Recht wäre die Einführung einer fakultativen Strafmilderungsgrundlage für Fälle der Überschreitung der Grenzen eines rechtlich anerkannten Rechtfertigungs- und Entschuldigungsgrundes, vor allem aber der Notstandsgrenzen zu befürworten. Auf diese Weise würde man etwa den Übergang von den straflosen zu den aus dem Regelstrafrahmen zu bestrafenden Taten entschärfen und eine dem verminderten Schuld- und Unrechtsgehalt der Tat Rechung tragende Zwischenstufe schaffen. Der Sonderstrafrahmen sollte vor allem auf Fälle des Missverhältnisses zwischen den kollidierenden Interessen, des Fehlens einer gegenwärtigen

Gefahr für ein Rechtsgut sowie auf Fälle des Verstoßes gegen das Subsidiaritätsprinzip anwendbar sein. Bei manchen dieser Fallkonstellationen käme freilich die Annahme eines Erlaubnistatbestandsirrtums bzw. eines Irrtums über das Vorliegen eines Entschuldigungsgrundes infrage.

Die Möglichkeit einer Strafrahmenmilderung in den bezeichneten Fällen würde eine breite gesetzliche Grundlage für die Berücksichtigung sämtlicher konfliktgeladener Situationen oder sonstiger Interessenkollisionen bei der Strafzumessung bilden. Um eine die Rechtssicherheit gefährdende Generalklausel zu vermeiden, wäre dennoch die Herausarbeitung von Wesensmerkmalen des jeweiligen Rechtfertigungsgrundes durch die Rechtsprechung bzw. Lehre erforderlich, deren Vorliegen bei der Anwendung von Strafmilderungsvorschriften stets vorausgesetzt wäre. Zu Merkmalen des Notstands könnten beispielsweise gezählt werden: das Handeln gerade zur Rettung eines Rechtsguts, eine nicht unerhebliche Wahrscheinlichkeit des Eintritts einer unmittelbaren Gefahr für ein Rechtsgut sowie ein gewisser zeitlicher Zusammenhang zwischen der Handlung des Täters und dem Eintritt unmittelbarer Gefahr.

Eine obligatorische Strafrahmenverschiebung kommt in den bezeichneten Fällen nicht infrage, da Fälle denkbar sind, für die sogar der obere Bereich des Regelstrafrahmens wegen der Erheblichkeit der Überschreitung der Grenzen der Rechtfertigungs- und Entschuldigungsgründe angemessen sein könnte.

Die Aufrechterhaltung der Regelung über die Strafmilderung beim zumutbaren Notstand würde sich bei der Einführung einer fakultativen Strafmilderungsgrundlage für die Fälle des Notstandsexzesses weitgehend erübrigen. Die Frage der Zumutbarkeit hängt nämlich eng mit dem beim Notstand geltenden Subsidiaritätsprinzip zusammen und stellt sich bereits bei der Feststellung der Grenzen des rechtfertigenden bzw. entschuldigenden Notstands.[222]

3. Vorliegen von Irrtümern

In den Irrtumsfällen kommt es nicht nur zur Verminderung des subjektiven Handlungsunrechts und somit der Gefährlichkeit der Tat, sondern in erster Linie zur Verminderung des Schuldgehalts der Tat. Es sind im Wesentlichen vier Gruppen von Irrtümern zu unterscheiden, die in den beiden untersuchten Rechtsordnungen auf der Gesetzesebene zum Teil unterschiedlich bewertet werden: 1. Irrtümer über das Vorliegen von Tatbestandsmerkmalen, 2. Irrtümer über das Vorliegen von sachlichen Voraussetzungen eines anerkannten Rechtsfertigungsgrundes, 3. Irrtümer über das Vorliegen von sachlichen Voraussetzungen eines anerkannten Entschuldigungsgrundes, 4. Irrtümer über die Rechtslage (über Verbotsnorm oder Erlaubnisnorm).

---

[222] Vgl. Schönke/Schröder-*Lenckner/Perron*, § 35 Rn. 18 und 13a.

Sowohl im deutschen als auch im polnischen Recht führen die vermeidbaren Irrtümer aus der ersten Gruppe zur Anwendbarkeit besonderer Strafrahmen für Fahrlässigkeitsdelikte, die in der Regel deutlich niedriger als diejenigen für Vorsatzdelikte sind.[223] Auch im Hinblick auf die Einstufung der Tatschwere beim vermeidbaren Irrtum über die Rechtslage sehen beide Rechtsordnungen gleiche Lösungen vor. Anwendbar ist hier der Strafrahmen für das Vorsatzdelikt, der allerdings wegen des verminderten Schuldgehalts der Tat infolge des fehlenden Unrechtsbewusstseins fakultativ gemildert werden kann.[224] Eine nur fakultative Strafmilderung bei Irrtümern dieser Art hängt mit den erhöhten Sorgfaltsanforderungen hinsichtlich der Frage nach dem Bestehen und denGrenzen der in der Gesellschaft geltenden Wertvorstellungen zusammen. Eine obligatorische Strafmilderung würde insbesondere in den Fällen der Missachtung von fundamentalen Wertgrundlagen der Gesellschaft vermutlich keine Akzeptanz finden.

Unterschiedlich werden im deutschen und polnischen Strafrecht dagegen Irrtümer über das Vorliegen von sachlichen Voraussetzungen eines anerkannten Rechtfertigungs- oder Entschuldigungsgrundes behandelt. In Deutschland ist nach der überwiegenden Meinung in der Lehre und Rechtsprechung im Fall irrtümlicher Annahme einer rechtfertigenden Sachlage der Strafrahmen des Fahrlässigkeitsdelikts entsprechend anwendbar.[225] Beim vermeidbaren Irrtum über das Vorliegen eines entschuldigenden Notstands ist im Strafgesetzbuch eine obligatorische Milderung des Strafrahmens für das Vorsatzdelikt vorgesehen (§ 35 Abs. 2 dt. StGB). Diese Regelung ist nach h.A. auch bei der irrigen Annahme des Sachverhalts anderer anerkannter Entschuldigungsgründe analog anwendbar.[226] Im Ergebnis wird im deutschen Strafrecht in den Irrtumsfällen zwischen insgesamt drei Tatschwerestufen differenziert: Die niedrigste Stufe erfasst den Tatbestandsirrtum und den Erlaubnistatbestandsirrtum. Die zweite Stufe erfasst den Irrtum über das Vorliegen von sachlichen Voraussetzungen eines Entschuldigungsgrundes. Der höchsten Tatschwerestufe werden schließlich Fälle der Tatbegehung infolge eines Irrtums über die Rechtslage zugeordnet.

Im polnischen Strafrecht hingegen werden die vermeidbaren Irrtümer über das Vorliegen von sachlichen Voraussetzungen eines Rechtfertigungsgrundes und eines Entschuldigungsgrundes zumindest auf der Gesetzesebene gleich bewertet. Der anzuwendende Strafrahmen ist hier der Strafrahmen für das Vorsatzdelikt, der ebenso wie beim Verbotsirrtum fakultativ herabgesetzt werden kann.[227] Eine Differenzierung der erwähnten Irrtumsarten ihrer Schwere nach kann folglich nur inner-

---

[223] Vgl. Teil 2, II.H. und III.F.

[224] Vgl. Teil 2, II.E.5. und III.D.5.

[225] Nachweise bei *Jescheck/Weigend*, AT, S. 464.

[226] Vgl. *Jescheck/Weigend*, AT, S. 508; LK-*Hirsch*, § 35 Rn. 79; Schönke/Schröder-*Cramer/Sternberg-Lieben*, § 16 Rn. 31.

[227] Vgl. Teil 2, III.D.4.

halb des gesetzlichen Strafrahmens erfolgen. Im Ergebnis wird damit im polnischen Strafrecht in den Irrtumsfällen lediglich zwischen zwei Tatschwerestufen unterschieden. Die niedrigere Stufe erfasst den Tatbestandsirrtum und die höhere die Irrtümer über die Rechtfertigungs- und Entschuldigungsgründe sowie den Verbotsirrtum.

Das dem polnischen Strafrecht zugrunde liegende zweistufige Modell der Differenzierung der Tatschwere in Irrtumsfällen allein nach dem Kriterium des Vorliegens von Vorsatz im engeren Sinne scheint nicht sachgerecht, da ein solcher Ansatz den Unterschieden im Schuldbereich nicht genügend Rechnung trägt. Zu beachten ist, dass das Rechtsgut unabhängig davon, ob ein Vorsatz im rechtstechnischen Sinne vorliegt oder nicht, in allen Irrtumsfällen in gleichem Maß gefährdet wird. Diese Gefährdung besteht darin, dass eine irrtumsbedingte Handlung objektiv gesehen auf Rechtsgutsverletzung gerichtet ist, solange der Irrtum vom Täter nicht erkannt wird. Bei der Bildung von verschiedenen Tatschwerestufen in den Irrtumsfällen kann folglich nicht auf das subjektive Handlungsunrecht (Vorsatz-Fahrlässigkeit), sondern allein auf den Schuldgehalt[228] abgestellt werden. Im Folgenden sind die einzelnen Irrtumsarten unter diesem Gesichtspunkt näher zu betrachten und zu vergleichen.

Der Irrtum über das Vorliegen eines Rechtfertigungsgrundes weist viele Ähnlichkeiten zum Tatbestandsirrtum auf, worauf auch in der deutschen Rechtslehre hingewiesen wird.[229] Für beide Fälle ist die Überzeugung des Täters von der Rechtmäßigkeit seines Handelns im Zusammenhang mit einer Fehlvorstellung von den Umständen der Außenwelt kennzeichnend. Die erhöhte Schuld beim Erlaubnistatbestandsirrtum wegen der Tatbegehung trotz des Bewusstseins der Rechtsgutsverletzung wird durch den gesteigerten Motivationsdruck wieder ausgeglichen. Vieles spricht somit dafür, in beiden Fällen denselben Strafrahmen anzuwenden, was freilich einer ausdrücklichen Anordnung des Gesetzgebers bedürfte. Dagegen ist die Tatschwere bei den Irrtümern über das Vorliegen von sachlichen Voraussetzungen eines Entschuldigungsgrundes einem höheren Strafrahmen zuzuordnen. In diesen Fällen erhält der Täter ein zusätzliches Warnsignal, weil er sich der Rechtswidrigkeit seiner Handlung bewusst ist. Auf der anderen Seite ist die Tatschwere geringer als beim Verbotsirrtum. Die Begehung einer Straftat ist beim Irrtum über das Vorliegen eines Entschuldigungsgrundes nicht die Folge der Ignoranz im Hinblick auf die in der Gesellschaft geltenden Wertvorstellungen, sondern die Folge einer besonderen Motivationslage, die ihre Ursache in der bloßen Unaufmerksamkeit hinsichtlich der Umstände der Außenwelt hat. Die Lösung des deutschen Gesetzgebers, der in diesen Fällen eine obligatorische und beim Irrtum über die Rechtslage eine fakultative Strafrahmenmilderung vorsieht, ist zu befürworten.

---

[228] Unter „Schuld“ wird dabei das „Andershandelnkönnen“ im Sinne der normativen Schuldtheorie verstanden.

[229] Vgl. *Lackner/Kühl*, § 17 Rn. 10.

Zusammenfassend ist daran festzuhalten, dass die gesetzliche Differenzierung der Tatschwere in den Irrtumsfällen allein nach dem Kriterium des Vorliegens einer vorsätzlichen Tatbestandsverwirklichung dem Erfordernis der Schuldangemessenheit des Strafrahmensystems nicht genügend Rechnung trägt. Vorzugswürdig ist somit das dreistufige, an Schuldgesichtspunkte anknüpfende Differenzierungsmodell des deutschen Strafrechts.

Abschließend ist noch eine besondere Art des Tatbestandsirrtums kurz zu erörtern, bei dessen Bewertung die beiden untersuchten Rechtsordnungen gewisse Unterschiede aufweisen. Es handelt sich um den Irrtum über das Vorliegen von Tatbestandsmerkmalen, welche die Bestrafung aus einem milderen Gesetz begründen. Während nach dem deutschen Recht ein solcher Irrtum stets zur Anwendbarkeit des gemilderten Strafrahmens führt (§ 16 Abs. 2 dt. StGB), differenziert das polnische Recht zwischen vermeidbarem und unvermeidbarem (entschuldbarem) Irrtum. Nur der Letztere kommt dem Täter bei der Strafrahmenwahl zugute (Art. 28 § 2 pol. StGB). Die Lösung des polnischen Gesetzgebers verdient wegen der nur eingeschränkten Vereinbarkeit mit dem Schuldprinzip keine Zustimmung. Sie führt nämlich dazu, dass Straftaten, die sowohl Vorsatz- als auch Fahrlässigkeitsmomente aufweisen, aus dem gleichen Strafrahmen bestraft werden wie die reinen Vorsatzdelikte. Vorzuziehen ist somit die Lösung des deutschen Rechts – die Anwendbarkeit des gemilderten Strafrahmens. Ist der Irrtum dennoch Folge erheblicher Verletzung von Sorgfaltspflichten, so wird im Hinblick auf die Verwirklichung des Grundtatbestands der bedingte Vorsatz besonders naheliegen, mit der Folge, dass der Regelstrafrahmen zur Anwendung kommen kann.

4. Form der Straftatbegehung (aktives Tun oder Unterlassen)

Tatbegehung durch Unterlassen stellt im deutschen Strafrecht wegen der typischen Schuld- und Unrechtsminderung einen fakultativen Strafmilderungsgrund dar (§ 13 Abs. 2 dt. StGB). Eine entsprechende Regelung ist im polnischen Strafrecht zwar nicht ausdrücklich vorgesehen, das gleiche Ergebnis kann dennoch dadurch erreicht werden, dass in solchen Fällen ein „besonders begründeter Fall“ gemäß Art. 60 § 2 pol. StGB angenommen wird.

An dieser Stelle empfiehlt es sich, sich noch kurz der Frage zuzuwenden, ob die Schuld- und Unrechtsminderung bei der Tatbegehung durch Unterlassen die Herabsetzung des gesamten Strafrahmens rechtfertigen und nicht schon allein innerhalb des Regelstrafrahmens berücksichtigt werden können. Ein plausibler Grund für eine Strafrahmenherabsetzung ist jedenfalls immer dann zu bejahen, wenn es einer Brücke zwischen Straflosigkeit und voller Strafbarkeit bedarf. Dies wird in der Regel bei den Sachverhaltskonstellationen der Fall sein, die sich durch besondere Nähe zu den allgemeinen Schuldausschließungs- oder Rechtfertigungsgründen auszeichnen. Es stellt sich folglich die Frage, ob im Zusammenhang mit der Tatbegehung durch Unterlassen Sonderschuldausschließungs- oder Sonderrechtfertigungsgründe anzuerkennen bzw. bereits anerkannt sind. Ein solcher Grund kann in der Pflichtenkollision erblickt werden, die im polnischen Recht ausdrücklich geregelt[230] und im deutschen Schrifttum als selbstständiger Rechtfertigungsgrund bzw. unter Umständen als Entschuldigungsgrund anerkannt ist.[231] Es handelt sich um Fälle, in denen der Täter von mehreren Rechtspflichten eine nur auf Kosten der anderen erfüllen kann und die vernachlässigte Pflicht von minderer Bedeutung als die wahrgenommene ist. Die Überschreitung der Grenzen dieses Rechtfertigungs- bzw. Entschuldigungsgrundes kann in den Unterlassungsfällen eine Strafrahmenherabsetzung rechtfertigen, was auch im polnischen Recht ausdrücklich in Art. 26 § 5 pol. StGB vorgesehen wird. Hauptsächlich wird es sich um Fälle des Missverhältnisses zwischen den kollidierenden Pflichten handeln.

Abgesehen von den Fällen der Pflichtenkollision ist zu beachten, dass die Grenze zwischen Strafbarkeit und Straflosigkeit bei der Tatbegehung durch Unterlassen wegen weitgehender Unbestimmtheit des Kreises von Normadressaten sehr vage ist. In Wirklichkeit sind einzelne Garanten je nach ihrer Stellung oder nach den Umständen des Einzelfalls in unterschiedlichem Maß zur Abwendung des tatbestandsmäßigen Erfolges verpflichtet. Um diese Graduiertheit zu berücksichtigen und einen fließenden Übergang von der Strafbarkeit zur Straflosigkeit zu gewährleisten, ist die Möglichkeit der Strafmilderung bei der Tatbegehung durch Unterlassen erforderlich.

Nachdem die Notwendigkeit einer Strafrahmenherabsetzung bei der Tatbegehung durch Unterlassen festgetellt wurde, stellt sich die Frage, ob in diesen Fällen anstelle einer fakultativen eine obligatorische, die Einheitlichkeit der Strafzumessungspraxis fördernde Strafrahmenmilderung denkbar wäre. Dies ist zu verneinen. Eine obligatorische Strafmilderung wäre insbesondere in den Fällen, in denen der Garant die Kontrolle über eine Dauergefahrenquelle hat, unakzeptabel. Zwischen der eigenhändigen Tatbegehung durch aktives Tun und der Verwendung einer kontrollierten Dauergefahrenquelle als eines stets zur Verfügung stehenden Werkzeugs lässt sich keine Differenz im Hinblick auf den Unrecht- und Schuldgehalt der Tat feststellen.

5. Grad der Verminderung der Schuldfähigkeit

Für die Fälle erheblich verminderter Schuldfähigkeit des Täters ist in beiden untersuchten Rechtsordnungen eine fakultative Strafrahmenmilderung vorgesehen.[232]

---

230 Gemäß Art. 26 § 5 pol. StGB gelten die Vorschriften des Art. 26 §§ 1–3 pol. StGB über den rechtfertigenden und entschuldigenden Notstand auch für den Fall entsprechend, in dem der Täter nur eine von mehreren ihm obliegenden Pflichten erfüllen kann.

231 Vgl. *Fischer*, Vor § 32 Rn. 11 ff.; LK-*Hirsch*, Vor § 32 Rn. 71 ff.; Schönke/Schröder-*Lenckner*, Vorbem. §§ 32 ff. Rn. 71 f.

232 Vgl. Teil 2, II.E.4. und III.D.3.

Problematisch ist hier vor allem die Fakultativität dieser Strafrahmenbestimmung. Naheliegend wäre nämlich angesichts des Merkmals der Erheblichkeit der Schuldminderung die Einführung einer im Prinzip zwingenden Strafrahmenverschiebung. Kann die Tatschwere bei erheblich verminderter Schuldfähigkeit die dem oberen Bereich des Regelstrafrahmens entsprechende Stufe nicht erreichen, so sollte die Verhängung derart strenger Strafen um der Rechtssicherheit willen auch gesetzlich ausgeschlossen werden. Dies könnte freilich nicht ganz ausnahmslos gelten. *De lege ferenda* wäre es nämlich empfehlenswert, diejenigen Fälle aus dem Regelstrafrahmen zu bestrafen, in denen der Täter sich vorsätzlich in den Zustand verminderter Schuldfähigkeit versetzt, um vorhandene innere Hemmungen zu überwinden bzw. die Straftatbegehung in diesem Zustand voraussehend sich damit abfindet.[233] Dies könnten sowohl Fälle der Trunkenheit als auch Fälle der vorsätzlichen Verursachung einer zu Affektzuständen führenden Provokation sein. Die Anwendung des gemilderten Strafrahmens könnte unter Umständen ferner auch dann als unangemessen erscheinen, wenn die starke Erregung auf krasser Missachtung gesellschaftlicher Wertvorstellungen beruht, z.B. wenn der Affektzustand seine Ursache im Rassenhass hat, oder ein gravierendes Missverhältnis zwischen dem verletzten und dem im Affektzustand angegriffenen Rechtsgut besteht. Da hinsichtlich der Grundprinzipien der gesellschaftlichen Werteordnung notwendigerweise auch besondere verschärfte Sorgfaltspflichten gelten, könnte das noch im Vorfeld der starken Erregung liegende Fahrlässigkeitselement die Schuldminderung wegen der erheblich verminderten Schuldfähigkeit wieder ausgleichen.

Im Ergebnis wäre es empfehlenswert, für die Fälle einer auf pathologischen Ursachen beruhenden, meist dauerhaften erheblichen Verminderung der Schuldfähigkeit eine obligatorische, und für Fälle temporärer Affekt- und Trunkenheitszustände weiterhin nur eine fakultative Strafrahmenherabsetzung zu regeln.

Zum Schluss ist noch anzumerken, dass beide untersuchten Rechtsordnungen die allgemeine Strafmilderungsbestimmung zu Recht nicht auf Fälle pathologisch bedingter Verminderung der Schuldfähigkeit beschränken. Zum Regelungsbereich des Allgemeinen Teils gehören nämlich sämtliche, nicht deliktsbezogene Schuldminderungsgründe, darunter auch nicht unbedingt pathologisch bedingte Affektzustände.

C. Einstufung und Abstufung der Beihilfe und Anstiftung

Parallel zu den allgemeinen gesetzlichen Abstufungen der Schwere der Haupttat werden sowohl im deutschen als auch im polnischen Strafrecht bereits im Allge-

---

[233] In diesen Fällen wird an den Grundgedanken der Rechtsfigur der *actio libera in causa* in dem Sinne angeknüpft, dass das Vorverschulden des Täters eine höhere Strafe begründen sollte.

meinen Teil die Einstufungen der Schwere der Teilnehmertat sowie die besonderen, auf die Teilnahme bezogenen Abstufungen der Tatschwere geregelt.

Ähnlichkeiten zwischen beiden Rechtsordnungen sind vor allem im Hinblick auf die gesetzliche Differenzierung der Schwere der Tat des Gehilfen und des Anstifters zu verzeichnen. Die Bestrafung des Gehilfen aus einem milderen Strafrahmen im Vergleich zum Fall der Anstiftung beruht nach dem Konzept des polnischen Gesetzgebers auf dem Gedanken, dass die Hervorrufung eines Tatentschlusses in wesentlich höherem Maß zur Gefährdung eines Rechtsguts beiträgt als die Förderung einer beschlossenen Straftat.[234] Eine andere Begründung der gleichen gesetzlichen Lösung findet man im deutschen Schrifttum. Danach kann das Handlungsunrecht der Haupttat dem Gehilfen nur eingeschränkt zugerechnet werden, da er den Haupttäter zur Vornahme der Tathandlung in der Regel nicht motiviert.[235] Während das deutsche Strafgesetzbuch für den Fall der Beihilfe einen gemilderten Strafrahmen obligatorisch vorsieht (§ 27 Abs. 2 dt. StGB), räumt das polnische Recht dem Richter nur die Befugnis ein, die Untergrenze des Strafrahmens zu unterschreiten (Art. 19 § 2 pol. StGB).

Abgesehen von den Ähnlichkeiten hinsichtlich der Differenzierung der Schwere der Tat des Gehilfen und des Anstifters zeichnen sich die beiden Rechtsordnungen durch völlig unterschiedliche Konzepte im Hinblick auf die Bewertung der Teilnehmertat aus. Während die deutsche Rechtslehre die Teilnahme dem Wortlaut nach lediglich als Beteiligung an einer fremden, die Strafbarkeit des Teilnehmers begründenden, rechtswidrigen Tat auffasst,[236] geht der polnische Gesetzgeber von der Selbständigkeit des Unrechts der Beihilfe und Anstiftung und somit von der Unabhängigkeit der Strafbarkeit der Tat des Gehilfen und des Anstifters von der Haupttat aus.[237] Dies führt zunächst dazu, dass bei fehlender Übereinstimmung zwischen der vom Teilnehmer gewollten und der vom Haupttäter verwirklichten Tatbestandsabwandlung im deutschen und im polnischen Recht unterschiedliche Strafrahmen zur Anwendung kommen können. Verwirklicht der Täter einen weniger strafwürdigen Tatbestand als den vom Anstifter oder Gehilfen gewollten, so kommt dies nach dem deutschen Recht bei der Strafrahmenwahl auch dem Teilnehmer zugute. Nach polnischem Recht ist hingegen die Strafe für den Gehilfen und Anstifter in solchen Fällen stets dem Strafrahmen für die von ihnen gewollte und geförderte Straftat zu entnehmen, wobei im Fall der Beihilfe die bereits erwähnte, außerordentliche Strafmilderung in Betracht kommt. Eine weitere Konsequenz dieses Ansatzes besteht in der Erweiterung der Strafbarkeit der Teilnahme auf die Fälle, in denen es an der Begehung der Haupttat fehlt. Der Vollständigkeit halber muss hier dennoch darauf hingewiesen werden, dass die deutsche Rechtslehre

[234] Vgl. Teil 2, III.D.8.

[235] Vgl. Teil 2, II.F.1.

[236] Ebd.

[237] Vgl. Teil 2, III.D.8.

in den Fällen eines tatbestandslos oder rechtmäßig handelnden Haupttäters sowie in den Fällen der fahrlässigen Begehung der geförderten oder angestifteten Haupttat anstelle strafloser Teilnahme die Konstruktion der mittelbaren oder fahrlässigen Täterschaft anwendet.[238] Hinzu kommt noch, dass der deutsche Gesetzgeber die Fälle der versuchten Anstiftung zum Verbrechen in § 30 Abs. 1 dt. StGB für strafbar erklärt.

Schließlich führt das dem polnischen Strafrecht zugrunde gelegte Prinzip der Unabhängigkeit der Strafbarkeit aller Beteiligten nach Ansicht mancher Autoren zur Anwendbarkeit allgemeiner Regeln über den Versuch auf den Gehilfen und Anstifter. Dies bedeutet eine Ausdehnung der Strafbarkeit auf die nur in geringerem Maß gefährlichen Fälle des unmittelbaren Ansetzens zur Anstiftung oder Beihilfe.[239]

Um die geschilderten Konsequenzen des Prinzips der Unabhängigkeit der Strafbarkeit aller Beteiligten zu mildern, sieht das polnische Strafrecht in Art. 22 pol. StGB eine Lockerung dieses Ansatzes vor. Ist gemäß Art. 22 § 2 pol. StGB eine verbotene Tat nicht einmal versucht worden, so steht es dem Gericht frei, die Strafe außerordentlich zu mildern oder von ihrer Verhängung sogar abzusehen.

Betrachtet man die Lösungen des deutschen Strafrechts im Hinblick auf die Bewertung der Teilnehmertat vor dem Hintergrund entsprechender Bestimmungen im polnischen Strafrecht, so wäre es durchaus möglich die These aufzustellen, dass Anstiftung und Beihilfe in den beiden Rechtsordnungen als Taten angesehen werden können, die selbstständiges Unrecht begründen. Dieses Unrecht liegt jeweils in der Begründung einer mittelbaren Gefahr (Anstiftung) oder der Steigerung einer potenziellen Gefahr (Beihilfe) für das Rechtsgut. Im deutschen Schrifttum vertritt diese Auffassung u.a. *Eberhard Schmidhäuser*, der zu Recht zwischen dem Handlungsunwert und dem Erfolgsunwert der Teilnehmertat unterscheidet.[240] Letzterer besteht in der Veranlassung der Haupttat bzw. in der tatsächlichen Steigerung einer unmittelbaren Gefahr für das Rechtsgut. Der Unterschied zwischen dem deutschen und dem polnischen Recht liegt hauptsächlich im Gewicht, das dem Erfolgsunwert der Beihilfe oder Anstiftung beigemessen wird. Eine mittelbare, vom Gehilfen oder Anstifter begründete Gefahr für das Rechtsgut wird im deutschen Recht grundsätzlich für strafrechtlich irrelevant erklärt, sofern es am Erfolgsunwert der Teilnahme fehlt. Darin kann auch die Konsequenz des deutschen Gesetzgebers erblickt werden, der bei einer unternommenen, aber erfolgslosen Tat in Täterschaftsform eine Strafrahmenmilderung vorsieht und beim Versuch eines Vergehens von der Strafbarkeit zumindest dem Grunde nach sogar absieht (§ 23 Abs. 1 dt. StGB). Im polnischen Strafrecht wird dagegen ein viel stärkerer Akzent auf das Handlungs-

---

[238] Vgl. *Jescheck/Weigend*, AT, S. 666; *Maurach/Gössel/Zipf*, AT 2, S. 272.

[239] Vgl. *Kardas*, in: Zoll (Hrsg.), Kodeks, Art. 18 Nr. 147 f., 182 f.; anderer Auffassung ist u.a. *Zoll*, in: ders. (Hrsg.), Kodeks, Art. 13 Nr. 3.

[240] Vgl. *Schmidhäuser/Alwart*, AT, S. 308 ff.

unrecht von Beihilfe und Anstiftung gesetzt, was zur Erweiterung der Strafbarkeit auch auf Fälle führt, in denen das gesamte Unrecht der Tat allein in einer mittelbaren Gefährdung eines Rechtsguts liegt. Die Lockerung des Unabhängigkeitsprinzips in Art. 22 pol. StGB zeigt dennoch, dass auch im polnischen Strafrecht dem Erfolgsunwert von Anstiftung und Beihilfe ein gewisses Gewicht zukommt.

An dieser Stelle ist noch auf eine allgemeine Abstufung der Schwere der Teilnehmertat einzugehen, die sowohl im deutschen als auch im polnischen Strafrecht vorgesehen ist. Als Maßstab für die Differenzierung der Tatschwere dient hier das Vorliegen von strafbegründenden, persönlichen Tatbestandsmerkmalen beim Gehilfen oder Anstifter. Im Fall ihres Fehlens macht sich der Teilnehmer nach den beiden Rechtsordnungen zwar strafbar, der Strafrahmen aber kann (Art. 21 § 3 pol. StGB) oder muss (§ 28 Abs. 1 dt. StGB) gemildert werden.

Zu beachten ist, dass das Vorliegen von strafbegründenden persönlichen Tatbestandsmerkmalen beim Gehilfen oder beim Anstifter an sich keine Steigerung des Grades der Gefährdung eines Rechtsguts zur Folge hat und somit das Unrecht des Beitrags des Teilnehmers nicht wirklich beeinflussen kann. Für die Gefährlichkeit einer Teilnehmertat bzw. einer dem Teilnehmer zurechenbaren Haupttat ist es nämlich ohne Bedeutung, ob der Anstifter oder Gehilfe die Eigenschaft als Amtsträger bei den Amtsdelikten oder die Eigenschaft als Verwandter beim Beischlaf zwischen Verwandten besitzt oder nicht.[241] Dieser Umstand bleibt dennoch nicht ohne Auswirkung auf den Schuldgehalt der Teilnehmertat. Das Besitzen einer strafbegründenden Eigenschaft als Amtsträger bzw. als Verwandter oder Soldat durch den Teilnehmer begründet bei ihm in der Regel ein stärkeres Unrechtsbewusstsein und erhöht auf diese Weise den Schuldgehalt der Teilnehmertat. Die in § 28 Abs. 1 dt. StGB und in Art. 21 § 3 pol. StGB vorgesehene Differenzierung der Schwere der Tat eines Teilnehmers ist somit durchaus gerechtfertigt. Eine obligatorische Strafmilderung beim Fehlen persönlicher Tatbestandsmerkmale beim Teilnehmer ist freilich nicht zu befürworten, da hier eine beachtliche Verminderung der Schuld lediglich indiziert wird. Angemessener wäre eine fakultative Strafrahmenherabsetzung nach dem Vorbild des polnischen Rechts. Die im deutschen Schrifttum gegebene Begründung einer obligatorischen Strafmilderung nach § 28 Abs. 1 dt. StGB, wonach die personalen Unrechtselemente der Haupttat, die mehr die Person des Täters als die Rechtsgutsverletzung charakterisieren, dem Teilnehmer nur zugerechnet werden können, wenn sie auch bei ihm vorliegen,[242] überzeugt nicht. Das Vorliegen von gleichen persönlichen Eigenschaften beim Teilnehmer kann nicht als Kriterium für die Zurechenbarkeit der personalen Unrechtselemente der Haupt-

241 Zumindest kann nicht pauschal für alle Fälle angenommen werden, dass der nicht qualifizierte Teilnehmer den Täter weniger zur Tat motiviert oder ihm weniger brauchbare Hilfe leistet als der qualifizierte Teilnehmer.

242 Vgl. *Geppert*, Jura 1997, 300 f.; Schönke/Schröder-*Cramer/Heine*, § 28 Rn. 1.

tat gelten. Dieser Umstand schafft nämlich kein zusätzliches Risiko und hat nichts mit dem Unrecht der Haupttat zu tun.

Zum Schluss ist noch darauf hinzuweisen, dass die bisherigen, auf die strafbegründenden persönlichen Merkmale bezogenen Ausführungen auch für die strafschärfenden, persönlichen Unrechtsmerkmale entsprechend gelten. Die Strafzumessungsgrundlage im Fall des Fehlens von persönlichen strafschärfenden Unrechtsmerkmalen beim Teilnehmer sollte somit der Qualifikationsstrafrahmen sein, der dann mit einem fakultativen, milderen Sonderstrafrahmen zu versehen ist (Modell des polnischen Rechts – Art 21 §§ 2 und 3 pol. StGB). Die Lösung des deutschen Rechts, wonach die persönlichen Eigenschaften stets nur bei deren Besitzer strafschärfend wirken können (§ 28 Abs. 2 dt. StGB), differenziert nicht ausreichend zwischen Fällen, in denen die persönlichen Unrechtsmerkmale des Täters vom Vorsatz des nicht qualifizierten Teilnehmers erfasst werden und Fällen, in denen dies nicht zutrifft.[243]

Etwas anderes gilt für die strafschärfenden Schuldmerkmale, deren Fehlen beim Teilnehmer den Schuldgrad unmittelbar beeinflusst. Hier wäre es angemessener, den gesamten Qualifikationsstrafrahmen zwingend nach unten zu verschieben.

D. Einstufung der Bagatellkriminalität

Im Hinblick auf die Behandlung der Bagatellkriminalität liegen dem deutschen und dem polnischen Strafrecht ganz verschiedene gesetzliche Konzepte zugrunde. In der deutschen Gesetzgebung setzte sich eine verfahrensrechtliche Lösung durch. Die deutsche StPO räumt der Staatsanwaltschaft die Entscheidungsmacht im Hinblick auf die Frage ein, ob das öffentliche Interesse an der Bestrafung des Täters wegen der Geringfügigkeit der Schuld entfallen ist und ob aus diesem Grund von der Bestrafung des Täters durch eventuellen Schuldspruch abgesehen werden sollte.[244] Der polnische Gesetzgeber erreicht *de facto* das gleiche Ergebnis bereits durch die Berücksichtigung materieller Elemente in der Straftatdefinition. Danach besitzt eine tatbestandsmäßige, schuldhaft begangene und rechtswidrige Tat die Straftateigenschaft erst dann, wenn ihre Schwere den Grad der Geringfügigkeit der Sozialschädlichkeit überschreitet.[245] Die materiellrechtliche Lösung garantiert im Vergleich zum verfahrensrechtlichen Modell der Behandlung der Bagatellkriminalität einen höheren Grad an Rechtssicherheit, indem die Frage der Geringfügigkeit

---

243 Das hier bevorzugte Modell hat freilich nur dann Sinn, wenn die Untergrenze des gemilderten Qualifikationsstrafrahmens nicht unterhalb der Untergrenze des Grundstrafrahmens liegt.

244 Vgl. Teil 2, II.G.

245 Vgl. Teil 2, III.E.

der Tatschwere nicht in das Ermessen der Strafverfolgungsorgane gestellt, sondern als Element der Straftatdefinition der gerichtlichen Kontrolle unterstellt wird.[246]

Über die Stufe der Bagatellkriminalität hinaus sehen die beiden Rechtsordnungen eine Zwischenstufe vor, die einerseits auf der Tatschwereskala etwas höher als die straflosen Geringfügigkeitsfälle einzuordnen ist, andererseits aber immer noch unter der Grenze der vollen Strafwürdigkeit liegt. Die Reaktion des Staates besteht sowohl nach dem deutschen, als auch nach dem polnischen Strafrecht in der Einstellung des Verfahrens und gleichzeitiger Verhängung von bestimmten Auflagen und Weisungen.[247] Darüber hinaus regelt der polnische Gesetzgeber eine allgemeine Möglichkeit des Absehens von Strafe trotz des Schuldspruchs, sofern zugleich eine Strafmaßnahme[248] angeordnet wird (Art. 59 § 1 pol. StGB).

E. Strafrahmenschärfung anhand der Regelungen des Allgemeinen Teils

Der deutsche Gesetzgeber verzichtet auf die Regelung einer generellen, bei sämtlichen Deliktstypen anwendbaren Heraufsetzung des Strafrahmens. Der Grund dafür liegt offenbar in der Befürchtung des Gesetzgebers, durch allzu abstrakt formulierte Strafschärfungsgründe das Schuld- und Bestimmtheitsprinzip zu missachten.

Von einem anderen Ansatz geht der polnische Gesetzgeber aus. Im polnischen Strafgesetzbuch werden bereits im Allgemeinen Teil insgesamt fünf Strafschärfungsgründe vorgesehen: Rückfall, Gewerbsmäßigkeit, Tatbegehung im Rahmen einer organisierten kriminellen Gruppe, terroristischer Charakter der Tat und Hooliganismus-Charakter der Tat.[249] Die Wiedereinführung des letztgenannten Schärfungsgrundes ist als gesetzgeberische Fehlentscheidung zu bewerten. Die Hooliganismus-Merkmale der Öffentlichkeit der Handlung und des Mangels an einem rationalen Handlungsgrund mögen zwar zum Zweck der positiven Generalprävention innerhalb des Regelstrafrahmens strafschärfend berücksichtigt werden, eine nicht unerhebliche Anhebung des gesamten Strafrahmes in diesen Fällen verstößt aber gegen das Schuldprinzip. Auch dem Bestimmtheitsgebot wird hier wegen der sehr vagen Definition des Hooliganismus-Vergehens in ungenügendem Maß Rechnung getragen.

---

246 Zu beachten ist freilich, dass die Verfahrenseinstellung nach §§ 153 und 153a der deutschen StPO grundsätzlich der Zustimmung des Gerichts bedarf. Die Bewertung der Geringfügigkeitsfälle wird somit auch im deutschen Recht zumindest theoretisch gerichtlicher Kontrolle unterstellt.

247 Vgl. Teil 2, II.G. und III.E.

248 Vgl. Teil 2, Fußnote 141.

249 Vgl. Teil 2, III.G.

Auch eine allgemeine Strafschärfung wegen terroristischen Charakters der Tat im Sinne des Art. 115 § 20 pol. StGB verdient keine Zustimmung. Die Schärfungsregelung beruht hier allein auf einer besonderen Absicht des Täters, durch welche neben dem unmittelbar angegriffenen Rechtsgut zusätzlich auch die für ein ungestörtes Funktionieren des gesamten Staates und der Gesellschaft unerlässlichen Rechtsgüter gefährdet werden. Es kann nicht übersehen werden, dass die in den Vorschriften des Besonderen Teils umschriebenen, strafbaren Handlungen in unterschiedlichem Maß dazu tauglich sind, eine vom Terroristen beabsichtigte Folge (schwerwiegende Einschüchterung der Bevölkerung, Destabilisierung der wirtschaftlichen oder politischen Grundstrukturen des Staates etc.) hervorzurufen. Schon um der Rechtssicherheit willen empfiehlt es sich, die Strafschärfung wegen terroristischen Charakters der Tat nur bei Delikten anzuwenden, die tatsächlich eine strafrechtlich relevante Gefahr für die durch Terrorismus gefährdeten gesellschaftlichen Interessen begründen können. Erforderlich ist mit anderen Worten das Element einer objektiven Tauglichkeit der Tatbestandshandlung zur Verwirklichung terroristischer Zwecke. Dieses Element wird etwa bei einfachen Diebstählen in der Regel fehlen, es sei denn, man stuft diese Delikte im Sinne der Vorbereitungshandlungen als terroristische Straftaten ein, was allerdings einer zusätzlichen Abstufung der Tatschwere bedürfte. Eine Einschränkung der Schärfungsregelung auf Straftaten, die im Höchstmaß mindestens mit einer Freiheitsstrafe von fünf Jahren bedroht sind (so in Art. 115 § 20 pol. StGB), kann dem Postulat der Rechtssicherheit jedenfalls nicht genügen. Erforderlich ist vielmehr die Aufzählung von Deliktsgruppen oder einzelnen Straftatbeständen, deren Verwirklichung eine beachtliche Gefahr für die durch die Gesetzgebung zur Terrorismusbekämpfung geschützten Gesellschaftswerte begründet. Empfehlenswert wäre somit eine präzise Umsetzung des Rahmenbeschlusses des Europäischen Rates zur Terrorismusbekämpfung vom 13. Juni 2002.

Die Bewertung einer allgemeinen Strafschärfung wegen Tatbegehung im Rahmen einer organisierten Gruppe und wegen Gewerbsmäßigkeit der Handlung bedarf eines kurzen Blickes auf gewisse Differenzen zwischen den Strafrahmenmilderungen und Strafrahmenschärfungen. Die Tatschwere kann bei jedem Delikttypus eine Stufe der Geringfügigkeit wegen geringer Gefährlichkeit einer noch erfolglosen Handlung oder wegen geringer Schuld (Irrtum, Interessenkonflikt, Schuldunfähigkeit) erreichen, wo eine strafrechtliche Reaktion nicht mehr angemessen erscheint. Da der Übergang vom strafwürdigen Verhalten zur völligen Straflosigkeit nur fließend sein kann, ist die Möglichkeit einer Strafrahmenmilderung beim Vorliegen bezeichneter Umstände bei jedem Delikttypus geradezu notwendig. Etwas anderes gilt hingegen für die Strafrahmenschärfungen. Nicht bei jedem Delikt kann die Tatschwere die der härtesten Sanktion entsprechende Stufe erreichen. Jede Erhöhung des Strafrahmens wegen erhöhten Schuldgrades oder Handlungsunwerts spiegelt nicht nur die Reaktion des Staates auf besonders gefährliche Handlungsarten oder besonders vorwerfbare Einstellungen des Täters wider, sondern bestimmt auch das Gewicht mit, das dem jeweils zu schützenden Rechtsgut vom Gesetzgeber beigemessen wird. Jeder Strafrahmensschärfung liegt mit anderen Worten nicht nur die gesteigerte Gefährlichkeit der Tatbestandshandlung oder die besonders hohe Schuld des Täters zugrunde, sondern stets auch die besondere Schutzwürdigkeit des durch einen bestimmten Straftatbestand geschützten Rechtsguts. Die Schärfung des Regelstrafrahmes wegen der erhöhten Schuld oder des gesteigerten Handlungsunwerts bei einem bestimmten Straftatbestand darf somit nicht ohne Bezugnahme auf das Gewicht des zu schützenden Rechtsguts erfolgen. Die Frage, vor die der Gesetzgeber bei der Strafrahmenbestimmung jeweils gestellt wird, lautet: Sollten die erschwerenden Umstände schon innerhalb des Regelstrafrahmens berücksichtigt werden, oder sind diese Umstände schwerwiegend genug und die Bedeutung des zu schützenden Rechtsguts wesentlich genug, um den Strafrahmen zu erweitern und entsprechend abzustufen. Es handelt sich somit um eine Frage, die nur separat für jeden einzelnen Straftatbestand beantwortet werden kann. Andernfalls könnten bei manchen Straftatbeständen, bei denen sonst keine Qualifizierungen vorgesehen bzw. lediglich aussetzungsfähige Freiheitsstrafen angedroht sind, sehr hohe, dem geschützten Rechtsgut unangemessene Strafobergrenzen entstehen. Bei anderen Delikten würde sich die Frage stellen, ob die allgemeinen Strafschärfungen auch auf die Qualifizierungstatbestände anwendbar sind. Beim Einbruchdiebstahl nach Art. 279 § 1 pol. StGB läge zum Beispiel beim Hinzutreten des Merkmals der Gewerbsmäßigkeit die Höchststrafe bei 15 Jahren Freiheitsstrafe! Vor dem Hintergrund dieser Überlegungen ist die Verlagerung der Strafrahmenschärfung wegen Gewerbsmäßigkeit und wegen Tatbegehung im Rahmen einer organisierten Gruppe in den Allgemeinen Teil angesichts der Forderung nach Sicherstellung schuldangemessener Strafzumessung erheblichen Bedenken ausgesetzt.

Das zuletzt Gesagte gilt entsprechend auch für die allgemeine Strafschärfung wegen Rückfalls. Dazu ist noch zu bemerken, dass eine obligatorische Verschiebung des gesamten Strafrahmens nicht angemessen erscheint. Der Umstand der Rückfälligkeit des Täters stellt nämlich lediglich ein Indiz für eine erhöhte Schuld dar, sodass nur eine fakultative Anhebung der Obergrenze des Regelstrafrahmens infrage kommt.

F. Zusammentreffen von mehreren Strafmilderungs- oder Strafschärfungsgründen

An der Regelung der Strafrahmenwahl beim Zusammentreffen von mehreren Strafmilderungs- bzw. Strafschärfungsgründen zeigt sich besonders deutlich der Unterschied zwischen dem deutschen und dem polnischen Modell der Abstufungen der Tatschwere im Allgemeinen Teil. Während der deutsche Gesetzgeber bereits durch die Bestimmungen des Allgemeinen Teils mehrere Stufen der Strafwürdigkeit zu bilden versucht, indem er auch mehrmalige Verschiebungen des Regelstrafrahmens zulässt, begnügt sich der polnische Gesetzgeber mit der Möglichkeit einer einmaligen Erweiterung des Regelstrafrahmes beim Vorliegen gesetzlicher Strafmilderungs- oder Strafschärfungsgründe.[250] Das erstgenannte Modell trägt der Forderung nach Sicherstellung schuldangemessener Strafen zweifellos in viel größerem Maß Rechnung als das dem polnischen Recht zugrunde liegende Modell. Die Kritik an der deutschen Lösung bezieht sich hauptsächlich auf Schwierigkeiten beim Vorliegen von mehreren fakultativen Milderungsgründen. Die unvermeidbaren Schwierigkeiten bei der Herausarbeitung von klaren Kriterien der Strafrahmenwahl dürfen dennoch nicht dazu führen, dass der Gesetzgeber auf den Versuch der Bildung eines dem Schuldprinzip treuen mehrstufigen Strafrahmensystems ganz verzichtet und das Problem durch die Begrenzung des richterlichen Spielraums im Wege des Verbotes mehrmaliger Strafmilderung zu lösen versucht. Zum Schluss ist noch zu beachten, dass die Unklarheiten bei der Festlegung des Mindestmaßes der Strafandrohung das Schuldprinzip, dessen Funktion vor allem in der Limitierung der Strafe nach oben besteht, jedenfalls nicht schwerwiegend verletzen.

---

250 Vgl. Teil 2, II.I.und III.H.

Dritter Teil

Methoden der Abstufung der Tatschwere im Besonderen Teil des Strafrechts

I. Einführung

Die Untersuchung von Abstufungen der Tatschwere im Besonderen Teil des Strafrechts setzt sich, ebenso wie die Untersuchung von Strafrahmenabschichtungen im Allgemeinen Teil, aus zwei Bereichen zusammen. Der eine betrifft die einzelnen Strafänderungsgründe und Kriterien der Strafrahmenabschichtung. Der andere, in diesem Teil zu untersuchende Bereich betrifft die vom Gesetzgeber verwendeten Methoden der Abstufung der Tatschwere im Besonderen Teil. Hier geht es um den Spielraum, der dem Richter bei der Strafrahmenwahl vom Gesetzgeber eingeräumt wird. Die verschiedenen Strafrahmenabschichtungsmodelle wurden bereits in der Einleitung kurz erläutert. Theoretisch sind somit folgende Lösungen möglich: Verzicht auf Strafrahmenabschichtung im Besonderen Teil und Regelung von breiten Grundstrafrahmen, Abstufung der Tatschwere im Wege von zwingenden, kasuistisch formulierten Privilegierungen und Qualifizierungen, Normierung von abschließend geregelten, aber nicht zwingenden Strafänderungsgründen, Erläuterung von unbenannten Strafänderungsgründen durch zwingende oder nicht zwingende Beispiele. Vor dem Hintergrund dieser Lösungsalternativen werden im Folgenden die vom deutschen und vom polnischen Gesetzgeber angewandten Methoden der Abstufung der Tatschwere im Besonderen Teil näher dargestellt.

II. Deutsches Recht

A. Methoden der Abstufung der Tatschwere im Besonderen Teil

Der deutsche Gesetzgeber verwendet im Besonderen Teil des Strafgesetzbuchs mehrere Methoden der Abstufung der Tatschwere. Die Wahl der bei den einzelnen Straftatbeständen eingesetzten Methoden ist freilich oft schwer nachvollziehbar.[1] Insgesamt sind dem deutschen Strafgesetzbuch vier verschiedene Lösungsmodelle

---

[1] Zur unzureichenden Begründung des Einsatzes der Regelbeispielsmethode bei den einzelnen Straftatbeständen siehe *Gössel*, FS für Hirsch, S. 186 ff.

bekannt. Zunächst handelt es sich um die Regelung von zwingenden, abschließend und kasuistisch formulierten Privilegierungs- und Qualifizierungstatbeständen. Dies ist beispielsweise beim Diebstahl mit Waffen, Bandendiebstahl und Wohnungseinbruchsdiebstahl gemäß § 244 dt. StGB der Fall. Das Gegenstück zu dieser Methode bilden die unbenannten, näher nicht erläuterten Strafrahmenänderungsgründe in Form von „minder schweren“ und „besonders schweren Fällen“ (vgl. §§ 81 II, 154 II, 234 II, 249 II, 306 II, 332 I 2 dt. StGB; §§ 106 III, 107 I, 108 I, 176 III, 179 III, 212 Abs. 2 dt. StGB). Eine weitere, vom deutschen Gesetzgeber heutzutage nur selten verwendete Methode besteht in der Bildung von zwingenden, aber nicht abschließend geregelten Strafänderungsgründen (vgl. §§ 129 IV, 213 dt. StGB). Der Sonderstrafrahmen ist in diesen Fällen beim Vorliegen des zwingenden Beispiels sowie beim Vorliegen eines sonstigen „minder“ bzw. „besonders schweren Falls“ anwendbar. Da in den einschlägigen Strafänderungsvorschriften des deutschen Strafgesetzbuchs stets nur ein einziger Sachverhalt als zwingender Strafänderungsgrund näher umschrieben wird, kann der Richter bei der Ermittlung eines sonstigen „minder“ bzw. „besonders schweren Falls“ kaum auf die Hinweise des Gesetzgebers zurückgreifen. Im Ergebnis unterscheidet sich die im deutschen Strafgesetzbuch verwendete Methode der zwingenden, aber nicht abschließend geregelten Strafänderungsgründe nicht wesentlich von der Verwendung von unbenannten nicht näher erläuteten Strafschärfungs- bzw. Strafmilderungsgründen.

Die heutzutage in der deutschen Gesetzgebung bevorzugte Technik der Abstufung der Tatschwere ist die sog. Regelbeispielsmethode.[2] Sie besteht in der Erläuterung der „besonders schweren Fälle“ durch meist mehrere nicht zwingende Beispiele (vgl. §§ 177 II, 218 II, 243 I, 263 III dt. StGB). In diesem Zusammenhang ist noch auf eine Konstruktion hinzuweisen, die der Regelbeispielsmethode besonders nahe steht. Es handelt sich um die Regelung von „minder schweren Fällen“ für zwingende und abschließend geregelte Qualifikationstatbestände, wo der mildere Sonderstrafrahmen innerhalb des Strafrahmens für die Grundform des Delikts liegt (vgl. §§ 224 I, 226, 250, 263 V dt. StGB). Es kann nicht übersehen werden, dass es sich hier in Wirklichkeit um eine modifizierte Methode der abschließend geregelten, aber nicht zwingenden Strafschärfungsgründe handelt. Die aus dieser Konstruktion entstehenden Probleme werden zusammen mit der allgemeinen Problematik der unbenannten Milderungsgründe erläutert.

Im Folgenden wird näher auf die im Besonderen Teil des deutschen Strafgesetzbuchs verwendete Methode der „besonders schweren Fälle“ mit oder ohne Regelbeispiele sowie auf die Methode der „minder schweren Fälle“ eingegangen.

---

2 Zur Gesetzgebungsgeschichte der Regelbeispielsmethode siehe *Zieschang*, Jura 1999, 562.

B. „Besonders schwere Fälle“ und die Regelbeispielsmethode

Die Verwendung von unbenannten Strafschärfungsgründen mit oder ohne Regelbeispiele ist als Reaktion des Gesetzgebers auf die Mängel der starren Tatbestandskasuistik anzusehen. Der Vorteil der letzteren Methode, nämlich die Gewährleistung eines hohen Maßes an Rechtssicherheit, muss nach *Johannes Wessels* zu sehr auf Kosten der Gerechtigkeit erkauft werden, was insbesondere am Beispiel der alten Fassung des § 243 I Nr. 2 dt. StGB (Einbruchdiebstahl) deutlich wird.[3] Doch ist auch die Verwendung von unbenannten Strafschärfungsgründen alles andere als einwandfrei. Allein, wenn man die Mängel der generalklauselartig formulierten Strafänderungsgründe durch die exemplifizierende Methode aufzuheben versucht, stellt sich eine Reihe von Fragen nach den Konsequenzen einer derartigen Lösung für das gesamte Rechtssystem. Die deutsche Rechtslehre und Rechtsprechung hat sich mit den entstehenden Problemen im Einzelnen auseinandergesetzt.

1. Rechtsnatur der „besonders schweren Fälle“ und der Regelbeispiele

Zunächst stellt sich die Frage nach der Rechtsnatur der „besonders schweren Fälle“ und der Regelbeispiele. Nach herrschender Meinung in Rechtsprechung und Schrifttum handelt es sich um bloße Strafzumessungsregeln.[4] Demnach sind Tatbestandsmerkmale dadurch gekennzeichnet, dass sie einen abschließenden und zwingenden Charakter haben, was sich aus ihrer Zugehörigkeit zum Kompetenzbereich des Gesetzgebers und nicht des Richters ergibt.[5] Typisch für die Regelbeispielsmethode ist hingegen, dass die Voraussetzungen der Strafrahmenverschiebung nicht zwingend und nicht abschließend geregelt sind. Eine endgültige Zuordnung der Tat zu einer bestimmten Wertgruppe wird vielmehr der Entscheidung des Richters überlassen. Was die Rechtsfigur der „besonders schweren Fälle“ angeht, so ist hier die Auseinandersetzung mit der Frage nach der Verbindlichkeit und Abgeschlossenheit der Regelung wegen des Abstraktionsgrades der Formulierung auf den ersten Blick nicht sehr sinnvoll. Man könnte dennoch argumentieren, dass eine Strafrahmenmodifizierung für keinen Sachverhaltstypus zwingend erfolgt, solange man der in der Rechtsprechung herrschenden Gesamtbetrachtungsmethode[6] folgt. Die Zuordnung einer bestimmten Fallkonstellation zur Gruppe der „besonders schweren Fälle“ steht stets im Ermessen des Gerichts. Ebenso wenig ist die Frage nach der Abgeschlossenheit des Katalogs von strafrahmenbildenden Sachverhaltstypen

---

[3] Vgl. *Wessels*, FS für Maurach, S. 295 ff.

[4] Vgl. BGHSt 2, 182 f.; BGHSt 23, 256 f.; BGHSt 26, 105; *Jescheck/Weigend*, AT, S. 270; *Lackner/Kühl*, § 46 Rn. 11; *Maiwald*, FS für Gallas, S. 148 f.; *ders.*, NStZ 1984, 435; *Maurach/Gössel/Zipf*, AT 1, S. 551; Schönke/Schröder-*Stree*, Vorbem. § 38 Rn. 44; *Wessels*, FS für Maurach, S. 298 f.; *Zieschang*, Jura 1999, 563.

[5] Vgl. *Schröder*, FS für Mezger, S. 425 ff.; *Wessels/Beulke*, AT, S. 39 ff.; *Wessels*, FS für Maurach, S. 298.

[6] Dazu unten.

wegen der Unbestimmtheit der Strafschärfungsvoraussetzungen kaum zu bejahen. Gerade im Zusammenhang mit der Rechtsfigur der „besonders schweren Fälle" scheint es bei der Unterscheidung zwischen Tatbestandsmerkmalen und Strafzumessungsregeln allein auf die hinreichende Bestimmtheit anzukommen.

Ein anderer, von *Karl Heinz Gössel* vertretener Ansatz bei der Begründung des Strafzumessungscharakters von Regelbeispielen und „besonders schweren Fällen" besteht in der Unterscheidung zwischen Bewertungsgegenstand und Bewertungsmaßstab.[7] Im Gegensatz zu den Tatbestandsmerkmalen, die den Bewertungsgegenstand umschreiben, bilden die Regelbeispiele ähnlich den in § 46 dt. StGB bezeichneten Merkmalen lediglich einen Maßstab für die Bewertung einer Straftat und gehören nicht zu den Rechtsfolgevoraussetzungen.[8] Doch auch hier hängt die Einstufung eines Merkmals als Rechtsfolgevoraussetzung oder als Maßstab für die Bewertung der Tatschwere *de facto* von der Verbindlichkeit der Regelung und vom Grad der Bestimmtheit dieses Merkmals ab.

Behelfsweise kann zur Begründung der „Strafzumessungslösung" § 12 Abs. 3 dt. StGB herangezogen werden. Danach sind die Strafschärfungen oder Strafmilderungen, die für „besonders schwere" oder „minder schwere Fälle" vorgesehen sind, bei der Einordnung einer rechtswidrigen Tat als Verbrechen oder Vergehen ohne Bedeutung.[9]

Im Gegensatz zur herrschenden Lehre ordnet ein Teil des Schrifttums die „besonders schweren Fälle" und die Regelbeispiele dem Tatbestandsbereich zu.[10] Dies wird von *Jörg Eisele* damit begründet, dass sie materielle Voraussetzungen für die Strafrahmenänderung sind.[11] *Rolf-Peter Calliess* weist hingegen in diesem Zusammenhang auf die Überlappungen zwischen dem Grundstrafrahmen und dem Sonderstrafrahmen für unbenannte Straänderungsgründe hin. Dies indiziert eine qualitative Abstufung des Unrechts bzw. der Schuld im Gegensatz zur rein quantitativen Differenzierung der Tatschwere im Strafzumessungsbereich.[12] An anderer Stelle analysiert er die Strukturelemente eines vollständigen Rechtssatzes, die sich in Wenn- und Dann-Sätze einteilen lassen. Schon die Gesetzesformulierung zeigt, dass die „besonders schweren Fälle" und die Regelbeispiele die Wenn-Sätze und somit Tatbestandsmerkmale darstellen.[13]

---

[7] Vgl. *Gössel*, FS für Hirsch, S. 197.

[8] Ebd., S. 200.

[9] Nach *Rolf-Peter Calliess* folgt jedoch aus der Unbeachtlichkeit der Strafschärfung für die Einteilung der Delikte noch nichts Zwingendes für die Rechtsnatur der „besonders schweren Fälle", vgl. *Calliess*, JZ 1975, 114.

[10] Vgl. *Calliess*, JZ 1975, 118; *ders.*, NJW 1998, 933; *Eisele*, Die Regelbeispielsmethode, S. 189.

[11] Vgl. *Eisele*, Die Regelbeispielsmethode, S. 189.

[12] Vgl. *Calliess*, JZ 1975, 116.

[13] Vgl. *Calliess*, NJW 1998, 933.

Schließlich wird vereinzelt auch die Auffassung vertreten, die Rechtsfigur der „besonders schweren Fälle“ sei eine Mischform zwischen einer Strafzumessungsregel und der Qualifikation.[14]

2. Anwendbarkeit der Regeln des Allgemeinen Teils auf „besonders schwere Fälle“ und Regelbeispiele

Die Auseinandersetzung der Rechtsnatur der „besonders schweren Fälle“ und der Regelbeispiele wäre nur dann sinnvoll, wenn jede von den oben angesprochenen Lösungen im Einzelfall zu einer unterschiedlichen Bewertung des Sachverhalts führen würde. Dies könnte im Zusammenhang mit der Frage nach der Anwendbarkeit der Rechtsinstitute des Allgemeinen Teils wie Teilnahme, Vorsatzerfordernis oder Versuch auf die „besonders schweren Fälle“ und die Regelbeispiele der Fall sein.

Hinsichtlich der Anwendbarkeit der Akzessorietätsregeln der §§ 26 bis 29 dt. StGB auf die „besonders schweren Fälle“ und die Regelbeispiele scheint die Zuordnung dieser Rechtsfiguren zu den Tatbestandsmerkmalen oder zu den Strafzumessungsregeln keine praktische Bedeutung zu haben. Der Grundgedanke der Akzessorietätsregeln besteht nämlich darin, dass tatbezogene Unrechtselemente der Haupttat dem Teilnehmer zugerechnet werden. Eine Einschränkung dieser Regelung auf die Tatbestandsmerkmale wäre kaum zu begründen. Dem scheint auch die herrschende Lehre zu folgen, indem sie die Akzessorietätsregeln der §§ 26 bis 29 dt. StGB auf die „besonders schweren Fälle“ und die Regelbeispiele zumindest für analog anwendbar erklärt.[15] Allerdings führt der Grundsatz der Zurechnung sämtlicher tatbezogener Unrechtselemente der Haupttat nicht zwangsläufig zur Übernahme des für die Haupttat geltenden Strafrahmens für den Teilnehmer. Es ist vielmehr zu differenzieren, ob man bei der Entscheidung über die Anwendbarkeit des modifizierten Strafrahmens für „besonders schwere Fälle“ dem Prinzip der Gesamtwürdigung oder dem Gedanken der Typenbildung folgt.[16] Nur in letzterem Fall wäre es denkbar, die Akzessorietätsregeln der §§ 26 bis 29 dt. StGB mit der Folge anzuwenden, dass die strafschärfenden Unrechtskonstellationen der Haupttat stets auch die Veränderung des Strafrahmens für den Teilnehmer zur Folge hätten. Sollte hingegen stets die Gesamtbetrachtung aller Tatumstände bei der Wahl des Strafrahmens für „besonders schwere Fälle“ erforderlich sein, so müsste bei der Teilnahme nach der im Schrifttum vertretenen Ansicht eine eigene Gesamtbewertung unter Mitberücksichtigung der Haupttat vorgenommen werden.[17]

---

[14] Vgl. *Fischer*, § 12 Rn. 11.

[15] Vgl. *Eisele*, Die Regelbeispielsmethode, S. 340 ff.; *Kindhäuser*, FS für Triffterer, S. 128 ff.; *Maiwald*, NStZ 1984, 437 ff.; SK-*Horn*, § 46, Fn. 80 ff.; *Wessels*, FS für Maurach, S. 307.

[16] Dazu siehe unten.

[17] Vgl. Schönke/Schröder-*Stree*, Vorbem. § 38 Rn. 44d.

Die Zuordnung der „besonders schweren Fälle“ bzw. der Regelbeispiele zu den Tatbestandsmerkmalen oder den Strafzumessungsregeln scheint auch bei der Frage nach dem Erfordernis des vorsätzlichen Handelns keine praktische Bedeutung zu haben. Hinsichtlich der unrechtserhöhenden Handlungsmodalitäten wird nach der herrschenden Auffassung im Schrifttum das vorsätzliche Handeln des Täters auch dann verlangt, wenn die betreffenden Umstände lediglich die Annahme eines „besonders schweren Falls“ oder dessen Regelbeispiels begründen.[18] Die §§ 15, 16 und 18 dt. StGB werden in diesen Fällen entweder unmittelbar oder analog angewandt. Da diesen Vorschriften ein allgemeingültiges Zurechnungsprinzip zu entnehmen ist,[19] ist dem zuzustimmen.

Der praktische Hintergrund des Streites um die Rechtsnatur der „besonders schweren Fälle“ und Regelbeispiele ist bei der Versuchsproblematik am deutlichsten. Die erste Frage, die sich hier stellt, betrifft die Abgrenzung zwischen Vorbereitungs- und Versuchsstadium. Es ist nämlich umstritten, ob bereits das unmittelbare Ansetzen zur Verwirklichung oder die Verwirklichung eines Regelbeispiels bzw. eines unbenannten erschwerenden Umstands die Annahme eines strafbaren Versuchs begründet. Gerade hier scheint die Differenzierung zwischen den strafschärfenden Tatbestandsmerkmalen und den Strafzumessungsregeln ohne Tatbestandscharakter nicht von Bedeutung zu sein. Die herrschende Lehre folgt der Auffassung, dass das Ansetzen zur Verwirklichung oder die Verwirklichung eines Regelbeispiels, ebenso wie die Verwirklichung jedes anderen erschwerenden Umstands, die Annahme eines strafbaren Deliktsversuches nur dann rechtfertigt, wenn darin zugleich das unmittelbare Ansetzen zur Verwirklichung des Grundtatbestands zu sehen ist.[20]

Eine weitere Frage betrifft Fallkonstellationen, in denen es beim Vorliegen einer strafbaren Handlung (Versuch oder Vollendung des Grundtatbestands) lediglich zum Versuch der Verwirklichung eines Regelbeispiels oder eines sonstigen „besonders schweren Falls“ kommt. Geht man von der Tatbestandsqualität der Regelbeispiele und „besonders schweren Fälle“ aus, so findet § 22 dt. StGB, der den Versuch als unmittelbares Ansetzen zur Tatbestandsverwirklichung definiert, unmittelbare Anwendung. Im Ergebnis wird die Indizwirkung eines Regelbeispiels bereits beim Versuch seiner Verwirklichung bejaht.[21] Dies entspricht dem Grund-

---

[18] Vgl. *Baumann/Weber/Mitsch*, AT, S. 482 f.; *Eisele*, Die Regelbeispielsmethode, S. 284 ff.; *Jescheck/Weigend*, AT, S. 296; Schönke/Schröder-*Cramer/Sternberg-Lieben*, § 15 Rn. 27 ff.; *Wessels*, FS für Maurach, S. 300; *Zieschang*, Jura 1999, 566.

[19] Vgl. *Wessels*, FS für Maurach, S. 300.

[20] Vgl. *Eisele*, Die Regelbeispielsmethode, S. 298 f.; *Fabry*, NJW 1986, 18; *Kindhäuser*, FS für Triffterer, S. 135; LK-*Hillenkamp*, § 22 Rn. 127 f.; Schönke/Schröder-*Eser*, § 22 Rn. 58; SK-*Rudolphi*, § 22 Rn. 18; *Wessels*, FS für Maurach, S. 305; *Zieschang*, Jura 1999, 565.

[21] Vgl. BGHSt 33, 370 ff.; *Eisele*, Die Regelbeispielsmethode, S. 313 f., 317 f.; *Fabry*, NJW 1986, 19; *Kindhäuser*, FS für Triffterer, S. 130 ff.; SK-*Horn*, § 46, Fn. 76 ff.

gedanken des § 23 dt. StGB, wonach eine versuchte Tat, zumindest auf der Strafrahmenebene, grundsätzlich gleich der vollendeten Tat zu bestrafen ist.[22] Im Gegensatz zu den Anhängern der „Tatbestandslösung" sind die Vertreter der „Strafzumessungslösung" beim Umgang mit der Rechtsfigur der „besonders schweren Fälle" nicht an die Vorschriften über den Versuch der Tatbestandsverwirklichung gebunden.[23] Demzufolge wird der Umstand des erfolglosen Ansetzens zur Verwirklichung eines Regelbeispiels lediglich als einer der Umstände angesehen, die bei der Prüfung eines „besonders schweren Falls" im Rahmen der Gesamtwürdigung zu berücksichtigen sind. Der unrechtsvermindernde Charakter der Erfolglosigkeit führt dazu, dass die Indizwirkung eines Regelbeispiels widerlegt wird.[24] Die Annahme eines sonstigen „besonders schweren Falls" und die Anwendbarkeit des höheren Strafrahmens werden dadurch allerdings nicht ausgeschlossen. Dies ist vielmehr im Rahmen der Abwägung sämtlicher Tatumstände zu überprüfen.[25]

In Bezug auf die beschriebenen Ansätze ist Folgendes anzumerken: Es ist unumstritten, dass das Steckenbleiben einer Tat im Versuchsstadium den Unrechtsgehalt der Tat in jedem Fall vermindert. Dies geschieht jedoch nicht immer in einem Umfang, der die Herabsetzung des gesamten Strafrahmens rechtfertigen würde. Zudem haben die Regelbeispiele der „besonders schweren Fälle" ein ganz anderes Gewicht als die Merkmale der klassischen Qualifizierungstatbestände. Erstere wiegen nämlich deutlich weniger schwer, da sie keinesfalls eine ausnahmslose Anwendung des Sonderstrafrahmens rechtfertigen, sondern lediglich eine Indizwirkung entfalten. Zu Recht wird somit von den Vertretern der „Strafzumessungslösung" die Indizwirkung der Regelbeispiele beim Unterbleiben ihrer Vollverwirklichung verneint, was freilich die Annahme eines „besonders schweren Falls" aus anderen Gründen nicht ausschließt. Andernfalls hätte man das Gewicht eines Regelbeispiels der „besonders schweren Fälle" mit demjenigen eines zwingenden Qualifizierungsmerkmals gleichgesetzt. In beiden Fällen wäre nämlich beim Versuch die Anwendbarkeit des erhöhten Strafrahmens indiziert, jeweils mit der Möglichkeit der Strafmilderung entweder nach § 23 Abs. 2 i.V.m. § 49 Abs. 1 dt. StGB oder durch ausnahmsweise Ablehnung eines „besonders schweren Falls".

---

22 Vgl. BGHSt 33, 374.

23 Vgl. *Gössel*, FS für Hirsch, S. 193.

24 Vgl. *Arzt*, JuS 1972, 517; *Lackner/Kühl*, § 46 Rn. 15; LK-*Hillenkamp*, Vor § 22 Rn. 144; Schönke/Schröder-*Eser*, § 243 Rn. 44; *Wessels*, FS für Maurach, S. 306 f.; *Zieschang*, Jura 1999, 566.

25 Vgl. *Lackner/Kühl*, § 46 Rn. 15; Schönke/Schröder-*Eser*, § 243 Rn. 44; *Wessels*, FS für Maurach, S. 307.

3. Vereinbarkeit der Regelbeispielsmethode und der „besonders schweren Fälle“ mit dem Bestimmtheitsgebot

Nach dem Bundesverfassungsgericht ist die Verwendung der Rechtsfigur der „besonders schweren Fälle“ und folglich auch der Regelbeispielsmethode verfassungsrechtlich nicht zu beanstanden.[26] Das Gebot der Bestimmtheit des Gesetzes darf nach der Auffassung dieses Gerichts nicht überbeansprucht werden, da sonst die Gesetze zu starr und kasuistisch würden und der Vielgestaltigkeit des Lebens, dem Wandel der Verhältnisse oder der Besonderheit des Einzelfalls nicht mehr gerecht werden könnten.[27] Gegen die Verwendung von Generalklauseln oder von unbestimmten, wertausfüllungsbedürftigen Begriffen im Strafrecht sollten jedenfalls dann keine Bedenken bestehen, wenn sich mithilfe der üblichen Auslegungsmethoden, insbesondere durch Heranziehung anderer Vorschriften desselben Gesetzes, durch Berücksichtigung des Normzusammenhangs oder aufgrund einer gefestigten Rechtsprechung eine zuverlässige Grundlage für die Auslegung und Anwendung der Norm gewinnen lässt.[28] Eine solche Grundlage könnte insbesondere in der Erläuterung der „besonders schweren Fälle“ durch Regelbeispiele liegen.

Im Gegensatz zum Bundesverfassungsgericht hält ein Teil der Lehre die Rechtsfigur der „besonders schweren Fälle“ wegen der unzureichenden Bestimmtheit für verfassungsrechtlich sehr bedenklich[29] oder betrachtet sie zumindest als Kapitulation des Gesetzgebers vor der Notwendigkeit, Verhaltensweisen zu umschreiben, welche er als besonders strafwürdig erachtet.[30] Die Verwendung dieser Rechtsfigur führe in Wirklichkeit zur bloßen Strafrahmenerweiterung, sodass das Problem der ungenügenden Bestimmtheit dieser Strafschärfungsvoraussetzung identisch mit dem Problem der Zulässigkeit sehr weiter Strafrahmen sei.[31] Gegen die Behauptung des Bundesverfassungsgerichts, die Generalklauseln in Form von „besonders schweren Fällen“ seien im Strafrecht aus praktischen Gründen notwendig, wendet sich mit überzeugenden Argumenten *Hans Joachim Hirsch*.[32] Schließlich ist noch anzumerken, dass die Frage nach der Vereinbarkeit der „besonders schweren Fälle“ mit dem Bestimmtheitsgebot nicht dadurch umgegangen werden kann, dass die Tatbestandsqualität dieser Rechtsfigur verneint wird. Es kann nämlich nicht behauptet werden, dass das Bestimmtheitsgebot für die Strafzumessungsregeln nicht

---

26 Vgl. BVerfG NJW 1977, 1815.

27 Ebd.

28 Ebd.

29 Vgl. *Calliess*, NJW 1998, 934; *ders.*, JZ 1975, 117; *Hirsch*, FS für Gössel, S. 296 ff.; *Maiwald*, NStZ 1984, 440; *ders.*, FS für Gallas, S. 150. Anderer Ansicht ist u.a. *Jörg Eisele*, der die Rechtsfigur der „besonders schweren Fälle“ für verfassungskonform hält, vgl. *Eisele*, Die Regelbeispielsmethode, S. 399 ff.

30 Vgl. *Zieschang*, Jura 1999, 564.

31 Vgl. *Maiwald*, FS für Gallas, S. 150; *Zieschang*, Jura 1999, 564.

32 Vgl. *Hirsch*, FS für Gössel, S. 294 ff.

gilt, wenn zugleich der Unterschied zwischen den Strafzumessungsregeln und den Tatbestandsmerkmalen hauptsächlich im Grad der Bestimmtheit gesehen wird.[33]

Im Hinblick auf die Verwendung der Regelbeispielsmethode im Strafrecht ist die Kritik seitens der Rechtslehre etwas milder als bei den unbenannten „besonders schweren Fällen". Nach *Rolf-Peter Calliess* sind die durch Regelbeispiele erläuterten „besonders schweren Fälle" einer verfassungskonformen Auslegung zugänglich.[34] Diese bestehe in der Annahme einer „nur, aber nicht immer"-Formel. Danach dürfte der Richter den höheren Strafrahmen nur, aber nicht immer beim Vorliegen eines Regelbeispiels anwenden.[35] Die mit Regelbeispielen versehenen „besonders schweren Fälle" würden sich bei solcher Auslegung in fakultative benannte Strafschärfungsgründe verwandeln.

4. Strafrahmenwahl bei den „besonders schweren Fällen" und Indizwirkung der Regelbeispiele

Ist im Gesetz neben dem Grundstrafrahmen ein Sonderstrafrahmen für „besonders schwere Fälle" vorgesehen, so ist die Wahl des anzuwendenden Strafrahmens nach h.A. im Wege einer Gesamtwürdigung aller strafzumessungsrelevanten Umstände zu treffen.[36] Ein „besonders schwerer Fall" liegt nach dem BGH vor, wenn das Tatbild nach einer Gesamtwertung aller objektiven, subjektiven und die Persönlichkeit des Täters betreffenden Umstände, die der Tat innewohnen oder die sonst im Zusammenhang mit ihr stehen, vom Durchschnitt der erfahrungsgemäß vorkommenden Delikte in einem Maß abweicht, dass die Anwendung des Ausnahmestrafrahmens geboten erscheint[37] bzw. der Normalstrafrahmen zur Sühne nicht ausreicht.[38] Werden die unbenannten Strafschärfungsgründe durch Regelbeispiele erläutert, so besteht bei deren Vorliegen eine widerlegbare Vermutung des Vorliegens eines „besonders schweren Falls" (Indizwirkung der Regelbeispiele).[39] Eine weitere Begründung der Anwendbarkeit des erhöhten Strafrahmens ist in solchem Fall nicht nötig. Für die Widerlegung der Indizwirkung ist nach h.A. wieder-

---

[33] Siehe oben.

[34] Vgl. *Calliess*, NJW 1998, 934.

[35] Vgl. *Calliess*, NJW 1998, 935; *ders.*, JZ 1975, 117.

[36] Vgl. BGHSt 5, 130; BGHSt 23, 257; BGHSt 28, 319; BGHSt 29, 322; *Fischer*, § 46 Rn. 88; *Lackner/Kühl*, § 46 Rn. 14; LK-*Gribbohm*, Vor § 46 ff. Rn. 25; *Maiwald*, FS für Gallas, S. 158; ders., NStZ 1984, 439.

[37] BGHSt 28, 319; BGHSt 29, 322.

[38] BGHSt 5, 130.

[39] Vgl. *Eisele*, Die Regelbeispielsmethode, S. 197; *Fischer*, § 46 Rn. 91; LK-*Gribbohm*, Vor § 46 ff. Rn. 24.

um eine Gesamtbewertung sämtlicher strafzumessungsrelevanter Umstände erforderlich.[40]

Ein nicht unerheblicher Teil der Lehre lehnt die Methode der Gesamtwürdigung aller Umstände bei der Prüfung eines „besonders schweren Falls" ab und lässt die Strafrahmenschärfung lediglich bei den typisierbaren, verallgemeinerungsfähigen Sachverhaltskonstellationen zu.[41] Die Tatmerkmale, die bei der Begründung der Wahl des erhöhten Strafrahmens herangezogen werden dürften, sollten mit anderen Worten den gleichen oder ähnlichen Abstraktionsgrad wie die klassischen Qualifikationen aufweisen.[42] Der Richter wird auf diese Weise zur Bildung von Wertgruppen aufgefordert, die sich untereinander nicht nur quantitativ, sondern in erster Linie qualitativ unterscheiden.[43] Hilfsweise könnte bei der Prüfung eines typisierbaren, „besonders schweren Falls" nach *Johannes Wessels* der Umstand herangezogen werden, dass sich für die erschwerte Tatform eine Bezeichnung finden lässt, die ihre Typizität schlagwortartig charakterisiert, wie etwa „Amts-", „Trick-" oder „Betriebsmitteldiebstahl".[44]

Ein anderer Versuch der Umgehung der Gesamtbewertung besteht in einer engen Bindung „besonders schwerer Fälle" an die Regelbeispiele.[45] Der Richter kann nach *Urs Kindhäuser* „nur dann von der tatbestandlich indizierten Unrechtssteigerung eines verwirklichten Regelbeispiels abweichen, wenn er diesen Schritt unter Berufung auf den Schutzzweck des Regelbeispiels selbst zu rechtfertigen vermag".[46] Wird kein Regelbeispiel erfüllt, so kann das Vorliegen eines sonstigen „besonders schweren Falls" in erster Linie kraft Analogie zu den Regelbeispielen des jeweiligen Delikts oder zu den anderen Regelbeispielen des Besonderen Teils bejaht werden.[47]

Gegen die Gesamtbetrachtung als Methode der Strafrahmenwahl bei den „besonders schweren Fällen" spricht vor allem die gesetzliche Ausgestaltung der Regel- und Sonderstrafrahmen. Diese überlappen sich meistens in weiten Bereichen[48]

---

[40] Vgl. BGHSt 23, 257; *Jescheck/Weigend*, AT, S. 271; *Lackner/Kühl*, § 46 Rn. 13; LK-*Gribbohm*, Vor § 46 ff. Rn. 24.

[41] Vgl. *Eisele*, Die Regelbeispielsmethode, S. 210 ff.; *Montenbruck*, NStZ 1987, 313; SK-*Horn*, § 46 Rn. 55 ff.; *Wahle*, GA 1969, 169 ff.

[42] Vgl. *Eisele*, Die Regelbeispielsmethode, S. 211; *Montenbruck*, NStZ 1987, 313.

[43] Vgl. *Calliess*, JZ 1975, 116; *Wessels*, FS für Maurach, S. 303 f.

[44] Vgl. *Wessels*, FS für Maurach, S. 303 f.; kritisch dazu *Maiwald*, FS für Gallas, S. 156.

[45] Vgl. *Kindhäuser*, FS für Triffterer, S. 128; SK-*Samson*, 4. Auflage, § 243 Rn. 34.

[46] Vgl. *Kindhäuser*, FS für Triffterer, S. 128.

[47] Ebd.

[48] Beispielsweise reicht der Strafrahmen für den einfachen Diebstahl (§ 242 Abs. 1 dt. StGB) vom gesetzlichen Mindestmaß der Geldstrafe bis zu fünf Jahren Freiheitsstrafe, und für den „besonders schweren Fall" des Diebstahls (§ 243 Abs. 1 dt. StGB) von drei Monaten bis zu zehn Jahren Freiheitsstrafe.

und haben bisweilen sogar eine gemeinsame Strafobergrenze.[49] Die Regelung von Überschneidungsbereichen hat nur dann Sinn, wenn der Regel- und Sonderstrafrahmen für verschiedene Tattypen gedacht sind, die sich voneinander nicht nur quantitativ, sondern auch qualitativ unterscheiden.[50] Bei einer rein quantitativen Differenzierung – dem Gesamtgewicht der Tat nach – wäre insbesondere der Unterschied zwischen einer den Spielraum des Richters einschränkenden Strafrahmenabschichtung und einer bloßen Strafrahmenerweiterung nicht erkennbar.

C. „Minder schwere Fälle"

Ähnliche Fragen wie bei den „besonders schweren Fällen" stellen sich auch im Hinblick auf die verwandte Rechtsfigur der „minder schweren Fälle". Ihr Vorliegen hat ebenfalls die Verschiebung des gesamten Strafrahmens zur Folge. Allerdings werden die „minder schweren Fälle" in der Regel nicht durch Regelbeispiele erläutert. Der mildere Sonderstrafrahmen für „minder schwere Fälle" ist nach h.A. immer anwendbar, wenn aufgrund der Gesamtwürdigung aller objektiven und subjektiven Umstände die Anwendung des Regelstrafrahmens im konkreten Fall nicht angebracht erscheint.[51] Bei der Gesamtwertung, die sich sowohl auf die Tat als auch auf den Täter zu beziehen hat, sind sämtliche Umstände heranzuziehen, gleichgültig, ob sie der Tat selbst innewohnen und sie begleiten oder ihr vorausgehen oder nachfolgen.[52] *Walter Stree* hält allerdings die Berücksichtigung von Tatsachen, die außerhalb des Tathergangs liegen, nur für zulässig, wenn sie Schlüsse auf das Schuldmaß zulassen.[53] Die Grundlage für die Annahme eines „minder schweren Falls" sollte demnach ausschließlich die Intensität des Unrechts und des Verschuldens sein.[54] Der herrschenden Auffassung wird im Schrifttum vereinzelt widersprochen. Nach *Eckhard Horn* hat die Strafrahmenwahl auch bei den „minder schweren Fällen" nach abstrakten Maßstäben zu erfolgen. Die Methode der Gesamtbetrachtung lehnt er mit dem Argument ab, bei der Strafrahmenwahl komme es stets auf abstrakt-generelle Deliktsbilder und nicht auf konkrete Fallausgestaltung an.[55]

---

49 Der Sonderstrafrahmen für die „besonders schweren Fälle" der sexuellen Nötigung (§ 177 Abs. 2 dt. StGB) unterscheidet sich vom Regelstrafrahmen (§ 177 Abs. 1 dt. StGB) lediglich dadurch, dass die Strafuntergrenze um ein Jahr angehoben wird.

50 Vgl. *Calliess*, JZ 1975, 116.

51 Vgl. BGHSt 26, 97 ff.; BGH GA 1976, 304; BGH StV 1996, 270; BGH StV 1997, 638; BGH NStZ-RR 1998, 298; BGH NStZ-RR 2002, 329; BGH NStZ-RR 2004, 80; Schönke/Schröder-*Stree*, Vorbem. § 38 Rn. 48; *Fischer*, § 46 Rn. 85.

52 Ebd.

53 Vgl. Schönke/Schröder-*Stree*, Vorbem. § 38 Rn. 48.

54 Ebd.

55 Vgl. SK-*Horn*, § 46 Rn. 65 f.

Die Frage nach der möglichen Verfassungswidrigkeit der Rechtsfigur der „minder schweren Fälle“ wegen der unzureichenden Bestimmtheit wird im Schrifttum unterschiedlich beantwortet. Da es sich bei den „minder schweren Fällen“ um Vorschriften zugunsten des Täters handelt, gelangt das Prinzip *nullum crimen (nulla poena) sine lege* nach *Horst Schröder* und *Hans Joachim Hirsch* nicht zur Anwendung.[56]

> Während es bei Strafschärfungen keinen Schaden für Rechtsordnung und Täter bedeutet, wenn letzterer wegen des fragmentarischen Charakters des Strafrechts nicht unter eine erhöhte Strafdrohung fällt, würde sich die Starrheit des Gesetzes sehr nachteilig auswirken, wenn die Gerechtigkeit im einzelnen Fall eine niedrigere Strafe gebietet. Es bedarf daher eines korrigierenden ‚Notventils‘, und dieses kann hier nicht verfahrensrechtlicher Natur sein.[57]

Den Vorwurf der Unvereinbarkeit der „minder schweren Fälle“ mit dem verfassungsrechtlichen Bestimmtheitsgebot erhebt dagegen *Manfred Maiwald*.[58] Zu Recht bemerkt er, dass es nur eine Frage des Standpunktes ist, ob man die Rechtsfigur der „minder schweren Fälle“ als zugunsten oder zuungunsten des Täters wirkend betrachtet.[59] Der mit einem Sonderstrafrahmen für „minder schwere Fälle“ versehene Regelstrafrahmen kann nämlich in der Gerichtspraxis leicht zum Strafrahmen für die nicht näher definierten Fälle besonderer Strafwürdigkeit werden.

Ein weiteres Problem betrifft die Strafrahmenkonkurrenz beim Zusammentreffen von „minder schweren Fällen“ und Strafmilderungsgründen im Sinne des § 49 dt. StGB. Nach ständiger Rechtsprechung des BGH kann das Vorliegen eines Strafmilderungsgrundes des Allgemeinen Teils für sich allein zur Annahme eines „minder schweren Falls“ führen.[60] Da eine Doppelmilderung wegen der Regelung des § 50 dt. StGB unzulässig wäre, stellt sich die Frage, welcher von den zur Verfügung stehenden Strafrahmen – derjenige für „minder schwere Fälle“ oder der nach § 49 dt. StGB gemilderte Strafrahmen – anzuwenden ist. Nach der Rechtsprechung des BGH hat der Richter im Wege einer Gesamtwürdigung aller Umstände frei zu entscheiden, welcher von den beiden Strafrahmen schuldangemessener ist.[61] Im Schrifttum werden hingegen etwas präzisere Lösungen vorgeschlagen. *Walter Stree* weist auf die gesetzliche Wertung hin, die in der Limitierung der Strafherabsetzung beim Vorliegen der Milderungsgründe nach § 49 dt. StGB zum Ausdruck

---

56 Vgl. *Hirsch*, FS für Gössel, S. 301; *Schröder*, FS für Mezger, S. 420.

57 *Hirsch*, FS für Gössel, S. 302.

58 Vgl. *Maiwald*, FS für Gallas, S. 150 f.; die Verfassungswidrigkeit der „minder schweren Fälle“ bejaht auch *Calliess*, NJW 1998, 934.

59 Vgl. *Maiwald*, FS für Gallas, S. 151.

60 Vgl. BGH NStZ 1986, 117; BGH NStZ 1990, 96; BGH NStZ-RR 2004, 14; BGH StV 1987, 245.

61 Vgl. BGH NStZ 1982, 200; BGH NStZ 1984, 118; BGH NStZ 1985, 546; BGH NStZ 1999, 610.

kommt.[62] Diese Limitierung würde unterlaufen, dürfte allein wegen des Vorliegens eines Strafmilderungsgrundes nach § 49 dt. StGB ein „minder schwerer Fall" angenommen und auf dessen niedrigeren Strafrahmen zurückgegriffen werden.[63] Erscheint somit die Tat allein wegen des Vorliegens eines Strafmilderungsgrundes nach § 49 dt. StGB weniger schwerwiegend, so ist stets der Strafrahmen nach § 49 dt. StGB anzuwenden. In eine andere Richtung geht der Vorschlag von *Hartmuth Horstkotte*. § 49 Abs. 1 dt. StGB bestimmt nach seiner Auffassung lediglich einen Maßstab, nach dem die Strafe mindestens gemildert werden muss, schließt aber die Anwendung eines milderen Strafrahmens nicht aus.[64] Der häufig vorkommende Unterschied zwischen dem nach § 49 Abs. 1 dt. StGB gemilderten und dem für „minder schwere Fälle" vorgesehenen Strafrahmen bezeichnet er zu Recht als Ergebnis gesetzgeberischer Unvollkommenheit.[65] Entsteht im Einzelfall eine Strafrahmenkonkurrenz, so ist nach *Horstkotte* regelmäßig der mildere Strafrahmen anzuwenden.[66] Noch weiter geht der Vorschlag von *Eckhard Horn*, nach dem immer der mildere Strafrahmen gewählt werden muss.[67]

III. Polnisches Recht

A. Methoden der Abstufung der Tatschwere im Besonderen Teil

Die Abstufung der Tatschwere im Besonderen Teil des polnischen Strafgesetzbuchs erfolgt hauptsächlich im Wege von zwingenden und abschließend formulierten Privilegierungen und Qualifizierungen, deren Voraussetzungen im Gesetz näher umschrieben werden. Eine Ausnahme bilden die sog. „minder schweren Fälle" *(wypadki mniejszej wagi)*,[68] deren Annahme oft eine beachtliche Strafrahmenverschiebung zur Folge hat, ohne dass der Richter bei der Strafrahmenwahl an nähere Hinweise des Gesetzgebers gebunden wäre. Was dagegen die Methode der Verwendung von „besonders schweren Fällen" sowie die Regelbeispielsmethode angeht, so ist der polnische Gesetzgeber im Strafgesetzbuch von 1997 dem deutschen Gesetzgeber nicht gefolgt und hat von der Verwendung dieser Rechtsfiguren abgesehen.

---

[62] Vgl. Schönke/Schröder-*Stree*, § 50 Rn. 3.

[63] Ebd.

[64] Vgl. *Horstkotte*, FS für Dreher, S. 274.

[65] Ebd., S. 276.

[66] Ebd., S. 276. Dieser Auffassung ist auch LK-*Gribbohm*, § 50 Rn. 19.

[67] Vgl. SK-*Horn*, § 50, Fn. 5.

[68] Vgl. u.a. Art. 228 § 2, Art. 229 § 2, Art. 271 § 2, Art. 278 § 3, Art. 283, Art. 286 § 3, Art. 288 § 2, Art. 291 § 2 pol. StGB.

Da auf die einzelnen Privilegierungen und Qualifizierungen des Besonderen Teils des polnischen Strafrechts im Zusammenhang mit den ausgewählten Delikten näher eingegangen wird, gilt im Folgenden die Aufmerksamkeit ausschließlich der allgemeinen Problematik der „minder schweren Fälle".

B. „Minder schwerer Fall" (wypadek mniejszej wagi)

Hinsichtlich der Vereinbarkeit der Rechtsfigur der „minder schweren Fälle" mit dem *nullum crimen sine lege*-Grundsatz besteht im polnischen Schrifttum Einigkeit. Dieser ist nach *Władysław Wolter* und *Andrzej Zoll* auf diejenigen gesetzlichen Lösungen nicht anwendbar, die zugunsten des Täters getroffen werden.[69] Die Rechtsfigur der „minder schweren Fälle" wird somit aus dem Geltungsbereich des Bestimmtheitsprinzips herausgenommen. Dieser Auffassung schließt sich auch *Tadeusz Bojarski* an.[70]

Im Gegensatz zum deutschen Recht ist das Problem der Strafrahmenkonkurrenz in Fällen, in denen das Vorliegen eines Milderungsgrundes des Allgemeinen Teils für sich allein auch einen „minder schweren Fall" begründet, im polnischen Strafrecht praktisch irrelevant. Der Unterschied zum deutschen Recht liegt darin, dass die neue Strafuntergrenze bei außerordentlicher Strafmilderung nach Art. 60 pol. StGB stets entweder milder oder gleich hoch wie die Untergrenze des Strafrahmens für einen „minder schweren Fall" ist. Auch die Frage nach der Zulässigkeit der doppelten Strafmilderung – zunächst durch die Zuordnung der Tat zur Deliktsgruppe der „minder schweren Fälle" und dann noch im Wege der außerordentlichen Strafmilderung nach Art. 60 pol. StGB – wird sich in der Praxis nur selten stellen. Allein schon die Vorschrift des Art. 60 pol. StGB ermöglicht nämlich dem Gericht, zumindest bei allen Delikten, bei denen ein „minder schwerer Fall" vorgesehen ist, bei der Strafzumessung bis zum gesetzlichen Mindestmaß der Geldstrafe herabzugehen. Ebenso niedrig liegen in der Regel aber auch die Untergrenzen der Strafrahmen für „minder schwere Fälle". Nur für die „minder schweren Fälle" des Einbruchdiebstahls, des Raubes, des räuberischen Diebstahls und der räuberischen Erpressung ist ein auf drei Monate Freiheitsstrafe angehobenes Mindestmaß der Strafe vorgesehen (Art. 283 pol. StGB).

Der im Schrifttum geführte Streit um die Rechtsnatur der „minder schweren Fälle" – Privilegierungstatbestände oder lediglich Strafzumessungsrichtlinien[71] – scheint keine allzu große praktische Relevanz zu haben. Dennoch bleibt die Rechtsfigur in der polnischen Rechtsprechung und Lehre nicht ohne Auslegungsschwierigkeiten mit praktischen Konsequenzen. Es ist nämlich umstritten, welche Krite-

---

[69] Vgl. *Wolter*, PiP 1976, Nr. 1–2, 110; *Zoll*, in: ders. (Hrsg.), Kodeks, Art. 1 Nr. 46.

[70] Vgl. *Bojarski*, Odmiany, S. 143.

[71] Zum Überblick siehe *Hajduk*, Prok. i Pr. 2002, Nr. 5, 53 ff.

rien bei der Wahl des milderen Strafrahmens ausschlaggebend sein sollten. Nach h.A. dürfen bei der Entscheidung über die Wahl des Strafrahmens für die „minder schweren Fälle“ ausschließlich die Tatumstände objektiver und subjektiver Art in Erwägung gezogen werden.[72] Die außerhalb des Tathergangs liegenden Tatsachen, wie insbesondere die Rückfälligkeit des Täters, seine Eigenschaften und seine persönliche Lage sowie sein Verhalten nach der Tat, dürfen erst bei der Strafzumessung innerhalb des gewählten Strafrahmens berücksichtigt werden.[73] Ein „minder schwerer Fall“ ist somit ein Fall der minderen Sozialschädlichkeit der Tat.[74] Zu den die Sozialschädlichkeit der Tat mitbestimmenden objektiven Umständen zählen nach Art. 115 § 2 pol. StGB insbesondere die Art und der Charakter des verletzten Rechtsguts, das Ausmaß des angerichteten oder des drohenden Schadens sowie die Art und Weise der Tatbegehung. Zu den subjektiven Umständen zählen vor allem die Form des Vorsatzes und Beweggründe des Täters.[75] In den Begriff der Sozialschädlichkeit der Tat sind folglich auch reine Schuldelemente eingeflossen. Bemerkenswert ist freilich, dass der Umstand des geringen Ausmaßes des angerichteten Schadens in den Urteilsgründen der am häufigsten genannte Grund der Strafrahmenherabsetzung ist.[76]

Nach einem alternativen Vorschlag sollte bei der Entscheidung über den Strafrahmen auf sämtliche strafzumessungsrelevante Umstände abgestellt werden. Der Richter hat sich mit anderen Worten bei der Strafrahmenwahl an die gleichen Strafzumessungsrichtlinien zu halten wie bei der Strafzumessung innerhalb des angewandten Strafrahmens (Art. 53 pol. StGB).[77] Bei der Prüfung des Vorliegens eines „minder schweren Falls“ sollten folglich auch die Straffälligkeit und Persönlichkeit des Täters sowie sein Verhalten nach der Tat berücksichtigt werden.[78] Da im

---

72 Vgl. SN Prok. i Pr. Orz. 1997, Nr. 4/4; SA Katowice Prok. i Pr. Orz. 2002, Nr. 5/9; SN OSNKW 1971, Nr. 11/163; SN OSNKW 1979, Nr. 1–2/1, 13. These; SN OSNKW 1997, Nr. 3–4/27; *Bojarski*, Odmiany, S. 144 ff.; *Dąbrowska-Kardas/Kardas*, in: Zoll (Hrsg.), Kodeks, Art. 278 Nr. 110, Art. 283 Nr. 8; *Stefański*, Prok. i Pr. 1996, Nr. 12, 128 f.; *Zelga*, Palestra 1972, Nr. 1, 58 ff.

73 Vgl. SN Prok. i Pr. Orz. 1998, Nr. 3/5; SN OSNKW 1971, Nr. 11/163; SN OSNKW 1979, Nr. 1–2/1, 13. These; SN OSNKW 1980, Nr. 9/75; SN OSNKW 1997, Nr. 3–4/27; *Bojarski*, Odmiany, S. 144 ff.; *Dąbrowska-Kardas/Kardas*, in: Zoll (Hrsg.), Kodeks, Art. 278 Nr. 109, Art. 283 Nr. 7; *Stefański*, Prok. i Pr. 1996, Nr. 12, 128; *Zelga*, Palestra 1972, Nr. 1, 58 ff.

74 Vgl. SN OSNKW 2002, Nr. 9–10/73; *Bojarski*, Odmiany, S. 144 ff.; *Dąbrowska-Kardas/Kardas*, in: Zoll (Hrsg.), Kodeks, Art. 283 Nr. 10; *Kubala*, WPP 1972, Nr. 3, 322; *Stefański*, Prok. i Pr. 1996, Nr. 12, 128; *Zelga*, Palestra 1972, Nr. 1, 58 ff.

75 Vgl. Art. 115 § 2 pol. StGB; SN OSNKW 1997, Nr. 3–4/27; *Bojarski*, Odmiany, S. 146; *Dąbrowska-Kardas/Kardas*, in: Zoll (Hrsg.), Kodeks, Art. 278 Nr. 111 und 112, Art. 283 Nr. 8 und 9; *Stefański*, Prok. i Pr. 1996, Nr. 12, 129.

76 Dies ergab eine Rechtsprechungsanalyse von *Tomasz Hajduk*, vgl. *Hajduk*, Prok. i Pr. 2002, Nr. 5, 62 f.

77 Vgl. *Świda*, Prawo karne, S. 478; *Makarewicz*, Kodeks, S. 587.

78 Vgl. SN OSNKW 1973, Nr. 9/112; *Makarewicz*, Kodeks, S. 587; *Świda*, Prawo karne, S. 478.

Allgemeinen Teil in Art. 60 § 2 pol. StGB bereits eine unbenannte Strafmilderungsgrundlage vorgesehen ist, wäre die Regelung von „minder schweren Fällen" bei solchem Ansatz praktisch überflüssig.

Schließlich wird im Schrifttum vereinzelt vorgeschlagen, die Entscheidung über die Wahl des Strafrahmens für „minder schwere Fälle" in erster Linie nach dem Kriterium des objektiven Unrechts der Tat zu treffen. Entscheidend sollten danach vor allem die das geschützte Rechtsgut unmittelbar betreffenden Umstände, insbesondere das Ausmaß des angerichteten Schadens, sein.[79]

IV. Vergleich und Bewertung

Aus dem Vergleich der in den untersuchten Strafrechtsordnungen angewandten Methoden der Abstufung der Tatschwere im Besonderen Teil ergeben sich Differenzen zwischen den beiden Rechtssystemen vor allem im Hinblick auf die Verwendung von Generalklauseln bei der Strafrahmenabschichtung und auf die Erläuterung dieser Klausel durch zwingende oder nicht zwingende Beispiele. Während dem polnischen Strafrecht generalklauselartig formulierte Voraussetzungen der Strafrahmenverschiebung lediglich in Form von unerläuterten „minder schweren Fällen" bekannt sind, kennt das deutsche Strafgesetzbuch auch die Rechtsfigur der „besonders schweren Fälle", die meistens durch nicht zwingende (Regelbeispiele) und bisweilen auch durch zwingende Beispiele (§ 129 Abs. 4, § 213 dt. StGB) näher erläutert werden.

Die Rechtsfigur der „besonders schweren Fälle" sowie die Regelbeispielsmethode stoßen wegen der eingeschränkten Vereinbarkeit mit dem Bestimmtheitsgebot und wegen der Schwierigkeiten im Zusammenhang mit der Anwendung von Rechtsinstituten des Allgemeinen Teils in der deutschen Rechtslehre auf heftige Kritik. Eine endgültige Bewertung dieser Methode der Abstufung der Tatschwere ist im Rahmen des hier vorgenommenen Vergleichs dennoch ohne Einbeziehung aller Elemente des Systems der Ein- und Abstufungen der Tatschwere bei den einzelnen Delikten nicht möglich. Eine wertende Auseinandersetzung mit der Rechtsfigur der „besonders schweren Fälle" und ihren Regelbeispielen wird somit erst mit der Endbewertung im letzten Teil stattfinden. An dieser Stelle gilt die Aufmerksamkeit allein der in den beiden Rechtsordnungen vorgesehenen Rechtsfigur der „minder schweren Fälle". Es ist hier vor allem die Möglichkeit der Verschiebung dieser Rechtsfigur zum Allgemeinen Teil zu erörtern, was von manchen deutschen Autoren erwogen[80] und im polnischen Recht durch die Schaffung einer allgemei-

---

79 Vgl. *Bafia/Mioduski/Siewierski*, Kodeks, S. 256.

80 Vgl. *Goydke*, FS für Odersky, S. 382 ff.; *Hirsch*, FS für Gössel, S. 302.

nen, unbenannten Strafmilderungsgrundlage (besonders begründeter Fall – Art. 60 § 2 pol. StGB) tatsächlich auch umgesetzt wird.

Zunächst stellt sich die Frage nach den möglichen gesetzgeberischen Gründen für die Regelung eines milderen Sonderstrafrahmens, deren Anwendung praktisch dem Ermessen des Gerichts überlassen und lediglich bei ausgewählten Straftatbeständen vorgesehen ist. Der Grund für eine derartige Strafrahmenregelung im Besonderen Teil könnten keine spezialpräventiven, mit der Persönlichkeit des Täters, seinem Vorleben und Nachtatverhalten zusammenhängenden Gesichtspunkte sein, da sie nicht deliktsbezogen, sondern allgemeiner Art sind. Ihre Berücksichtigung gehört somit zum Regelungsbereich des Allgemeinen Teils. Das Gleiche gilt freilich für reine, vom Unrechtsgehalt der Tat zu trennende Schuldmomente, die die Frage „Warum" und nicht „Was getan wurde" betreffen. Als schuldorientierte Strafmilderungsgründe sind vor allem besondere Beweggründe (z.B. Handeln aus Mitleid, Handeln im Zusammenhang mit der Überschreitung von Rechtfertigungsgründen oder ähnliche Konfliktlagen) sowie Affektzustände gemeint, die durch das Handeln des Opfers oder ein anderes Ereignis ausgelöst werden. Es handelt sich hier um Milderungsgründe allgemeiner Natur, die nicht nur bei den einzelnen Straftatbeständen, sondern bei größeren Deliktsgruppen anwendbar sein können. Die Strafrahmenmilderung aus schuldorientierten Gründen nur bei ausgewählten Delikten könnte zu ungerechten Lösungen führen. Angemessener erscheint hier die Regelung einer Strafmilderungsgrundlage im Allgemeinen Teil, die einen graduellen Übergang von der vollen Strafwürdigkeit zur Stufe der Schuldlosigkeit bei allen Delikten sicherstellen würde.

Der Grund für die Regelung von „minder schweren Fällen" nur bei einzelnen Straftatbeständen könnte allein in der Besonderheit des Unrechts des jeweiligen Delikts liegen. Die Bestimmung eines Sonderstrafrahmens für „minder schwere Fälle" lediglich bei ausgewählten Delikten könnte nämlich Differenzen im Hinblick auf die Graduierbarkeit des Ausmaßes der Rechtsgutsverletzung zwischen verschiedenen Delikten im Vollendungsstadium Rechnung tragen. Die Skala des möglichen Ausmaßes der Rechtsgutsverletzung erstreckt sich beispielsweise beim Diebstahl von erheblichen Eigentumsverletzungen bis zu kaum noch strafwürdigen Geringfügigkeitsfällen. Etwas anders gilt hingegen für die Tötungsdelikte. Die Regelung eines Sonderstrafrahmens für minder schwere Tötungsfälle ohne ausdrückliche Differenzierung zwischen unrechts- und schuldmindernden Elementen könnte im Einzelfall zur Unterbewertung des Rechtsguts Leben führen, dessen Wert und somit auch Verletzungsausmaß kaum graduierbar ist. Bei den Gefährdungsdelikten könnte es bei der Bildung von Sonderstrafrahmen für „minder schwere Fälle" anstelle des abstufbaren Erfolgsunwerts auf die Graduierbarkeit der Gefährdung des Rechtsguts durch das in dem jeweiligen Straftatbestand umschriebene Vollendungsdelikt ankommen.

Die Bildung eines Sonderstrafrahmens für „minder schwere Fälle" nur bei ausgewählten Delikten könnte folglich gerechtfertigt sein, sofern man dabei allein auf die Besonderheit des objektiven Unrechts des jeweiligen Delikts abstellt, mit der Folge, dass nur diesbezügliche Umstände bei der Strafrahmenwahl berücksichtigt werden dürfen. Eine Verschiebung der Rechtsfigur der „minder schweren Fälle" zum Allgemeinen Teil käme dann nicht in Betracht. Eine allgemeine, eventuell in zwei oder drei Vorschriften gespaltene Strafmilderungsgrundlage wäre hingegen für die Fälle verminderter Schuld durchaus denkbar. In ähnliche Richtung geht auch die Lösung des polnischen Rechts: Neben einer allgemeinen, in besonders begründeten Fällen anwendbaren Strafmilderungsvorschrift des Art. 60 § 2 pol. StGB sind im Besonderen Teil zahlreiche „minder schwere Fälle" vorgesehen, bei deren Prüfung ausschließlich auf die Sozialschädlichkeit der Tat abgestellt wird. Es kann freilich nicht übersehen werden, dass der Begriff der Sozialschädlichkeit im polnischen Recht auch die subjektive Seite der Tat einschließlich reiner Schuldelemente erfasst.

Vierter Teil

Abstufungen der Tatschwere im Besonderen Teil des Strafrechts am Beispiel der vorsätzlichen Tötungsdelikte und des Diebstahls

I. Einführung

Im vorliegenden Teil gilt die Aufmerksamkeit nicht mehr den angewandten Methoden gesetzlicher Abstufung der Tatschwere, sondern den Kriterien der Strafrahmenverschiebung und den konkreten Strafänderungsgründen, an die im Zusammenhang mit der Sanktionierung einzelner Delikte im Besonderen Teil angeknüpft wird. Aus Platzgründen beschränkt sich dieser Teil der Untersuchung auf die Analyse der vorsätzlichen Tötungsdelikte und des Diebstahls im deutschen und im polnischen Strafrecht. Bei den Tötungsdelikten gewinnt die Problematik der Strafrahmenabschichtung schon deshalb besondere Bedeutung, weil die Strafänderungsgründe den oft engen Rahmen für die Anwendbarkeit der härtesten Strafsanktionen bestimmen. Durch die Analyse von Sanktionierungsstufen beim Diebstahltatbestand sollte der Blick zusätzlich noch auf die Besonderheiten der Strafrahmenabschichtung bei den Eigentumsdelikten gelenkt werden.

II. Tötungsdelikte

A. Deutsches Recht

1. Systematik der vorsätzlichen Tötungsdelikte

Das deutsche Strafrecht zeichnet sich durch ein dreistufiges Modell der vorsätzlichen Tötungsdelikte aus. Die höchste Strafwürdigkeitsstufe bildet der Mord (§ 211 dt. StGB), der immer und nur dann vorliegt, wenn neben dem allgemeinen Merkmal der Tötung eines Menschen zusätzlich zumindest eines der in § 211 Abs. 2 dt. StGB genannten Mordmerkmale erfüllt ist. Für Mord sieht der deutsche Gesetzgeber eine absolute Strafandrohung, nämlich die lebenslange Freiheitsstrafe, vor. Eine niedrigere Tatschwerestufe bildet im deutschen Recht der Totschlag (§ 212 dt. StGB), dessen objektiver Tatbestand allein aus dem Merkmal der Tötung eines Menschen besteht. Wer einen Totschlag begeht, ist mit Freiheitsstrafe von 5 bis 15 Jahren zu bestrafen. In „besonders schweren Fällen“ ist freilich gemäß § 212

Abs. 2 dt. StGB auf lebenslange Freiheitsstrafe zu erkennen. Die dritte, niedrigste Tatschwerestufe bilden einerseits die „minder schweren Fälle" des Totschlags gemäß § 213 dt. StGB, die durch ein zwingendes Beispiel der Provokation erläutert werden, und andererseits der Privilegierungstatbestand der Tötung auf Verlangen (§ 216 dt. StGB). Die Rechtsfolge einer Straftat nach § 213 dt. StGB ist eine Freiheitsstrafe von einem Jahr bis zu 10 Jahren und die Rechtsfolge nach § 216 dt. StGB eine Freiheitsstrafe von 6 Monaten bis zu 5 Jahren.

Über das systematische Verhältnis der in den Tötungsparagraphen umschriebenen Tatbestände besteht in der deutschen Rechtsprechung und Lehre keine Einigkeit. Während nach der wohl herrschenden Ansicht im Schrifttum zwischen dem einfachen Totschlag gemäß § 212 dt. StGB und dem Mordtatbestand gemäß § 211 dt. StGB ein Grundtatbestand-Qualifizierungs-Verhältnis besteht,[1] geht hier der BGH in ständiger Rechtsprechung von zwei eigenständigen Straftatbeständen mit unterschiedlichem und voneinander abgrenzbarem Unrechtsgehalt aus.[2] Die praktische Konsequenz der Meinungsverschiedenheit zwischen Lehre und Judikative betrifft die Frage, welche von den beiden Alternativen des § 28 dt. StGB auf den Teilnehmer ohne Mördereigenschaft Anwendung findet. Je nachdem, welcher Auffassung gefolgt wird, kann der qualifikationslose Teilnehmer entweder aus dem Strafrahmen für Totschlag (§ 28 Abs. 2 dt. StGB) oder aus dem gemilderten Strafrahmen für Mord (§ 28 Abs. 1 dt. StGB) bestraft werden. Gegen die letztere Alternative wird im Schrifttum vor allem der Einwand erhoben, die Anwendung des § 28 Abs. 1 dt. StGB führe dazu, dass der nicht qualifizierte Mordteilnehmer milder bestraft werden könnte (bei Anstiftung mindestens Freiheitsstrafe von 3 Jahren) als der nicht qualifizierte Teilnehmer, dessen Vorsatz sich auf die Mordmerkmale nicht erstreckt (bei der Anstiftung mindestens Freiheitsstrafe von fünf Jahren).[3] Diesem Einwand wird in der neueren Rechtsprechung zu entgegnen versucht, indem in den Fällen der milder zu bestrafenden Teilnahme am Mord eine Sperrwirkung der Strafuntergrenze für die entsprechende Teilnahme am Totschlag angenommen wird.[4] Auf die gesamte Diskussion über das Verhältnis der §§ 211 und 212 dt. StGB zueinander, die im deutschen Schrifttum lebhaft geführt wird, kann hier im Einzelnen nicht eingegangen werden. Es sei dennoch kurz angemerkt, dass gegen die Selbstständigkeit des Mordtatbestands schon die Tatsache spricht, dass Beweggründe als gewisse Endziele des unternommenen Handelns des Täters, die auch in der Vorschrift des § 211 dt. StGB eine wesentliche Rolle spielen, bei den

---

[1] Vgl. *Gössel/Dölling*, BT 1, S. 14; *Lackner/Kühl*, Vor § 211 Rn. 22; LK-*Jähnke*, Vor § 211 Rn. 43 ff.; *Maurach/Schroeder/Maiwald*, BT 1, S. 28; MK-*Schneider*, Vor §§ 211 ff. Rn. 132 ff.; NK-*Neumann*, Vor § 211 Rn. 141; Schönke/Schröder-*Eser*, § 211 Rn. 1; SK-*Horn*, § 211 Rn. 2; *Wessels/Hettinger*, BT 1, S. 23 f.

[2] Vgl. BGHSt 1, 372; BGHSt 22, 377; BGHSt 36, 233; BGHSt 50, 5.

[3] Vgl. *Küper*, JZ 1991, 914; LK-*Jähnke*, Vor § 211 Rn. 43; MK-*Schneider*, Vor §§ 211 ff. Rn. 139.

[4] Vgl. BGH NStZ 2006, 34 f. und 288 f.

irreversiblen Rechtsgutsverletzungen einen dem Rechtsgüterschutz dienenden Straftatbestand nicht mitbegründen, sondern lediglich die Strafwürdigkeit der tatbestandsmäßigen Handlung erhöhen können. Die Beweggründe können in diesen Fällen höchstens etwas über die Gefährlichkeit des Täters, nicht aber über die Gefährlichkeit der tatbestandsmäßigen Handlung und somit über den Unrechtsgehalt der Tat aussagen. Welche Motivationslagen die Strafbarkeit bei irreversiblen Rechtsgutsverletzungen begründen, kann nicht von einem zum anderen Straftatbestand variieren. Es ist vielmehr eine Frage allgemeiner Natur, deren Beantwortung zum Allgemeinen Teil gehört.

Nicht weniger umstritten ist, welcher Strafrahmen beim Zusammentreffen von Mordmerkmalen und privilegierenden Merkmalen der §§ 213 und 216 dt. StGB anzuwenden ist. Die Strafzumessungsregeln des § 213[5] dt. StGB sind nach breit vertretener Ansicht auf den Mordtatbestand nicht anwendbar, was bereits der Wortlaut des Paragrafen („War der Totschläger ...“) deutlich macht.[6] Gegen diese Auffassung wenden sich u.a. *Klaus Bernsmann* und *Ulfrid Neumann*, die sich einerseits rechtshistorischer Argumente bedienen und andererseits auf die Inkonsequenz der Rechtslehre hinweisen, die den Mord lediglich als qualifizierte Form des Totschlags betrachtet.[7] Während jedoch *Neumann* die Vorschrift des § 213 dt. StGB auf den Mordtatbestand für anwendbar erklärt,[8] versucht *Bernsmann* die mögliche Kollision der beiden Vorschriften im Wege ihrer entsprechenden Auslegung und Abgrenzung ihrer Anwendungsbereiche auszuschließen.[9] Die Diskussion über die Anwendbarkeit des § 213 dt. StGB auf § 211 dt. StGB wäre freilich weitgehend überflüssig, wenn man mit *Wolfram Bornemann* in den durch § 213 dt. StGB erfassten Fällen alternativ auch die Möglichkeit der Strafmilderung nach § 21, § 49 Abs. 1 dt. StGB zulassen würde.[10]

Anders als § 213 dt. StGB entfaltet der Tatbestand des § 216 dt. StGB nach h.A. eine Sperrwirkung, indem die Mordqualifizierung im Fall einer Tötung auf Verlangen ausscheidet.[11] Die These von der Verdrängung der Mordqualifizierung durch den Privilegierungstatbestand des § 216 dt. StGB wird im Schrifttum als unzureichend begründet kritisiert.[12] Insbesondere wird darauf hingewiesen, dass § 216

---

5 H.A., vgl. *Fischer*, § 213 Rn. 1; *Lackner/Kühl*, § 213 Rn. 1; LK-*Jähnke*, § 213 Rn. 2; MK-*Schneider*, § 213 Rn. 1; NK-*Neumann*, § 213 Rn. 3; Schönke/Schröder-*Eser*, § 213 Rn. 2.

6 Vgl. *Arzt/Weber*, BT, S. 70 f.; *Lackner/Kühl*, Vor § 211 Rn. 23; LK-*Jähnke*, § 213 Rn. 2; MK-*Schneider*, § 213 Rn. 2; Schönke/Schröder-*Eser*, § 213 Rn. 3.

7 Vgl. *Bernsmann*, JZ 1983, 46 ff.; *Neumann*, FS für Eser, S. 435 ff.

8 Vgl. *Neumann*, FS für Eser, S. 442.

9 Vgl. *Bernsmann*, JZ 1983, 49 ff.

10 Vgl. *Bornemann*, Das Zusammentreffen, S. 116 ff.

11 Vgl. *Arzt/Weber*, BT, S. 87; *Fischer*, § 216 Rn. 2; *Lackner/Kühl*, Vor § 211 Rn. 24; LK-*Jähnke*, § 216 Rn. 2; Schönke/Schröder-*Eser*, § 216 Rn. 2.

12 Vgl. *Bernsmann*, JZ 1983, 48 f.

dt. StGB im Verhältnis zum § 211 dt. StGB keine Sonderregelung darstellt.[13] Die Anwendungsbereiche der beiden Vorschriften überlappen sich nämlich nur zum Teil. Zur Lösung der Konkurrenzfrage schlägt *Klaus Bernsmann* eine restriktive Auslegung des § 216 dt. StGB vor, wodurch jegliche Kollisionen des § 211 dt. StGB mit § 216 dt. StGB vermieden werden sollten.[14] *De lege ferenda* wird ferner von *Rolf D. Herzberg* vorgeschlagen, für die Fälle des Mordes auf Verlangen einen im Vergleich zu § 216 dt. StGB erhöhten Sonderstrafrahmen (Freiheitsstrafe von einem Jahr bis zu 10 Jahren) einzuführen.[15]

2. Die nicht privilegierten Tötungsdelikte

Die „Durchschnittsfälle" der vorsätzlichen Tötung werden im deutschen Recht durch den Tatbestand des Totschlags gemäß § 212 Abs. 1 dt. StGB erfasst, dessen objektives Unrecht in der Tötung eines Menschen besteht. Die angedrohte Strafe ist eine Freiheitsstrafe von 5 bis zu 15 Jahren. Eine lebenslange Freiheitsstrafe ist hingegen erstens für die „besonders schweren Fälle" des Totschlags (§ 212 Abs. 2 dt. StGB) und zweitens beim Hinzutreten eines der Mordmerkmale (§ 211 dt. StGB) vorgesehen. Im Folgenden sind die Voraussetzungen der Anwendbarkeit einer lebenslangen Freiheitsstrafe bei den vorsätzlichen Tötungsdelikten näher zu betrachten.

a) Mordmerkmale

aa) Tötung aus Mordlust

Das Merkmal des Handelns aus Mordlust betrifft Fälle, in denen der Tod des Opfers den alleinigen Zweck der Tat bildet und weder das Opfer einen sozialen Anlass zur Tat gegeben hat noch ein solcher Anlass sich aus besonderer Tatsituation ergibt.[16] Der bedingte Vorsatz im Hinblick auf die Herbeiführung des Todes eines Menschen genügt nicht.[17] Das Fehlen eines erkennbaren Beweggrundes und die scheinbare Zwecklosigkeit der Handlung bilden lediglich Indizien für die Annahme der Tötung aus Mordlust.[18] Als Beispiele für die Tötung aus Mordlust werden in der Rechtsprechung und im Schrifttum u.a. genannt: Tötung aus Mutwillen, aus

---

13 Ebd.

14 Ebd., S. 51 f.

15 Vgl. *Herzberg*, JZ 2000, 1099 f.

16 Vgl. BGHSt 34, 61; BGHSt 47, 133 f.; BGH NJW 1994, 2630; *Lackner/Kühl*, § 211 Rn. 4; LK-*Jähnke*, § 211 Rn. 6; MK-*Schneider*, § 211 Rn. 49.

17 Vgl. *Fischer*, § 211 Rn. 8; LK-*Jähnke*, § 211 Rn. 6; MK-*Schneider*, § 211 Rn. 51; Schönke/Schröder-*Eser*, § 211 Rn. 15.

18 Vgl. *Fischer*, § 211 Rn. 8.

Angeberei, aus Freude an der Vernichtung eines Menschenlebens, aus Zeitvertrieb, aus Neugierde oder als „sportliches Vergnügen".[19]

bb) Tötung zur Befriedigung des Geschlechtstriebs

Die Tötung zur Befriedigung des Geschlechtstriebs kommt hauptsächlich in drei Fällen in Betracht. Erstens, wenn der Täter in der Tötungshandlung geschlechtliche Befriedigung sucht, zweitens, wenn er mit dem Zweck tötet, sich anschließend an der Leiche sexuell zu befriedigen und drittens, wenn er bei einer Vergewaltigung den Tod des Opfers billigend in Kauf nimmt.[20] Das Merkmal des Handelns zur Befriedigung des Geschlechtstriebs ist dagegen nicht erfüllt, wenn der Täter eine Person tötet, um mit einem Dritten ungestört sexuell verkehren zu können, sowie wenn er während der aus anderen Gründen vorgenommenen Tötungshandlung in sexuelle Erregung gerät.[21]

cc) Tötung aus Habgier

Die Tötung aus Habgier liegt nach der ständigen Rechtsprechung vor, wenn die Tatbegehung Folge eines über das erträgliche Maß hinaus gesteigerten, sittlich anstößigen Gewinnstrebens, eines Gewinnstrebens um jeden Preis ist.[22] Diese ausschließlich an Verwerflichkeitskriterien anknüpfende und dem Vorwurf der mangelnden Bestimmtheit ausgesetzte Formel stößt im Schrifttum auf Kritik.[23] Insbesondere ist die Grenze zwischen bloßer Gewinnsucht und Habgier nicht erkennbar. Nicht wesentlich hilfreicher ist das Abstellen auf eine besonders unangemessene Zweck/Mittel-Relation – Vernichtung eines Menschenlebens um eines Vermögensvorteils willen – ohne Berücksichtigung des Fernziels, das den Täter zur Tötung veranlasst hat,[24] da bei solcher Betrachtung fast jede vorsätzliche Tötung aus Erwerbsinteresse als Mord eingestuft werden müsste. Mehr Bestimmtheit bietet dagegen die an Gefährlichkeitskriterien anknüpfende Lösung von *Albin Eser*, nach dem Habgier immer dann zu bejahen ist, wenn sich der Täter durch die Tat nicht aus einer singulären Konfliktlage befreien will, sondern vom ungehemmten Stre-

---

[19] Vgl. BGHSt 34, 61; *Fischer*, § 211 Rn. 8; *Lackner/Kühl*, § 211 Rn. 4; LK-*Jähnke*, § 211 Rn. 6; MK-*Schneider*, § 211 Rn. 49.

[20] Vgl. BGHSt 7, 353; BGHSt 19, 101 f.; *Fischer*, § 211 Rn. 9; *Lackner/Kühl*, § 211 Rn. 4; LK-*Jähnke*, § 211 Rn. 7; MK-*Schneider*, § 211 Rn. 55; Schönke/Schröder-*Eser*, § 211 Rn. 16.

[21] Vgl. BGH NStZ 2001, 598; *Fischer*, § 211 Rn. 9; MK-*Schneider*, § 211 Rn. 56.

[22] Vgl. BGHSt 10, 399; BGHSt 29, 317 f.; BGH NJW 1981, 932; BGH NJW 1995, 2366; BGH NJW 2001, 763; *Fischer*, § 211 Rn. 10.

[23] Vgl. *Fischer*, § 211 Rn. 13; *Wolf*, FS für Schreiber, S. 524.

[24] Vgl. *Arzt/Weber*, BT, S. 57.

ben nach einem Mehr an Gütern bestimmt ist.[25] Das Handeln aus Not steht auch nach *Thomas Fischer* der Annahme von Habgier in der Regel entgegen.[26] Die von *Eser* vorgeschlagene Definition der Habgier beruht freilich nicht nur auf dem Gefährlichkeitsgedanken, sondern trägt in Wirklichkeit vor allem Schuldgesichtspunkten Rechnung. Je mehr der Täter bei der Tatbegehung von den Impulsen der Außenwelt und von bestehenden Konfliktslagen, beeinflusst wird, desto weniger wiegt der Schuldvorwurf ihm gegenüber. Von vielen Autoren wird das Mordmerkmal der Habgier zumindest in der Regel auch dann verneint, wenn die Tat der Durchsetzung eines berechtigen Anspruchs dient.[27] Treffen neben dem Gewinnstreben mehrere Beweggründe zusammen, so muss nach der Rechtsprechung das Motiv der Gewinnerzielung im Vordergrund stehen und „bewusstseinsdominant" sein, um Tötung aus Habgier bejahen zu können.[28]

dd) Sonstige niedrige Beweggründe

Über die näher bezeichneten, Mord begründenden Beweggründe (Mordlust, Befriedigung des Geschlechtstriebs, Habgier) hinaus sieht das deutsche Strafgesetzbuch in § 211 Abs. 2 auch ein generalklauselartig formuliertes Mordmerkmal der sonstigen niedrigen Beweggründe vor. Niedrig sind nach ständiger Rechtsprechung Beweggründe, die nach allgemeiner Auffassung auf tiefster Stufe stehen und somit besonders verachtenswert sind.[29] Die Bewertung kann nur infolge einer Gesamtwürdigung erfolgen,[30] bei der insbesondere das Missverhältnis zwischen kollidierenden Interessen, namentlich zwischen dem Anlass der Tat und dem Tötungserfolg,[31] aber auch die Vorgeschichte der Tat,[32] Lebensverhältnisse und Persönlichkeit des Täters[33] sowie seine persönlichen Beziehungen zum Opfer[34] zu berück-

---

[25] Vgl. *Eser*, Gutachten, S. 175; Schönke/Schröder-*Eser*, § 211 Rn. 17.

[26] Vgl. *Fischer*, § 211 Rn. 12.

[27] Vgl. *Arzt/Weber*, BT, S. 60; *Küper*, GS für Meurer, S. 206; *Lackner/Kühl*, § 211 Rn. 4; MK-*Schneider*, § 211 Rn. 64; anderer Ansicht sind u.a. LK-*Jähnke*, § 211 Rn. 8; *Maurach/Schroeder/Maiwald*, BT 1, S. 40.

[28] Vgl. BGHSt 42, 304; BGHSt 50, 7; BGH NJW 1981, 933; BGH NJW 1995, 2366; BGH NJW 2001, 763; BGH StV 1989, 151; BGH StV 1993, 360.

[29] Vgl. BGHSt 3, 132; 42, 228; 47, 130; BGH NStZ 1993, 342; 1997, 81; 1998, 353; 1999, 129; 2002, 370; 2003, 147; 2004, 34; 2006, 97; BGH NStZ-RR 2000, 168; 2003, 78; 2006, 140.

[30] Vgl. BGHSt 35, 127; 47, 130; BGH NStZ 1993, 183; 1998, 353; 1999, 129 f.; 2001, 88; 2002, 370; 2003, 147; 2004, 34; 2006, 97; BGH NStZ-RR 2000, 168; 2003, 78; 2006, 140; *Fischer*, § 211 Rn. 15.

[31] Vgl. BGH StV 1983, 504; 1987, 296; BGH NJW 1981, 1382; *Mitsch*, JuS 1996, 125; *Otto*, Jura 1994, 145 f.; SK-*Horn*, § 211 Rn. 8.

[32] Vgl. BGH StV 1998, 25; *Fischer*, § 211 Rn. 15.

[33] Vgl. BGHSt 35, 127; 47, 130; BGH NStZ 1993, 183; 2006, 97; BGH NStZ-RR 2000, 168; 2006, 140; BGH StV 1983, 504; BGH NJW 1981, 1382.

[34] Vgl. Schönke/Schröder-*Eser*, § 211 Rn. 18.

sichtigen sind. Dass im Hinblick auf ein derart vage formuliertes und breit ausgelegtes Merkmal der Grundsatz der Tatbestandsbestimmtheit erheblich missachtet wird, liegt auf der Hand.[35] Zu einer gewissen Konkretisierung des Mordmerkmals der niedrigen Beweggründe kann der Ansatz von *Günter Heine* führen. Als „niedrig“ haben nach seiner Auffassung solche Tötungsmotive zu gelten, die als solipsistische, allein an den eigenen Bedürfnissen ausgerichtete, soziale Rücksichtslosigkeit der Interessenverwirklichung zu begreifen sind.[36] Je stärker die Motivation des Täters von „schicksalhaften“, sozialen Situationen bzw. von bestimmten, von der Rechtsordnung tendenziell als wertpositiv anerkannten Anlässen beeinflusst wurde, desto eher verbietet sich die Annahme eines niedrigen Beweggrundes.[37] Der Auffassung von *Heine* hat sich auch *Albin Eser* angeschlossen.[38]

ee) Heimtücke

Der Hauptgrund für die Strafschärfung beim Vorliegen des Mordmerkmals der Heimtücke ist die gesteigerte Gefährlichkeit der Ausführungshandlung, da die Möglichkeit des Opfers, Abwehr- oder sonstige Rettungsmaßnahmen zu ergreifen, wesentlich eingeschränkt wird.[39] Der Täter handelt nach ständiger Rechtsprechung heimtückisch, wenn er eine zum Zeitpunkt des Angriffs objektiv bestehende Arg- und Wehrlosigkeit des Opfers bewusst zur Tötung ausnutzt.[40] Erforderlich ist das kumulative Vorliegen von beiden Elmenten in dem Sinne, dass die Wehrlosigkeit gerade die Folge der Arglosigkeit sein muss.[41] Die Tötungshandlung muss ferner in feindseliger Willensrichtung erfolgen.[42] An dieser fehlt es, wenn der Täter zum Besten seines Opfers zu handeln glaubt.[43] Bei der Prüfung der Arglosigkeit wird in der Rechtsprechung vor allem danach gefragt, ob das Opfer zum Zeitpunkt des Beginns des ersten mit Tötungsvorsatz geführten Angriffs mit einem lebensbedrohlichen oder auf Körperverletzung gerichteten, schweren Angriff rechnet.[44] Auch der Schlafende kann arglos sein, wenn er sich dem Schlaf im Vertrauen darauf

---

35 Vgl. *Fischer*, § 211 Rn. 17; *Wolf*, FS für Schreiber, S. 526 ff.

36 Vgl. *Heine*, Tötung, S. 217 ff.

37 Ebd.

38 Vgl. Schönke/Schröder-*Eser*, § 211 Rn. 18.

39 Vgl. BGHSt 11, 143.

40 Vgl. BGHSt 3, 185 f.; 6, 121; 9, 385; 39, 368; BGH NJW 2005, 1290; 2006, 1010; *Fischer*, § 211 Rn. 34.

41 Vgl. BGHSt 32, 388; BGH NStZ 1997, 491.

42 Vgl. BGHSt 9, 390; *Fischer*, § 211 Rn. 44; Schönke/Schröder-*Eser*, § 211 Rn. 23.

43 Vgl. BGHSt 9, 390; 30, 119; *Lackner/Kühl*, § 211 Rn. 6a.

44 Vgl. BGHSt 48, 210; BGH NStZ 2002, 368; BGH NJW 2006, 1010; *Fischer*, § 211 Rn. 35.

überlässt, dass ihm nichts geschehen werde.[45] Die Möglichkeit einer heimtückischen Tötung wird dagegen bei bewusstlosen Opfern und Kleinkindern mit der Begründung verneint, sie seien generell nicht in der Lage, sich vor dem Angriff zu wehren, anderen Personen Vertrauen entgegenzubringen und die böse Absicht des Täters zu erkennen.[46] Es ist freilich nicht zu übersehen, dass die Gefährlichkeit der Tötungshandlung in diesen Fällen wesentlich größer als bei bewussten, arglosen Opfern ist, da eine Verteidigung praktisch unmöglich ist. Eine im Schrifttum viel diskutierte,[47] einschränkende Auslegung des Heimtückemerkmals unternahm der BGH in der Entscheidung im sog. *Erpresser-Fall*. Danach verliert das spätere Opfer mit einem die Notwehrlage begründenden Angriff auf den Täter in aller Regel die Arglosigkeit, da es mit einem die Notwehrgrenzen überschreitenden Gegenangriff des Täters grundsätzlich rechnen muss.[48] Auf den objektiv bestehenden Zustand der Arglosigkeit des Opfers kommt es hier somit nicht an.

ff) Grausamkeit

Das Mordmerkmal der Grausamkeit liegt vor, wenn der Täter seinem Opfer in gefühlloser und unbarmherziger Gesinnung Schmerzen und Qualen körperlicher oder seelischer Art zufügt, die nach Stärke oder Dauer über das für die Tötung erforderliche Maß hinausgehen.[49] Nach der im Schrifttum vertretenen Auffassung kommt es freilich beim Merkmal der Grausamkeit nicht darauf an, ob im konkreten Fall eine andere, weniger schmerzhafte Tötungsmethode tatsächlich zur Verfügung stand.[50] Die Voraussetzung der gefühllosen und unbarmherzigen Gesinnung ist nach *Albin Eser* und *Burkhard Jähnke* in der Regel schon dann erfüllt, wenn der Täter die Schmerzen in Kenntnis ihrer Wirkung zufügt.[51] Nach dem BGH kann das grausame Verhalten den Tatbestand des Mordes nur dann erfüllen, wenn es vor Abschluss einer den tödlichen Erfolg herbeiführenden Handlung auftritt und vom Tötungsvorsatz umfasst ist.[52]

---

45 Vgl. BGHSt 23, 120; 32, 386; BGH NStZ 1997, 491; 2006, 339; *Fischer*, § 211 Rn. 42.

46 Vgl. BGHSt 23, 120; 4, 13; 8, 216; BGH NStZ 2006, 339; *Fischer*, § 211 Rn. 42 und 43.

47 Vgl. Nachweise bei *Fischer*, § 211 Rn. 49.

48 Vgl. BGHSt 48, 210.

49 Vgl. BGHSt 3, 180 und 264; BGH NStZ 1982, 379; BGH StV 1997, 566; *Fischer*, § 211 Rn. 56.

50 Vgl. *Fischer*, § 211 Rn. 56; LK-*Jähnke*, § 211 Rn. 54; MK-*Schneider*, § 211 Rn. 112.

51 Vgl. LK-*Jähnke*, § 211 Rn. 55; Schönke/Schröder-*Eser*, § 211 Rn. 27.

52 Vgl. BGHSt 37, 40.

gg) Verwendung von gemeingefährlichen Mitteln

Beim Mordmerkmal der Verwendung von gemeingefährlichen Mitteln kommt es hauptsächlich auf die Frage der Beherrschbarkeit des im konkreten Fall angewandten Tatmittels an. Gemeingefährlich ist nach h.A. ein Tötungsmittel, das in der konkreten Tatsituation eine Mehrzahl von Menschen an Leib und Leben gefährden kann, weil der Täter die Ausdehnung der Gefahr beim Einsatz dieses Mittels nicht in der Gewalt hat.[53] Allein eine abstrakte Gefährlichkeit des eingesetzten Mittels kann für die Bejahung des Mordtatbestands nicht genügen.[54] Die Annahme der Gemeingefährlichkeit kann vielmehr erst unter der Bezugnahme auf die konkrete Tatsituation erfolgen. Umstritten ist das erforderliche Ausmaß des dem unbeteiligten Dritten drohenden Schadens. Nach einer inzwischen im Schrifttum verbreiteten Auffassung ist das Merkmal der Gemeingefährlichkeit des Tatmittels auf Fälle der Gefährdung des Lebens von Unbeteiligten zu beschränken.[55] Die Verursachung bloßer Körperverletzungsgefahr reicht somit nicht aus.

hh) Tötung zur Ermöglichung einer Straftat

Ein Mord liegt nach dem deutschen Strafrecht ferner vor, wenn der Täter einen Menschen in der Absicht tötet, eine andere zeitlich nachfolgende Straftat des Täters oder eines Dritten[56] dadurch zu ermöglichen. Ob die beabsichtigte Tat tatsächlich begangen wird oder objektiv überhaupt ein strafbares Verhalten darstellt, ist irrelevant.[57] Es genügt, dass sie nach der Vorstellung des Täters, sei es infolge eines Tatsachen- oder Bewertungsirrtums, strafbar wäre.[58] Die Tötung eines Menschen braucht für den Täter keine notwendige Bedingung für das Gelingen der anderen Straftat zu sein. Vielmehr reicht bereits die Erleichterung- oder Beschleunigungsabsicht aus.[59] Auch ist ein gewisser zeitlicher Abstand zwischen der Tötungshandlung und der beabsichtigten Straftat nicht erforderlich. Die beiden Taten können grundsätzlich in der rechtlichen Tateinheit stehen.[60] Dies ist z.B. beim Raubmord

---

53 Vgl. BGHSt 34, 14; 38, 354; *Lackner/Kühl*, § 211 Rn. 11; LK-*Jähnke*, § 211 Rn. 57; NK-*Neumann*, § 211 Rn. 87.

54 Vgl. LK-*Jähnke*, § 211 Rn. 57; NK-*Neumann*, § 211 Rn. 87.

55 Vgl. MK-*Schneider*, § 211 Rn. 106; NK-*Neumann*, § 211 Rn. 86; Schönke/Schröder-*Eser*, § 211 Rn. 29; a.A.: *Lackner/Kühl*, § 211 Rn. 11; LK-*Jähnke*, § 211 Rn. 57.

56 Vgl. BGHSt 9, 180; *Fischer*, § 211 Rn. 63.

57 Vgl. LK-*Jähnke*, § 211 Rn. 10; MK-*Schneider*, § 211 Rn. 198; Schönke/Schröder-*Eser*, § 211 Rn. 33.

58 Vgl. *Lackner/Kühl*, § 211 Rn. 12; LK-*Jähnke*, § 211 Rn. 10; MK-*Schneider*, § 211 Rn. 198.

59 Vgl. BGHSt 39, 159; *Fischer*, § 211 Rn. 64; LK-*Jähnke*, § 211 Rn. 9.

60 Vgl. *Fischer*, § 211 Rn. 65; LK-*Jähnke*, § 211 Rn. 9; MK-*Schneider*, § 211 Rn. 199.

der Fall, wenn die Tötungshandlung zugleich das Raubmerkmal der Gewaltanwendung darstellt und einen weiteren Teilakt (Wegnahme) ermöglichen soll.[61]

Das Mordmerkmal der Ermöglichungsabsicht scheint im Schrifttum noch nicht hinreichend erörtert zu sein. Zum Teil wird in diesem Zusammenhang auf die Begründung des verwandten Mordmerkmals der Verdeckungsabsicht verwiesen.[62] Das Abstellen auf schuldbezogene Gesichtspunkte[63] und auf das Argument der Instrumentalisierung des menschlichen Lebens bei der Tötung mit Ermöglichungsabsicht kann hier hingegen nicht überzeugen. Eine solche Begründung geht vom krassen Missverhältnis zwischen dem Beweggrund des Täters (Ermöglichung einer Straftat) und dem Tötungserfolg aus, berücksichtigt aber nicht, dass die Ermöglichung einer Straftat in Wirklichkeit lediglich einen „vorläufigen" Beweggrund darstellt. Der wahre Zweck des Handelns und somit die tatsächliche Motivation des Täters können erst im Zusammenhang mit der Nachtat ermittelt werden. Tötet jemand beispielsweise einen Menschen, um einen Raub zu begehen, so ist die Aussage über die Verwerflichkeit der Beweggründe des Täters erst möglich, wenn man vom Beweggrund der Raubbegehung erfährt.

Bisweilen wird bei der Begründung des Mordmerkmals der Ermöglichungsabsicht der Gedanke herangezogen, der besondere Unwert der Tötung liege darin, dass sie der Begehung weiteren kriminellen Unrechts diene.[64] Die erhöhte Strafwürdigkeit beruht somit auf der erheblichen Gefährdung weiterer Rechtsgüter durch zielgerichtete Tötung ihrer potenziellen Verteidiger.

ii) Tötung zur Verdeckung einer Straftat

Mörder ist schließlich nach dem deutschen Recht, wer einen Menschen tötet, um eine andere Straftat zu verdecken. Ebenso wie beim Mordmerkmal der Ermöglichungsabsicht stehen die Begehung der anderen Tat durch einen Dritten,[65] eine irrtümliche Annahme der Strafbarkeit der anderen Tat[66] sowie das tateinheitliche Zusammentreffen der beiden Taten der Annahme der Verdeckungsabsicht grundsätzlich nicht entgegen.[67] Für die Bejahung des Mordmerkmals der Verdeckungsabsicht ist ein zielgerichtetes Handeln erforderlich und zugleich ausreichend,[68] so-

61 Vgl. *Fischer*, § 211 Rn. 66.

62 Vgl. LK-*Jähnke*, § 211 Rn. 9.

63 Zur besonderen Verwerflichkeit der Ermöglichungsabsicht vgl. BGHSt 39, 161; BGH NStZ 1996, 81.

64 Vgl. SK-*Horn*, § 211 Rn. 54.

65 Vgl. *Fischer*, § 211 Rn. 63; LK-*Jähnke*, § 211 Rn. 14.

66 Vgl. BGHSt 11, 226; *Fischer*, § 211 Rn. 63; LK-*Jähnke*, § 211 Rn. 18; Schönke/Schröder-*Eser*, § 211 Rn. 33.

67 Vgl. *Fischer*, § 211 Rn. 70; *Lackner/Kühl*, § 211 Rn. 12.

68 Vgl. Schönke/Schröder-*Eser*, § 211 Rn. 33.

dass es auf die Eignung der Tötungshandlung zur Verdeckung einer Straftat nicht ankommt. Beabsichtigt der Täter allerdings lediglich einen zeitlichen Vorsprung bei der Flucht zu erhalten bzw. nach der Anklageerhebung die Überführung zu erschweren, so scheidet die Verdeckungsabsicht aus.[69] Nach der Rechtsprechung des BGH und nach einem Teil des Schrifttums ist nicht erforderlich, dass sich der Täter gerade einer Strafverfolgung entziehen will, sondern es genügt, dass er zur Vermeidung außerstrafrechtlicher Konsequenzen handelt.[70]

Schwierigkeiten bereitet die Begründung des Mordmerkmals der Verdeckungsabsicht. In der älteren Literatur wurde das Merkmal der Verdeckungsabsicht unter dem Gesichtspunkt der Selbstbegünstigungstendenz kritisch betrachtet. Vor allem wurde darauf hingewiesen, dass die Selbstbegünstigungsabsicht wegen der bestehenden psychischen Zwangslage bei manchen Strafbestimmungen (§ 157 Abs. 1, § 258 Abs. 5 dt. StGB) nicht eine strafschärfende, sondern gerade eine den Täter entlastende Wirkung hat.[71] Diese Auffassung kann inzwischen als überholt gelten, da die Schuldminderung wegen der bestehenden Konfliktlage in den betreffenden Fällen durch Gewaltanwendung und durch krasses Missverhältnis zwischen den kollidierenden Interessen wieder ausgeglichen wird.[72] Allein die Ablehnung der Strafmilderung wegen der bestehenden Zwangslage kann freilich nicht zugleich die Steigerung der Tötung zum Mord rechtfertigen. Das heutzutage breit vertretene Begründungsmodell beruht deshalb auf generalpräventiven Gesichtspunkten.[73] Der Ausgangspunkt dieses Konzepts ist die Feststellung, dass die potenziellen, oft zufälligen Zeugen-Opfer von der Seite des Täters wegen des großen Anreizes, der Strafverfolgung zu entkommen, einer gesteigerten Gefahr ausgesetzt sind. Gerade deren Schutz steht hier im Vordergrund. Einerseits sollten somit die potenziellen Täter bereits vor der Begehung der Vortat ein abschreckendes Signal erhalten – eine darauf folgende, selbstbegünstigungsmotivierte Tötung lohne sich nicht. Andererseits gewinnt der Strafzweck der Erhaltung des Vertrauens der Allgemeinheit in die Bestands- und Durchsetzungskraft der Rechtsordnung wegen der Zufälligkeit der Opfer und des damit verbundenen gesteigerten Gefährdungsgefühls in den betreffenden Fällen besonders an Bedeutung.

---

69 Vgl. *Fischer*, § 211 Rn. 68; Schönke/Schröder-*Eser*, § 211 Rn. 34.

70 Vgl. BGHSt 41, 8; BGH NStZ 1999, 615; *Saliger*, StV 1998, 19 f.; Schönke/Schröder-*Eser*, § 211 Rn. 34; kritisch: *Brocker*, MDR 1996, 228 f.; *Küper*, JZ 1995, 1158 ff.; MK-*Schneider*, § 211 Rn. 178; *Sowada*, JZ 2000, 1035 ff.

71 Vgl. *Dreher*, MDR 1956, 500; *Schmidhäuser*, JR 1978, 270.

72 Vgl. MK-*Schneider*, § 211 Rn. 170; *Sowada*, JZ 2000, 1039.

73 Vgl. *Bosch/Schindler*, Jura 2000, 82 f.; *Eser*, Gutachten, S. 177 ff.; MK-*Schneider*, § 211 Rn. 169; *Sowada*, JZ 2000, 1039 f.

b) Der „besonders schwere Fall" des Totschlags

Die Anwendbarkeit der lebenslangen Freiheitsstrafe ist im deutschen Recht bei den Tötungsdelikten nicht auf Mordfälle beschränkt. Auf lebenslange Freiheitsstrafe ist vielmehr gemäß § 212 Abs. 2 dt. StGB auch in „besonders schweren Fällen" des Totschlags zu erkennen. Es handelt sich um die Totschlagsfälle, die ihrem gesamten Unrechts- und Schuldgehalt nach einem Mord gleichkommen.[74] Allein die Nähe zu einem der Mordmerkmale kann freilich nicht genügen. Das im Zurückbleiben hinter den Mordmerkmalen liegende Minus muss vielmehr durch ein Plus an Verwerflichkeit ausgeglichen werden.[75] Dies wird u.a. in folgenden Fällen besonders naheliegen: bei einem überlegten oder besonders brutal ausgeführten Totschlag, bei der Tötung zur Verdeckung eines sozial missbilligten, aber nicht strafbaren Verhaltens, bei der hinrichtungsähnlichen Tötung oder bei gleichzeitiger Tötung mehrerer Tatopfer.[76]

c) Kritik der Abgrenzungskriterien bei Straftatbeständen des Mordes und des Totschlags – Vorschläge de lege lata und de lege ferenda

Die Reformbedürftigkeit der Regelung der Tötungsdelikte wird im deutschen Schrifttum schon seit den 70er Jahren besonders nachdrücklich betont.[77] Dem geltenden Modell gesetzlicher Abstufung der Tatschwere bei den Tötungsdelikten wird vor allem der Mangel an Schuldangemessenheit vorgeworfen. Der zur Verhängung der lebenslangen Freiheitsstrafe zwingende Mordtatbestand erfasst nämlich, wenn man am Gesetzeswortlaut festhält, nicht nur die denkbar schwersten Tötungsfälle. Bei einer heimtückischen Tötung ist das Gericht im Fall des Hinzutretens von schuldmindernden Umständen oft gesetzlich dazu verpflichtet, eine Strafe zu verhängen, die der Schuldstrafe nicht mehr entspricht. Über die Mängel der Mordkasuistik hinaus gewährleistet die deutsche Regelung der Tötungsdelikte nicht genügend Rechtssicherheit, da unter den Mordmerkmalen auch derart vage und generalklauselartige Formulierungen wie „niedrige Beweggründe" verwendet werden. Schließlich beanstandet die deutsche Rechtslehre bei der Mordqualifizierung das Fehlen eines verbindlichen und einheitlichen Leitprinzips. Die Auslegung

---

[74] Vgl. BGH NStZ 1982, 114 f.; 1991, 431 f.; MK-*Schneider*, § 212 Rn. 62; Schönke/Schröder-*Eser*, § 212 Rn. 12.

[75] Vgl. BGH NJW 1981, 2310; 1982, 2265; BGH StV 2000, 309; BGH NStZ 1982, 114 f.; 1993, 342; 2001, 647; BGH NStZ-RR 2004, 205; *Fischer*, § 212 Rn. 19; *Lackner/Kühl*, § 212 Rn. 5; MK-*Schneider*, § 212 Rn. 62; Schönke/Schröder-*Eser*, § 212 Rn. 12.

[76] Vgl. *Fischer*, § 212 Rn. 19; LK-*Jähnke*, § 212 Rn. 45; MK-*Schneider*, § 212 Rn. 63 f.; Schönke/Schröder-*Eser*, § 212 Rn. 12.

[77] Vgl. *Beckmann*, GA 1981, 337 ff.; *Eser*, Gutachten; *Geilen*, JR 1980, 309 ff.; *Gribbohm*, ZRP 1980, 222 ff.; *Heine*, GA 2000, 305 ff.; *Lackner/Kühl*, Vor § 211 Rn. 25; *Rüping*, JZ 1979, 617 ff.; *Woesner*, NJW 1980, 1136 ff.

des Gesetzes wäre nämlich wesentlich erleichtert, wenn es unumstritten wäre, ob die Mordqualifizierung auf besonders verwerflicher Gesinnung oder auf besonderer Gefährlichkeit des Täters und seiner Tat beruht.

Der am meisten beachtete Reformvorschlag stammt von *Albin Eser*.[78] In seinem Gutachten für den 53. Deutschen Juristentag schlägt er vor, den Qualifizierungstatbestand des Mordes abzuschaffen und an dessen Stelle lediglich eine Strafzumessungsregel innerhalb eines allgemeinen Tötungstatbestands einzuführen. Die lebenslange Freiheitsstrafe wäre dann in besonders schweren Tötungsfällen zu verhängen, die durch zahlreiche Regelbeispiele näher erläutert wären. Schließlich schlägt *Eser* für seinen Gesetzesentwurf eine Auslegungsrichtlinie vor, wonach es bei den Regelbeispielen der besonders schweren Tötungsfälle auf die Fälle der besonders gefährlichen Einstellung des Täters gegen Leib und Leben ankommen sollte.

Angesichts der Tatsache, dass jegliche gesetzgeberischen Eingriffe bei der Regelung der Tötungsdelikte trotz der Kritik bisher unterblieben sind, versucht die Rechtslehre auf der Tatbestandsseite gewisse Korrekturen *de lege lata* vorzunehmen. Im Prinzip geht es um die Zulässigkeit einer Gesamtwürdigung aller Tatumstände und der Täterpersönlichkeit bei der Prüfung des Vorliegens des Mordtatbestands.[79] Diese sog. „Tatbestandslösung" besteht darin, dass das Gericht trotz der Erfüllung eines der Mordmerkmale den Mordtatbestand wegen des Mangels an besonderer Verwerflichkeit der Tat verneinen kann. Innerhalb der Tatbestandslösung wird zwischen positiver und negativer Typenkorrektur unterschieden.[80] Die erstere besteht in der Einführung eines ungeschriebenen Tatbestandsmerkmals der besonderen Verwerflichkeit mit der Folge, dass ein positiver Nachweis des Vorliegens dieses Merkmals stets erforderlich ist.[81] Die Anhänger der negativen Typenkorrektur räumen dagegen den Mordmerkmalen des § 211 Abs. 2 dt. StGB eine widerlegbare Indizwirkung ein, sodass beim Vorliegen eines der Mordmerkmale nicht das Vorliegen, sondern das Fehlen besonderer Verwerflichkeit nachgewiesen werden muss.[82]

Im Gegensatz zur Rechtslehre, die eine generelle Tatbestandskorrektur beim Mord fordert, beziehen sich die Korrekturversuche der Rechtsprechung lediglich auf einzelne Mordmerkmale. Wie bereits oben erwähnt, wird vom BGH das Mordmerkmal der Heimtücke um die Voraussetzung der „feindseligen Willensrichtung" und das Mordmerkmal der Grausamkeit um die Voraussetzung der „gefüh-

[78] Vgl. *Eser*, Gutachten, S. 197 ff.

[79] Vgl. Schönke/Schröder-*Eser*, § 211 Rn. 10; SK-*Horn*, § 211 Rn. 6.

[80] Vgl. *Fischer*, § 211 Rn. 5.

[81] Vgl. *Bertram*, in: Jescheck (Hrsg.), Ist die lebenslange Freiheitsstrafe verfassungswidrig?, S. 175.

[82] Vgl. *Geilen*, JR 1980, 311; Schönke/Schröder-*Eser*, § 211 Rn. 10.

losen, unbarmherzigen Gesinnung“ ergänzt. Beim Mordmerkmal der Verdeckungsabsicht versucht der BGH dagegen eine an das Merkmal der niedrigen Beweggründe anknüpfende Klausel besonderer Verwerflichkeit einzuführen.[83] Von ganz anderem Ansatz geht der BGH im Beschluss des Großen Senats vom 19. Mai 1981[84] aus: Liegen bei der heimtückischen Tötung außergewöhnliche, schuldmindernde Umstände vor, so ist der Mordtatbestand zwar zu bejahen, die Strafe kann aber dem Strafrahmen des § 49 Abs. 1 Nr. 1 dt. StGB entnommen werden (Rechtsfolgenlösung). Als außergewöhnliche, strafmildernde Umstände kommen u.a. folgende Beweggründe in Betracht: notstandsnahe, ausweglos erscheinende Situationen, große Verzweiflung, tiefes Mitleid, schwere Provokation sowie das Vorliegen eines vom Opfer verursachten und ständig neu angefachten, zermürbenden Konflikts bzw. einer schweren Kränkung des Täters durch das Opfer.[85] Die Rechtsprechung des BGH zur Rechtsfolgenlösung wurde im Schrifttum unterschiedlich bewertet. Während ein Teil der Rechtslehre den Strafzumessungsansatz des BGH befürwortet,[86] werfen ihm andere Autoren u.a. die Überschreitung verfassungsrechtlicher Grenzen richterlicher Rechtsschöpfung sowie die Aufrechterhaltung der Stigmatisierung des Mordes trotz verminderter Schuld vor.[87]

3. Die privilegierten Tötungsdelikte

a) „Minder schwerer Fall“ des Totschlags

In § 213 dt. StGB ist für den Straftatbestand des Totschlags ein unbenannter Milderungsgrund – „minder schwerer Fall“ des Totschlags – vorgesehen, bei dessen Vorliegen ein Sonderstrafrahmen – Freiheitsstrafe von einem bis zu 10 Jahren – anzuwenden ist. Der „minder schwere Fall“ des Totschlags liegt nach dem Wortlaut des § 213 dt. StGB insbesondere dann vor, wenn der Totschläger ohne eigene Schuld durch eine ihm oder einem Angehörigen zugefügte Misshandlung oder schwere Beleidigung von dem getöteten Menschen zum Zorn gereizt und dadurch auf der Stelle zur Tat hingerissen worden war. Im Folgenden sind die einzelnen Merkmale dieses gesetzlichen Beispiels kurz zu erläutern.

---

[83] Vgl. BGHSt 35, 126 f.; diese Auffassung scheint der BGH später aufzugeben, vgl. BGHSt 41, 361/362.

[84] BGHSt 30, 105 ff.; diese und andere den Mordtatbestand „korrigierende“ Entscheidungen des BGH stehen im Zusammenhang mit der Entscheidung des Bundesverfassungsgerichts BVerfGE 45, 187, wonach die lebenslange Freiheitsstrafe bei Mord nur dann verfassungsrechtlich unbedenklich ist, wenn der Richter für jeden Einzelfall dem Grundsatz sinn- und maßvollen Strafens Rechnung tragen kann, vgl. Schönke/Schröder-*Eser*, § 211 Rn. 10a.

[85] Vgl. BGHSt 30, 119.

[86] Vgl. MK-*Schneider*, § 211 Rn. 43 ff.; *Rengier*, NStZ 1982, 225 ff.

[87] Vgl. *Bruns*, FS für Kleinknecht, S. 49 ff.; *Günther*, NJW 1982, 355 ff.; *Köhler*, JuS 1984, 769 f.; *Mitsch*, JuS 1996, 122; Schönke/Schröder-*Eser*, § 211 Rn. 10b.

Die Begriffe der Misshandlung und Beleidigung werden breit ausgelegt. Im Hinblick auf das Merkmal der Misshandlung wird ein Körperverletzungserfolg nicht vorausgesetzt. Es genügt bereits eine erhebliche, seelische Beeinträchtigung.[88] Der Begriff der Beleidigung im Sinne des § 213 dt. StGB ist nicht auf Ehrverletzungen begrenzt, sondern erfasst schwere, vorsätzliche[89] Kränkungen jeglicher Art.[90] Neben der Beleidigung i.e.S. können das auch Ehebruch oder Hausfriedensbruch sein.[91] Ob eine schwere Beleidigung vorliegt, ist nach den objektiven Maßstäben und nicht nach der subjektiven Vorstellung des Täters zu beurteilen.[92]

Durch das Merkmal „ohne eigene Schuld" wird das Gericht bei jeder Überprüfung der Anwendbarkeit des § 213 dt. StGB dazu verpflichtet, eine Bewertung des gesamten Geschehensablaufs insbesondere des Vorverhaltens des Täters und des Opfers vorzunehmen.[93] Es kommt hier auf die Frage an, ob der Täter dem Opfer schuldhaft genügenden Anlass zur Provokation gegeben hat.[94]

Schließlich wird durch das Merkmal „zum Zorn gereizt und hierdurch auf der Stelle zur Tat hingerissen" das Erfordernis eines engen Zusammenhangs zwischen der Misshandlung oder Beleidigung einerseits und der Tötung eines Menschen andererseits betont. Maßgebend ist jedoch weder ein zeitlicher noch ein räumlicher, sondern in erster Linie ein motivationspsychologischer Zusammenhang.[95]

Über den Fall der provozierten Tötung im Sinne des § 213 dt. StGB hinaus werden im Schrifttum und in der Rechtsprechung zu den „minder schweren Fällen" des Totschlags u.a. auch die Fälle der Überschreitung der Notwehr- oder Notstandsgrenzen sowie die Tötung aus Mitleid oder aus Verzweiflung gezählt.[96] Nach der Aufhebung des § 217 dt. StGB durch das 6. Gesetz zur Reform des Strafrechts wird als „minder schwerer Fall" des Totschlags im Sinn des § 213 dt. StGB auch der Fall angesehen, in dem die Mutter ihr Kind wegen der psychischen Ausnahmesituation während oder gleich nach der Geburt tötet.[97]

---

88 Vgl. *Fischer*, § 213 Rn. 4; Schönke/Schröder-*Eser*, § 213 Rn. 5.

89 Vgl. *Fischer*, § 213 Rn. 6a.

90 Vgl. *Fischer*, § 213 Rn. 5; Schönke/Schröder-*Eser*, § 213 Rn. 5.

91 Vgl. *Lackner/Kühl*, § 213 Rn. 2; Schönke/Schröder-*Eser*, § 213 Rn. 5.

92 Vgl. *Fischer*, § 213 Rn. 5; *Lackner/Kühl*, § 213 Rn. 2; LK-*Jähnke*, § 213 Rn. 6.

93 Vgl. *Fischer*, § 213 Rn. 8; Schönke/Schröder-*Eser*, § 213 Rn. 7.

94 Vgl. *Fischer*, § 213 Rn. 8; *Lackner/Kühl*, § 213 Rn. 5; Schönke/Schröder-*Eser*, § 213 Rn. 7.

95 Vgl. *Lackner/Kühl*, § 213 Rn. 6; Schönke/Schröder-*Eser*, § 213 Rn. 9; SK-*Horn*, § 213 Rn. 9.

96 Vgl. *Fischer*, § 213 Rn. 13; LK-*Jähnke*, § 213 Rn. 13; Schönke/Schröder-*Eser*, § 213 Rn. 13.

97 Vgl. *Fischer*, § 213 Rn. 16; *Lackner/Kühl*, § 213 Rn. 9; Schönke/Schröder-*Eser*, § 213 Rn. 15 ff.

b) Tötung auf Verlangen

Eine im Vergleich zum Fall des § 213 dt. StGB noch niedrigere Tatschwerestufe innerhalb der Tötungsdelikte wird in § 216 dt. StGB geregelt. Ist jemand durch das ausdrückliche und ernstliche Verlangen des Getöteten zur Tötung bestimmt worden, so ist gemäß § 216 dt. StGB auf Freiheitsstrafe von sechs Monaten bis zu fünf Jahren zu erkennen. Das Verlangen des Opfers bedeutet zwar mehr als bloße Einwilligung,[98] eine unbedingte Einwilligung sollte dennoch genügen.[99] Das Merkmal der Ausdrücklichkeit bedeutet, dass das Verlangen in eindeutiger, nicht zu missverstehender Weise zum Ausdruck gebracht werden muss, wobei neben den Worten auch unzweideutige Gesten als Ausdrucksmittel dienen können.[100] Schließlich setzt die Strafrahmenmilderung nach § 216 dt. StGB die Ernstlichkeit des Verlangens im Sinne einer fehlerfreien Willensbildung des Opfers voraus.[101]

Der Grund für die Strafrahmenmilderung gemäß § 216 dt. StGB liegt nach der Rechtslehre in der Unrechtsminderung.[102] Das Unrecht der Tötung auf Verlangen liegt nach *Ulfrid Neumann* wegen des Rechtsgutsverzichts lediglich in der Verletzung des kollektiven Interesses an der Aufrechterhaltung des Tötungstabus.[103] Über den verminderten Erfolgsunwert hinaus ist in den Fällen des § 216 dt. StGB aber auch der Handlungsunwert deutlich geringer als sonst. Da die Ausführung der Tötungshandlung jederzeit auf Wunsch des Opfers abgebrochen werden kann, ist die Gefährlichkeit einer solchen Handlung wesentlich kleiner als in den übrigen Fällen. Dass der Grund für die Strafrahmenherabsetzung nach § 216 dt. StGB auch im verminderten Handlungsunwert liegt, zeigt sich schon daran, dass das Verlangen des Opfers nach h.A. als entscheidender Tatantrieb wirken muss.[104] War der Täter ohnehin zur Tat entschlossen, so liegt wegen der Gefährlichkeit seiner Handlung keine privilegierte Tötung nach § 216 dt. StGB vor.

Nach der überwiegenden Auffassung im Schrifttum ist der Rechtsgrund der Privilegierung nach § 216 dt. StGB neben der Unrechtsminderung auch das Bestehen

---

98 Vgl. *Fischer*, § 216 Rn. 7; *Lackner/Kühl*, § 216 Rn. 2; LK-*Jähnke*, § 216 Rn. 4; NK-*Neumann*, § 216 Rn. 10; Schönke/Schröder-*Eser*, § 216 Rn. 5.

99 Vgl. *Fischer*, § 216 Rn. 7.

100 Vgl. *Lackner/Kühl*, § 216 Rn. 2; NK-*Neumann*, § 216 Rn. 13; Schönke/Schröder-*Eser*, § 216 Rn. 7.

101 Vgl. *Fischer*, § 216 Rn. 9; LK-*Jähnke*, § 216 Rn. 7; Schönke/Schröder-*Eser*, § 216 Rn. 8.

102 Vgl. *Fischer*, § 216 Rn. 2; LK-*Jähnke*, § 216 Rn. 2; NK-*Neumann*, § 216 Rn. 2.

103 Vgl. NK-*Neumann*, § 216 Rn. 1 f.

104 Vgl. *Lackner/Kühl*, § 216 Rn. 2; LK-*Jähnke*, § 216 Rn. 2; NK-*Neumann*, § 216 Rn. 16.

eines Mitleidskonfliktes und somit die Schuldminderung.[105] Dem ist nicht zuzustimmen, da ein Verlangen nicht zwangsläufig zu einer Konfliktlage führt.[106]

B. Polnisches Recht

1. Systematik der vorsätzlichen Tötungsdelikte

Die Systematik der vorsätzlichen Tötungsdelikte im neuen polnischen Strafgesetzbuch von 1997 beruht auf einem dreistufigen Modell, das sich aus Grunddelikt, Qualifizierung und Privilegierung zusammensetzt.[107] Der Grundtatbestand der vorsätzlichen Tötungsdelikte ist in Art. 148 § 1 pol. StGB festgeschrieben. Danach wird die Tötung eines Menschen mit einer Freiheitsstrafe nicht unter acht Jahren, einer 25-jährigen Freiheitsstrafe und einer lebenslangen Freiheitsstrafe bedroht. In Art. 148 §§ 2 und 3 pol. StGB wird eine qualifizierte Tötung geregelt,[108] die im Schrifttum vereinzelt auch als Mord bezeichnet wird.[109] Liegt eines der in Art. 148 §§ 2 und 3 pol. StGB genannten Qualifizierungsmerkmale vor, so hat das Gericht nach der gegenwärtigen Rechtslage auf eine 25-jährige oder lebenslange Freiheitsstrafe zu erkennen.[110] Die Beschränkung des Strafrahmens für die qualifizierte Tötung auf die genannten Strafen stößt im Schrifttum aus zweierlei Gründen auf Kritik. Zunächst wird darauf hingewiesen, dass es gerade für einen solchen Strafrahmen an der Bestimmung des Sonderstrafrahmens in Art. 60 § 6 pol. StGB fehlt, was der Möglichkeit außerordentlicher Strafmilderung entgegensteht. Zweitens wird hier ein verfassungsrechtlicher Einwand erhoben: Der zu enge Strafrahmen

105 Vgl. *Lackner/Kühl*, § 216 Rn. 1; *Rengier*, BT 2, S. 42; Schönke/Schröder *Eser*, § 216 Rn. 1; *Wessels/Hettinger*, BT 1, S. 47.

106 Vgl. *Fischer*, § 216 Rn. 2.

107 Im Strafgesetzbuch von 1969 wurde lediglich zwischen der privilegierten (Tötung im Affekt, auf Verlangen und Kindestötung) und der nicht privilegierten Tötung unterschieden. Im letzteren Fall war eine Freiheitsstrafe nicht unter acht Jahren oder eine Todesstrafe zu verhängen.

108 Nach h.A. handelt es sich bei den in den §§ 2, 3 des Art. 148 pol. StGB geregelten Delikten nicht um selbstständige Straftatbestände, sondern um qualifizierte Formen des Tötungsgrunddelikts gemäß Art. 148 § 1 pol. StGB, vgl. *Kasprzycki*, CPKiNP 1999, Nr. 2, 123 ff.; *Marek*, Kodeks, Art. 148 Nr. 12; *Michalski*, in: Wąsek (Hrsg.), Kodeks, Art. 148 Rn. 96 ff.; *Zoll*, in: ders. (Hrsg.), Kodeks, Art. 148 Nr. 32.

109 Vgl. *Gardocki*, Prawo karne, S. 230; die Verwendung der Bezeichnung „Mord“ für die Fälle der qualifizierten Tötung empfiehlt auch *Daszkiewicz*, Monitor Prawniczy 1997, Nr. 12, 480; *dies.*, Przestępstwa, S. 19.

110 Vor der Gesetzesänderung vom 27.7.2005 (Dz. U. vom 2005, Nr. 163, 1363) war die qualifizierte Tötung mit einer Freiheitsstrafe nicht unter 12 Jahren, einer 25-jährigen Freiheitsstrafe und einer lebenslangen Freiheitsstrafe bedroht.

stelle einen unzulässigen Eingriff des Gesetzgebers in den der Judikative vorbehaltenen Bereich und somit einen Verstoß gegen das Gewaltenteilungsprinzip dar.[111]

In § 4 des Art. 148 pol. StGB sowie in den Art. 149 und 150 pol. StGB sind privilegierte Formen der vorsätzlichen Tötung geregelt. Es handelt sich im Einzelnen um folgende Straftatbestände und Strafrahmen: Tötung im Affekt – Freiheitsstrafe von einem Jahr bis zu zehn Jahren; Kindestötung – Freiheitsstrafe von drei Monaten bis zu fünf Jahren; Tötung auf Verlangen – Freiheitsstrafe von drei Monaten bis zu fünf Jahren mit der Möglichkeit der außerordentlichen Strafmilderung und des Absehens von Strafe.

Bei einer dreistufigen Systematik der vorsätzlichen Tötungsdelikte wird man mit der Frage nach dem anzuwendenden Strafrahmen beim Zusammentreffen von qualifizierenden und privilegierenden Merkmalen konfrontiert. In der polnischen Rechtslehre wird in solchem Fall grundsätzlich die Anwendbarkeit des milderen Strafrahmens für den Privilegierungstatbestand angenommen, wobei dies unterschiedlich begründet wird. *Andrzej Zoll* folgert aus der systematischen und funktionellen Auslegung des Art. 148 pol. StGB, dass die qualifizierenden Merkmale sich ausschließlich auf den Fall der Verwirklichung des Tatbestands der nicht privilegierten Tötung nach Art. 148 § 1 pol. StGB beziehen, sodass beim Vorliegen der privilegierenden Merkmale stets der Strafrahmen für den Privilegierungstatbestand anwendbar sein sollte.[112] *Rajnhardt Kokot* sieht dagegen ein dringendes Bedürfnis nach der Einführung einer Kollisionsregelung. Solange sie nicht vorhanden ist, sollte nach seiner Auffassung der mildere Strafrahmen wegen des Analogieverbots zuungunsten des Täters den Vorrang haben.[113]

2. Die nicht privilegierten Tötungsdelikte

Der Gesamtstrafrahmen für nicht privilegierte Tötungsdelikte reicht im polnischen Strafrecht von der Freiheitsstrafe nicht unter acht Jahren über die 25-jährige Freiheitsstrafe bis zur lebenslangen Freiheitsstrafe. Die beiden Letztgenannten sind vor allem bei den Qualifizierungstatbeständen anwendbar, deren Strafrahmen sich allein aus diesen Strafen zusammensetzt. Die härtesten Sanktionen können aber auch bei den einfachen Tötungsdelikten verhängt werden, ohne dass der Spielraum des Gerichts zusätzlich durch eine Strafzumessungsregel der „besonders schweren Fälle“ nach dem Vorbild des deutschen Rechts eingeengt wird. Im Folgenden sind die einzelnen Merkmale der qualifizierten Tötung als Hauptanwendungsfälle der 25-jährigen Freiheitsstrafe und der lebenslangen Freiheitsstrafe näher zu erläutern.

---

[111] Vgl. *Marek*, Kodeks, Art. 148 Nr. 21; *Sakowicz*, PiP 2006, Nr. 5, 18 ff.; *Zoll*, in: ders. (Hrsg.), Kodeks, Art. 148 Nr. 84.

[112] Vgl. *Zoll*, in: ders. (Hrsg.), Kodeks, Art. 148 Nr. 96.

[113] Vgl. *Kokot*, Zabójstwo, S. 59 f.

a) *Besondere Grausamkeit*

Die qualifizierte Tötung liegt zunächst bei besonderer Grausamkeit der Tat vor (Art. 148 § 2 pol. StGB). Durch das Adjektiv „besondere" wird im Gesetz nachdrücklich betont, dass jede Tötung eines Menschen eine grausame Tat darstellt.[114] Die „besondere" Grausamkeit als Voraussetzung der qualifizierten Tötung liegt vor, wenn der Täter sich für eine Art und Weise der Tötungshandlung entscheidet, die mit der Zufügung von physischen oder seelischen, für die Herbeiführung der Todesfolge unnötigen Schmerzen verbunden ist.[115] Dies wird insbesondere der Fall sein, wenn der Täter den sofortigen Tod des Opfers vorsätzlich vermeiden will, um ihm vor dem Todeseintritt noch zusätzliche, körperliche Schmerzen zuzufügen, bzw. wenn der Täter vor den Augen des Opfers dessen Angehörige foltert.[116] Ausschlaggebend beim Merkmal der besonderen Grausamkeit ist nach der im Schrifttum verbreiteten Ansicht die Art der Tötungshandlung (objektiver Handlungsunwert) und nicht der tatsächliche Eintritt von beabsichtigten Folgen (Erfolgsunwert).[117] Die Annahme eines erfolgsqualifizierten Delikts würde nämlich dazu führen, dass im Hinblick auf dieses Qualifizierungsmerkmal gemäß Art. 9 § 3 pol. StGB bereits Fahrlässigkeit genügen würde.[118] Über den zumindest bedingten Vorsatz hinaus werden beim Merkmal besonderer Grausamkeit keine sonstigen subjektiven Elemente, insbesondere kein Mindestmaß an Verwerflichkeit der Motivation, vorausgesetzt.[119]

b) *Tötung im Zusammenhang mit einer Geiselnahme, einer Vergewaltigung oder einem Raub*

Eine qualifizierte Tötung liegt gemäß Art. 148 § 2 pol. StGB ferner vor, wenn der Täter einen Menschen im Zusammenhang mit einer Geiselnahme (Art. 252 pol. StGB), einer Vergewaltigung (Art. 197 pol. StGB) oder einem Raub (Art. 280 pol. StGB) tötet. Der Katalog von Straftaten, die im Zusammenhang mit der Tötung die Anwendbarkeit des erhöhten Strafrahmens für die qualifizierte Tötung begründen können, ist abgeschlossen, was bedeutet, dass Delikte wie räuberischer Diebstahl,

---

114 Vgl. *Zoll*, in: ders. (Hrsg.), Kodeks, Art. 148 Nr. 33.

115 Vgl. *Bryła*, Prok. i Pr. 2001, Nr. 3, 64; *Górniok*, in: dies. u.a., Kodeks, Art. 148 Nr. 7; *Michalski*, in: Wąsek (Hrsg.), Kodeks, Art. 148 Rn. 110; *Zoll*, in: ders. (Hrsg.), Kodeks, Art. 148 Nr. 34.

116 Vgl. *Kasprzycki*, CPKiNP 1999, Nr. 2, 126; *Zoll*, in: ders. (Hrsg.), Kodeks, Art. 148 Nr. 34.

117 Vgl. *Kasprzycki*, CPKiNP 1999, Nr. 2, 125; *Michalski*, in: Wąsek (Hrsg.), Kodeks, Art. 148 Rn. 117 und 119; anders *Daszkiewicz*, Przestępstwa, S. 36.

118 Vgl. *Kokot*, Zabójstwo, S. 155 (dort Fußnote 59).

119 Vgl. *Kasprzycki*, CPKiNP 1999, Nr. 2, 126; *Kokot*, Zabójstwo, S. 155 f.; zur Berücksichtigung der Motivation des Täters bei der Prüfung der besonderen Grausamkeit vgl. *Daszkiewicz*, Przestępstwa, S. 38.

räuberische Erpressung oder andere Straftaten gegen die sexuelle Selbstbestimmung als die Vergewaltigung bei der Zuordnung eines Tötungsdeliktes zu den qualifizierten Tötungen ohne Bedeutung sind.[120]

Problematisch beim Merkmal des Zusammenhangs der Tötung mit einem der genannten Delikte ist vor allem der Charakter dieses Zusammenhangs. Im Schrifttum wird hauptsächlich auf das Bestehen eines funktionellen, und nicht unbedingt eines zeitlichen Zusammenhangs zwischen den beiden Straftaten abgestellt.[121] Ein solcher Zusammenhang wird vor allem bejaht, wenn die Tötung als Mittel zur Erreichung krimineller, von den §§ 197, 252, 280 pol. StGB erfasster Zwecke diente oder zur Verdeckung bereits begangener Straftaten nach zitierten Vorschriften erfolgte.[122]

Die Bestrafung des Täters aus dem erhöhten Strafrahmen setzt nicht voraus, dass das Opfer der Geiselnahme, der Vergewaltigung oder des Raubes zugleich auch das Opfer der Tötung ist, worauf schon die Verfasser des Strafgesetzbuchs von 1997 hingewiesen haben.[123] Das Opfer der qualifizierten Tötung kann vielmehr auch die das Opfer der anderen Straftat beschützende Person bzw. ein zufälliger Zeuge sein. Eine rein wörtliche Auslegung des Begriffs „Zusammenhang" ergibt ferner, dass auch der Täter der im Zusammenhang stehenden Delikte nicht ein und dieselbe Person zu sein braucht. Nach *Jarosław Warylewski* zwingt der Wortlaut des Art. 148 § 2 Pt. 2 pol. StGB zur Annahme einer qualifizierten Tötung selbst dann, wenn das Opfer einer Vergewaltigung oder seine Angehörige den Vergewaltiger töten.[124] Diese Auffassung wird freilich von der herrschenden Lehre abgelehnt. Sie geht von der Annahme aus, dass zumindest die Person des Täters oder des Teilnehmers bei den beiden Straftaten ein und dieselbe sein muss.[125]

c) *Tötung aus besonders verwerflichen Beweggründen*

Die besonders verwerflichen Beweggründe als Merkmal der qualifizierten Tötung im Sinn des Art. 148 § 2 pol. StGB werden in Rechtsprechung und Schrifttum

---

[120] Vgl. *Michalski*, in: Wąsek (Hrsg.), Kodeks, Art. 148 Rn. 124; kritisch zu solcher Gesetzesfassung *Daszkiewicz*, Przestępstwa, S. 54 ff.

[121] Vgl. *Kasprzycki*, CPKiNP 1999, Nr. 2, 127 ff.; *Kokot*, Zabójstwo, S. 165; *Michalski*, in: Wąsek (Hrsg.), Kodeks, Art. 148 Rn. 134; *Zoll*, in: ders. (Hrsg.), Kodeks, Art. 148 Nr. 39 f.

[122] Vgl. *Kasprzycki*, CPKiNP 1999, Nr. 2, 129; *Michalski*, in: Wąsek (Hrsg.), Kodeks, Art. 148 Rn. 135; *Zoll*, in: ders. (Hrsg.), Kodeks, Art. 148 Nr. 39.

[123] Vgl. Nowe kodeksy karne, S. 183; vgl. auch *Kasprzycki*, CPKiNP 1999, Nr. 2, 129; *Michalski*, in: Wąsek (Hrsg.), Kodeks, Art. 148 Rn. 136; *Zoll*, in: ders. (Hrsg.), Kodeks, Art. 148 Nr. 39.

[124] Vgl. *Warylewski*, in: Wąsek (Hrsg.), Kodeks, Art. 197 Rn. 172.

[125] Vgl. *Kokot*, Zabójstwo, S. 165 f.; *Marek*, Kodeks, Art. 148 Nr. 16; *Zoll*, in: ders. (Hrsg.), Kodeks, Art. 148 Nr. 43.

als solche Beweggründe definiert, die nach allgemeiner Auffassung erheblich tadelnswert sind und in der Gesellschaft Reaktionen wie Empörung, Zorn und starke Missbilligung auslösen.[126] Die Formulierung eines abstrakten Maßstabes, nach dem die Verwerflichkeit der Beweggründe zu beurteilen wäre, wird im Schrifttum vermieden und grundsätzlich nicht für möglich gehalten.[127] Die Bewertung der Handlungsmotive sollte folglich stets einzelfallbezogen erfolgen. Unter anderem wird die besondere Verwerflichkeit der Beweggründe in den folgenden Fällen angenommen: bei den meisten Raubmorden, solange sie nicht auf notstandsähnlichen Situationen beruhen; bei der Tötung einer der Befriedigung des Geschlechtstriebs im Wege stehenden Person; bei der Tötung aus Rache wegen der Verweigerung des Geschlechtsverkehrs; bei der Tötung zur Erlangung eines Nachlasses; bei der Tötung eines Konkurrenten um eine begehrte Stelle; bei einer bezahlten Auftrags-Tötung; bei der Tötung aus unwesentlichen Gründen (z.B. zum Vergnügen oder aus Langeweile); bei der Tötung zur Eliminierung von Menschen aus der Gesellschaft, die der Täter als Menschen „zweiter Kategorie" betrachtet.[128]

Im Gegensatz zu den meisten Autoren, die den Begriff der besonders verwerflichen Beweggründe vor allem durch kasuistische Aufzählung von Beispielsfällen erläutern, lässt sich den Ausführungen von *Magdalena Budyn* ein allgemeines Bewertungskriterium entnehmen. Nach ihrer Auffassung liegt ein besonders verwerflicher Beweggrund immer dann vor, wenn der Täter ohne Rücksicht auf Mitmenschen, allein zur Befriedigung eigener Wünsche, die keine elementaren biologischen oder psychischen Bedürfnisse darstellen, einen Menschen tötet.[129]

Zum Schluss ist noch zu bemerken, dass nach h.A. die Verwirklichung des Merkmals der besonders verwerflichen Beweggründe direkten Vorsatz *(dolus directus)* voraussetzt.[130]

d) Tötung unter Verwendung von Schusswaffen oder Sprengstoff

Ein weiteres Merkmal der qualifizierten Tötung ist im polnischen Strafrecht die Tötung unter Verwendung von Schusswaffen oder Sprengstoff. Umstritten ist hier vor allem der Grund für eine pauschale Annahme der erhöhten Strafwürdigkeit. Nach der herrschenden Auffassung handelt es sich beim Qualifikationsmerkmal der

---

126 Vgl. SA Lublin Prok. i Pr. 2001, Nr. 5/27; *Marek*, Kodeks, Art. 148 Nr. 17; *Zoll*, in: ders. (Hrsg.), Kodeks, Art. 148 Nr. 46.

127 Vgl. *Kokot*, Zabójstwo, S. 189; *Zoll*, in: ders. (Hrsg.), Kodeks, Art. 148 Nr. 47.

128 Vgl. *Budyn*, Prok. i Pr. 2000, Nr. 9, 40 ff.; *Marek*, Kodeks, Art. 148 Nr. 17; *Michalski*, in: Wąsek (Hrsg.), Kodeks, Art. 148 Rn. 158 ff.; *Zoll*, in: ders. (Hrsg.), Kodeks, Art. 148 Nr. 47 ff.

129 Vgl. *Budyn*, Prok. i Pr. 2000, Nr. 9, 41.

130 Vgl. *Kasprzycki*, CPKiNP 1999, Nr. 2, 136; *Kokot*, Zabójstwo, S. 194; *Michalski*, in: Wąsek (Hrsg.), Kodeks, Art. 148 Rn. 175; nach anderer Ansicht reicht bereits die Tötung mit bedingtem Vorsatz, vgl. *Zoll*, in: ders. (Hrsg.), Kodeks, Art. 148 Nr. 52.

Verwendung von Schusswaffen oder Sprengstoff *de facto* um ein kriminalpolitisches Instrument zur Bekämpfung organisierter Kriminalität.[131] Es kann dennoch nicht übersehen werden, dass durch dieses Merkmal auch Fälle mit allein handelndem bewaffnetem Täter erfasst werden.[132] Eine treffendere Begründung des Qualifikationsmerkmals der Verwendung von Schusswaffen gibt *Przemysław Palka*: Da Schusswaffen auch aus weiten Entfernungen anwendbar sind, wird das Opfer oft jeglicher Verteidigungsmöglichkeit beraubt. *Palka* scheint gerade in der erheblichen Gefährlichkeit dieses Tötungsmittels den Grund für die Schärfung der Strafandrohung zu erblicken.[133]

e) Die zusätzlichen Qualifizierungsmerkmale des Art. 148 § 3 pol. StGB

Nach Art. 148 § 3 pol. StGB ist der verschärfte Strafrahmen für die qualifizierte Tötung auch dann anzuwenden, wenn der Täter durch eine Tat mehr als eine Person tötet oder bereits wegen Tötung rechtskräftig verurteilt worden war. Der Grund dafür liegt offenbar in der Steigerung des Erfolgsunwerts. Im Übrigen ist dieses Qualifikationsmerkmal nicht ganz unproblematisch. Über die Schwierigkeiten bei der Grenzziehung zwischen der Einheit und der Mehrheit von Taten hinaus wird im Schrifttum darauf hingewiesen, dass durch die Strafrahmenschärfung bei der Tötung mehrerer Menschen durch eine Tat die Verursachung gleicher Folgen durch mehrere Taten zu Unrecht privilegiert wird.[134] Was die subjektive Tatseite angeht, so wird nach h.A. vorsätzliches Handeln im Hinblick auf alle Todesfolgen vorausgesetzt, wobei bedingter Vorsatz genügen sollte.[135]

Die Strafrahmenschärfung wegen vorheriger, rechtskräftiger[136] Verurteilung wegen Tötung[137] gemäß Art. 148 § 3 pol. StGB ist eine Sonderregelung im Verhältnis zur allgemeinen Rückfallvorschrift des Art. 64 pol. StGB.[138] Zu Recht zählt *Andrzej Zoll* den Umstand der vorherigen Verurteilung nicht zu den Merkmalen der qualifizierten Tötung.[139] Die Rückfälligkeit stellt nämlich lediglich ein Indiz für die erhöhte Schuld des Täters dar, sodass eine wesentliche und obligatorische Anhe-

---

[131] Vgl. *Bryła*, Prok. i Pr. 2001, Nr. 3, 68; *Kasprzycki*, CPKiNP 1999, Nr. 2, 136; *Kokot*, Zabójstwo, S. 196; *Michalski*, in: Wąsek (Hrsg.), Kodeks, Art. 148 Rn. 179.

[132] Vgl. *Zoll*, in: ders. (Hrsg.), Kodeks, Art. 148 Nr. 54.

[133] Vgl. *Palka*, Przegląd Policyjny 1998, Nr. 2, 23.

[134] Vgl. *Daszkiewicz*, Monitor Prawniczy 1997, Nr. 12, 482 f.; *Kokot*, Zabójstwo, S. 212 ff.

[135] Vgl. *Kasprzycki*, CPKiNP 1999, Nr. 2, 140; *Michalski*, in: Wąsek (Hrsg.), Kodeks, Art. 148 Rn. 222; *Zoll*, in: ders. (Hrsg.), Kodeks, Art. 148 Nr. 63.

[136] Kritisch zur Voraussetzung der Rechtskräftigkeit der Verurteilung *Daszkiewicz*, Monitor Prawniczy 1997, Nr. 12, 483.

[137] Es ist umstritten, ob als Tötung im Sinn des Art. 148 § 3 pol. StGB auch privilegierte Tötungsdelikte gemeint sind, vgl. *Kokot*, Zabójstwo, S. 229.

[138] Vgl. *Michalski*, in: Wąsek (Hrsg.), Kodeks, Art. 148 Rn. 244.

[139] Vgl. *Zoll*, in: ders. (Hrsg.), Kodeks, Art. 148 Nr. 32.

bung der Untergrenze des Strafrahmens in diesen Fällen ausschließlich auf dem Gedanken der Tätergefährlichkeit beruhen und somit eher zu den Sicherungsmaßnahmen gezählt werden kann.

3. Die privilegierten Tötungsdelikte

a) Tötung im Affekt

Nach Art. 148 § 4 pol. StGB wird derjenige, der einen Menschen unter starker, durch die Umstände entschuldbarer Erregung tötet, mit Freiheitsstrafe von einem Jahr bis zu zehn Jahren bestraft.[140] Unter dem Begriff der starken Erregung wird ein physiologischer Zustand verstanden,[141] der sich durch wesentliche Einschränkung der Kontrollwirkung des Intellekts infolge intensiver emotionaler Erlebnisse auszeichnet.[142] Der Strafrahmen nach Art. 148 § 4 pol. StGB ist freilich nur anwendbar, wenn die starke Erregung vor dem Hintergrund der geltenden Moral- und Wertvorstellungen verständlich erscheint und somit durch die Umstände entschuldbar ist.[143] Die unmittelbaren Ursachen der Erregung des Täters müssen folglich in der Außenwelt liegen und nicht allein von ihm verschuldet sein.[144] Erforderlich ist ferner eine gewisse Verhältnismäßigkeit der Reaktion des Täters auf die Erregungsursachen.[145]

In der Rechtsprechung wird Art. 148 § 4 pol. StGB hauptsächlich auf Fälle angewandt, in denen der eine starke Erregung des Täters auslösende Impuls vom späteren Opfer ausgeht und sein Verhalten nach allgemeiner Auffassung zumindest als tadelnswert anzusehen ist.[146]

b) Kindestötung

Einen Sonderfall der Tötung im Affekt bildet der in Art. 149 pol. StGB geregelte Privilegierungstatbestand der Kindestötung. Nach dieser Vorschrift ist eine Mutter, die ihr Kind in der Geburtszeit unter dem Eindruck des Verlaufs der Entbindung

---

140 Übersetzung übernommen aus: *Weigend*, Das polnische Strafgesetzbuch.

141 Als Gegensatz zum pathologischen Zustand, vgl. *Gardocki*, Prawo karne, S. 230; *Michalski*, in: Wąsek (Hrsg.), Kodeks, Art. 148 Rn. 282; *Zoll*, in: ders. (Hrsg.), Kodeks, Art. 148, Nr. 68.

142 Vgl. *Gardocki*, Prawo karne, S. 230; *Górniok*, in: dies. u.a., Kodeks, Art. 148 Nr. 13; *Marek*, Kodeks, Art. 148 Nr. 24.

143 Vgl. *Gardocki*, Prawo karne, S. 230; *Zoll*, in: ders. (Hrsg.), Kodeks, Art. 148 Nr. 72.

144 Vgl. *Michalski*, in: Wąsek (Hrsg.), Kodeks, Art. 148 Rn. 261 f.; *Zoll*, in: ders. (Hrsg.), Kodeks, Art. 148 Nr. 74.

145 Vgl. *Gardocki*, Prawo karne, S. 230; *Górniok*, in: dies. u.a., Kodeks, Art. 148 Nr. 14; *Michalski*, in: Wąsek (Hrsg.), Kodeks, Art. 148 Rn. 262 und 278.

146 Vgl. *Gardocki*, Prawo karne, S. 230 f.; *Marek*, Kodeks, Art. 148 Nr. 25.

tötet, mit Freiheitsstrafe von drei Monaten bis zu fünf Jahren zu bestrafen. Da die angedrohte Strafe in Art. 149 pol. StGB deutlich milder als diejenige des Art. 148 § 4 pol. StGB ist, muss auch der psychische Zustand der Mutter in größerem Maß vom Normalzustand abweichen, als dies bei der Tötung im Affekt nach Art. 148 § 4 pol. StGB der Fall ist.[147]

Die Voraussetzung eines ursächlichen Zusammenhangs zwischen dem Verlauf der Entbindung und dem Tötungsentschluss bedeutet, dass die außerhalb des Geburtsgeschehens liegenden Umstände, wie insbesondere das soziale Umfeld oder die finanzielle Lage der Mutter, bei der Anwendung des Art. 149 pol. StGB ohne Bedeutung sind.[148] Derart eng gefasste Grenzen werden im Schrifttum als unrealistisch betrachtet, da die tatsächliche Ursache der Kindestötung regelmäßig nichts mit der Geburt zu tun hat.[149]

Der Begriff der „Geburtszeit" im Sinn des Art. 149 pol. StGB wird breit ausgelegt. Art. 149 pol. StGB ist auch dann anwendbar, wenn die Tötung in den der Entbindung unmittelbar folgenden Stunden oder Tagen erfolgte, solange die sonstigen Voraussetzungen der Strafmilderung nach Art. 149 pol. StGB erfüllt sind.[150]

c) Tötung auf Verlangen

Gemäß Art. 150 § 1 pol. StGB wird mit Freiheitsstrafe von drei Monaten bis zu fünf Jahren bestraft, wer einen Menschen auf dessen Verlangen und aus Mitleid mit ihm tötet. Die Anwendung des gemilderten Strafrahmens setzt folglich das kumulative Vorliegen von zwei Tatbestandsmerkmalen voraus. Erstes Merkmal ist das an den Täter gerichtete Verlangen des zukünftigen Opfers, ihm das Leben zu nehmen, wobei im Schrifttum zusätzlich die Ernsthaftigkeit und Eindeutigkeit des Verlangens sowie die freie Willensbildung und die Fähigkeit des Opfers, die Bedeutung des Verlangens zu erkennen, für erforderlich gehalten wird.[151] Zweitens muss der Tatentschluss auf einer innerlichen, schuldmindernden Konfliktlage beruhen, nämlich auf Mitleidsgefühlen, die eine Reaktion des Täters auf starke physische und nicht lediglich seelische Schmerzen des Opfers darstellen.[152] Derart enge Grenzen des Privilegierungstatbestands der Tötung auf Verlangen sind im Zusammenhang mit der Strafbarkeit der Anstiftung oder Beihilfe zum Selbstmord nach Art. 151

---

[147] Vgl. *Michalski*, in: Wąsek (Hrsg.), Kodeks, Art. 149 Rn. 10.

[148] Vgl. *Marek*, Kodeks, Art. 149 Nr. 2.

[149] Vgl. *Zoll*, in: ders. (Hrsg.), Kodeks, Art. 149 Nr. 2 f.

[150] Vgl. *Marek*, Kodeks, Art. 149 Nr. 2; *Michalski*, in: Wąsek (Hrsg.), Kodeks, Art. 149 Rn. 10 ff.

[151] Vgl. *Górniok*, in: dies. u.a., Kodeks, Art. 150 Nr. 3; *Marek*, Kodeks, Art. 150 Nr. 4; *Michalski*, in: Wąsek (Hrsg.), Kodeks, Art. 150 Rn. 14 f.; *Zoll*, in: ders. (Hrsg.), Kodeks, Art. 150 Nr. 11 ff.

[152] Vgl. *Gardocki*, Prawo karne, S. 232; *Marek*, Kodeks, Art. 150 Nr. 3.

pol. StGB zu betrachten. Nach dieser Vorschrift wird mit Freiheitsstrafe von drei Monaten bis zu fünf Jahren bestraft, wer durch Überredung oder durch Hilfeleistung einen Menschen veranlasst, Hand an sich zu legen.[153]

In Ausnahmefällen kann das Gericht die Strafe für die Tötung auf Verlangen im Sinn des Art. 150 § 1 pol. StGB außerordentlich mildern oder sogar von der Verhängung von Strafe absehen (Art. 150 § 2 pol. StGB). Hauptsächlich kommen hier Fälle in Betracht, in denen der Motivationsdruck infolge besonders intensiver Schmerzen des Opfers außerordentlich stark ist.[154]

C. Tötungsdelikte – Vergleich und Bewertung

Der Vergleich von Qualifizierungs- und Privilegierungsgründen bei den Tötungsdelikten im deutschen und im polnischen Strafrecht zeigt, dass die Kriterien der Abstufung der Tatschwere bei den untersuchten Delikten, trotz gewisser Differenzen im Hinblick auf die einzelnen Strafänderungsgründe, in der deutschen und polnischen Rechtsordnung im Prinzip die gleichen sind. Als solche generalisierbare Strafschärfungskriterien sind zu nennen: Verwerflichkeit der Motivation, Ausmaß der Verletzung des Rechtsguts Leben sowie anderer Rechtsgüter, Gefährlichkeit der Ausführungshandlung für das unmittelbar angegriffene Rechtsgut, Gefährlichkeit der Ausführungshandlung für andere Rechtsgüter als das unmittelbar angegriffene. Im Folgenden werden die einzelnen, in den untersuchten Rechtsordnungen vorgesehenen Strafänderungsgründe bei den Tötungsdelikten vor dem Hintergrund des jeweils einschlägigen, verallgemeinerten Abstufungskriteriums verglichen.

1. Kriterien der Qualifizierung

a) Gesinnungsunwert: Verwerflichkeit der Beweggründe

Das ausschließlich die Schuldfrage betreffende Qualifizierungskriterium der Verwerflichkeit der Beweggründe wird bei den Tötungsdelikten in beiden untersuchten Rechtsordnungen durch die Regelung eines generalklauselartig formulierten Qualifizierungsmerkmals berücksichtigt. Im deutschen Recht ist es das Merkmal des Handelns aus niedrigen Beweggründen, das beispielhaft durch die Merkmale des Handelns aus Mordlust, aus Habgier und zur Befriedigung des Geschlechtstriebs näher erläutert wird.[155] Der polnische Gesetzgeber begnügt sich

153 Übersetzung übernommen aus: *Weigend*, Das polnische Strafgesetzbuch.

154 Vgl. *Górniok*, in: dies. u.a., Kodeks, Art. 150 Nr. 4; *Zoll*, in: ders. (Hrsg.), Kodeks, Art. 150 Nr. 22.

155 Vgl. Teil 4, II.A.2.a) aa), bb), cc) und dd).

dagegen mit einer allgemeinen, nicht näher erläuterten Klausel der besonders verwerflichen Beweggründe.[156]

Sowohl in der deutschen als auch in der polnischen Rechtslehre wird versucht, einen allgemeinen Maßstab für die Bewertung der Verwerflichkeit von Beweggründen zu formulieren.[157] Im Wesentlichen setzten sich die vorgeschlagenen Begriffsbestimmungen der „besonders niedrigen Beweggründe“ aus zwei Elementen zusammen. Das erste, positive Definitionselement ist die egoistische Einstellung des Täters und das Handeln allein zur Befriedigung eigener Bedürfnisse und Wünsche. Das zweite, negative Element besteht darin, dass die Tatbegehung nicht zur Befriedigung elementarer, biologischer oder psychischer Bedürfnisse erfolgt bzw. nicht von schicksalhaften sozialen Situationen oder anderen Konfliktlagen bestimmt ist. Häufig bedienen sich Autoren bei der Definition der „besonders verwerflichen Beweggründe“ des Kriteriums der Relation zwischen dem Zweck der Handlung und dem Mittel bzw. zwischen dem Tatanlass und dem Tötungserfolg. Vorzugswürdig ist die zweite Alternative, da sie nicht nur den oft kurzfristigen Handlungszweck im Auge behält, sondern den ganzen Hintergrund der Entstehung des kriminellen Willens berücksichtigt.

Hilfreich bei der Bestimmung eines Maßstabes, nach dem die Verwerflichkeit von Beweggründen des Täters bewertet werden könnte, kann ein Blick auf diejenigen Milderungsgründe sein, die an die Motivation des Täters anknüpfen. Es handelt sich um die Tötung im Affekt (§ 213 dt. StGB und Art. 148 § 4 pol. StGB) und um das Vorliegen von Interessenkonflikten bei der Überschreitung der Notstands- oder Notwehrgrenzen (Art. 25 § 2, Art. 26 § 3 pol. StGB). In beiden Fällen wird der Täter besonders stark von den Impulsen der Außenwelt zur Tat veranlasst, die entweder in der Verletzung von rechtlich anerkannten Rechtsgütern oder in der Gefahr für solche Güter bestehen. Daraus kann geschlossen werden, dass die Beweggründe desto weniger entschuldbar und zugleich verwerflicher sind, je weniger solche äußere Impulse auf die Entscheidung des Täters hinwirken. Besonders niedrige Beweggründe liegen somit immer dann vor, wenn der Täter einen Menschen tötet, ohne dass er dies zur Abwendung zumindest einer geringen Gefahr für eigene oder fremde Rechtsgüter oder andere sozial anerkannte Interessen (z.B. Gefahr wirtschaftlicher Schwierigkeiten) tut bzw. ohne dass seine Tat eine Reaktion auf zumindest geringe Rechtsgutsverletzung oder -gefährdung darstellt. Eine solche, von den äußeren Impulsen unabhängige Motivation wird freilich in der Praxis wegen der meistens bestehenden Vielfältigkeit der Beweggründe nur selten der Fall sein. Folglich muss hier auf das krasse Missverhältnis zwischen dem Tötungserfolg einerseits und dem Grad der Gefährdung sowie dem Gewicht von gefährdeten bzw. verletzten Rechtsgütern oder Interessen andererseits abgestellt werden.

---

[156] Vgl. Teil 4, II.B.2.c).

[157] Vgl. Teil 4, II.A.2.a) dd) und II.B.2.c).

Im Zusammenhang mit diesen Ausführungen ist auf den Interpretationsansatz von *Bernd Müssig* hinzuweisen, der bei der Auslegung des Begriffs der „besonders niedrigen Beweggründe“ auf das Kriterium der alleinigen Tatverantwortung des Täters abstellt. Die entscheidende Frage bei der Mordqualifikation ist nach seiner Auffassung die Frage nach der Zurechnung des gesamten Tatkontextes zum Organisationskreis des Täters.[158] Der besonders niedrige Beweggrund sollte folglich verneint werden, wenn der Tatanlass in nicht unerheblichem Maß in den Verantwortungsbereich einer anderen Person als des Täters fällt.

b) Erfolgsunwert: Ausmaß der Verletzung des Rechtsguts Leben sowie anderer Rechtsgüter

Im Hinblick auf das Qualifizierungskriterium des verwirklichten Erfolgsunwerts stellen sich vor allem folgende Fragen: Welches Ausmaß müssen die Folgen einer Tötungshandlung haben, um die Verhängung von strengsten Strafsanktionen zu rechtfertigen, und kann bereits eine fahrlässige Verursachung dieser Folgen solche Konsequenzen nach sich ziehen?

Als erfolgsqualifizierendes Merkmal kommt in erster Linie die Vernichtung von mehreren Menschenleben durch eine Tat in Betracht. Während im polnischen Recht dieser Erschwerungsgrund ausdrücklich im Gesetzestext als eines der Merkmale der qualifizierten Tötung geregelt ist (Art. 148 § 3 pol. StGB), wird im deutschen Recht die Tötung mehrerer Menschen durch eine Tat lediglich als strafzumessungsrelevanter Umstand bei der Prüfung des Vorliegens eines „besonders schweren Falls“ des Totschlags anerkannt.[159]

Nach h.A. in der polnischen Rechtslehre reicht allein der verschuldete Eintritt von straferschwerenden zusätzlichen Todesfolgen für die Erhöhung des Strafrahmens nicht aus. Vielmehr ist in Abweichung von der allgemeinen Regelung des Art. 9 § 3 pol. StGB (zumindest Fahrlässigkeit hinsichtlich strafschärfender Folgen) ein zumindest bedingter Vorsatz im Hinblick auf alle Todesfolgen erforderlich.[160] Dem ist zuzustimmen, da eine lediglich fahrlässige Verursachung von zusätzlichen Todesfolgen die Verhängung von schwersten Strafsanktionen nicht zu rechtfertigen vermag.

Trotz der auf den ersten Blick einleuchtenden Rechtfertigung der Strafrahmenschärfung bei der Tötung mehrerer Menschen durch eine Tat wird dieses Qualifizierungsmerkmal in der polnischen Rechtslehre als durchaus problematisch betrachtet, da dadurch die Verursachung gleicher Folgen durch mehrere Taten zu

---

158 Vgl. *Müssig*, Mord und Totschlag, S. 425 ff.

159 Vgl. Teil 4, II.A.2.b).

160 Vgl. Teil 4, II.B.2.e).

Unrecht privilegiert wird.[161] Das Problem liegt freilich nicht in der Strafrahmenerhöhung wegen gleichzeitiger Tötung mehrerer Menschen, sondern in der Regelung der Gesamtstrafe. Werden beispielsweise mehrere selbstständige Tötungsdelikte begangen, für die jeweils eine Freiheitsstrafe von 15 Jahren oder eine niedrigere Strafe verhängt wird, so darf die Gesamtstrafe sowohl nach polnischem (Art. 86 § 1 pol. StGB) als auch nach deutschem Recht (§ 54 Abs. 2 Satz 2 dt. StGB)[162] das Höchstmaß von 15 Jahren Freiheitsstrafe nicht übersteigen, selbst wenn die Gesamtstrafe hinter der Summe der Einzelstrafen erheblich zurückbleiben würde.

Als ein weiterer erfolgsbezogener Strafschärfungsgrund kommt die Zufügung von körperlichen oder seelischen Schmerzen im Rahmen der Tötungshandlung in Betracht, die über das für die Tötung erforderliche Maß weit hinausgehen. Erfasst wird dieser Erschwerungsgrund in beiden Rechtsordnungen durch das Qualifizierungsmerkmal der Grausamkeit der Tötung.[163] Eine bloße Verursachung der bezeichneten Folgen kann auch hier für die Erhöhung des gesamten Strafrahmens nicht genügen. Die Verhängung der härtesten Strafen setzt vielmehr das Vorliegen eines zumindest bedingten Vorsatzes voraus.[164] Gerade zur Vermeidung der Folgen der sonst geltenden, allgemeinen Bestimmung über das Fahrlässigkeitserfordernis hinsichtlich der strafschärfenden Folgen einer Straftat wird im polnischen Schrifttum beim Merkmal der Grausamkeit nicht auf den tatsächlichen Eintritt von beabsichtigten Folgen, sondern allein auf die Art und Weise der Tötungshandlung abgestellt.[165] Entscheidend für die Strafrahmenschärfung sollte somit eine abstrakt gefährliche, grausame Vorgehensweise sein.

Fälle der abstrakten oder konkreten Gefährdung von nicht unmittelbar angegriffenen Rechtsgütern werden im Rahmen eines selbstständigen Qualifizierungskriteriums behandelt. Im Zusammenhang mit dem Merkmal der Grausamkeit ist noch auf eine Fallgruppe hinzuweisen, bei der die Tatschwere nach Maßgabe des Kriteriums des verwirklichten Erfolgsunwerts der grausamen Tötung gleichkommt. Es handelt sich um die Fälle, in denen der Täter noch im Rahmen der Tötungshandlung oder als deren Folge einer anderen Person als dem Tötungsopfer erhebliche, seelische oder auch körperliche Schmerzen zufügt, die weit über das mit der Tötung eines Menschen typischerweise verbundene Maß hinausgehen. Werden diese Folgen vom Vorsatz des Täters erfasst und sind sie ihm auch objektiv zurechenbar, so sind die Unterschiede zur grausamen Tötung, zumindest was das Ausmaß des verwirklichten Erfolgsunwerts angeht, nicht erkennbar. Als Beispiel kann der Fall

---

161 Vgl. Teil 4, II.B.2.e).

162 Vgl. *Lackner/Kühl*, § 54 Rn. 4.

163 Vgl. Teil 4, II.A.2.a) ff) und II.B.2.a).

164 Ebd.

165 Vgl. Teil 4, II.B.2.a).

dienen, in dem nicht die Angehörigen des späteren Opfers vor dessen Augen, sondern das Opfer vor den Augen der leidenden Angehörigen brutal umgebracht wird.

Vor dem Hintergrund der bisherigen Ausführungen lassen sich folgende Schlussfolgerungen und zum Teil auch Vorschläge *de lege ferenda* formulieren: Im Hinblick auf sämtliche strafrahmenschärfende Folgen einer Tötungshandlung ist zumindest ein bedingter Vorsatz des Täters zu verlangen. Angesichts der Schwere der drohenden Strafe muss hier somit von der allgemeinen Regelung des § 18 dt. StGB bzw. des Art. 9 § 3 pol. StGB abgewichen werden. Als Rechtsgüter, deren Verletzung die Schärfung des gesamten Strafrahmens bei den Tötungsdelikten rechtfertigen kann, kommen das Leben unbeteiligter Dritter und die körperliche Unversehrtheit des Tötungsopfers sowie anderer Personen in Betracht. In letzterem Fall sollte erst die Zufügung von solchen Schmerzen für die Strafrahmenschärfung schwer genug sein, deren Ausmaß die mit der Tötung typischerweise verbundenen körperlichen oder seelischen Qualen erheblich übersteigt.

c) Handlungsunwert: Gefährlichkeit der Ausführungshandlung für das unmittelbar angegriffene Rechtsgut

Das Qualifizierungskriterium des Handlungsunwerts bezieht sich in erster Linie auf die Gefährlichkeit der Ausführungshandlung für das vom Täter unmittelbar angegriffene Rechtsgut des menschlichen Lebens. Die Frage, die sich hier stellt, lautet: Inwiefern sind dem angegriffenen Opfer Verteidigungs- oder Rettungsmaßnahmen unmöglich gemacht? Oder anders formuliert: In welchem Ausmaß ist das Opfer dem Täter ausgeliefert?

Im deutschen Recht liegt dieses Kriterium dem Mordmerkmal der heimtückischen Tötung zugrunde. Heimtücke liegt vor, wenn der Täter eine zum Zeitpunkt des Angriffs objektiv bestehende Arglosigkeit und daraus resultierende Wehrlosigkeit des Opfers bewusst zur Tötung ausnutzt.[166] An andere Tatumstände knüpft der polnische Gesetzgeber an. Als besonders gefährlich betrachtet er Tötungshandlungen, die unter Verwendung von Schusswaffen oder Sprengstoff vorgenommen werden.[167] Das Gefährlichkeitspotenzial solcher Handlungsarten liegt hier einerseits in der Möglichkeit der Verwendung von Schusswaffen aus weiten Entfernungen, was die Vornahme von Rettungs- und Abwehrmaßnahmen wesentlich erschwert, und andererseits in der bei der Verwendung von Schusswaffen oder Sprengstoff häufig bestehenden Arglosigkeit des Opfers.

Bei näherer Betrachtung der gesetzlichen Bestimmungen über Tötungshandlungen, deren besondere Gefährlichkeit höchste Strafen rechtfertigt, fällt auf, dass jeder der beiden Gesetzgeber bei der Auswahl der Qualifizierungsmerkmale unter

---

166 Vgl. Teil 4, II.A.2.a) ee).

167 Vgl. Teil 4, II.B.2.d).

dem Gesichtspunkt der Gefährlichkeit der Ausführungshandlung sehr selektiv vorgegangen ist. Nach deutschem Recht liegt Mord bei einer heimtückischen Tötung vor, nicht mehr aber bei der Tötung von völlig wehrlosen und damit dem Täter ausgelieferten Bewusstlosen, Kindern oder Behinderten. Wird das Opfer wegen der Verwendung von bestimmten Tötungsmitteln jeglicher Verteidigungsmöglichkeit beraubt, so liegt nach deutschem Recht ebenfalls kein Mordtatbestand vor. Dies gilt freilich nur, solange keine Gemeingefahr besteht. Durch noch weitergehende Selektivität bei der Auswahl der Qualifizierungsmerkmale nach dem Kriterium der Gefährlichkeit der Ausführungshandlung zeichnet sich das polnische Recht aus, nach dem lediglich die Verwendung von Schusswaffen oder Sprengstoff ausdrücklich als besonders gefährlich eingestuft wird.

De lege ferenda wäre es empfehlenswert, bei den Tötungsdelikten sowohl im deutschen als auch im polnischen Recht die Strafschärfung wegen besonderer Gefährlichkeit der Ausführungshandlung für das unmittelbar angegriffene Rechtsgut unter Beachtung folgender Anmerkungen neu zu regeln: Die Anhebung des gesamten Strafrahmens ist zunächst nach dem Vorbild des deutschen Rechts bei der heimtückischen Tötung eines an sich verteidigungsfähigen Menschen gerechtfertigt. Des Weiteren sollte die Verhängung der höchsten Strafen nach dem Vorbild des polnischen Rechts bei der Verwendung von bestimmten Tötungsmitteln in Betracht kommen, die die Möglichkeit der Ergreifung von Rettungsmaßnahmen durch das Opfer wesentlich einschränken (z.B. Verwendung von Schusswaffen). Schließlich kann das Gewicht des Handlungsunwerts die Schärfung des gesamten Strafrahmens auch dann rechtfertigen, wenn die Eigenschaften des Opfers es zu einem wehrlosen Objekt der Tötungshandlung machen. Diese Fallgruppe sollte die Fälle erfassen, in denen die Tötungshandlung sich gegen verteidigungsunfähige Behinderte, Kinder oder Bewusstlose richtet.

d) Handlungsunwert: Gefährlichkeit der Ausführungshandlung für andere Rechtsgüter als das unmittelbar angegriffene

Bei diesem Qualifizierungskriterium kommt es nicht mehr auf Verteidigungs- oder Rettungsmöglichkeiten des unmittelbaren Opfers an, sondern auf die abstrakte oder konkrete Gefährdung von anderen Rechtsgütern. Da hier der Verletzungserfolg nicht vorausgesetzt wird, sollte das Minus an Erfolgsunwert durch ein Plus an Handlungsunwert ausgeglichen werden. Die Fragen, die sich hier stellen, betreffen vor allem das Mindestgewicht der gefährdeten Rechtsgüter sowie die Wahrscheinlichkeit von deren Verletzung.

Das deutsche Strafgesetzbuch sieht unter dem Gesichtspunkt der Gefährlichkeit der Ausführungshandlung für andere Rechtsgüter als das unmittelbar Angegriffene ein generalklauselartiges Mordmerkmal der Verwendung von gemeingefährlichen

Mitteln vor.[168] Dabei kommt es auf die Gefahr für das Leben unbeteiligter Dritter an, die sich aus der fehlenden Beherrschbarkeit des verwendeten Tötungsmittels in der konkreten Tatsituation ergibt. Eine ähnliche Funktion könnte im polnischen Recht der Verwendung von Sprengstoff oder Schusswaffen zukommen, obwohl hier weder ein bestimmter Grad an Konkretisierung der Gefahr noch ein Mindestgewicht von gefährdeten Rechtsgütern vorausgesetzt wird.[169] Angesichts auffälliger Kasuistik bei der Regelung der qualifizierten Tötung nach Maßgabe der Gefährlichkeit der Ausführungshandlung sowie der Tatsache, dass bereits eine potenzielle Gefährdung von beliebigen Drittgütern durch Verwendung solcher Tötungsmittel wie Sprengstoff oder Schusswaffe für die Strafrahmenschärfung ausreichen sollte, muss jedoch davon ausgegangen werden, dass das Qualifizierungsmerkmal der Verwendung von Schusswaffen oder Sprengstoff in erster Linie die verminderte Verteidigungsmöglichkeit des unmittelbaren Opfers und nicht die Gefährlichkeit der Tötungshandlung für andere Rechtsgüter als das Opferleben berücksichtigt.

Vorzugswürdig ist im Ergebnis das deutsche Modell, das eine breite Grundlage für die Berücksichtigung sämtlicher Fälle der Gefährlichkeit der Tötungshandlung für andere hoch geschätzte Rechtsgüter vorsieht. Die höchste Strafwürdigkeitsstufe sollte folglich bei den Tötungsdelikten immer dann bejaht werden, wenn wegen der Art der Ausführungshandlung in der konkreten Tatsituation Gefahr auch für das Leben anderer Menschen als das unmittelbare Opfer oder zumindest Gefahr der Verursachung schwerer Körperverletzungen bei mehreren Menschen besteht.

Unter dem Gesichtspunkt der Gefährdung anderer Rechtsgüter als das Leben des Opfers sind auch weitere Merkmale der qualifizierten Tötung sowohl im deutschen als auch im polnischen Recht relevant. Es handelt sich um die Tötung zur Verdeckung und die Tötung zur Ermöglichung einer Straftat. Im deutschen Strafrecht werden diese Motive ausdrücklich als Mordmerkmale in § 211 Abs. 2 dt. StGB genannt. Sie sind als Merkmale konzipiert, die ausschließlich die subjektive Tatseite betreffen und eine objektive Strafbarkeit der Nachtat bzw. der zu verdeckenden Tat nicht voraussetzen.[170] Im polnischen Strafrecht bilden sie die Hauptanwendungsfälle des Tatbestands der Tötung „im Zusammenhang mit einer Geiselnahme, einer Vergewaltigung oder einem Raub".[171] Eine solche Formulierung der Voraussetzungen gerade der qualifizierten Tötung ist aus der Perspektive der Rechtssicherheit und des Schuldprinzips nicht akzeptabel. Erstens führt die Unbestimmtheit des Begriffs „Zusammenhang" zu unakzeptablen Ergebnissen, indem die Tötung des Vergewaltigers durch das Vergewaltigungsopfer den wörtlich ausgelegten Tatbestand der qualifizierten Tötung erfüllt. Zweitens kann die Begrenzung der im Zusammenhang mit der Tötung stehenden Delikte auf Geiselnahme, Vergewal-

---

168 Vgl. Teil 4, II.A.2.a) gg).

169 Vgl. Teil 4, II.B.2.d).

170 Vgl. Teil 4, II.A.2.a) hh) und ii).

171 Vgl. Teil 4, II.B.2.b).

tigung und Raub dem Einwand einer das Schuldprinzip verletzenden Kasuistik nicht standhalten.

Die vor allem im deutschen Schrifttum vertretenen Ansätze zur Begründung der Strafschärfung wegen Verdeckungs- oder Ermöglichungsabsicht beruhen im Wesentlichen entweder auf der Behauptung einer besonderen Verwerflichkeit der Motivation des Täters oder auf generalpräventiven Gesichtspunkten.[172] Der erstere Begründungsversuch kann beim Merkmal der Ermöglichungsabsicht schon deshalb nicht überzeugen, weil die Ermöglichung einer Straftat lediglich einen „vorläufigen" Beweggrund darstellt, während die tatsächliche Motivation des Täters erst im Zusammenhang mit der Nachtat ermittelt werden kann. Die wahren Motive der Tötung sind mit anderen Worten nur erkennbar, wenn man von den Beweggründen der Nachtat (z.B. des Raubes) erfährt. Beim Merkmal der Verdeckungsabsicht steht dagegen der pauschalen Annahme der besonders niedrigen Beweggründe bereits die schuldmindernde psychische Zwangslage, in der sich der Täter befindet, entgegen. Auch das zweite, auf generalpräventive Aspekte abstellende Begründungsmodell ist nicht ganz einwandfrei. Es stellt sich vor allem die Frage, ob die Verhängung der lebenslangen Freiheitsstrafe allein zur Abschreckung potenzieller Täter oder zur Bestätigung der Durchsetzungskraft der Rechtsordnung nicht gegen das Schuldprinzip verstößt.

Über die bisher erörterten Begründungsversuche hinaus könnte die Strafschärfung wegen Verdeckungs- oder Ermöglichungsabsicht nach der hier vertretenen Ansicht auch unter dem Gesichtspunkt der Gefährdung anderer Rechtsgüter als des unmittelbar Angegriffenen gerechtfertigt werden. Die Tötung eines Menschen zur Verdeckung einer Straftat gefährdet in erheblichem Maß das Interesse der Allgemeinheit an der Aufklärung und Verfolgung von Straftaten. Die Selbstbegünstigungstendenz kann hier den Täter wegen der Gewaltanwendung und der Vernichtung menschlichen Lebens nicht mehr privilegieren. Die Tötung eines Menschen zur Ermöglichung einer Straftat gefährdet hingegen Rechtsgüter, deren Verletzung im Rahmen der Nachtat beabsichtigt wird, indem die tatsächlichen oder potenziellen Verteidiger dieser Rechtsgüter durch die Tötungshandlung beseitigt werden. So gesehen stellt die Tötung mit Ermöglichungsabsicht *de facto* einen Versuch oder zumindest eine Vorbereitung der Nachtat dar. Im Gegensatz zum Mordmerkmal der Verwendung von gemeingefährlichen Mitteln kommt es bei der Verdeckungs- oder Ermöglichungsabsicht nicht unbedingt auf die Schaffung objektiver Bedingungen für die Verletzung weiterer Rechtsgüter an. Insbesondere braucht die Tötung eines Menschen, objektiv gesehen, kein geeignetes Mittel zur Ermöglichung oder zur Verdeckung einer anderen Straftat zu sein. Dieses Minus an Unrecht wird auf der Seite des subjektiven Handlungsunrechts durch die Voraussetzung der höchsten Vorsatzform – der Absicht – wieder ausgeglichen.

---

172 Vgl. Teil 4, II.A.2.a) hh) und ii).

Fraglich ist, ob die infolge der Tötung mit Verdeckungs- oder Ermöglichungsabsicht gefährdeten Rechtsgüter ein gewisses Mindestgewicht haben müssen, um die Bestrafung der Tötung aus einem höheren Strafrahmen rechtfertigen zu können. Dies wäre jedenfalls in Bezug auf das deutsche Recht, nach dem das Mordmerkmal der Verwendung von gemeingefährlichen Mitteln nur bei einer Gefahr für das Leben anderer Menschen vorliegt, zu bejahen. Um konsequent zu bleiben, müsste man folglich bei der Tötung zur Ermöglichung einer Straftat fordern, dass die Nachtat sich gegen höchstpersönliche Güter wie Leben, Leib, sexuelle Selbstbestimmung oder andere, diesen gleichrangige Rechtsgüter richtet. Eine Mordqualifizierung wegen des Handelns zur Ermöglichung einer Nachtat, die objektiv gesehen nicht einmal eine strafbare Handlung darstellt, sollte demnach von Vornherein ausscheiden. Die Tötung zur Verdeckung einer Straftat ist aus dieser Perspektive als Mordmerkmal kaum noch gerechtfertigt, da die Verletzung des Interesses der Allgemeinheit an der Aufklärung von Straftaten im Vergleich zu anderen Delikten ein relativ geringes Gewicht hat. Im Hinblick auf die Lösung des polnischen Gesetzgebers ist ein Versuch erkennbar, den Katalog von Delikten, die im Zusammenhang mit der Tötung stehen können, nach Maßgabe von deren Gewicht zu beschränken. Dies ist allerdings alles andere als geglückt. Die Begrenzung der qualifizierten Tötungsfälle auf die Tötung im Zusammenhang mit eng verstandenen Delikten der Geiselnahme, Vergewaltigung und des Raubes ist mit dem Schuldprinzip nur eingeschränkt vereinbar.

2. Kriterien der Privilegierung

a) Verminderte Schuldfähigkeit (Affektzustände)

In den beiden untersuchten Rechtsordnungen stellt die Tötung im Affektzustand eine privilegierte, mit Freiheitsstrafe von einem Jahr bis zu zehn Jahren bedrohte Form des Tötungsdelikts dar.[173] Während jedoch im deutschen Recht der Privilegierungstatbestand der Tötung im Affekt eine rechtlich missbilligte Provokation des späteren Opfers voraussetzt, ist im polnischen Strafrecht eine breite, nicht nur auf Provokationsfälle begrenzte Milderungsgrundlage vorgesehen. Die Differenzen sind allerdings nur scheinbar, da die Affekttötung im deutschen Recht lediglich ein gesetzliches Beispiel für „minder schwere Fälle" des Totschlags bildet.

Als Wesensmerkmale des Strafmilderungsgrundes des Handelns im Affekt sind in beiden Rechtsordnungen der unverschuldete Zustand höchster Erregung und eine gewisse Verhältnismäßigkeit der Reaktion des Täters auf die Erregungsursachen anerkannt.

Unterschiedlich wird der mit dem Tatbestand der Tötung im Affekt eng verwandte Fall der Kindestötung bewertet. Während er im deutschen Recht aus dem

[173] Vgl. Teil 4, II.A.3.a) und II.B.3.a).

Strafrahmen für die Tötung im Affekt und sonstige „minder schwere Fälle“ des Totschlags zu bestrafen ist,[174] sieht das polnische Recht einen besonderen Strafrahmen für die Kindestötung – Freiheitsstrafe von drei Monaten bis zu fünf Jahren – vor.[175] Ob die Verminderung der Schuldfähigkeit der Mutter unter dem Einfluss des Entbindungsverlaufs ein größeres Ausmaß als in sonstigen Affektfällen hat, kann nur im Rahmen psychologischer bzw. medizinischer Abhandlungen beantwortet werden.

An dieser Stelle ist noch zu bemerken, dass die Strafmilderung wegen der verminderten Schuldfähigkeit beim Handeln im Zustand höchster Erregung, ebenso wie die Regelung aller anderen, nicht auf Besonderheiten des jeweiligen Delikts bezogenen Schuldminderungsgründe, an sich zum Regelungsbereich des Allgemeinen Teils gehört. Sollte die Strafmilderung wegen des Handelns im Affektzustand bereits im Allgemeinen Teil normiert werden, so läge nicht nur ein einheitlicher Maßstab für die Berechnung des gemilderten Strafrahmens bei allen Deliktstypen vor, sondern es wäre auch das Problem der Strafrahmenwahl beim Zusammentreffen von privilegierenden und qualifizierenden Merkmalen weitgehend beseitigt. Der oft schwerer wiegenden Tatschwere bei der Tatbegehung im temporären Affektzustand im Vergleich zum Fall der auf pathologischen Ursachen beruhenden Verminderung der Schuldfähigkeit könnte dadurch Rechnung getragen werden, dass im ersteren Fall eine fakultative und im letzteren Fall eine obligatorische Strafrahmenmilderung anwendbar wäre, worauf bereits oben im Zusammenhang mit dem allgemeinen Strafmilderungsgrund der erheblich verminderten Schuldfähigkeit hingewiesen wurde.[176]

b) Vorliegen von Interessenkonflikten

Zu den „minder schweren Fällen“ des Totschlags im Sinn des § 213 dt. StGB werden in der deutschen Rechtsprechung und Lehre unter anderem auch die Fälle der Überschreitung der Notwehr- oder Notstandsgrenzen sowie die Tötung aus Mitleid oder Verzweiflung gezählt.[177] Im Prinzip handelt es sich in diesen Fällen um die Überschreitung der Grenzen eines rechtlich anerkannten Rechtfertigungs- oder Entschuldigungsgrundes, die im polnischen Strafrecht bereits im Allgemeinen Teil als ein Strafmilderungsgrund normiert ist.[178] Aus den gleichen Gründen wie bei

---

174 Vgl. Teil 4, II.A.3.a), der Privilegierungstatbestand der Kindestötung (§ 217 dt. StGB a.F.) wurde im deutschen Recht abgeschafft, da er sich ausschließlich auf die Tötung des nichtehelichen Kindes bezog und somit nicht mehr zeitgemäß war, vgl. Schönke/Schröder-*Eser*, § 213 Rn. 15.

175 Vgl. Teil 4, II.B.3.b).

176 Vgl. Teil 2, IV.B.5.

177 Vgl. Teil 4, II.A.3.a).

178 Vgl. Teil 2, III.D.6. und 7.

den Affekttaten empfiehlt es sich, die Strafrahmenmilderung wegen des Vorliegens von Interessenkonflikten nach dem Vorbild des polnischen Rechts bereits im Allgemeinen Teil zu regeln.

c) Rechtsgutsverzicht

Die niedrigste Tatschwerestufe bei den Tötungsdelikten bildet in den beiden untersuchten Rechtsordnungen die Tötung auf ein ernstliches und eindeutiges Verlangen des Opfers.[179] Im deutschen Recht wird in diesen Fällen Freiheitsstrafe von sechs Monaten bis zu fünf Jahren und im polnischen Recht Freiheitsstrafe von drei Monaten bis zu fünf Jahren mit der Möglichkeit der außerordentlichen Strafmilderung und des Absehens von Strafe angedroht. Die Rechtfertigung derart milder Strafen für ein Tötungsdelikt liegt einerseits in der Verminderung des Erfolgsunwerts wegen des Rechtsgutsverzichts und andererseits in der geringen Gefährlichkeit der Ausführungshandlung, die jederzeit auf Wunsch des Opfers abgebrochen werden kann. Eine mildere Bestrafung allein wegen solcher Unrechtsverminderung hält der polnische Gesetzgeber gerade bei den Tötungsdelikten nicht für ausreichend begründet und setzt für die Strafrahmenherabsetzung über das Verlangen des Opfers hinaus zusätzlich noch das Handeln des Täters aus Mitleid als Reaktion auf starke, physische Schmerzen des Opfers voraus.[180] Das durch den Tatbestand der Tötung auf Verlangen geschützte Rechtsgut, das im deutschen Schrifttum bisweilen als das kollektive Interesse an der Aufrechterhaltung des Tötungstabus bezeichnet wird, wird im polnischen Recht folglich viel höher als im deutschen Recht geschätzt. Dies zeigt sich auch an der Strafbarkeit der Anstiftung oder Beihilfe zum Selbstmord im polnischen Recht nach Art. 151 pol. StGB.[181]

III. Diebstahl

A. Deutsches Recht

1. Systematik der Diebstahlstatbestände

Der Grundtatbestand des Diebstahls (§ 242 dt. StGB) erfasst im deutschen Recht alle Fälle der Wegnahme einer fremden, beweglichen Sache mit der Absicht, diese Sache sich oder einem Dritten rechtswidrig zuzueignen. Der Grundstrafrahmen

---

179 Vgl. Teil 4, II.A.3.b) und II.B.3.c).

180 Vgl. Teil 4, II.B.3.c).

181 Im deutschen Recht ist die Teilnahme an der Selbsttötung straflos, obwohl die Grenzen der straflosen Sterbehilfe im Schrifttum und in der Rechtsprechung viel diskutiert werden, vgl. u.a. Schönke/Schröder-*Eser*, Vorbem. §§ 211 ff. Rn. 21 ff., 35 ff., § 216 Rn. 11 ff.

reicht vom gesetzlichen Mindestmaß der Geldstrafe bis zur Freiheitsstrafe von fünf Jahren. Eine besondere Strafwürdigkeitsstufe bilden die „besonders schweren Diebstahlsfälle“[182] gemäß § 243 dt. StGB, die mit Freiheitsstrafe von drei Monaten bis zu zehn Jahren bedroht werden. Die Angemessenheit des verschärften Strafrahmens wird beim Vorliegen eines der in § 243 Abs. 1 Satz 2 dt. StGB aufgezählten Regelbeispiele indiziert, ohne jedoch die möglichen Gründe für die Annahme eines „besonders schweren Falls“ auf diese Beispiele zu reduzieren. Über die Strafzumessungsregeln des § 243 dt. StGB hinaus wird in § 244 dt. StGB auch ein echter Qualifizierungstatbestand normiert, der den Diebstahl mit Waffen, Bandendiebstahl und des Wohnungseinbruchsdiebstahl erfasst. Für diese Fälle wird in § 244 Abs. 1 dt. StGB eine Freiheitsstrafe von sechs Monaten bis zu zehn Jahren vorgesehen. Für den Fall des Zusammentreffens mehrerer Strafschärfungsgründe beim Diebstahl regelt der deutsche Gesetzgeber in § 244a dt. StGB noch eine dritte Tatschwerestufe, bei deren Annahme eine Freiheitsstrafe von einem Jahr bis zu zehn Jahren zu verhängen ist. Es handelt sich um die Fälle, in denen neben dem Qualifizierungsmerkmal der Bandenmäßigkeit zusätzlich noch ein anderer, in § 243 Abs. 1 Satz 2 und § 244 Abs. 1 Nr. 1 und 3 dt. StGB vorgesehener Strafschärfungsgrund gegeben ist. Um das Gewicht der durch den Diebstahlstatbestand geschützten Rechtsgüter nicht zu überschätzen, regelt der Gesetzgeber in § 244a Abs. 2 dt. StGB einen „minder schweren Fall“ des schweren Bandendiebstahls, der mit einer Freiheitsstrafe von sechs Monaten bis zu fünf Jahren zu bestrafen ist.

2. „Besonders schwerer Fall“ des Diebstahls

Die Bestimmung zum „besonders schweren Fall“ des Diebstahls in § 243 dt. StGB ist eines der Hauptbeispiele für die Anwendung der Regelbeispielsmethode im deutschen Strafrecht.[183] Auf die allgemeine Problematik dieser Strafrahmenabschichtungsmethode wurde bereits im dritten Teil näher eingegangen.

Bevor auf die einzelnen Regelbeispiele und sonstigen besonders schweren Diebstahlsfälle eingegangen wird, ist noch die Geringwertigkeitsklausel des § 243 Abs. 2 dt. StGB kurz zu erläutern. Nach dieser Vorschrift ist in den Fällen des § 243 Abs. 1 Nr. 1 bis 6 die Annahme eines „besonders schweren Falls“ ausgeschlossen, wenn die Tat sich auf eine geringwertige Sache bezieht. Der Wert der gestohlenen Sache wird auf diese Weise zum primären Kriterium der Bewertung der Schwere eines Diebstahls im Rahmen des § 243 dt. StGB.[184] Um einen „besonders schweren Fall“ verneinen zu dürfen, muss die Sache nach h.A. sowohl objek-

---

[182] Zum Charakter dieser Rechtsfigur als Strafzumessungsregel vgl. *Fischer*, § 243 Rn. 2; SK-*Hoyer*, § 243 Rn. 1; Schönke/Schröder-*Eser*, § 243 Rn. 2.

[183] Die Anwendung der Regelbeispielsmethode im deutschen, materiellen Strafrecht ist hauptsächlich Folge der mit der Kasuistik des qualifizierten Diebstahls zusammenhängenden Probleme, vgl. *Zieschang*, Jura 1999, 563.

[184] Kritisch zu § 243 Abs. 2 dt. StGB Schönke/Schröder-*Eser*, § 243 Rn. 3.

tiv als auch subjektiv – nach der Vorstellung des Täters – geringwertig sein.[185] Objektive Geringwertigkeit des Tatobjekts ist dann zu bejahen, wenn dessen Geldwert die Grenze von 25 Euro nicht übersteigt.[186] Das Abstellen auf den Verkehrswert der gestohlenen Sache wird allerdings bei Kirchendiebstahl (§ 243 Abs. 1 Nr. 4 dt. StGB) sowie beim Diebstahl von besonders schutzwürdigen Sachen (§ 243 Abs. 1 Nr. 5 dt. StGB) oft kaum sinnvoll sein, sodass in diesen Fällen ein anderer Maßstab der Bewertung des Tatobjekts gefunden werden muss.[187] Umstritten ist der Geltungsbereich der Geringwertigkeitsklausel des § 243 Abs. 2 dt. StGB. Die von einem Teil der Rechtslehre befürwortete Erweiterung der Anwendbarkeit der Klausel auch auf die unbenannten „besonders schweren Fälle",[188] wird von anderen Autoren eher kritisch betrachtet.[189]

a) Einbruchdiebstahl

Der „besonders schwere Fall" des Diebstahls liegt gemäß § 243 Abs. 1 Nr. 1 dt. StGB in der Regel vor, wenn der Täter zur Ausführung der Tat in einen umschlossenen Raum auf bestimmte Weise eindringt oder sich in dem Raum verborgen hält. Der umschlossene Raum im Sinn des § 243 Abs. 1 Nr. 1 dt. StGB wird vom BGH als ein Raumgebilde definiert, das dazu bestimmt ist, von Menschen betreten zu werden, und das mit mindestens teilweise künstlichen Vorrichtungen zur Abwehr des Eindringens Unbefugter umgeben ist.[190] Im Gesetz werden als Beispiele eines umschlossenen Raumes Gebäude und Dienst- bzw. Geschäftsräume genannt. Hinsichtlich der Art und Weise des Eindringens nennt das Gesetz drei mögliche Tatmodalitäten: Einbrechen, Einsteigen und Eindringen mit einem falschen Schlüssel oder einem anderen nicht zur ordnungsmäßigen Öffnung bestimmten Werkzeug.

Zur Begründung der Strafschärfung wegen eines Einbruchs werden im Schrifttum und in der Rechtsprechung hauptsächlich vier Gründe genannt. Zunächst verdient eine stärkere Befriedung besonderen Schutz.[191] Da der Täter über die Störung des Gewahrsams hinaus zusätzlich auch das durch den Straftatbestand des Hausfriedensbruchs geschützte Rechtsgut verletzt, ist der Erfolgsunwert eines Einbruchdiebstahls im Vergleich zu anderen Fällen entsprechend höher. Vom erhöhten Er-

---

185 Vgl. *Fischer*, § 243 Rn. 26; *Lackner/Kühl*, § 243 Rn. 4; Schönke/Schröder-*Eser*, § 243 Rn. 52; anders *Braunsteffer*, NJW 1975, 1571.

186 Vgl. *Fischer*, § 243 Rn. 25.

187 Vgl. NK-*Kindhäuser*, § 243 Rn. 53; Schönke/Schröder-*Eser*, § 243 Rn. 51; anders SK-*Hoyer*, § 243 Rn. 42.

188 Vgl. *Küper*, NJW 1994, 351; *Lackner/Kühl*, § 243 Rn. 4.

189 Vgl. *Fischer*, § 243 Rn. 24; Schönke/Schröder-*Eser*, § 243 Rn. 48.

190 Vgl. *Fischer*, § 243 Rn. 4; *Lackner/Kühl*, § 243 Rn. 9; Schönke/Schröder-*Eser*, § 243 Rn. 8.

191 Vgl. LK-*Ruß*, § 243 Rn. 5.

folgsunwert beim Einbruchdiebstahl geht auch das Begründungsmodell aus, nach dem der Gewahrsamsinhaber durch die Verwahrung von Sachen in den Gebäuden oder Räumen seinen Willen zum Besitz und zur Sicherung dieser Sachen vor fremdem Zugriff und somit ihren hohen subjektiven Wert in deutlicher Weise zum Ausdruck bringt.[192] Drittens liegt die Steigerung des Unwertgehaltes in der Überwindung der dem Schutz des Eigentums dienenden Vorrichtungen.[193] Unter diesem Gesichtspunkt steht nicht mehr der Erfolg, sondern die den Gewahrsam erheblich gefährdende Ausführungshandlung im Vordergrund. Schließlich lässt sich aus dem Maß der aufgewandten verbrecherischen Energie beim Einbruchdiebstahl auf die Gefährlichkeit des Täters für die Allgemeinheit schließen,[194] was das Ergreifen von besonderen spezialpräventiven Maßnahmen erfordert.

b) Diebstahl von besonders gesicherten Sachen

Die mit dem Einbruchdiebstahl eng verwandte Form eines besonders schweren Diebstahls ist der Diebstahl von besonders gesicherten Sachen. Als solche gelten Sachen, die durch ein verschlossenes Behältnis oder eine andere Schutzvorrichtung gegen die Wegnahme besonders gesichert sind. Unter dem Oberbegriff der Schutzvorrichtung werden alle künstlichen Einrichtungen verstanden, die ihrer Art nach geeignet und auch dazu bestimmt sind, die Wegnahme einer Sache erheblich zu erschweren.[195] Unter den Unterbegriff des Behältnisses fallen alle zur Aufnahme von Sachen und deren Umschließung, nicht aber zum Betreten durch Menschen bestimmte Raumgebilde.[196] Bemerkenswert ist, dass die Überwindung von Schutzvorrichtungen im Rahmen der Wegnahmehandlung nicht unbedingt für erforderlich gehalten wird.[197] Spätere Überwindung wird freilich zur Begründung eines neuen Gewahrsams nötig sein. Trotz der Ähnlichkeit zum Regelbeispiel des Einbruchdiebstahls werden die Akzente bei der Begründung der Strafschärfung beim Diebstahl von besonders gesicherten Sachen anders gesetzt. Das erhöhte Unrecht einer solchen Diebstahlsform liegt darin, dass Sachen gestohlen werden, deren besonderer, möglicherweise nur subjektiver Wert durch Vornahme von Sicherheitsvorkehrungen angezeigt wird.[198] Somit beruht die Schärfung des Strafrahmens nicht in erster Linie auf der Gefährlichkeit der Ausführungshandlung, sondern vor allem auf dem erhöhten Erfolgsunwert. Hinzu kommt noch die erhöhte Schuld des Täters, da er sich über das auf besondere Schutzwürdigkeit der Sache hinweisende Signal

---

192 Vgl. BGHSt 1, 164.

193 Vgl. NK-*Kindhäuser*, § 243 Rn. 8.

194 Vgl. LK-*Ruß*, § 243 Rn. 5.

195 Vgl. *Lackner/Kühl*, § 243 Rn. 15; NK-*Kindhäuser*, § 243 Rn. 21.

196 Vgl. BGHSt 1, 163; *Lackner/Kühl*, § 243 Rn. 15; Schönke/Schröder-*Eser*, § 243 Rn. 22.

197 Vgl. *Lackner/Kühl*, § 243 Rn. 17.

198 Vgl. MK-*Schmitz*, § 243 Rn. 31; NK-*Kindhäuser*, § 243 Rn. 20.

hinwegsetzt und dadurch ein erhöhtes Maß an Rücksichtslosigkeit gegenüber fremdem Eigentum an den Tag legt.[199]

c) Gewerbsmäßiger Diebstahl

Ein gewerbsmäßiger Diebstahl liegt vor, wenn der Täter mit der Absicht handelt, sich aus wiederholter Begehung von Diebstählen eine Einnahmequelle von einer gewissen Dauer und Erheblichkeit zu verschaffen.[200] Da allein auf die Absicht des Täters abgestellt wird, kann die Gewerbsmäßigkeit nach h.A. bereits bei der ersten Tat bejaht werden.[201] Auf diese Weise versucht die Rechtslehre die Strafschärfung wegen der Gewerbsmäßigkeit nicht allein auf die Gefährlichkeit des Täters und damit auf spezialpräventive Gründe, sondern zusätzlich auch auf die erhöhte Tatschuld zu stützen.

d) Diebstahl von besonders schutzwürdigen Gütern

In den Nummern 4 und 5 in § 243 Abs. 1 dt. StGB wird der Diebstahl von besonders schützwürdigen Sachen (nicht unbedingt unter ökonomischen Gesichtspunkten) aus öffentlich zugänglichen Orten als „besonders schwerer Fall" eingestuft. Es handelt sich erstens um den Fall, in dem der Täter aus einer Kirche oder einem anderen der Religionsausübung dienenden Gebäude oder Raum eine Sache stiehlt, die unmittelbar dem Gottesdienst gewidmet ist oder der religiösen Verehrung dient.[202] Die zweite Gruppe bilden Fälle des Diebstahls von Sachen, die Bedeutung für Wissenschaft, Kunst oder Geschichte oder technische Entwicklung haben, die sich in einer allgemein zugänglichen Sammlung befinden oder öffentlich ausgestellt sind. Der Grund für die Strafschärfung liegt zunächst in der sich aus der allgemeinen Zugänglichkeit ergebenden, relativen Schutzlosigkeit der Tatobjekte.[203] Jede auf deren Entwendung gerichtete Handlung ist potenziell sehr gefährlich. Zweitens ist auch der Erfolgsunwert höher als sonst. Die betreffenden Kultur- oder Religionsgüter stellen nämlich für die Allgemeinheit oder bestimmte Religionsgemeinschaften oft einen unersetzlichen, die ökonomische Bedeutung weit über-

---

199 Vgl. BGH NJW 1974, 567; LK-*Ruß*, § 243 Rn. 18.

200 Vgl. *Fischer*, § 243 Rn. 18; MK-*Schmitz*, § 243 Rn. 39; Schönke/Schröder-*Eser*, § 243 Rn. 31; SK-*Hoyer*, § 243 Rn. 32.

201 Vgl. LK-*Ruß*, § 243 Rn. 21; Schönke/Schröder-*Eser*, § 243 Rn. 31; SK-*Hoyer*, § 243 Rn. 32; anders NK-*Kindhäuser*, § 243 Rn. 26.

202 Vgl. *Lackner/Kühl*, § 243 Rn. 19.

203 Vgl. LK-*Ruß*, § 243 Rn. 22, 26; MK-*Schmitz*, § 243 Rn. 41, 45; NK-*Kindhäuser*, § 243 Rn. 27, 31.

steigenden Wert dar.[204] Über die Beeinträchtigung des Gewahrsams hinaus kommt beim Kirchendiebstahl noch die Verletzung des religiösen Empfindens hinzu.[205]

e) Diebstahl unter Ausnutzung der Hilflosigkeit, eines Unglücksfalls oder einer gemeinen Gefahr

Als „besonders schwerer Fall" des Diebstahls ist auch der Diebstahl unter Ausnutzung der Hilflosigkeit einer anderen Person (z.B. wegen Krankheit, Behinderung oder Trunkenheit), eines Unglücksfalls oder einer gemeinen Gefahr indiziert (§ 243 Abs. 1 Nr. 6 dt. StGB).[206] Auf den Grund der Hilflosigkeit oder Ursache des Unglücksfalls bzw. der gemeinen Gefahr kommt es hier nicht an, sodass ein Verschulden des Opfers der Strafschärfung nach § 243 dt. StGB nicht entgegensteht.[207] Der Täter muss freilich seine Tat gerade durch die bewusste Ausnutzung dieser Umstände erleichtern wollen.[208] Der Grund für die Schärfung des Strafrahmens in diesen Fällen liegt offenbar in dem erhöhten Handlungsunwert, da die schutzlosen Vermögensgegenstände dem in Kenntnis der Schutzlosigkeit handelnden Täter praktisch ausgeliefert sind.[209] Darüber hinaus wird hier im Schrifttum auch auf die besonders niedrige Gesinnung des Täters hingewiesen.[210]

f) Diebstahl von Schusswaffen und Sprengstoff

Unter den Regelbeispielen eines „besonders schweren Falls" des Diebstahls wird schließlich der Diebstahl einer erlaubnispflichtigen Handfeuerwaffe, eines Maschinengewehrs, einer Maschinenpistole, eines voll- oder halbautomatischen Gewehrs, einer Sprengstoff enthaltenden Kriegswaffe sowie der Diebstahl von Sprengstoff genannt (§ 243 Abs. 1 Nr. 7 dt. StGB). Nach der ausdrücklichen Regelung des § 243 Abs. 2 dt. StGB ist die Geringwertigkeitsklausel auf diese Art des schweren Diebstahls nicht anwendbar.

Der Grund für die Strafrahmenschärfung liegt hier in der „abstrakten Gefährlichkeit der Diebesbeute für Dritte".[211] Richtet sich die Handlung des Täters auf die genannten Tatobjekte, so werden dadurch nicht nur die Interessen des Eigentümers,

---

[204] Vgl. LK-*Ruß*, § 243 Rn. 26; MK-*Schmitz*, § 243 Rn. 41; NK-*Kindhäuser*, § 243 Rn. 31.

[205] Vgl. NK-*Kindhäuser*, § 243 Rn. 27.

[206] Vgl. *Fischer*, § 243 Rn. 21; LK-*Ruß*, § 243 Rn. 32; NK-*Kindhäuser*, § 243 Rn. 36; Schönke/Schröder-*Eser*, § 243 Rn. 39; SK-*Hoyer*, § 243 Rn. 38.

[207] Vgl. *Lackner/Kühl*, § 243 Rn. 21; MK-*Schmitz*, § 243 Rn. 50 f.; NK-*Kindhäuser*, § 243 Rn. 36 f.; Schönke/Schröder-*Eser*, § 243 Rn. 39.

[208] Vgl. *Fischer*, § 243 Rn. 21; Schönke/Schröder-*Eser*, § 243 Rn. 40.

[209] Vgl. MK-*Schmitz*, § 243 Rn. 49.

[210] Vgl. LK-*Ruß*, § 243 Rn. 31; NK-*Kindhäuser*, § 243 Rn. 35.

[211] Vgl. MK-*Schmitz*, § 243 Rn. 55.

sondern auch andere, nicht unmittelbar angegriffene Rechtsgüter zumindest potenziell gefährdet. Außer auf den erhöhten Unrechtsgehalt wird im Schrifttum bei der Begründung der Strafschärfung auch auf den erhöhten Schuldgehalt sowie auf das Bedürfnis stärkerer generalpräventiver Einwirkung auf potenzielle Täter hingewiesen.[212]

g) Unbenannte „besonders schwere Fälle" des Diebstahls

Über die gesetzlichen Regelbeispiele eines „besonders schweren Falls" des Diebstahls hinaus werden im Schrifttum und in der Rechtsprechung unter anderem folgende Sachverhalte dem erhöhten Strafrahmen des § 243 Abs. 1 dt. StGB zugeordnet: Diebstahl von Sachen mit besonders hohem Wert; Diebstahl, bei dem ein hoher Schaden angerichtet wird; Amtsdiebstahl wegen des Vertrauensbruchs; Fälle der Gewohnheitsmäßigkeit; arglistiges oder brutales Vorgehen.[213]

3. Qualifizierter Diebstahl nach § 244 dt. StGB

Eine im Vergleich zu „besonders schweren Fällen" des Diebstahls nach § 243 dt. StGB noch höhere Strafwürdigkeitsstufe wird in § 244 dt. StGB geregelt. Hier wird nicht nur der Strafrahmen anders normiert, dessen Untergrenze auf sechs Monate Freiheitsstrafe angehoben wird, sondern bereits die Abstufungsmethode. Liegt einer der unten erläuterten Qualifizierungsgründe des § 244 dt. StGB vor, so wird die Angemessenheit des erhöhten Strafrahmens nicht lediglich indiziert, sondern verbindlich bejaht. Es handelt sich somit um echte Qualifizierungstatbestände.

a) Beisichführen eines gefährlichen Werkzeugs

Dem Strafrahmen des § 244 dt. StGB werden zunächst Fälle zugeordnet, in denen der Täter einen Diebstahl begeht, bei dem er oder ein anderer Beteiligter eine Waffe oder ein anderes gefährliches Werkzeug bei sich führt. Hauptbegriff und zugleich Gegenstand lebhafter Diskussionen im Schrifttum ist der Begriff des gefährlichen Werkzeugs. Unumstritten ist, dass es hier auf die Gefährlichkeit des Werkzeugs für Leib oder Leben des Opfers und nicht lediglich auf eine bloße Gefährdung von materiellen Gegenständen ankommt.[214] Dagegen sind sich Autoren darüber nicht einig, ob die objektive Gefährlichkeit des mitgeführten Werkzeugs durch zusätzliche subjektive Elemente ergänzt werden soll. Nach einer verbreiteten

---

[212] Vgl. *Fischer*, § 243 Rn. 22; LK-*Ruß*, § 243 Rn. 34a; Schönke/Schröder-*Eser*, § 243 Rn. 41.

[213] Vgl. *Fischer*, § 243 Rn. 23; Schönke/Schröder-*Eser*, § 243 Rn. 42a; einschränkend zu den unbenannten „besonders schweren Fällen" MK-*Schmitz*, § 243 Rn. 58 f.

[214] Vgl. *Fischer*, § 244 Rn. 7; Schönke/Schröder-*Eser*, § 244 Rn. 5.

Auffassung ist im Fall des § 244 Abs. 1a Alt. 2 dt. StGB das Beisichführen eines Werkzeugs in der Absicht bzw. mit einem innerlichen Vorbehalt erforderlich, das mitgeführte Werkzeug „notfalls", „im Bedarfsfall" oder „eventuell" zu verwenden.[215] Andere Autoren stellen ausschließlich auf objektive Abgrenzungskriterien ab, sodass auf der subjektiven Seite lediglich der Vorsatz hinsichtlich des Beisichführens eines objektiv gefährlichen Werkzeugs erforderlich.

Unter Werkzeugen im Sinn des § 244 Abs. 1a Alt. 2 dt. StGB werden Gegenstände verstanden, deren gefährliche Verwendung nicht nur möglich ist, sondern typischerweise als naheliegend erscheint.[216] In diesem Zusammenhang wird oft Bezug auf den konkreten Tatkontext genommen, indem verlangt wird, dass für einen objektiven Beobachter sich unter den gegebenen Umständen der Schluss aufdrängen muss, der betreffende Gegenstand solle in gefährlicher Weise verwendet werden bzw. könne zu nichts anderem als zu einem Einsatz als Verletzungsmittel dienen.[217]

Der Grund für die Strafschärfung nach § 244 Abs. 1 Nr. 1a dt. StGB liegt in der abstrakten Gefährdung von Leib und Leben des potenziellen Opfers, die neben der Eigentumsverletzung das Unrecht der Tat begründet.[218] Es ist freilich nicht zu übersehen, dass durch eine abstrakte Möglichkeit der Verwendung von mitgeführten Waffen zu Nötigungszwecken gleichermaßen auch das unmittelbar angegriffene Rechtsgut des Gewahrsams einer erhöhten Verletzungsgefahr ausgesetzt wird.

b) Beisichführen eines Werkzeugs mit Verwendungsabsicht

Der verschärfte Strafrahmen gilt ferner in den Diebstahlsfällen, in denen der Täter oder ein anderer Beteiligter ein Werkzeug oder Mittel in der Absicht bei sich führt, den Widerstand einer anderen Person durch Gewalt oder Drohung mit Gewalt zu verhindern oder zu überwinden (§ 244 Abs. 1 Nr. 1b dt. StGB). Dem Gesetzeswortlaut nach braucht weder das Werkzeug für das Opfer objektiv gefährlich zu sein[219] noch eine Verletzungsabsicht des Täters vorzuliegen.[220] Erforderlich ist freilich über die Nötigungsabsicht hinaus eine objektive Tauglichkeit des mitge-

---

[215] Vgl. *Geppert*, Jura 1999, 602; *Küper*, JZ 1999, 192 ff.; *ders.*, FS für Hanack, S. 569 ff.; *Rengier*, BT 1, S. 77 ff.; *Wessels/Hillenkamp*, BT 2, S. 118 ff.

[216] Vgl. *Kindhäuser*, BT 2, S. 75 f.; *Otto*, Die einzelnen Delikte, S. 171; SK-*Hoyer*, § 244 Rn. 11 f.

[217] Vgl. *Kindhäuser*, BT 2, S. 75 f.; MK-*Schmitz*, § 244 Rn. 14; *Schlothauer/Sättele*, StV 1998, 508; Schönke/Schröder-*Eser*, § 244 Rn. 5.

[218] Vgl. MK-*Schmitz*, § 244 Rn. 3; NK-*Kindhäuser*, § 244 Rn. 3; Schönke/Schröder-*Eser*, § 244 Rn. 2.

[219] Vgl. *Fischer*, § 244 Rn. 10; Schönke/Schröder-*Eser*, § 244 Rn. 13.

[220] Anders NK-*Kindhäuser*, § 244 Rn. 30, der als „sonstige Werkzeuge und Mittel" nur solche Gegenstände einstufen will, die der Täter in einer mit Leib- und Lebensgefahr verbundenen Art und Weise zur Gewaltanwendung oder -androhung einsetzen will.

führten Gegenstands als Nötigungsmittel.[221] Die Eignung des Werkzeugs oder Mittels zur Überwindung des möglichen Widerstands des Opfers sollte ferner bereits aufgrund des äußeren Erscheinungsbildes für den Täter ersichtlich sein.[222] Der problematischste Anwendungsfall des § 244 Abs. 1 Nr. 1b dt. StGB ist das Beisichführen von gänzlich ungefährlichen Gegenständen in der Absicht, sie als Nötigungsmittel – sog. Scheinwaffen – zu verwenden Da Leib und Leben des Opfers in diesen Fällen keinerlei Gefahr ausgesetzt sind und der Unwert der Qualifikationen nach Nr. 1a und 1b des § 244 Abs. 1 dt. StGB folglich nicht zu vergleichen wäre, stößt die Berücksichtigung von Scheinwaffen bei der Anwendung des § 244 Abs. 1 Nr. 1 dt. StGB im Schrifttum auf Kritik.[223]

Der Grundgedanke, an den bei der Einführung des Qualifizierungsmerkmals des Beisichführens eines Werkzeugs mit Verwendungsabsicht angeknüpft wurde, lag offenbar darin, dass der Gesetzgeber eine Zwischenstufe zwischen dem Schweregrad eines einfachen Diebstahls einerseits und dem des Raubes andererseits schaffen wollte.

Die Rechtfertigung der Strafschärfung nach § 244 Abs. 1 Nr. 1b dt. StGB liegt, anders als beim Merkmal des Beisichführens von gefährlichen Werkzeugen, nicht in erster Linie in der Gefährdung von Leib und Leben des Opfers, sondern in der Gefährlichkeit der Gebrauchsabsicht für die Freiheit der Willensentschließung sowie für das unmittelbar geschützte Rechtsgut des Eigentums.

c) Bandendiebstahl

Die Qualifizierung nach § 244 Abs. 1 Nr. 2 dt. StGB setzt voraus, dass der Täter als Mitglied einer Bande, die sich zur fortgesetzten Begehung von Raub oder Diebstahl verbunden hat, unter Mitwirkung eines anderen Bandenmitgliedes stiehlt. Eine Bande ist nach h.A.ein auf ausdrücklicher oder stillschweigender Vereinbarung beruhender Zusammenschluss von mindestens drei Personen mit dem Gesamtwillen, künftig mehrere im Einzelnen noch ungewisse Taten des Diebstahls und des Raubes zu begehen.[224] Das Erreichen einer bestimmten Organisationsstufe durch die Bande ist nicht erforderlich.[225] Um Wertungswidersprüche, vor allem vor dem Hintergrund der Regelung des § 30 Abs. 2 dt. StGB, zu vermeiden, fordert

---

[221] Vgl. *Lackner/Kühl*, § 244 Rn. 4; Schönke/Schröder-*Eser*, § 244 Rn. 12 f.

[222] Vgl. Schönke/Schröder-*Eser*, § 244 Rn. 13.

[223] Vgl. *Fischer*, § 244 Rn. 11; MK-*Schmitz*, § 244 Rn. 27; NK-*Kindhäuser*, § 244 Rn. 28.

[224] Vgl. BGHSt 46, 321; *Lackner/Kühl*, § 244 Rn. 6; MK-*Schmitz*, § 244 Rn. 35; NK-*Kindhäuser*, § 244 Rn. 35; SK-*Hoyer*, § 244 Rn. 30; abweichend von der herrschenden Ansicht lässt *Albin Eser* einen Zusammenschluss von zwei Personen für die Annahme einer Bande genügen, vgl. Schönke/Schröder-*Eser*, § 244 Rn. 24.

[225] Vgl. BGHSt 46, 329; *Lackner/Kühl*, § 244 Rn. 6; MK-*Schmitz*, § 244 Rn. 35.

Karsten Altenhain allerdings die Gleichstellung der Bande mit einer kriminellen Vereinigung im Sinn des § 129 StGB.[226]

Das zusätzliche Qualifizierungsmerkmal ist die Mitwirkung eines anderen Bandenmitglieds bei der Tatbegehung, die sowohl die Form der Mittäterschaft als auch der Teilnahme haben kann.[227] Ob ein zeitliches und örtliches Zusammenwirken der beiden Bandenmitglieder erforderlich ist, bleibt umstritten.[228]

Bei der Begründung der Strafschärfung wegen der bandenmäßigen Tatbegehung werden im Schrifttum mehrere Ansätze vertreten. Hauptsächlich lassen sie sich in solche einteilen, die der erhöhten Gefahr künftiger Straftaten Rechnung tragen, und in solche, die auf dem Gedanken der besonderen Gefährlichkeit der Ausführungshandlung für das unmittelbar angegriffene Rechtsgut (Ausführungsgefahr) beruhen. Im Zusammenhang mit dem ersten Ansatz wird behauptet, dass ab einer bestimmten Anzahl der an der Gruppe Beteiligten die Verabredung eine vom Willen jedes einzelnen Beteiligten unabhängige Eigendynamik entfaltet, sodass das Ausscheiden wesentlich erschwert wird.[229] Diese Selbstbindung der Beteiligten an das jeweils Zugesagte im Rahmen einer Bande begründet nicht nur die Gefahr künftiger Begehung von Straftaten, die sich dann in einer bestimmten Tat konkretisiert, sondern erhöht bereits den subjektiven Handlungsunwert des begangenen Diebstahls. Nach einem ähnlichen Ansatz von *Friedrich Toepel* kennzeichnet eine bandenmäßige Straftatbegehung die Kundgabe einer subjektiven Haltung des Täters, dass die anderen Bandenmitglieder in Zukunft im Rahmen der Bandenabrede mit ihm rechnen können.[230] Eine solche Haltungskundgabe erhöht die Gefahr, dass die anderen Bandenmitglieder zur Begehung weiterer Straftaten angereizt werden. Zugleich aber intensiviert sie den konkreten Normwiderspruch, indem der Täter die Rechtsgutsverletzung bewusst in den gefährlichen Zusammenhang stellt.[231] Beachtenswert ist schließlich der Ansatz von *Wolfgang Schild*, der bei der Begründung der Strafschärfung wegen der bandenmäßigen Tatbegehung nicht auf die Gefährlichkeit der Bande mit ihren gruppendynamischen Prozessen, sondern auf die Gefährlichkeit des Täterwillens abstellt.[232] Der Täter bringt seinen starken verbrecherischen Willen zum Ausdruck, indem er den Entschluss zur Begehung von Straftaten über die bereits begangene Tat hinaus fasst. Die Bandendelikte betrachtet *Schild* als Problem des Bandenwillens und damit als Problem der Strafbarkeit von Vorbereitungs-

---

226 Vgl. *Altenhain*, ZStW 113 (2001), 140 ff.

227 Vgl. *Fischer*, § 244 Rn. 22; LK-*Ruß*, § 244 Rn. 13; MK-*Schmitz*, § 244 Rn. 51.

228 Ablehnend: BGHSt 46, 321 f.; *Altenhain*, ZStW 113 (2001), 144; Schönke/Schröder-*Eser*, § 244 Rn. 26; bejahend: LK-*Ruß*, § 244 Rn. 13; MK-*Schmitz*, § 244 Rn. 50; SK-*Hoyer*, § 244 Rn. 34.

229 Vgl. SK-*Hoyer*, § 244 Rn. 31.

230 Vgl. *Toepel*, ZStW 115 (2003), 68 ff.

231 Ebd.

232 Vgl. *Schild*, GA 1982, 76 ff.

handlungen.[233] Auf der anderen Seite räumt er ein, dass der Bandenwille wegen seiner Unbestimmtheit mehr den Täter selbst und seine Einstellung zum zukünftigen Leben als die Gefahr künftiger Straftaten charakterisiert.[234] Fraglich ist, inwiefern ein solcher Ansatz mit einem an der Tatschuld orientierten Strafrecht vereinbar ist.[235]

Der im Schrifttum deutlich weniger diskutierte Gesichtspunkt besonderer Gefährlichkeit der Ausführungshandlung für das unmittelbar angegriffene Rechtsgut (Ausführungsgefahr) bei der Begründung der Strafschärfung wegen der Bandenmäßigkeit besteht hauptsächlich darin, dass die Tatbegehung unter Mitwirkung mehrerer Bandenmitglieder die Wahrscheinlichkeit der Rechtsgutsverletzung wesentlich vergrößert.[236]

d) Wohnungseinbruchdiebstahl

Der Qualifizierungstatbestand des Wohnungseinbruchdiebstahls nach § 244 Abs. 1 Nr. 3 dt. StGB ist ein Spezialfall des einfachen Einbruchdiebstahls nach § 243 Abs. 1 Nr. 1 dt. StGB. Mit Freiheitsstrafe von sechs Monaten bis zu zehn Jahren wird nach § 244 Abs. 1 Nr. 3 dt. StGB bestraft, wer einen Diebstahl begeht, bei dem er zur Ausführung der Tat in eine Wohnung einbricht, einsteigt, mit einem falschen Schlüssel oder einem anderen nicht zur ordnungsmäßigen Öffnung bestimmten Werkzeug eindringt oder sich in der Wohnung verborgen hält. Nach der gesetzgeberischen Begründung der Strafrahmenschärfung handelt es sich beim Wohnungseinbruchdiebstahl um eine Straftat, die tief in die Intimsphäre des Opfers eindringt und zu ernsten psychischen Störungen – z.B. langwierigen Angstzuständen – führen kann. Nicht selten sind Wohnungseinbrüche mit Gewalttätigkeiten gegen Menschen und Verwüstungen der Einrichtungsgegenstände verbunden.[237] Der Begriff der Wohnung im Sinn des § 244 Abs. 1 Nr. 3 dt. StGB wird im Schrifttum in Übereinstimmung mit den gesetzgeberischen Strafschärfungsmotiven entsprechend eng ausgelegt und auf einen inneren Kern eingeschränkt. Er umfasst nur Räumlichkeiten, die als Mittelpunkt des Privatlebens Selbstentfaltung und vertrauliche Kommunikation gewährleisten.[238]

---

233 Ebd., S. 78.

234 Ebd., S. 77.

235 Vgl. *Altenhain*, ZStW 113 (2001), 136.

236 Vgl. NK-*Kindhäuser*, § 244 Rn. 34; *Schild*, GA 1982, 63 f.

237 BT-Drucks 13/7164, S. 43.

238 Vgl. *Wessels/Hillenkamp*, BT 2, S. 125 f.; *Fischer*, § 244 Rn. 24a; *Lackner/Kühl*, § 244 Rn. 11; MK-*Schmitz*, § 244 Rn. 56; vgl. auch *Behm*, GA 2002, 153 ff.

4. Schwerer Bandendiebstahl

§ 244a dt. StGB regelt die höchste Strafwürdigkeitsstufe eines Diebstahls. Sie liegt vor, wenn zum Qualifizierungsmerkmal des Bandendiebstahls im Sinne von § 244 Abs. 1 Nr. 2 dt. StGB noch ein weiterer, in § 243 Abs. 1 Satz 2 und § 244 Abs. 1 Nr. 1 und 3 dt. StGB vorgesehener Erschwerungsgrund hinzukommt. Die drohende Strafe ist dann Freiheitsstrafe von einem Jahr bis zu zehn Jahren, es sei denn, es liegt ein „minder schwerer Fall" vor, der lediglich mit Freiheitsstrafe von sechs Monaten bis zu fünf Jahren zu bestrafen ist. Durch den Qualifizierungstatbestand des § 244a dt. StGB wird der Strafschärfungsgrund der Bandenmäßigkeit vor die anderen Erschwerungsgründe gestellt. Das Zusammentreffen von mehreren, beliebigen Schärfungsgründen reicht nämlich für die Anwendbarkeit des verschärften Strafrahmens nach § 244a dt. StGB nicht aus, solange der Diebstahl nicht bandenmäßig begangen wird.

Nach dem Willen des Gesetzgebers sollte die Qualifizierung des § 244a dt. StGB zur wirksamen Bekämpfung organisierter Kriminalität beitragen.[239] Da der schwere Bandendiebstahl ein Verbrechen darstellt, werden auch Vorbereitungshandlungen im Sinn des § 30 dt. StGB i.V.m. § 244a dt. StGB unter Strafe gestellt. Beachtenswert ist, dass die Regelbeispiele des § 243 Abs. 1 Satz 2 dt. StGB im Rahmen des Qualifizierungstatbestands des § 244a dt. StGB nicht lediglich eine Indizwirkung besitzen, sondern in echte Tatbestandsmerkmale verwandelt werden.[240] Dem im Vergleich zu den Strafschärfungsgründen des § 244 dt. StGB geringeren Gewicht von Regelbeispielen des § 243 Abs. 1 Satz 2 dt. StGB wird bei der Anwendung des § 244a dt. StGB jedenfalls dadurch Rechnung getragen, dass in den „minder schweren Fällen" des schweren Bandendiebstahls gemäß § 244a Abs. 2 dt. StGB ein gemilderter Strafrahmen gilt.

B. Polnisches Recht

1. Systematik der Diebstahlstatbestände

Der Grundtatbestand des Diebstahls erfasst im polnischen Strafrecht Fälle, in denen der Täter eine fremde bewegliche Sache einem anderen in der Absicht wegnimmt, sich dieselbe zuzueignen (Art. 278 § 1 pol. StGB).[241] Die angedrohte Strafsanktion ist Freiheitsstrafe von drei Monaten bis zu fünf Jahren.[242] In einem

---

[239] Vgl. BT-Drucks 12/989, S. 25.

[240] Vgl. *Lackner/Kühl*, § 244a Rn. 2 und 3; NK-*Kindhäuser*, § 244a Rn. 3; Schönke/Schröder-*Eser*, § 244a Rn. 4.

[241] Übersetzung übernommen aus: *Weigend*, Das polnische Strafgesetzbuch.

[242] Aus dem gleichen Strafrahmen ist zu bestrafen, wer Energie oder eine Karte, die zur Abhebung von Geld an einem Bankautomaten berechtigt, stiehlt (Art. 278 § 5 pol. StGB)

„minder schweren Fall“ wird der Täter mit Geldstrafe, Freiheitsbeschränkungsstrafe oder Freiheitsstrafe bis zu einem Jahr bestraft (Art. 278 § 3 pol. StGB). Beträgt der Wert einer beweglichen Sache nicht mehr als 250 Złoty, so stellt der Diebstahl einer solchen Sache gemäß Art. 119 § 1 des Ordnungswidrigkeitsgesetzbuchs vom 20. Mai 1971[243] *(Kodeks wykroczeń)* lediglich eine Ordnungswidrigkeit dar. Dies gilt allerdings nicht beim Diebstahl von Waffen oder Sprengstoff, beim Einbruchdiebstahl sowie beim Diebstahl, zu dessen Begehung Gewalt gegen eine Person angewandt oder angedroht wird (Art. 130 des Ordnungswidrigkeitsgesetzbuchs).

Im 35. Kapitel des polnischen Strafgesetzbuchs, das die Überschrift „Straftaten gegen das Vermögen“ trägt, werden insgesamt drei Qualifizierungstatbestände des einfachen Diebstahls geregelt. Mit Freiheitsstrafe von einem Jahr bis zu zehn Jahren ist zu bestrafen, wer zur Ausführung eines Diebstahls einbricht (Art. 279 § 1 pol. StGB). Ein „minder schwerer Fall“ des Einbruchdiebstahls wird mit Freiheitsstrafe von drei Monaten bis zu fünf Jahren bedroht (Art. 283 pol. StGB). Der verschärfte Strafrahmen – Freiheitsstrafe von einem Jahr bis zu zehn Jahren – gilt ferner, wenn der Diebstahl sich auf einen Vermögensgegenstand von bedeutendem Wert oder auf ein besonders bedeutendes Kulturgut bezieht (Art. 294 § 1 und 2 pol. StGB) Nur am Rande sei bemerkt, dass auch der Raub in der polnischen Rechtslehre als qualifizierte Form des einfachen Diebstahls angesehen wird.[244] Eine solche Auffassung wird verständlich, wenn man den Raub nach dem Vorbild des polnischen Gesetzgebers als Diebstahl definiert, zu dessen Begehung Gewalt gegen eine Person angewandt oder angedroht wird.[245]

Im Zusammenhang mit der Abstufung der Tatschwere beim Diebstahl sind des Weiteren die Strafschärfungsgründe des Allgemeinen Teils im Auge zu behalten. Es handelt sich vor allem um das Merkmal der Gewerbsmäßigkeit und um die Tatbegehung im Rahmen einer organisierten kriminellen Gruppe oder Vereinigung (Art. 65 § 1 pol. StGB).

2. Einbruchdiebstahl

Eine unpräzise Begriffsbestimmung des Einbruchdiebstahls in Art. 279 § 1 pol. StGB – „wer zur Ausführung eines Diebstahls einbricht“ – lässt Rechtsprechung und Lehre viel Raum zur Auslegung. Unter Einbruchdiebstahl wird in der Rechtsprechung des Obersten Gerichts ein Diebstahl verstanden, zu dessen Ausführung

---

sowie derjenige, der ohne Einwilligung des Berechtigten in der Absicht, einen Vermögensvorteil zu erzielen, sich ein fremdes Computerprogramm verschafft (Art. 278 § 2 pol. StGB).

243 Gesetzestext in der neusten Fassung: Dz. U. vom 2007, Nr. 109, 756.

244 Vgl. *Dąbrowska-Kardas/Kardas*, in: Zoll (Hrsg.), Kodeks, Art. 280 Nr. 2; *Michalski*, in: Wąsek (Hrsg.), Kodeks, Art. 280 Rn. 13.

245 Vgl. Art. 280 § 1 pol. StGB.

der Täter materielle Hindernisse überwindet, die Konstruktionsteile eines umschlossenen Raums oder besondere, den Zugang zum Innenraum erschwerende Sicherungen bilden.[246] Eine breitere Auslegung enthalten die Erläuterungen von *Małgorzata Dąbrowska-Kardas* und *Piotr Kardas* zu Art. 279 pol. StGB. Nach ihrer Auffassung genügt für die Annahme eines qualifizierten Diebstahls die Beseitigung von Hindernissen, die die Sache gegen Wegnahme sichern, sodass das Eindringen in einen umschlossenen Raum keine notwendige Voraussetzung bildet.[247]

Das Wesen des Einbruchs im Sinn des Art. 279 § 1 pol. StGB liegt nach einer verbreiteten Ansicht im Schrifttum nicht in der physischen Beschädigung von Schutzvorrichtungen, sondern in erster Linie in der Missachtung des Willens des Verfügungsberechtigten, die Sache gegen Wegnahme durch Andere zu sichern.[248] Davon geht auch das Oberste Gericht in seiner Rechtsprechung aus, indem es behauptet, dass die Art der Sicherung im Sinne ihrer Tauglichkeit zum Schutz von Sachen, insbesondere die Möglichkeit ihrer einfachen Überwindung durch unberechtigte Dritte, der Annahme des Einbruchdiebstahls nicht entgegensteht, solange sich aus dem Charakter der Sicherung der Wille des Besitzers eindeutig ergibt, die Sache vor unberechtigten Dritten zu schützen.[249] Allein eine geschlossene, aber nicht abgeschlossene Tür kann freilich nicht als Sicherung angesehen werden, deren Überwindung den Einbruch im Sinn des Art. 279 § 1 pol. StGB begründet. Erforderlich sind vielmehr Hindernisse mit speziell auf Schutz vor Wegnahme durch Unberechtigte orientierter Zweckbestimmung.[250]

Schwierigkeiten bereitet die Bewertung eines Diebstahls, bei dessen Begehung die Beseitigung von Hindernissen der Wegnahme der Sache nicht vorausgeht, sondern folgt (z.B: der beim Eintreten ungehinderte Täter überwindet Hindernisse erst beim Verlassen des Raumes, in dem sich das Tatobjekt befindet). Während ein überwiegender Teil der Lehre und Rechtsprechung in diesen Fällen den Einbruchdiebstahl im Sinn des Art. 279 § 1 pol. StGB bejahen,[251] gehen manche Autoren davon aus, dass eine derart breite Auslegung des Begriffs „*Ein*bruch“ unzulässig ist.[252]

---

[246] Vgl. SN OSNKW 1980, Nr. 8/65.

[247] Vgl. *Dąbrowska-Kardas/Kardas*, in: Zoll (Hrsg.), Kodeks, Art. 279 Nr. 13 und 39; a.A.: *Michalski*, in: Wąsek (Hrsg.), Kodeks, Art. 279 Rn. 25.

[248] Vgl. *Bożyczko*, NP 1967, Nr. 7–8, 906; *Dąbrowska-Kardas/Kardas*, in: Zoll (Hrsg.), Kodeks, Art. 279 Nr. 14; *Szerer*, NP 1956, Nr. 4, 47 ff.; *Wojnar*, NP 1966, Nr. 7–8, 877.

[249] Vgl. SN OSNKW 1986, Nr. 11–12/97; a.A.: *Dukiet-Nagórska*, NP 1981, Nr. 10–11–12, 78.

[250] Vgl. *Dąbrowska-Kardas/Kardas*, in: Zoll (Hrsg.), Kodeks, Art. 279 Nr. 19; *Hochberg*, NP 1956, Nr. 9, 79.

[251] Vgl. SN OSNKW 1980, Nr. 8/65; *Bożyczko*, NP 1967, Nr. 7–8, 910/911; *Michalski*, in: Wąsek (Hrsg.), Kodeks, Art. 279 Rn. 18; *Pleńska/Górniok*, in: Andrejew u.a. (Hrsg.), System prawa karnego, S. 439; *Wojnar*, NP 1966, Nr. 7–8, 880.

[252] Vgl. *Dąbrowska-Kardas/Kardas*, in: Zoll (Hrsg.), Kodeks, Art. 279 Nr. 36; *Hochberg*, NP 1956, Nr. 9, 77; *Marek*, Kodeks, 1. Auflage, S. 535 f.

Auf der subjektiven Seite setzt der Tatbestand des Einbruchdiebstahls voraus, dass die Absicht des Täters – sich die gesicherte Sache rechtswidrig zuzueignen – spätestens zum Zeitpunkt des Beginns der Einbruchhandlung vorhanden sein muss.[253]

3. Diebstahl von Vermögensgegenständen von bedeutendem Wert

Bezieht sich der Diebstahl im Sinn des Art. 278 § 1 pol. StGB oder ein anderes in Art. 294 § 1 pol. StGB genanntes Vermögensdelikt auf Vermögen von bedeutendem Wert, so wird der Täter mit Freiheitsstrafe von einem Jahr bis zu zehn Jahren bestraft (Art. 294 § 1 pol. StGB). Der Begriff „Vermögen von bedeutendem Wert" *(mienie znacznej wartości)* wird in Art. 115 § 5 pol. StGB näher definiert. Es handelt sich demnach um Vermögen, dessen Wert das Zweihundertfache des zur Zeit der Begehung der verbotenen Tat verbindlichen monatlichen Mindestlohns überschreitet.[254] Die Höhe des monatlichen Mindestlohns wird anhand des Gesetzes über den Mindestlohn vom 10. Oktober 2002[255] ermittelt.

Wegen der Breite des Überschneidungsbereiches zwischen dem Grundstrafrahmen und dem Strafrahmen des Diebstahls von besonders wertvollen Sachen sind die Schwierigkeiten bei der Ermittlung des objektiven Wertes der gestohlenen Sache praktisch irrelevant. Die in Art. 294 § 1 i.V.m. Art. 115 § 5 pol. StGB genannte Wertgrenze wird in Wirklichkeit als Orientierungshilfe bei der Strafzumessung dienen, indem die Verhängung von Freiheitsstrafen, die länger als ein Jahr sind, bei der Annäherung des Wertes der gestohlenen Sachen an die genannte Summe besonders naheliegend erscheint und die Verhängung von Freiheitsstrafen von mehr als fünf Jahren erst bei deutlicher Überschreitung dieser Summe möglich wird.

4. Diebstahl von besonders bedeutenden Kulturgütern

Bezieht sich der Diebstahl im Sinn des Art. 278 § 1 pol. StGB oder ein anderes, in Art. 294 § 1 pol. StGB genanntes Vermögensdelikt auf ein besonders bedeutendes Kulturgut *(dobro o szczególnym znaczeniu dla kultury)*, so wird der Täter mit Freiheitsstrafe von einem Jahr bis zu zehn Jahren bestraft (Art. 294 § 2 pol. StGB).

Bei der Erläuterung des Begriffs „Kulturgut" *(dobro kultury)* wird im Schrifttum meistens der Begriff „Denkmal" (*zabytek*) im Sinn des Gesetzes über den Denkmalschutz und die Denkmalpflege vom 23. Juli 2003[256] *(ustawa o ochronie zabyt-*

253 Vgl. *Dąbrowska-Kardas/Kardas*, in: Zoll (Hrsg.), Kodeks, Art. 279 Nr. 43; *Górniok*, in: dies. u.a., Kodeks, Art. 279 Nr. 1.

254 Übersetzung übernommen aus: *Weigend*, Das polnische Strafgesetzbuch.

255 Gesetzestext: Dz. U. von 2002, Nr. 200, 1679 mit Änderungen.

256 Gesetzestext: Dz. U. von 2003, Nr. 162, 1568 mit Änderungen.

ków i opiece nad zabytkami) herangezogen, obwohl die beiden Begriffe nicht als Synonyme behandelt werden.[257] Nach h.A. im Schrifttum erfolgt die Prüfung des Vorliegens des Qualifizierungstatbestands nach Art. 294 § 2 pol. StGB in zwei Stufen. Zunächst muss die Eigenschaft einer Sache als Kulturgut bejaht werden. Sodann ist ihre „besondere" Bedeutung für Kultur zu prüfen.[258] Bei der Bewertung von Sachen als für die Kultur besonders bedeutend kommt es nicht auf ihren ökonomischen Verkehrswert, sondern in erster Linie auf ihre künstlerische, historische oder sonstige kulturelle Bedeutung an.[259]

C. Vergleich und Bewertung

Der Vergleich einzelner Strafschärfungsgründe in der deutschen und der polnischen Diebstahlsregelung ergibt eine deutlich höhere Anzahl von strafschärfenden Tatmodalitäten im deutschen Recht. Bei näherem Hinschauen lassen sich jedoch die Strafschärfungsgründe beim Diebstahl in beiden Rechtsordnungen ebenso wie bei den Tötungsdelikten in die gleichen Kriteriengruppen einordnen. Im Folgenden sind somit die einzelnen Strafschärfungsgründe des deutschen und des polnischen Strafrechts vor dem Hintergrund des jeweils einschlägigen verallgemeinerten Abstufungskriteriums zu vergleichen.[260]

1. Gesinnungsunwert: Verwerflichkeit der Beweggründe

In beiden untersuchten Rechtsordnungen ist die Verwerflichkeit der Beweggründe als selbstständiges Kriterium der Strafrahmenabschichtung beim Diebstahl, anders als bei den Tötungsdelikten, wenig relevant. Dies liegt offensichtlich daran, dass im Vergleich zu den Delikten gegen die körperliche Unversehrtheit das Schutzobjekt beim Diebstahl in der Regel deutlich geringeren Wert hat, sodass ein krasses Missverhältnis zwischen dem Anlass der Tat und dem Ausmaß der Eigentumsbeeinträchtigung nur ganz selten vorliegen wird. Die Regelung eines Qualifizierungsgrundes der besonders verwerflichen Beweggründe nach dem Vorbild der Tötungstatbestände wäre beim Diebstahl somit verfehlt.

Unter Schuldgesichtspunkten ist die Strafschärfung beim Diebstahl sowohl im deutschen als auch im polnischen Recht lediglich für den Fall gewerbsmäßiger

---

[257] Vgl. *Dąbrowska-Kardas/Kardas*, in: Zoll (Hrsg.), Kodeks, Art. 294 Nr. 11 ff.; *Marek*, Kodeks, Art. 294 Nr. 2; *Michalski*, in: Wąsek (Hrsg.), Kodeks, Art. 294 Rn. 47 ff.

[258] Vgl. *Dąbrowska-Kardas/Kardas*, in: Zoll (Hrsg.), Kodeks, Art. 294 Nr. 15; *Michalski*, in: Wąsek (Hrsg.), Kodeks, Art. 294 Rn. 51; *Radecki*, Prok. i Pr. 1998, Nr. 2, 7 ff.

[259] Vgl. *Dąbrowska-Kardas/Kardas*, in: Zoll (Hrsg.), Kodeks, Art. 294 Nr. 14.

[260] Das Fehlen von Privilegierungstatbeständen beim Diebstahl beruht darauf, dass in den Diebstahlsfällen minderer Strafwürdigkeit meistens gesetzliche Bestimmungen über die Behandlung der Bagatellkriminalität Anwendung finden.

Tatbegehung gesetzlich vorgesehen.[261] In beiden Rechtsordnungen kann die Gewerbsmäßigkeit bereits bei der ersten Tat bejaht werden, sofern der Entscheidung für die Tat die Absicht zugrunde liegt, sich aus regelmäßiger Begehung von Straftaten eine feste Einkommensquelle zu verschaffen. Es stellt sich dennoch die Frage, ob hier unter dem Deckmantel schuldbezogener Begründung erhöhter Strafwürdigkeit *de facto* die Strafschärfung allein aus Gründen der Spezialprävention ermöglicht werden soll. Die Verschaffung oder Unterhaltung einer regelmäßigen Einkommensquelle auf Kosten des Vermögens anderer kann nämlich im Vergleich zu den sonstigen Diebstahlsmotiven nicht pauschal als besonders verwerflich bewertet werden, da hier an sich kein krasses Missverhältnis zwischen dem Tatanlass (Befriedigung materieller Interessen) und dem Taterfolg (materieller Schaden) besteht. Die Erwartung eines rechtmäßigen Handelns in der konkreten Tatsituation wird nicht dadurch größer, dass der Täter bereits während der Tatbegehung weitere Straftaten plant, solange die übrigen Schuldelemente (Schuldfähigkeit, Vorliegen bzw. Fehlen von Interessenkonflikten oder Irrtümern) unverändert bleiben. Die Wiederholungsabsicht kann lediglich die besondere Gefährlichkeit des Täters und nicht die besondere Verwerflichkeit der konkreten Tat indizieren. Die Anhebung der Strafrahmensobergrenze beim gewerbsmäßigen Diebstahl auf zehn Jahre Freiheitsstrafe im deutschen Recht (§ 243 Abs. 1 Satz 2 Nr. 3 dt. StGB) und auf 7 Jahre und sechs Monate Freiheitsstrafe im polnischen Recht (Art. 65 § 1 i.V.m. Art. 64 § 2 und Art. 278 § 1 pol. StGB) ist somit mit dem Prinzip der straflimitierenden Schuld nur eingeschränkt vereinbar.

2. Erfolgsunwert: Wert des unmittelbar angegriffenen Rechtsguts

Im Gegensatz zu den Abstufungen der Tatschwere bei den Tötungsdelikten wird der Wert und die Bedeutung des verletzten Rechtsguts beim Diebstahl wegen weitgehender Graduierbarkeit der durch den Diebstahltatbestand geschützten Werte zum entscheidenden Abstufungskriterium. Der Wert der gestohlenen Sachen bestimmt sich nach ihrem ökonomischen Verkehrswert, nach ihrer gesellschaftlichen Bedeutung oder nach der subjektiven Schätzung des Besitzers.

Für die Berücksichtigung rein ökonomischer Gesichtspunkte als Qualifizierungskriterium beim Diebstahl bleibt im deutschen Recht Raum lediglich im Rahmen der unbenannten „besonders schweren Fälle“ im Sinn des § 243 Abs. 1 dt. StGB. Zu dieser Fallgruppe wird im deutschen Schrifttum und in der Rechtsprechung unter anderem der Diebstahl von Sachen mit besonders hohem Wert gezählt.[262] Ein entsprechender Strafschärfungsgrund wird im polnischen Recht ausdrücklich in Art. 294 § 1 pol. StGB geregelt. Der Begriff „Vermögen von bedeutendem Wert“ im Sinne dieser Vorschrift ist in Art. 115 § 5 pol. StGB näher defi-

261 Vgl. Teil 4, III.A.2.c) sowie Teil 2, III.G.2.

262 Vgl. Teil 4, III.A.2.g).

niert – mindestens das Zweihundertfache des zum Zeitpunkt der Tatbegehung verbindlichen monatlichen Mindestlohns.

Die Bestimmung der Wertmindestgrenze für die Annahme des qualifizierten Diebstahls nach dem Vorbild des polnischen Rechts ist empfehlenswert. Wegen breiter Überschneidungsbereiche zwischen Regel- und Sonderstrafrahmen kann eine solche Grenze als Strafzumessungsrichtlinie dienen, indem die Verhängung von Freiheitsstrafen oberhalb der Mindestgrenze des erhöhten Strafrahmens bei der Annäherung des Wertes der gestohlenen Sachen an die gesetzlich festgelegte Summe besonders naheliegend und die Verhängung von Freiheitsstrafen oberhalb der Höchstgrenze des Grundstrafrahmens erst bei deutlicher Überschreitung dieser Summe möglich wird.

In beiden Rechtsordnungen gilt der verschärfte Strafrahmen auch beim Diebstahl von Sachen mit besonderer gesellschaftlicher Bedeutung, und zwar unabhängig von ihrem ökonomischen Verkehrswert. Es handelt sich um Sachen von besonderer Bedeutung für Kultur – Kunst, Geschichte, Wissenschaft etc. (§ 243 Abs. 1 Satz 2 Nr. 5 dt. StGB; Art. 294 § 2 pol. StGB). Im Gegensatz zum polnischen Recht wird im deutschen Recht zusätzlich noch vorausgesetzt, dass eine solche Sache sich in einer allgemein zugänglichen Sammlung befindet oder öffentlich ausgestellt wird. Allein die Eigenschaft der gestohlenen Sache als Kulturgut sollte folglich für die Bestrafung aus dem erhöhten Strafrahmen nicht ausreichen. Vielmehr muss ein gewisses Maß an Handlungsunwert hinzutreten, indem die Ausführungshandlung sich gegen Sachen richtet, die gerade ausgestellt werden oder sonst öffentlich zugänglich und deswegen schutzlos sind. Dieser zusätzlichen Voraussetzung wird freilich in der Strafzumessungspraxis eher geringe Bedeutung zukommen, da beim Diebstahl von nicht öffentlich zugänglichen Kulturgütern in der Regel Einbruchdiebstahl im Sinn des § 243 Abs. 1 Satz 2 Nr. 1 dt. StGB vorliegen wird.

Die Bewertung der gestohlenen Sachen als besonders wertvoll kann schließlich auf der subjektiven Schätzung des Besitzers, unabhängig von ihrem ökonomischen und kulturellen Wert, beruhen. Um der Rechtssicherheit willen sollte freilich der verschärfte Strafrahmen erst dann anwendbar sein, wenn der besonders starke Wille des Besitzers, die Sache vor dem Zugriff seitens unberechtigter Dritter zu schützen, gegenüber potenziellen Tätern genügend deutlich zum Ausdruck gebracht wird. Nach deutschem Recht ist dies der Fall, wenn die Sache durch ein verschlossenes Behältnis oder eine andere Schutzvorrichtung gegen die Wegnahme besonders gesichert ist (§ 243 Abs. 1 Satz 2 Nr. 2 dt. StGB). Im polnischen Recht erfolgt der Schutz von Sachen von besonderer Bedeutung für den Besitzer im Rahmen des Tatbestands des Einbruchdiebstahls gemäß Art. 279 § 1 pol. StGB, der alle Fälle der Beseitigung von Hindernissen erfasst, die die Sache vor der Wegnahme schützen.

3. Erfolgsunwert: Verletzung von nicht unmittelbar geschützten Rechtsgütern

Nach dem Kriterium der Verletzung von nicht unmittelbar geschützten Rechtsgütern werden der höheren Strafwürdigkeitsstufe Diebstahlsfälle zugeordnet, bei denen wegen der Art der Ausführungshandlung, der Art des Tatobjekts oder der Eigenschaft der Person des Täters über die Beeinträchtigung des Gewahrsams hinaus auch andere strafrechtlich geschützte Rechtsgüter verletzt werden.

Zunächst handelt es sich um die Diebstahlsfälle, zu deren Ausführung der Täter einen Hausfriedensbruch begeht. Der deutsche Gesetzgeber differenziert hier der Tatschwere nach zu Recht zwischen dem einfachen Einbruchdiebstahl (§ 243 Abs. 1 Satz 2 Nr. 1 dt. StGB) und dem Wohnungseinbruchsdiebstahl (§ 244 Abs. 1 Nr. 3 dt. StGB). In letzterem Fall wird über den Hausfriedensbruch hinaus auch tief in die Intimsphäre des Raumbesitzers eingedrungen. Das polnische Recht kennt dagegen lediglich einen allgemeinen Tatbestand des Einbruchdiebstahls (Art. 279 § 1 pol. StGB), der allerdings mit einem besonders hohen Strafrahmen – Freiheitsstrafe von einem Jahr bis zu zehn Jahren – versehen ist.

Mit dem Einbruchdiebstahl verwandt sind Diebstahlsfälle, in denen die Ausführungshandlung erhebliche Sachbeschädigungen zur Folge hat. Die Bestrafung aus dem erhöhten Strafrahmen ist hier nur im deutschen Strafrecht, und zwar im Rahmen der unbenannten „besonders schweren Fälle“ gemäß § 243 Abs. 1 dt. StGB möglich.[263]

Aus etwas anderer Perspektive sind Fälle zu betrachten, in denen nicht die Art der Ausführungshandlung, sondern der Charakter des unmittelbar angegriffenen Tatobjekts zur Begründung des zusätzlichen Unrechts führt. Dies wird der Fall sein, wenn die gestohlenen Sachen, unabhängig von ihrem ökonomischen oder kulturellen Wert, eine unmittelbare Bedeutung für die Religionsausübung oder Äußerung weltanschaulicher Bekenntnisse haben bzw. als Identitätssymbol einer bestimmten Bevölkerungsgruppe benutzt werden. Ein Diebstahl von solchen Sachen verletzt nicht nur das Eigentum, sondern auch andere strafrechtlich geschützte Interessen, mit deren Wahrnehmung die gestohlenen Sachen in einem unmittelbaren Zusammenhang stehen. Im deutschen Recht kann der besonderen Strafwürdigkeit dieser Fälle durch die Annahme eines „besonders schweren Falls“ nach § 243 dt. StGB Rechnung getragen werden. Als Regelbeispiel dient hier der gesetzlich geregelte Kirchendiebstahl gemäß § 243 Abs. 1 Satz 2 Nr. 4 dt. StGB. Eine entsprechende Strafschärfungsgrundlage im polnischen Recht fehlt.

Schließlich kann auch eine bestimmte Eigenschaft der Person des Täters zur erhöhten Strafwürdigkeit eines Diebstahls führen. Der durch einen Amtsträger begangene Diebstahl von ihm in dieser Eigenschaft anvertrauten Sachen verletzt näm-

---

263 Vgl. Teil 4, III.A.2.g).

lich über das unmittelbar beeinträchtigte Eigentum hinaus auch das Vertrauen der Allgemeinheit in die Rechtsstaatlichkeit der Ausübung der Staatsgewalt. Dem trägt auch die Rechtsprechung deutscher Gerichte zu den „besonders schweren Fällen“ des Diebstahls gemäß § 243 dt. StGB Rechnung.[264]

4. Handlungsunwert: Gefährlichkeit der Ausführungshandlung für das unmittelbar angegriffene Rechtsgut

Die besondere Gefährlichkeit der Ausführungshandlung wird beim Diebstahl eine Strafrahmenschärfung in der Regel rechtfertigen, wenn die unmittelbaren Tatobjekte wegen der Art der Tathandlung dem Täter völlig schutzlos ausgeliefert sind. Dies wird der Fall sein, wenn eine wesentlich eingeschränkte Fähigkeit oder Möglichkeit des Besitzers, seine Vermögensgegenstände zu verteidigen, durch den Täter zur Begehung eines Diebstahls bewusst ausgenutzt wird. Diese Unfähigkeit oder Unmöglichkeit auf der Seite des Opfers kann gesundheitsbedingt sein oder sich aus den besonderen Umständen in der Außenwelt bzw. aus der Eigenart der gefährdeten Sachen (z.B. zur öffentlichen Ausstellung bestimmtes Kunstwerk) ergeben. Die Ausnutzung solcher Schutzlosigkeit der Tatobjekte kann nach dem polnischen Strafrecht lediglich innerhalb des Grundstrafrahmens strafschärfend berücksichtigt werden. Im deutschen Recht werden dagegen Diebstahl unter Ausnutzung der Hilflosigkeit, eines Unglücksfalls oder einer gemeinen Gefahr sowie Diebstahl von öffentlich ausgestellten Kulturgütern als Regelbeispiele eines „besonders schweren Falls“ des Diebstahls nach § 243 dt. StGB ausdrücklich geregelt.[265]

Über die bewusste Ausnutzung einer vom Täter nicht herbeigeführten Lage hinaus kann sich die besondere Gefährlichkeit der Ausführungshandlung beim Diebstahl auch aus den angewandten Methoden oder -mitteln ergeben. Viele von solchen Fällen, insbesondere die Überwindung von Schutzvorrichtungen oder das Beisichführen von bestimmten Gegenständen mit Nötigungsabsicht, werden bereits unter anderen Gesichtspunkten dem verschärften Strafrahmen zugeordnet. Hier gilt die Aufmerksamkeit vor allem dem Merkmal der Tatbegehung im Rahmen eines kriminellen Zwecken dienenden Zusammenschlusses von mehreren Menschen, bei dessen Vorliegen der Diebstahl in den beiden untersuchten Rechtsordnungen mit besonders hohen Strafen bestraft werden kann – z.B. Freiheitsstrafe von einem Jahr bis zu zehn Jahren beim schweren Bandendiebstahl gemäß § 244a dt. StGB im deutschen Recht und Freiheitstrafe von einem Jahr bis zu 15 Jahren beim qualifizierten Diebstahl, begangen im Rahmen einer kriminellen Gruppe im Sinn des Art. 65 § 1 pol. StGB im polnischen Recht. Die Tatbegehung unter gemeinschaftlicher Mitwirkung von mehreren Menschen erhöht die Wahrscheinlichkeit der

---

264 Vgl. Teil 4, III.A.2.g).

265 Vgl. Teil 4, III.A.2.d) und e).

Rechtsgutsverletzung und ist im Vergleich zu den übrigen Fällen stets strafwürdiger. Allein die Tatbegehung durch mehrere gemeinschaftlich kann dennoch gerade beim Diebstahl die Anhebung von Strafrahmengrenzen nicht rechtfertigen, da eine solche Strafschärfung angesichts relativ geringer Schwere der Eigentums- bzw. Gewahrsamsbeeinträchtigung unverhältnismäßig wäre. Es müssen vielmehr noch zusätzliche, qualifizierende Merkmale hinzutreten, nämlich die Ausnutzung der Strukturen einer kriminellen Organisation sowie gewisser Verlässlichkeit der zur mehrfachen Straftatbegehung entschlossenen Organisationsmitglieder. So betrachtet ist eine Strafrahmenschärfung beim Vorliegen des vom deutschen Gesetzgeber verwendeten Merkmals der Bandenmäßigkeit, das keine Organisationsstrukturen der Bande voraussetzt, nur zum Teil gerechtfertigt. Umso weniger ist die Erhöhung der Strafrahmengrenzen begründet, wenn dies nach dem Vorbild des polnischen Rechts die tatsächliche Mitwirkung von mehreren Organisationsmitgliedern bei der Tatbegehung nicht voraussetzt. In beiden Rechtsordnungen ist folglich die Strafschärfung wegen der Tatbegehung im Rahmen einer den kriminellen Zwecken dienenden Gruppe in erster Linie als Präventionsmaßnahme anzusehen.

5. Handlungsunwert: Gefährlichkeit der Ausführungshandlung für andere Rechtsgüter als das unmittelbar angegriffene

Eine potenzielle Gefährdung von anderen Rechtsgütern als dem unmittelbar angegriffenen ist eines der Kriterien, nach denen der deutsche Gesetzgeber im Gegensatz zum polnischen den Strafrahmen beim Diebstahl abschichtet. Im Einzelnen handelt es sich um die Qualifizierungsmerkmale des Beisichführens eines gefährlichen Werkzeugs und des Beisichführens eines Werkzeugs mit Verwendungsabsicht gemäß § 244 Abs. 1 Nr. 1 dt. StGB. Bemerkenswert ist, dass die Tatschwere in diesen Fällen als derart schwerwiegend angesehen wird, dass die Anwendung des verschärften Strafrahmens – Freiheitsstrafe von sechs Monaten bis zu zehn Jahren – anders als bei den besonders schweren Diebstahlsfällen im Sinn des § 243 dt. StGB nicht fakultativ, sondern obligatorisch angeordnet wird. Offenbar wollte der deutsche Gesetzgeber eine Zwischenstufe zwischen dem Schweregrad eines einfachen Diebstahls einerseits und des Raubes andererseits schaffen.

Es stellt sich die Frage, ob lediglich eine potenzielle Gefährdung von Leib und Leben des Opfers wegen des Beisichführens eines gefährlichen Werkzeugs ohne Verletzungs- oder Nötigungsabsicht und ohne Vornahme einer unmittelbar zur Verletzung führenden Handlung eine Strafrahmenschärfung beim Diebstahl rechtfertigen kann. Dies ist zu verneinen. Es liegt hier nämlich nicht einmal die Vorbereitung eines Angriffs auf die körperliche Unversehrtheit vor. Ebenso abzulehnen ist eine Strafrahmenschärfung wegen des Beisichführens eines Werkzeugs mit Nötigungsabsicht. Zwar muss eine entsprechende Absicht des Täters gegeben sein, es wird aber weder die Vornahme einer unmittelbar zur Verletzung führenden Handlung noch die Gefährlichkeit der Handlung für Leib und Leben des Opfers vorausgesetzt. Nach der hier vertretenen Ansicht sollte das Minus im Bereich des Erfolgsunwerts wegen nicht vorausgesetzter Verletzung von „Drittgütern“ beim Qualifizierungsgrund der potenziellen Gefährdung von anderen Rechtsgütern als dem unmittelbar angegriffenen durch ein Plus auf der Seite des Handlungsunwerts kompensiert werden. Dieses zusätzliche Unrecht könnte darin liegen, dass der Täter beim Diebstahl ein objektiv gefährliches Werkzeug im Bedarfsfall zu rechtswidrigen Zwecken zu verwenden beabsichtigt. Es ist folglich daran festzuhalten, dass das Verbot der Überschreitung der Schuldgrenze jedenfalls dann eingehalten wird, wenn der verschärfte Strafrahmen bei einem Täter angewandt wird, der bei der Begehung eines Diebstahls ein für Leib oder Leben gefährliches Werkzeug mit der Absicht, es zumindest als Nötigungsmittel zu verwenden, bei sich führt.

Abschließend ist noch auf das Qualifizierungsmerkmal des Diebstahls von Schusswaffen oder Sprengstoff hinzuweisen, bei dessen Vorliegen im deutschen Strafrecht ein „besonders schwerer Fall“ des Diebstahls indiziert ist (§ 243 Abs. 1 Satz 2 Nr. 7 dt. StGB) und im polnischen Recht unabhängig vom Wert des Tatobjekts stets eine Straftat angenommen wird (Art. 130 § 1 pol. Ordnungswidrigkeitsgesetzbuchs). Wegen der besonderen Gefährlichkeit der Tatobjekte für Leib und Leben potenzieller Opfer sowie der Gefahr, dass die gestohlenen Waffen in die Hände rücksichtsloser Krimineller geraten, scheint die Strafschärfung in diesen Fällen gerechtfertigt zu sein.

Fünfter Teil

Einstufungen der Deliktsschwere im Besonderen Teil des Strafrechts

I. Einführung

Die Problematik, auf die es in diesem Teil ankommt, betrifft nicht mehr die Abstufung der Tatschwere bei einem bestimmten Delikt oder innerhalb einer Deliktsgruppe, sondern die gesetzliche Einstufung der Schwere von verschiedenen Deliktstypen durch Festsetzung von Strafrahmengrenzen. Das Hauptinteresse gilt hier einerseits den Ähnlichkeiten und Unterschieden zwischen dem deutschen und dem polnischen Strafrecht im Hinblick auf die Bewertung der Schwere von verschiedenartigen Rechtsgutsverletzungen und andererseits einer angemessenen Einstufung der Tatschwere im Verhältnis zwischen verschiedenen Delikten innerhalb einer Rechtsordnung. Folgende Deliktstypen werden näher dargestellt und verglichen: vorsätzliche Tötung, sexuelle Nötigung, Raub, vorsätzliche Körperverletzung und Diebstahl.

Die gesetzliche Einstufung der Deliktsschwere erfolgt jeweils durch die Bestimmung von zwei Punkten – dem Mindest- und dem Höchstmaß der Strafandrohung – auf der Skala, deren Weite durch das Sanktionsrecht festgelegt wird. In diesem Sinne stellt das Sanktionssystem das Instrumentarium dar, auf dessen Basis die Ein- und Abstufungen der Tatschwere vom Gesetzgeber vorgenommen werden. Der Untersuchung von gesetzlichen Einstufungen der Deliktsschwere durch Festsetzung von Strafrahmengrenzen hat folglich der Vergleich von Arten und Inhalten der in den beiden Rechtsordnungen drohenden Strafsanktionen voranzugehen. Da allerdings diese Thematik den Kern der Untersuchung nicht unmittelbar betrifft, sollte hier eine auf die grundlegenden Fragen begrenzte Analyse des strafrechtlichen Sanktionssystems (Systems von Hauptstrafen) in Deutschland und in Polen ausreichen.

II. Strafrechtliche Sanktionen als Instrumentarium für die Strafrahmenbildung

A. Hauptstrafen des deutschen Rechts

1. Freiheitsstrafe

Die Strafrechtsreform von 1969 hat die bis dahin praktizierte Differenzierung zwischen verschiedenen Arten der Freiheitsstrafe (Zuchthaus, Gefängnis, Einschließung und Haft) aufgehoben und an deren Stelle eine einheitliche Freiheitsstrafe eingeführt.[1] Die Freiheitsstrafe ist gemäß § 38 Abs. 1 dt. StGB zeitig oder lebenslänglich. Letztere muss allerdings im Gesetz bei der Bestimmung von Straftatfolgen ausdrücklich vorgesehen sein. Andernfalls gilt die angedrohte Freiheitsstrafe als zeitig. Das Konzept der Einheitsstrafe wird im deutschen Recht teilweise durch die unterschiedliche Ausgestaltung des Strafvollzugs modifiziert.[2] Je nach den Behandlungsbedürfnissen des Gefangenen wird die Freiheitsstrafe in zwei unterschiedlichen Formen vollzogen: im offenen oder im geschlossenen Vollzug (§ 10 StVollzG). Statistisch gesehen gehört die Freiheitsstrafe sicherlich nicht zu den Hauptinstrumenten der deutschen Kriminalpolitik. Ihr Anteil an allen Verurteilungen beträgt etwa 20 %, wobei nur ein Drittel davon unbedingt vollstreckbare Strafen sind.[3]

a) Lebenslange Freiheitsstrafe

Die lebenslange Freiheitsstrafe ist nach der Abschaffung der Todesstrafe durch Art. 102 GG die schwerste Strafart des deutschen Rechts. Sie wird entweder als absolute Strafe (z.B. § 211, § 212 Abs. 2 dt. StGB) oder wahlweise neben der zeitigen Freiheitsstrafe (z.B. § 80, § 81 Abs. 1, § 178, § 251 dt. StGB) angedroht. Das Bundesverfassungsgericht hat in seiner grundlegenden Entscheidung aus dem Jahr 1977 die Verfassungsmäßigkeit der lebenslangen Freiheitsstrafe unter dem Vorbehalt bejaht, dass dem Verurteilten eine konkrete und grundsätzlich realisierbare Chance eingeräumt wird, zu einem späteren Zeitpunkt die Freiheit wiedergewinnen zu können.[4] Somit hat das BVerfG die 1981 erfolgte Gesetzesänderung veranlasst, nach der die Vollstreckung des Restes einer lebenslangen Freiheitsstrafe nach der Verbüßung von 15 Jahren der Strafe zur Bewährung ausgesetzt werden muss, wenn nicht die besondere Schwere der Schuld die weitere Vollstreckung gebietet und sonstige Voraussetzungen der Strafrestaussetzung vorliegen (§ 57a Abs. 1 dt. StGB). Das zuständige Vollstreckungsgericht hat nach den Vorgaben des BVerfG nicht nur

---

1 Vgl. *Maurach/Gössel/Zipf*, AT 2, S. 498 f.

2 Vgl. NK-*Dünkel*, § 38 Rn. 6.

3 Ebd., Rn. 17.

4 Vgl. BVerfGE 45, 187, 245.

darüber zu entscheiden, ob die weitere Vollstreckung zur Bewährung auszusetzen ist, sondern im Falle der Ablehnung auch, bis wann die Vollstreckung mit Rücksicht auf die Schwere der Schuld fortzusetzen ist.[5] Betrachtet man diese Rechtslage im Zusammenhang mit dem Umstand, dass in der Praxis nicht mehr als ein Fünftel der lebenslänglich Verurteilten tatsächlich bis zum Tode in Haft bleibt,[6] so wird deutlich, dass sich die lebenslange Freiheitsstrafe in Deutschland von ihrem Wortsinn weitgehend entfernt hat.[7] Sie stellt gegenwärtig eine Freiheitsstrafe von relativ unbestimmter Dauer dar, die sich mit der Formel „15 Jahre plus X" bezeichnen lässt.[8]

Trotz der skizzierten Bemühungen um die Anpassung der lebenslangen Freiheitsstrafe an das Grundgesetz ist ihre Verfassungsmäßigkeit in der deutschen Rechtslehre nach wie vor umstritten.[9]

b) Zeitige Freiheitsstrafe

Das gesetzliche Mindestmaß der zeitigen Freiheitsstrafe beträgt einen Monat, ihr Höchstmaß 15 Jahre (§ 38 Abs. 2 dt. StGB). Diese Grenzen gelten nur, soweit in den Strafandrohungen des Besonderen Teils nicht eine höhere Mindeststrafe oder eine niedrige Höchststrafe vorgesehen ist. Die Freiheitsstrafe unter einem Jahr wird nach vollen Wochen und Monaten, die Freiheitsstrafe von längerer Dauer nach vollen Monaten und Jahren bemessen (§ 39 dt. StGB). Von der Höhe der verhängten zeitigen Freiheitsstrafe ist die Dauer der tatsächlichen Vollstreckung zu unterscheiden. Eine vorzeitige Entlassung des Gefangenen ermöglicht insbesondere § 57 dt. StGB, wonach der Rest einer zeitigen Freiheitsstrafe nach der Verbüßung von zwei Dritteln, mindestens aber von zwei Monaten der Strafe, und in besonderen Fällen schon nach der Verbüßung der Hälfte, mindestens aber von sechs Monaten der Strafe, zur Bewährung ausgesetzt werden kann.

Innerhalb der zeitigen Freiheitsstrafe wird zwischen kurzer Freiheitsstrafe bis zu sechs Monaten, mittlerer, aussetzungsfähiger Freiheitsstrafe bis zu zwei Jahren und lang dauernder, aussetzungsunfähiger Freiheitsstrafe über zwei Jahre unterschieden.[10] Besondere Aufmerksamkeit gilt hier der kurzen Freiheitsstrafe.

---

[5] Vgl. BVerfGE 86, 288, 331.

[6] Vgl. *Weber*, Die Abschaffung, S. 56.

[7] Die Mehrzahl der Verurteilten wird vor ihrem Lebensende aus dem Strafvollzug entweder nach § 57a StGB oder im Wege der Gnade entlassen, vgl. *Meier*, Strafrechtliche Sanktionen, S. 88 f.

[8] Vgl. *Bock/Mährlein*, ZRP 1997, 376.

[9] Zur gegenwärtigen Diskussion um die Abschaffung der lebenslangen Freiheitsstrafe siehe: *Bock/Mährlein*, ZRP 1997, 376 ff.; *Köhne*, JR 2003, 5 ff.; *Nickolai/Reindl (Hrsg.)*, Lebenslänglich; *Weber*, Die Abschaffung.

[10] Vgl. *Maurach/Gössel/Zipf*, AT 2, S. 499.

c) Kurze Freiheitsstrafe

Nach dem Sanktionskonzept des deutschen Gesetzgebers sollte die kriminalpolitisch seit Langem umstrittene[11] kurze Freiheitsstrafe weitgehend zurückgedrängt werden. Zwar wird in Deutschland auf die kurze Freiheitsstrafe nicht verzichtet, ihr Anwendungsbereich wird jedoch aufgrund der in § 47 dt. StGB normierten Präferenzregelung zugunsten der Geldstrafe wesentlich eingeschränkt. Gemäß § 47 Abs. 1 dt. StGB ist eine Freiheitsstrafe unter sechs Monaten nur zu verhängen, wenn besondere Umstände, die in der Tat oder der Persönlichkeit des Täters liegen, die Verhängung einer Freiheitsstrafe zur Einwirkung auf den Täter oder zur Verteidigung der Rechtsordnung unerlässlich machen.

Trotz der rechtlichen Restriktionen ist die kurze Freiheitsstrafe in der Rechtswirklichkeit nicht zur Ausnahme geworden.[12] Mehr als ein Drittel aller verhängten Freiheitsstrafen sind kürzer als sechs Monate, davon über 20 % unbedingt vollstreckbar.[13] Hinzu kommt, dass bei den vermögensschwachen Geldstrafenschuldnern ein relativ hohes Risiko besteht, anhand der Vorschriften über Ersatzfreiheitsstrafe in den Kurzstrafenvollzug zu geraten.

2. Geldstrafe

a) Allgemeines

Die Geldstrafe ist in der Praxis deutscher Strafgerichte die mit Abstand häufigste Sanktion. Der Anteil der zu Geldstrafe Verurteilten an allen Verurteilten ist seit den 70er Jahren relativ stabil und beträgt etwa 80 %.[14] Die Verhängung der Geldstrafe erfolgt in Deutschland nach dem Tagessatzsystem (§ 40 dt. StGB). Die Anzahl der Tagessätze wird vom Gericht nach dem Maßstab der Schuldschwere, unter Berücksichtigung der spezial- und generalpräventiven Bedürfnisse festgelegt (§ 46 Abs. 1 dt. StGB) und beträgt mindestens fünf und höchstens 360 Tagessätze (§ 40 Abs. 1 Satz 2 dt. StGB). Im Falle der Gesamtstrafenbildung reicht die Obergrenze jedoch bis zu 720 Tagessätze (§ 54 Abs. 2 Satz 2 dt. StGB). Die Höhe eines Tagessatzes bestimmt das Gericht unter Berücksichtigung der wirtschaftlichen Leistungsfähigkeit des Täters (§ 40 Abs. 2 Satz 1 dt. StGB). Dabei geht es in der Regel von dem erzielten oder erzielbaren Nettoeinkommen des Täters aus (§ 40 Abs. 2 Satz 2 dt. StGB). Die Höhe eines Tagessatzes beträgt mindestens ein und höchstens 5.000 Euro (§ 40 Abs. 2 Satz 3 dt. StGB). Der wirtschaftlichen Ungleichheit der Täter wird ferner durch die gesetzlich vorgesehene Möglichkeit der Gewährung von Zahlungserleichterungen Rechnung getragen (§ 42 dt. StGB).

---

11 Vgl. *Weigend*, JZ 1986, 260 ff.

12 Vgl. *Heinz*, ZStW 111 (1999), 487 ff.; NK-*Villmow*, Vor §§ 38 ff. Rn. 37.

13 Ebd.

14 Vgl. *Heinz*, ZStW 111 (1999), 483; NK-*Villmow*, Vor §§ 38 ff. Rn. 31.

Die Geldstrafe wird im deutschen Strafrecht immer wahlweise neben der Freiheitsstrafe ohne besonderes Mindestmaß angedroht (Art. 12 Abs. 1 EGStGB). Andernfalls kann eine gesetzlich nicht angedrohte Geldstrafe verhängt werden, wenn das Gericht die verwirkte Freiheitsstrafe unter sechs Monaten nicht für unerlässlich hält (§ 47 Abs. 2 dt. StGB).

Ihrer Natur als Hauptstrafe nach darf die Geldstrafe neben der Freiheitsstrafe in der Regel nicht verhängt werden. Von diesem Grundsatz macht § 41 dt. StGB eine Ausnahme. Die Kumulation der beiden Hauptstrafen ist danach zulässig, wenn der Täter sich durch die Tat bereichert oder zu bereichern versucht hat. Die Obergrenze des Schuldrahmens sowie des gesetzlichen Strafrahmens darf auf diesem Wege allerdings nicht überschritten werden.[15] In der Rechtswirklichkeit kommt der im Schrifttum häufig kritisierten[16] Regelung des § 41 dt. StGB keine nennenswerte Bedeutung zu.[17]

b) *Ersatzfreiheitsstrafe und gemeinnützige Arbeit*

An die Stelle der uneinbringlichen Geldstrafe tritt gemäß § 43 dt. StGB die Ersatzfreiheitsstrafe. Dabei entspricht einem Tagessatz ein Tag Freiheitsstrafe.[18] Das Mindestmaß der Ersatzfreiheitsstrafe ist ein Tag. Angesichts der hohen Anzahl der die Ersatzfreiheitsstrafe verbüßenden Gefangenen[19] ist § 43 dt. StGB praktisch zum Einfallstor der kurzen Freiheitsstrafe geworden. Diesem Missstand wird zu entgegnen versucht, indem von der Möglichkeit Gebrauch gemacht wird, die Vollstreckung der Ersatzfreiheitsstrafe durch die gemeinnützige Arbeit gemäß Art. 293 EGStGB abzuwenden. Die Arbeit muss unentgeltlich sein und darf nicht erwerbswirtschaftlichen Zwecken dienen (Art. 293 Abs. 1 Satz 3 EGStGB). Die nähere Regelung der Einrichtung der „freien Arbeit" wird gemäß Art. 293 Abs. 1 Satz 1 EGStGB den Landesregierungen überlassen. Entsprechende Verordnungen wurden inzwischen in allen Ländern erlassen.[20] In der Praxis nimmt die gemeinnützige Arbeit bei der Erledigung uneinbringlicher Geldstrafen eine eher untergeordnete Stellung ein. Die Erledigung durch Ableistung gemeinnütziger Arbeit erfolgt in weniger als 10 % aller Uneinbringlichkeitsfälle.[21]

---

15 Vgl. *Fischer*, § 41 Rn. 7; NK-*Albrecht*, § 41 Rn. 5; *Streng*, Strafrechtliche Sanktionen, S. 68; anders *Maurach/Gössel/Zipf*, AT 2, S. 506.

16 Vgl. *Maurach/Gössel/Zipf*, AT 2, S. 506; NK-*Albrecht*, § 41 Rn. 9.

17 Vgl. NK-*Albrecht*, § 41 Rn. 2.

18 Kritisch dazu: NK-*Albrecht*, § 43 Rn. 6.

19 Ebd.

20 Vgl. NK-*Albrecht*, § 43 Rn. 9.

21 Vgl. *Feuerhelm*, Stellung, S. 17; *Streng*, Strafrechtliche Sanktionen, S. 71.

3. Strafrahmensystematik

Die dargestellten Hauptstrafen des deutschen Rechts dienen als Instrumente der Einstufung der Tatschwere, indem der Gesetzgeber sie zur Bildung von Strafrahmen verwendet. Die Strafrahmen des deutschen Rechts stellen ein relativ überschaubares System von den sich ständig wiederholenden Mindest- und Höchstwerten dar. Aus Gründen der Übersichtlichkeit der weiteren Untersuchung werden im Folgenden alle Strafrahmentypen des deutschen Strafgesetzbuchs zusammengestellt:

1. Geldstrafe bis zu 180 Tagessätzen – Freiheitsstrafe bis zu 6 Monaten;
2. Geldstrafe – Freiheitsstrafe bis zu einem Jahr;
3. Geldstrafe – Freiheitsstrafe bis zu 2 Jahren;
4. Geldstrafe – Freiheitsstrafe bis zu 3 Jahren;
5. Geldstrafe – Freiheitsstrafe bis zu 5 Jahren;
6. Freiheitsstrafe von 3 Monaten bis zu 5 Jahren;
7. Freiheitsstrafe von 6 Monaten bis zu 5 Jahren;
8. Freiheitsstrafe von einem Jahr bis zu 5 Jahren;
9. Freiheitsstrafe von 3 Monaten bis zu 10 Jahren;
10. Freiheitsstrafe von 6 Monaten bis zu 10 Jahren;
11. Freiheitsstrafe von einem Jahr bis zu 10 Jahren;
12. Freiheitsstrafe nicht unter einem Jahr;
13. Freiheitsstrafe nicht unter 2 Jahren;
14. Freiheitsstrafe nicht unter 3 Jahren;
15. Freiheitsstrafe nicht unter 5 Jahren;
16. Freiheitsstrafe nicht unter 5 Jahren – lebenslange Freiheitsstrafe;
17. Freiheitsstrafe nicht unter 10 Jahren – lebenslange Freiheitsstrafe;
18. Lebenslange Freiheitsstrafe.

Zu beachten ist, dass diese Strafrahmentypen zum Teil durch das Rechtsinstitut der Strafmilderung nach § 49 dt. StGB modifiziert werden können.

B. Hauptstrafen des polnischen Rechts

Die Hauptstrafen des geltenden polnischen Rechts sind gemäß Art. 32 pol. StGB: Geldstrafe, Freiheitsbeschränkungsstrafe, zeitige Freiheitsstrafe, 25-jährige Freiheitsstrafe und lebenslange Freiheitsstrafe. Diese keineswegs zufällige Reihenfolge spiegelt neue Tendenzen in der polnischen Kriminalpolitik wider, deren Kern vor allem der *ultima ratio*-Grundsatz freiheitsentziehender Maßnahmen bildet.[22] Aus Gründen der Übersichtlichkeit des unternommenen Vergleichs von Sanktionssystemen in Deutschland und in Polen werden die Hauptstrafen des polnischen Rechts hier allerdings in der folgenden Reihenfolge erläutert: die Freiheitsstrafen, die Freiheitsbeschränkungsstrafe und die Geldstrafe.

1. Freiheitsstrafen

a) Lebenslange Freiheitsstrafe und 25-jährige Freiheitsstrafe

Die lebenslange Freiheitsstrafe und die 25-jährige Freiheitsstrafe sind die strengsten Sanktionen des geltenden polnischen Strafrechts. Ihr Zweck besteht nach h.A. vor allem im Schutz der Gesellschaft vor resozialisierungsunfähigen, gefährlichen Straftätern durch deren Isolierung.[23] Der Befriedigung des gesellschaftlichen Gerechtigkeitsgefühls kommt hier freilich ebenfalls eine bedeutsame Rolle zu.[24]

Die beiden Strafen sind ihrer Natur nach nicht graduierbar. Doch können die im Einzelfall verhängten Strafen in Wirklichkeit unterschiedliches Gewicht haben. Die Abstufung der Empfindlichkeit der lebenslangen oder der 25-jährigen Freiheitsstrafe ermöglicht Art. 77 § 2 pol. StGB, nach dem das erkennende Gericht beim Vorliegen besonderer Umstände eine höhere als gesetzlich vorgeschriebene Mindestverbüßungsdauer für die Strafrestaussetzung festlegen kann. Nach herrschender Lehre darf der Verurteilte jedoch der Möglichkeit einer vorzeitigen Entlassung aus der Haft nicht ganz entzogen werden.[25]

Die lebenslange Freiheitsstrafe wurde im Jahr 1995 als Substitut für die abgeschaffte Todesstrafe[26] wiedereingeführt.[27] Sie wird im geltenden Recht alternativ neben der zeitigen und der 25-jährigen Freiheitsstrafe oder nur neben der 25-jährigen Freiheitsstrafe[28] angedroht. Die Anwendbarkeit dieser Strafe wird gemäß

---

[22] Vgl. *Majewski*, in: Zoll (Hrsg.), Kodeks, Art. 32 Nr. 5; *Sienkiewicz*, in: Górniok (Hrsg.), Kodeks, Art. 32 Nr. 1; Uzasadnienie do projektu, S. 22. Die Reihenfolge der Strafarten, so wie es Art. 32 pol. StGB vorsieht, wird auch bei den einzelnen Strafandrohungen im Besonderen Teil beachtet.

[23] Vgl. *Majewski*, in: Zoll (Hrsg.), Kodeks, Art. 32 Nr. 50 und 58; *Szumski*, in: Górniok u.a., Kodeks, Art. 32 Nr. 7, 15; *Wojciechowska*, in: Rejman (Hrsg.), Kodeks, Art. 37 Rn. 35.

[24] Vgl. Uzasadnienie do projektu, S. 23.

[25] Vgl. *Wilk*, PiP 1998, Nr. 6, 23; *Zoll*, in: ders. (Hrsg.), Kodeks, Art. 77 Nr. 22.

[26] Die letzte Hinrichtung fand 1988 statt. Im Jahr 1995 wurde gesetzlich das fünfjährige Moratorium für die Vollstreckung der Todesstrafe angeordnet. Ihre endgültige Abschaffung erfolgte im Strafgesetzbuch von 1997.

[27] Die lebenslange Freiheitsstrafe war bereits dem Strafgesetzbuch von 1932 bekannt. Sie wurde im Strafgesetzbuch von 1969 durch die 25-jährige Freiheitsstrafe ersetzt.

[28] So bei der qualifizierten Tötung, Art. 148 § 2 pol. StGB.

Art. 54 § 2 pol. StGB auf Straftäter begrenzt, die zum Zeitpunkt der Straftat das 18. Lebensjahr vollendet haben. Die Vollstreckung der lebenslangen Freiheitsstrafe kann gemäß Art. 78 § 3 pol. StGB nach der Verbüßung von mindestens 25 Jahren der Strafe zur Bewährung ausgesetzt werden.

Die Ansatzpunkte der Kritik der lebenslangen Freiheitsstrafe in der polnischen Rechtslehre decken sich zum Teil mit international anerkannten Mängeln dieses Strafmittels. Dies gilt für den Vorwurf der fehlenden empirischen Überprüfbarkeit ihrer generalpräventiven Wirksamkeit sowie für den Vorwurf der Missachtung der Menschenwürde.[29] Sonstige Kritikpunkte betreffen die konkrete inhaltliche Ausgestaltung der lebenslangen Freiheitsstrafe im polnischen Recht. Seitens der Befürworter der Todesstrafe wird das Argument erhoben, die Lebenslänglichkeit der lebenslangen Freiheitsstrafe sei aufgrund der Möglichkeit der bedingten Entlassung oder der Begnadigung nur scheinbar. Die Aufgabe der effektiven Unschädlichmachung von Schwerverbrechern werde somit nicht erfüllt.[30] Bei anderen Autoren richtet sich die Kritik gegen die übermäßig hohe, eine Resozialisierung erschwerende[31] Mindestverbüßungsdauer von 25 Jahren als formeller Voraussetzung[32] der Strafrestaussetzung. Diese lässt sich nur durch das Bemühen des Gesetzgebers erklären, die negativen gesellschaftlichen Auswirkungen der Abschaffung der Todesstrafe möglichst gering zu halten.[33] Maßgebend bei der Festsetzung dieser Frist waren folglich die Gesichtspunkte der Befriedigung des gesellschaftlichen Gerechtigkeitsgefühls und der positiven Generalprävention.[34]

Die 25-jährige Freiheitsstrafe wurde in Polen durch das Strafgesetzbuch von 1969 eingeführt und trotz der Wiederaufnahme der lebenslangen Freiheitsstrafe in das Sanktionssystem im Jahr 1995 beibehalten. Nach der Begründung zum Entwurf des inzwischen geltenden Strafgesetzbuchs sollte diese Strafe zur Senkung der Zahl der verhängten lebenslangen Freiheitsstrafen beitragen.[35] Zurecht wird im Schrifttum allerdings auf die Strafandrohungen des Besonderen Teils aufmerksam gemacht, bei denen die 25-jährige Freiheitsstrafe nicht als Alternative zur lebenslangen Freiheitsstrafe, sondern wahlweise neben der zeitigen Freiheitsstrafe steht.[36] Zu

---

29 Vgl. *Szumski*, PiP 1996, Nr. 1, 17 f.

30 Vgl. *Wąsik*, in: Bojarski/Skrętowicz (Hrsg.), Problemy reformy prawa karnego, S. 190 f.

31 Ebd., S. 191 f.; anders *Mielczarek*, in: Bogunia (Hrsg.), Nowa kodyfikacja prawa karnego, S. 102 f.

32 Vgl. *Szumski*, PiP 1996, Nr. 1, 16.

33 Vgl. Uzasadnienie do projektu, S. 27; *Szumski*, PiP 1996, Nr. 1, 16 f.

34 Vgl. *Zoll*, in: ders. (Hrsg.), Kodeks, Art. 78 Nr. 2.

35 Vgl. Uzasadnienie do projektu, S. 27.

36 Insgesamt bei 6 Delikten.

erwarten ist somit eher eine Verschärfung als Milderung der Repressivität der polnischen Strafrechtspraxis.[37]

Die Vollstreckung des Restes der 25-jährigen Freiheitsstrafe kann gemäß Art. 78 § 3 pol. StGB nach der Verbüßung von 15 Jahren der Strafe zur Bewährung ausgesetzt werden.

b) Zeitige Freiheitsstrafe

Die zeitige Freiheitsstrafe des polnischen Strafrechts ist eine Einheitsstrafe.[38] Die frühere Unterscheidung zwischen der Haft und dem als entehrend erachteten Gefängnis wurde bereits durch das Strafgesetzbuch von 1969 aufgehoben.[39] Allerdings erfährt das Prinzip im polnischen Strafrecht gewisse Einschränkungen. Zu beachten ist in erster Linie das dem erkennenden Gericht eingeräumte Recht, die Art oder Kategorie der Strafanstalt im Urteil zu bestimmen (Art. 62 pol. StGB). Hinsichtlich der Kategorie der Strafanstalt stehen dem Gericht gemäß Art. 69 pol. StVollzGB die Formen des offenen, des halboffenen und des geschlossenen Strafvollzugs zur Verfügung.

Das gesetzliche Höchstmaß der zeitigen Freiheitsstrafe beträgt nach dem geltenden Recht 15 Jahre (Art. 37 pol. StGB). Dies entspricht auch der oberen Grenze der Freiheitsstrafe in den Strafkodifikationen aus den Jahren 1932 und 1969.[40] Das Mindestmaß der zeitigen Freiheitsstrafe wurde hingegen vom früheren Recht (drei Monate) nicht übernommen und beträgt nach Art. 37 pol. StGB einen Monat. Diese Änderung diente in erster Linie der Absenkung des übermäßig hohen Sanktionsniveaus. Zwar war die dreimonatige Mindestdauer der Freiheitsstrafe im Strafgesetzbuch von 1969 als Mittel zur Verdrängung kurzer Freiheitsstrafen zugunsten der Geld- und Freiheitsbeschränkungsstrafe gedacht.[41] Sie trug jedoch in Wirklichkeit zur Erhöhung der Repressivität der Strafrechtspraxis bei.[42]

Die zeitige Freiheitsstrafe ist gemäß Art. 37 pol. StGB nach vollen Monaten und Jahren zu bemessen. Der Rest einer zeitigen Freiheitsstrafe kann nach der Verbüßung der Hälfte, mindestens aber von sechs Monaten der Strafe zur Bewährung ausgesetzt werden (Art. 78 § 1 pol. StGB). Dem erkennenden Gericht bleibt es allerdings vorbehalten, in besonders begründeten Fällen eine längere Frist zu bestimmen (Art. 77 § 2 pol. StGB).

---

37 Vgl. *Melezini*, in: Gardocki u.a. (Hrsg.), Gaudium in litteris est, S. 460 f.; *Szumski*, PiP 1996, Nr. 1, 17.

38 Vgl. *Gardocki*, Prawo karne, S. 164.

39 Vgl. *Szumski*, in: Górniok u.a., Kodeks, Art. 37 Nr. 1.

40 Ebd.

41 Ebd.

42 Vgl. *Melezini*, in: Gardocki u.a. (Hrsg.), Gaudium in litteris est, S. 450.

c) *Das Prinzip ultima ratio freiheitsentziehender Maßnahmen*

Bei der Entstehung des neuen Strafgesetzbuchs spielten die negativen Erfahrungen mit der ultrarepressiven sozialistischen Kriminalpolitik zweifellos eine erhebliche Rolle. In den 80er Jahren erreichte die Gefangenenquote eine Rekordzahl von über 300 Personen pro 100.000 Einwohner.[43] Auch vor dem Hintergrund des überbelasteten Strafvollzugssystems war die Reduktion der Zahl der zur vollstreckbaren Freiheitsstrafe Verurteilten ein klares Ziel der Reformbewegung im Bereich des Strafrechts.[44] Eine der dazu dienenden Maßnahmen war die gesetzliche Verankerung des Prinzips *ultima ratio* freiheitsentziehender Strafen. Gemäß Art. 58 § 1 pol. StGB hat das Gericht im Falle der alternativen Androhung von Strafen unterschiedlicher Art eine vollstreckbare Freiheitsstrafe nur zu verhängen, wenn andere Strafen oder Strafmaßnahmen die Strafzwecke nicht erfüllen würden. Der Ausnahmecharakter der unbedingt vollstreckbaren Freiheitsstrafe bei der leichteren Kriminalität zwingt den Richter nach der herrschenden Lehre zur besonderen Begründung der Wahl dieser Strafe.[45]

Inwiefern die Richtlinie des Art. 58 § 1 pol. StGB eine praktische Relevanz hat, lässt sich anhand der Angaben der Strafverfolgungsstatistik feststellen. In den Jahren 2003 und 2004 waren jeweils 64,8 % bzw. 63,7 % aller verhängten Strafen in Polen Freiheitsstrafen. Der Anteil der unbedingt vollstreckbaren Freiheitsstrafen erreichte allerdings nur 8,8 % bzw. 9,5 % aller Verurteilungen. In den übrigen Fällen wurde die Strafvollstreckung zur Bewährung ausgesetzt (56 % bzw. 54,2 % aller Verurteilungen). Die Anteile anderer Strafarten waren wie folgt: Freiheitsbeschränkungsstrafe – 12,7 % bzw. 14 %, Geldstrafe – 22 % bzw. 21,7 %.[46] Daraus kann geschlossen werden, dass eine zur Bewährung ausgesetzte Freiheitsstrafe in Übereinstimmung mit der Richtlinie des Art. 58 § 1 pol. StGB das mit Abstand wichtigste Instrument der polnischen Kriminalpolitik ist.

2. Freiheitsbeschränkungsstrafe

Die Hauptstrafe der Freiheitsbeschränkung ist im polnischen Sanktionssystem als Alternative zur Geldstrafe und zur kurzen Freiheitsstrafe konzipiert.[47] Sie dient somit nicht in erster Linie der Erweiterung des Instrumentariums zur angemessenen Einstufung der Tatschwere, sondern der Vermeidung von sich oft entsozialisierend auswirkenden kurzen Freiheitsstrafen einerseits und von uneinbringlichen oder

---

43 Vgl. *Zoll*, PiP 1998, Nr. 9–10, 47.

44 Ebd.

45 Vgl. *Gardocki*, Prawo karne, S. 191; *Konarska-Wrzosek*, Dyrektywy, S. 119; *Marek*, Kodeks, Art. 58 Nr. 1; *Wróbel*, in: Zoll (Hrsg.), Kodeks, Art. 58 Nr. 4.

46 Eigene Berechnungen anhand: Mały rocznik statystyczny, S. 102.

47 Vgl. Uzasadnienie do projektu, S. 25; *Szewczyk*, in: Zoll (Hrsg.), Kodeks, Art. 34 Nr. 2 und 3.

sozial schädlichen Geldstrafen andererseits. Folgerichtig wird sie bei den einzelnen Straftatbeständen stets alternativ neben der Geldstrafe und der kurzen Freiheitsstrafe oder neben der Geldstrafe allein angedroht. Die Freiheitsbeschränkungsstrafe besteht in der Auferlegung folgender Pflichten für die Dauer von mindestens einem Monat und höchstens zwölf Monaten: 1. Verbot der Änderung des ständigen Aufenthaltsortes ohne gerichtliche Genehmigung, 2. Ableistung einer vom Gericht bestimmten Arbeit, 3. Erteilung von Auskunft über den Verlauf der Strafvollstreckung (Art. 34 pol. StGB). Die Auflage der Arbeitsleistung als Kern der Freiheitsbeschränkungsstrafe besteht in der Ableistung einer unentgeltlichen überwachten Arbeit für gemeinnützige Zwecke im Umfang von 20 bis 40 Stunden pro Monat (Art. 35 § 1 pol. StGB). Bei berufstätigen Personen können gemäß Art. 35 § 2 pol. StGB an die Stelle der Arbeitsauflage die Kürzung der Arbeitsbezüge um 10 bis 25 % zugunsten der Staatskasse oder für einen gemeinnützigen Zweck und Verbot der Auflösung des Arbeitsverhältnisses durch den Verurteilten treten. In dieser Form verfehlt die Freiheitsbeschränkungsstrafe allerdings ihren eigentlichen Sinn und verwandelt sich in eine ratenweise zu zahlende Geldstrafe.[48]

Die Freiheitsbeschränkungsstrafe hat im Strafgesetzbuch von 1997 zum Teil den Charakter einer Bewährungsmaßnahme.[49] Das Gericht kann gemäß Art. 36 pol. StGB dem zu dieser Strafe Verurteilten die mit den Bewährungsmaßnahmen typischerweise verbundenen Pflichten (Art. 72 § 1 Pt. 2, 3 oder 5, § 2 pol. StGB) auferlegen sowie ihn der Aufsicht eines Bewährungshelfers unterstellen. Erfüllt der Verurteilte gewissenhaft alle ihm auferlegten Pflichten und beachtet er die Rechtsordnung, so kann ihn das Gericht gemäß Art. 83 pol. StGB nach der Verbüßung von mindestens der Hälfte der verhängten Strafe von ihrem Rest befreien. Weigert sich der Verurteilte, die Arbeitsauflage zu erfüllen, so tritt an ihre Stelle Geldstrafe oder im Falle der Uneinbringlichkeit der Geldstrafe Freiheitsstrafe (Art. 65 pol. StVollzGB).

Fraglich ist die Vereinbarkeit der Freiheitsbeschränkungsstrafe mit dem Verbot der Zwangsarbeit. Gemäß Art. 35 § 3 pol. StGB entscheidet das Gericht über den Ort, die Zeit und die Art der Arbeit nach Anhörung des Verurteilten. Während die Verfasser des Strafgesetzbuchs vom 1997 behaupteten, Art. 35 § 3 pol. StGB setze eine generelle Bereitschaft des Verurteilten zur Annahme der Arbeitsauflage voraus und schließe somit jede zwangsweise Arbeitsleistung aus,[50] geht die herrschende Lehre davon aus, dass die Freiheitsbeschränkungsstrafe des polnischen StGB mit dem international anerkannten Verbot der Zwangsarbeit nicht vereinbar sei.[51]

---

48 Vgl. *Szewczyk*, in: Zoll (Hrsg.), Kodeks, Art. 35 Nr. 1.

49 Vgl. Uzasadnienie do projektu, S. 25.

50 Vgl. Uzasadnienie do projektu, S. 25.

51 Vgl. *Gardocki*, Prawo karne, S. 162; *Szewczyk*, in: Zoll (Hrsg.), Kodeks, Art. 34 Nr. 4, Art. 35 Nr. 5; *Szumski*, in: Górniok u.a., Kodeks, Art. 34 Nr. 9.

3. Geldstrafe

Die Geldstrafe wird im Besonderen Teil des polnischen Strafgesetzbuchs alternativ zur Freiheitsbeschränkungsstrafe und zur zeitigen Freiheitsstrafe bis zu einem Jahr oder zwei Jahren oder alternativ nur zur Freiheitsbeschränkungsstrafe angedroht. Ein zusätzlicher Anwendungsbereich für die Geldstrafe ergibt sich aus Art. 58 § 3 pol. StGB. Danach kann das Gericht beim Strafrahmen, dessen obere Grenze fünf Jahre Freiheitsstrafe nicht übersteigt, eine explizit nicht angedrohte Geldstrafe oder Freiheitsbeschränkungsstrafe verhängen, insbesondere wenn es zugleich eine der zur Verfügung stehenden Strafmaßnahmen anordnet. Der Verzicht auf eine entsprechende Erweiterung der Strafrahmen im Besonderen Teil und Verlagerung dieser Regulierung in den Allgemeinen Teil betonen den Ausnahmecharakter des Art. 58 § 3 pol. StGB. Folgerichtig wird in der Rechtslehre bei der Anwendung dieser Vorschrift eine besondere Begründung für erforderlich erachtet.[52]

Die Geldstrafe der neuen polnischen Strafrechtskodifikation aus dem Jahr 1997 wird nach dem Tagessatzsystem verhängt. Die Zahl der Tagessätze beträgt mindestens zehn und höchstens 360, es sei denn, das Gesetz bestimmt eine andere Obergrenze (Art. 33 § 1 pol. StGB). Die Höhe eines Tagessatzes legt das Gericht unter Berücksichtigung des Nettoeinkommens[53] oder der Einkommensmöglichkeiten sowie der persönlichen, familiären und Vermögensverhältnisse des Verurteilten fest, wobei das gesetzliche Mindestmaß zehn Złoty und das Höchstmaß 2000 Złoty beträgt (Art. 33 § 3 pol. StGB).

Das geltende, polnische Strafrecht kennt zwei Formen der Geldstrafe: alleinige und kumulative Geldstrafe. Im Hinblick auf kumulative Geldstrafe wird ferner zwischen der Geldstrafe neben der zeitigen Freiheitsstrafe gemäß Art. 33 § 2 pol. StGB und der Geldstrafe neben der zur Bewährung ausgesetzten Freiheits- oder Freiheitsbeschränkungsstrafe gemäß Art. 71 § 1 pol. StGB unterschieden. Erstere kann verhängt werden, sofern der Täter zum Zwecke der Erzielung eines Vermögensvorteils gehandelt oder einen solchen Vorteil tatsächlich erlangt hat (Art. 33 § 2 pol. StGB). Letztere dient in erster Linie der Befriedigung des gesellschaftlichen Gerechtigkeitsgefühls, indem sie die Entstehung des Eindrucks verhindert, der nur bedingt Verurteilte sei *de facto* unbestraft geblieben.[54] Trotz der Fakultativität der kumulativen Geldstrafe im heutigen polnischen Strafrecht[55] werden die Art. 33 § 2 und 71 § 1 pol. StGB von den Strafgerichten sehr häufig gehandhabt.[56]

---

52 Vgl. *Wróbel*, in: Zoll (Hrsg.), Kodeks, Art. 58 Nr. 5.

53 Vgl. *Majewski*, in: Zoll (Hrsg.), Kodeks, Art. 33 Nr. 17.

54 Vgl. *Gardocki*, Prawo karne, S. 161; *Kalitowski*, in: Górniok u.a., Kodeks, Art. 71 Nr. 1; *Majewski*, in: Zoll (Hrsg.), Kodeks, Art. 32 Nr. 22.

55 Das Strafgesetzbuch von 1969 sah in Art. 36 § 3 eine obligatorische kumulative Geldstrafe vor.

56 Eigene Berechnungen anhand der Strafverfolgungsstatistik des Justizministeriums (abrufbar unter www.ms.gov.pl/statystyki/2003-prawomocne_wybrane.pdf [Stand: 1.7.2009])

An die Stelle einer uneinbringlichen Geldstrafe tritt mit Einverständnis des Verurteilten gemeinnützige Arbeit (Art. 45 pol. StVollzGB). Andernfalls ordnet das Gericht die Ersatzfreiheitsstrafe an, wobei einem Tag Freiheitsentzug zwei Tagessätze Geldstrafe entsprechen (Art. 46 § 1 pol. StVollzGB).

4. Strafrahmensystematik

Ebenso wie im deutschen Strafrecht ist auch im polnischen Recht ein klares System von Strafrahmen erkennbar. Im polnischen Strafgesetzbuch von 1997 werden folgende Strafrahmentypen verwendet, die allerdings durch das Rechtsinstitut der „außerordentlichen Strafmilderung" teilweise modifiziert werden können:

1. Geldstrafe – Freiheitsbeschränkungsstrafe;
2. Geldstrafe – Freiheitsbeschränkungsstrafe – Freiheitsstrafe bis zu ein Jahr;
3. Geldstrafe – Freiheitsbeschränkungsstrafe – Freiheitsstrafe bis zu 2 Jahren;
4. Freiheitsstrafe bis zu 3 Jahren;
5. Freiheitsstrafe von 3 Monaten bis zu 5 Jahren;
6. Freiheitsstrafe von 6 Monaten bis zu 8 Jahren;
7. Freiheitsstrafe von einem Jahr bis zu 10 Jahren;
8. Freiheitsstrafe von 2 Jahren bis zu 12 Jahren;
9. Freiheitsstrafe nicht unter 3 Jahren;
10. Freiheitsstrafe nicht unter 5 Jahren – 25-jährige Freiheitsstrafe;
11. Freiheitsstrafe nicht unter 8 Jahren – 25-jährige Freiheitsstrafe – lebenslange Freiheitsstrafe;
12. Freiheitsstrafe nicht unter 10 Jahren – 25-jährige Freiheitsstrafe – lebenslange Freiheitsstrafe;
13. Freiheitsstrafe nicht unter 12 Jahren – 25-jährige Freiheitsstrafe – lebenslange Freiheitsstrafe;
14. 25-jährige Freiheitsstrafe – lebenslange Freiheitsstrafe.

C. Hauptstrafen – Vergleich

Im Hinblick auf die Arten von Hauptstrafen sind zwischen der deutschen und der polnischen Strafrechtsordnung mehrere Überschneidungen zu verzeichnen. Den Kern beider Sanktionssysteme bilden die nach dem Tagessatzsystem verhängte

ergaben, dass im Jahr 2003 bei etwa 31 % der Verurteilungen zu Freiheitsstrafe, einschließlich der Fälle der Strafaussetzung zur Bewährung, eine kumulative Geldstrafe verhängt wurde.

Geldstrafe und die Freiheitsstrafe von einem Monat bis zu 15 Jahren. In beiden Ländern sehen die Strafgesetzbücher eine lebenslange Freiheitsstrafe vor. Eine nähere Betrachtung der inhaltlichen Ausgestaltung der einzelnen Sanktionen ergibt dennoch Unterschiede von nicht unerheblicher Bedeutung für die weitere Untersuchung.

Die untersuchten Strafrechtssysteme verfügen über ein unterschiedliches Instrumentarium zur gesetzlichen Einstufung der schwersten Kriminalität. Die härteste Sanktion des deutschen Strafrechts – die lebenslange Freiheitsstrafe – hat sich in der Rechtswirklichkeit aufgrund der erhobenen, verfassungsrechtlichen Einwände von ihrem Wortsinn weitgehend entfernt und stellt gegenwärtig vielmehr eine Freiheitsstrafe von relativ unbestimmter Dauer dar, deren Vollstreckung nach der Verbüßung von 15 Jahren zur Bewährung ausgesetzt werden kann. Demgegenüber ist die lebenslange Freiheitsstrafe des polnischen Rechts als Ersatz für die vor wenigen Jahren abgeschaffte Todesstrafe konzipiert und übernimmt somit in erster Linie die Aufgabe der effektiven Unschädlichmachung von Schwerverbrechern. Folgerichtig sieht das Gesetz bei der Regelung der Strafrestaussetzung eine sehr lange Mindestverbüßungsdauer von 25 Jahren vor. Die lebenslange Freiheitsstrafe des polnischen Rechts zeichnet sich ferner durch eine gewisse Graduierbarkeit aus, denn ihre gesetzliche Mindestverbüßungsdauer kann vom erkennenden Gericht beim Vorliegen besonderer Umstände im Urteil noch verlängert werden.[57] Im Hinblick auf den Grad ihrer Empfindlichkeit lassen sich folglich die härtesten Sanktionen des deutschen und des polnischen Rechts nicht gleichsetzen. Die Regelung der lebenslangen Freiheitsstrafe im polnischen Recht würde, angesichts der begrenzten Aussichten für den Verurteilten, seine Freiheit wiederzugewinnen, einer Prüfung durch das deutsche Verfassungsgericht vermutlich nicht standhalten. Eine mögliche Milderung dieser Strafe wäre in Polen sicherlich im Wege des Begnadigungsverfahrens möglich. Wie sich die entsprechende Praxis entwickeln wird, ist allerdings noch abzuwarten.

Neben der lebenslangen Freiheitsstrafe sieht das polnische Strafgesetzbuch für den Bereich der schwersten Kriminalität zusätzlich eine dem deutschen Recht unbekannte 25-jährige Freiheitsstrafe vor. Diese entspricht, ihrem Empfindlichkeitsgrad nach, *de facto* der relativ milden lebenslangen Freiheitsstrafe des deutschen Rechts. Für beide Sanktionen besteht in der jeweiligen Rechtsordnung die gleiche Mindestverbüßungsdauer von 15 Jahren. Trotz der ursprünglichen Absicht der Verfasser des polnischen Strafgesetzbuchs, die 25-jährige Freiheitsstrafe als Mittel zur Senkung der Zahl der verhängten lebenslangen Freiheitsstrafen zu benutzen, stellt

[57] Zu beachten ist freilich, dass die Feststellung der besonderen Schwere der Schuld durch das erkennende Gericht im deutschen Recht der Strafrestaussetzung durch das Vollstreckungsgericht nach § 57a Abs. 1 dt. StGB entgegensteht.

diese Strafe gegenwärtig ein selbstständiges Instrument zur gesetzlichen Einstufung der Tatschwere dar. Dies zeigt sich insbesondere an den gesetzlichen Strafrahmen, bei denen die 25-jährige Freiheitsstrafe als Alternative allein zur zeitigen Freiheitsstrafe angedroht wird.

Einen weiteren Unterschied zwischen den untersuchten Sanktionssystemen bildet die im polnischen Strafgesetzbuch vorgesehene, dem deutschen Recht als selbstständige Strafe dagegen unbekannte Freiheitsbeschränkungsstrafe. Sie stellt im polnischen Recht ein spezialpräventiv ausgerichtetes, mit den Bewährungsmaßnahmen verwandtes Rechtsmittel dar, dessen Aufgabe in erster Linie in der Vermeidung von kurzen Freiheitsstrafen einerseits und von uneinbringlichen bzw. sozial schädlichen Geldstrafen andererseits besteht. Ihre Bedeutung als Instrument der Einstufung bzw. Abstufung der Tatschwere ist somit gering.

Für den Bereich der leichteren Kriminalität sehen beide Rechtsordnungen eine nach dem Tagessatzsystem verhängte Geldstrafe und eine kurze, aussetzungsfähige Freiheitsstrafe vor. Trotz zahlreicher Ähnlichkeiten hinsichtlich ihrer inhaltlichen Ausgestaltung kommt diesen Sanktionen in der Rechtswirklichkeit der beiden Länder jeweils eine ganz unterschiedliche Bedeutung zu. In Deutschland übernimmt die Geldstrafe in der Gerichtspraxis statistisch gesehen die Rolle des Hauptinstruments der Kriminalpolitik. Im Gesetz ist sie stets alternativ zur Freiheitsstrafe ohne besonderes Mindestmaß und mit einem Höchstmaß von bis zu fünf Jahren angedroht. Somit erstreckt sich der Anwendungsbereich der Geldstrafe in Deutschland zum Teil auch auf die mittelschwere Kriminalität. In der Praxis polnischer Strafgerichte ist hingegen die zur Bewährung ausgesetzte Freiheitsstrafe die mit Abstand am häufigsten verhängte Sanktion. Eine eher untergeordnete Rolle der alleinigen Geldstrafe in der Rechtswirklichkeit lässt sich nur zum Teil durch die Strafrahmensystematik des polnischen Strafgesetzbuchs erklären. Zwar wird die Geldstrafe nur bei den Strafrahmen vorgesehen, deren obere Grenze zwei Jahre Freiheitsstrafe nicht übersteigt, ein breiterer Anwendungsbereich für die Geldstrafe wird dennoch durch Art. 58 § 3 pol. StGB geschaffen.

III. Einstufungen der Schwere von ausgewählten Delikten

Im Folgenden werden die gesetzlichen Einstufungen der Schwere der vorsätzlichen Tötung, der sexuellen Nötigung, des Raubes, der vorsätzlichen Körperverletzung und des Diebstahls im deutschen und im polnischen Strafrecht in der Form von Diagrammen dargestellt und anschließend verglichen.

A. Deutsches Recht

Abbildung 1: **Einstufungen der Tatschwere bei vorsätzlicher Tötung im deutschen Strafrecht**

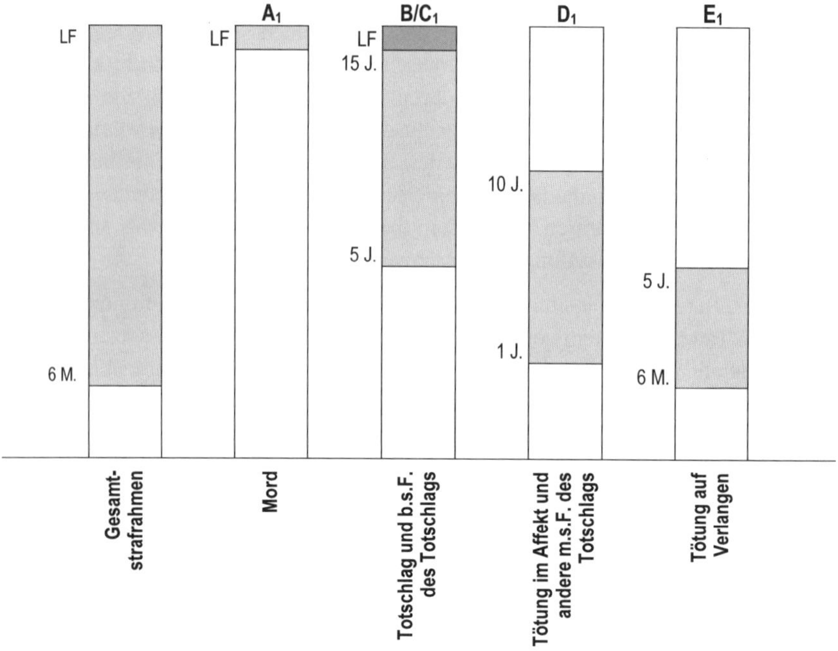

Strafrahmen A_1 Lebenslange Freiheitsstrafe – gilt bei Mord (§ 211 dt. StGB).[58]

Strafrahmen B/C_1 Freiheitsstrafe von 5 bis zu 15 Jahren und im b.s.F. lebenslange Freiheitsstrafe – gilt bei vorsätzlicher Tötung eines Menschen, solange keine Mordmerkmale vorliegen (§ 212 dt. StGB).

Strafrahmen D_1 Freiheitsstrafe von einem Jahr bis zu 10 Jahren – gilt bei der Tötung im Affekt nach § 213 dt. StGB und in anderen m.s.F. des Totschlags.

Strafrahmen E_1 Freiheitsstrafe von 6 Monaten bis zu 5 Jahren – gilt bei der Tötung auf Verlangen nach § 216 dt. StGB.

---

[58] Zu den Voraussetzungen der Anwendbarkeit der Strafrahmen A_1 bis E_1 im Einzelnen siehe Landesbericht Deutschland zu den Tötungsdelikten im vierten Teil.

Abbildung 2: Einstufungen der Tatschwere bei sexueller Nötigung im deutschen Strafrecht

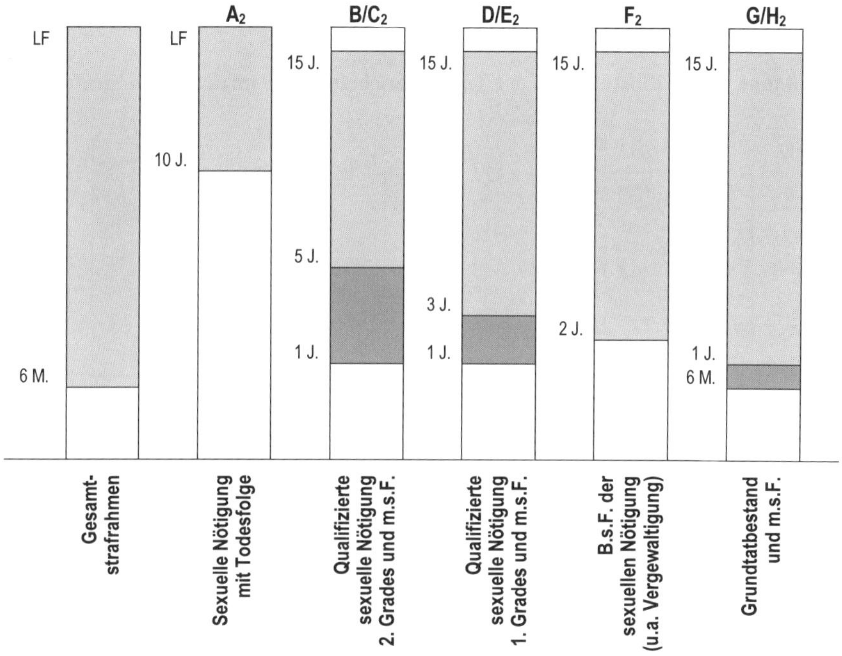

Strafrahmen A_2 Freiheitsstrafe von 10 bis zu 15 Jahren oder lebenslange Freiheitsstrafe – gilt bei sexueller Nötigung oder Vergewaltigung mit Todesfolge (§ 178 dt. StGB).

Strafrahmen B/C_2 Freiheitsstrafe von 5 bis zu 15 Jahren und im m.s.F. Freiheitsstrafe von einem Jahr bis zu 10 Jahren – gilt, wenn der Täter bei der Tat ein gefährliches Werkzeug verwendet, das Opfer körperlich schwer misshandelt oder es durch die Tat in die Gefahr des Todes bringt (§ 177 Abs. 4 und 5 dt. StGB).

Strafrahmen D/E_2 Freiheitsstrafe von 3 bis zu 15 Jahren und im m.s.F. Freiheitsstrafe von einem Jahr bis zu 10 Jahren – gilt, wenn der Täter entweder ein gefährliches Werkzeug oder sonst ein Werkzeug mit der Absicht, es als Nötigungsmittel zu verwenden, bei sich führt. Des Weiteren gilt der Strafrahmen, wenn der Täter das Opfer durch die Tat in die Gefahr einer schweren Gesundheitsschädigung bringt (§ 177 Abs. 3 und 5 dt. StGB).

Strafrahmen F_2 Freiheitsstrafe von 2 bis zu 15 Jahren – gilt in „besonders schweren Fällen" sexueller Nötigung. Ein solcher Fall liegt in der Regel bei der Vergewaltigung (Vollzug des Beischlafs oder Vornahme ähnlicher sexueller Handlungen) und bei der Tatbegehung durch mehrere gemeinschaftlich vor (§ 177 Abs. 2 dt. StGB).

Strafrahmen G/H_2 Freiheitsstrafe von einem Jahr bis zu 15 Jahren und im m.s.F. Freiheitsstrafe von 6 Monaten bis zu 5 Jahren – gilt bei nicht qualifizierter sexueller Nötigung (§ 177 Abs. 1 und 5 dt. StGB).

Abbildung 3: Einstufungen der Tatschwere beim Raub im deutschen Strafrecht

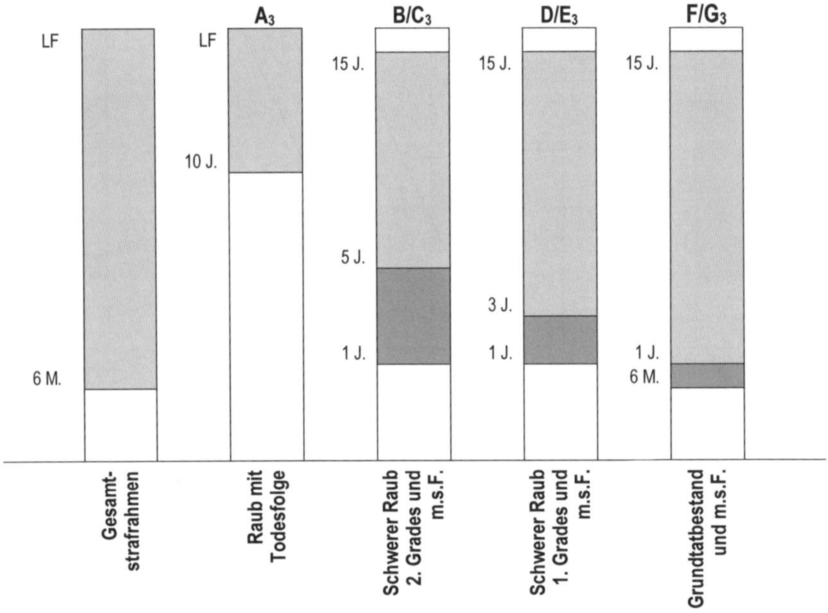

Strafrahmen A_3 Freiheitsstrafe von 10 bis zu 15 Jahren oder lebenslange Freiheitsstrafe – gilt beim Raub mit Todesfolge (§ 251 dt. StGB).

Strafrahmen B/C_3 Freiheitsstrafe von 5 bis zu 15 Jahren und im m.s.F. Freiheitsstrafe von einem Jahr bis zu 10 Jahren – gilt, wenn der Täter oder ein anderer Beteiligter am Raub bei der Tat ein gefährliches Werkzeug verwendet, bandenmäßig handelnd eine Waffe bei sich führt oder eine andere Person bei der Tat körperlich schwer misshandelt oder durch die Tat in die Gefahr des Todes bringt (§ 250 Abs. 2 und 3 dt. StGB).

Strafrahmen D/E_3 Freiheitsstrafe von 3 bis zu 15 Jahren und im m.s.F. Freiheitsstrafe von einem Jahr bis zu 10 Jahren – gilt, wenn der Täter oder ein anderer Beteiligter am Raub entweder ein gefährliches Werkzeug oder sonst ein Werkzeug mit der Absicht dessen Verwendung als Nötigungsmittel bei sich führt. Des Weiteren gilt der Strafrahmen, wenn der Täter oder ein anderer Beteiligter am Raub eine andere Person durch die Tat in die Gefahr einer schweren Gesundheitsschädigung bringt sowie wenn der Täter bandenmäßig handelt (§ 250 Abs. 1 und 3 dt. StGB).

Strafrahmen F/G_3 Freiheitsstrafe von einem Jahr bis zu 15 Jahren und im m.s.F. Freiheitsstrafe von 6 Monaten bis zu 5 Jahren – gilt beim nicht qualifizierten Raub (§ 249 dt. StGB).

Abbildung 4: Einstufungen der Tatschwere bei vorsätzlicher Körperverletzung im deutschen Strafrecht

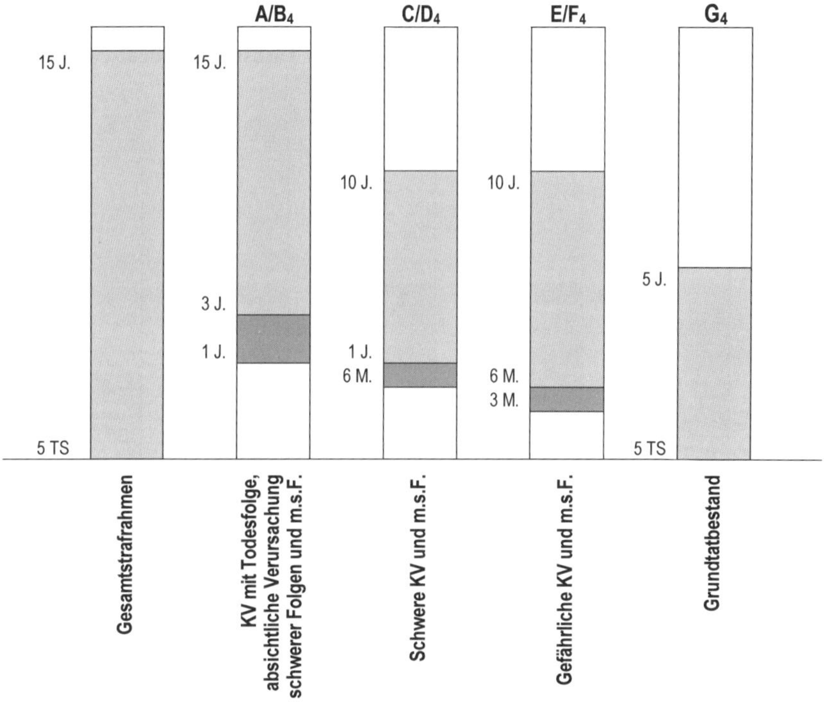

Strafrahmen A/B_4 Freiheitsstrafe von 3 bis zu 15 Jahren und im m.s.F. Freiheitsstrafe von einem Jahr bis zu 10 Jahren – gilt bei Körperverletzung mit Todesfolge sowie bei absichtlicher oder wissentlicher Verursachung der im § 226 Abs. 1 dt. StGB bezeichneten, schweren Folgen (§ 226 Abs. 2 und 3 und § 227 dt. StGB).

Strafrahmen C/D_4 Freiheitsstrafe von einem Jahr bis zu 10 Jahren und im m.s.F. Freiheitsstrafe von 6 Monaten bis zu 5 Jahren – gilt, wenn die Körperverletzung zur Folge hat, dass das Opfer das Sehvermögen, das Gehör, das Sprechvermögen, die Fortpflanzungsfähigkeit, ein wichtiges Körperglied oder die Möglichkeit, dieses zu gebrauchen, verliert bzw. in erheblicher Weise dauerhaft entstellt wird oder in Siechtum, Lähmung oder geistige Krankheit oder Behinderung verfällt (§ 226 Abs. 1 und 3 dt. StGB).

Strafrahmen E/F_4 Freiheitsstrafe von 6 Monaten bis zu 10 Jahren und im m.s.F. Freiheitsstrafe von 3 Monaten bis zu 5 Jahren – gilt, wenn der Täter die Körperverletzung durch Beibringung von gesundheitsschädlichen Stoffen (z.B. Gift), mittels eines gefährlichen Werkzeuges oder eines hinterlistigen Überfalls, mit einem Beteiligten gemeinschaftlich oder mittels einer das Leben gefährdenden Behandlung begeht (§ 224 dt. StGB).

Strafrahmen G_4 Geldstrafe oder Freiheitsstrafe bis zu 5 Jahren – gilt bei nicht qualifizierter Körperverletzung (§ 223 Abs. 1 dt. StGB).

Abbildung 5: Einstufungen der Tatschwere beim Diebstahl im deutschen Strafrecht

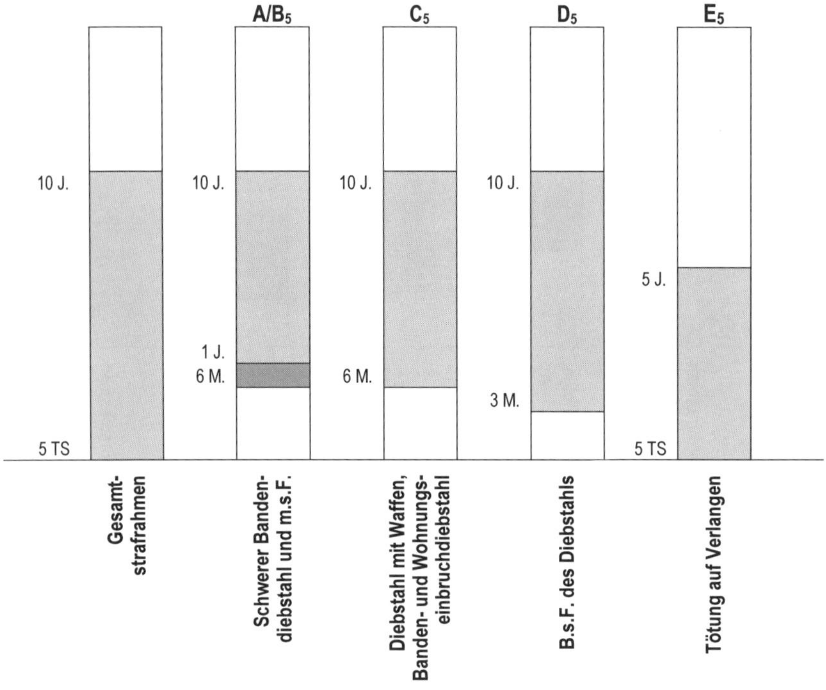

Strafrahmen A/B_5 Freiheitsstrafe von einem Jahr bis zu 10 Jahren und im m.s.F. Freiheitsstrafe von 6 Monaten bis zu 5 Jahren – gilt beim schweren Bandendiebstahl (§ 244a dt. StGB).[59]

Strafrahmen C_5 Freiheitsstrafe von 6 Monaten bis zu 10 Jahren – gilt beim Diebstahl mit Waffen sowie beim Banden- und Wohnungseinbruchsdiebstahl (§ 244 dt. StGB).

Strafrahmen D_5 Freiheitsstrafe von 3 Monaten bis zu 10 Jahren – gilt in „besonders schweren Fällen" des Diebstahls (§ 243 dt. StGB).

Strafrahmen E_5 Geldstrafe oder Freiheitsstrafe bis zu 5 Jahren – gilt beim nicht qualifizierten Diebstahl (§ 243 dt. StGB).

[59] Zu den Voraussetzungen der Anwendbarkeit der Strafrahmen A/B_5 bis D_5 im Einzelnen siehe Landesbericht Deutschland zum Diebstahl im vierten Teil.

B. Polnisches Recht

Hinsichtlich der Darstellung der Tatschwereeinstufung bei den einzelnen Delikten im polnischen Strafrecht sind gewisse Besonderheiten des Allgemeinen Teils dieser Strafrechtsordnung im Auge zu behalten. Es handelt sich zunächst um die unbenannte Strafrahmenmilderungsgrundlage gemäß Art. 60 § 2 pol. StGB, wonach die außerordentliche Strafmilderung in allen besonders begründeten Fällen möglich ist, in denen selbst die niedrigste Strafe innerhalb des Regelstrafrahmens unangemessen streng wäre. Des Weiteren ist auf die allgemeinen Strafschärfungsgründe hinzuweisen: Rückfälligkeit, Gewerbsmäßigkeit, Terrorismus-Charakter der Tat und Tatbegehung im Rahmen einer kriminellen Zwecken dienenden, organisierten Gruppe oder Vereinigung nach Art. 64 und 65 pol. StGB, bei deren Vorliegen sich die Obergrenze des jeweils anzuwendenden Strafrahmens um die Hälfte erhöht. Eine nicht unerhebliche Strafrahmenschärfung (Erhöhung der Untergrenze um die Hälfte) ist im Allgemeinen Teil schließlich für den Fall des Hooliganismus-Charakters des Vergehens vorgesehen (Art. 57a § 1 pol. StGB).

Abbildung 6: Einstufungen der Tatschwere bei vorsätzlicher Tötung im polnischen Strafrecht

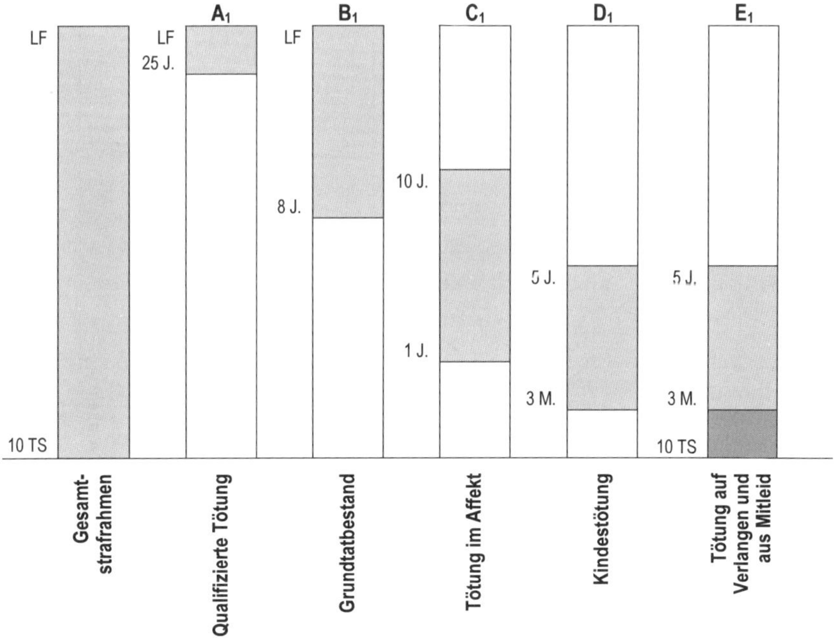

Strafrahmen A_1 25-Jahre-Freiheitsstrafe oder lebenslange Freiheitsstrafe – gilt bei qualifizierter Tötung (Art. 148 § 2 und 3 pol. StGB).[60]

Strafrahmen B_1 Freiheitsstrafe von 8 Jahren bis zu 15 Jahren oder lebenslange Freiheitsstrafe – gilt bei vorsätzlicher, aber nicht qualifizierter Tötung eines Menschen (Art. 148 § 1 pol. StGB).

Strafrahmen C_1 Freiheitsstrafe von einem Jahr bis zu 10 Jahren – gilt bei der Tötung im Affekt (Art. 148 § 4 pol. StGB).

Strafrahmen D_1 Freiheitsstrafe von 3 Monaten bis zu 5 Jahren – gilt bei der Tötung eines neugeborenen Kindes durch die Mutter (Art. 149 pol. StGB).

Strafrahmen E_1 Freiheitsstrafe von 3 Monaten bis zu 5 Jahren mit der Möglichkeit der außerordentlichen Strafmilderung sowie des Absehens von der Verhängung von Strafe – gilt bei der Tötung auf Verlangen des Opfers und aus Mitleid mit ihm (Art. 150 pol. StGB).

Abbildung 7: Einstufungen der Tatschwere bei sexueller Nötigung im polnischen Strafrecht

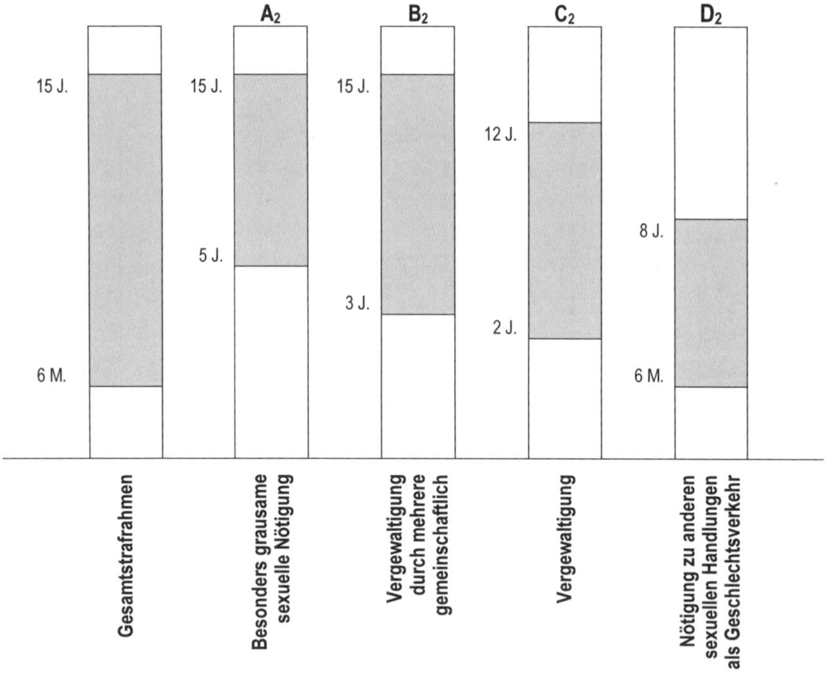

60 Zu den Voraussetzungen der Anwendbarkeit der Strafrahmen A_1 bis E_1 im Einzelnen siehe Teil 4, II.B.

Strafrahmen A_2 Freiheitsstrafe von 5 bis zu 15 Jahren – gilt, wenn der Täter bei der Begehung einer der im Art. 197 §§ 1 bis 3 pol. StGB bezeichneten Taten mit besonderer Grausamkeit handelt (Art. 197 § 4 pol. StGB).

Strafrahmen B_2 Freiheitsstrafe von 3 bis zu 15 Jahren – gilt, wenn der Täter eine Vergewaltigung gemeinsam mit einer anderen Person begeht (Art. 197 § 3 pol. StGB).

Strafrahmen C_2 Freiheitsstrafe von 2 bis zu 12 Jahren – gilt, wenn der Täter eine andere Person mit Gewalt, durch rechtswidrige Drohung oder Arglist zum Geschlechtsverkehr veranlasst[61] – Vergewaltigung (Art. 197 § 1 pol. StGB).

Strafrahmen D_2 Freiheitsstrafe von 6 Monaten bis zu 8 Jahren – gilt, wenn der Täter in der in Art. 197 § 1 pol. StGB bezeichneten Art und Weise eine andere Person veranlasst, eine andere sexuelle Handlung als Geschlechtsverkehr zu erdulden oder eine solche Handlung auszuüben (Art. 197 § 2 pol. StGB).[62]

Abbildung 8: Einstufungen der Tatschwere beim Raub im polnischen Strafrecht

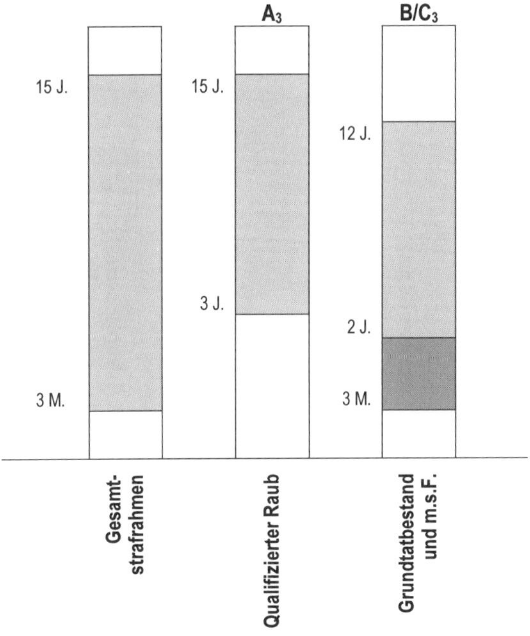

Strafrahmen A_3 Freiheitsstrafe von 3 bis zu 15 Jahren – gilt, wenn der Täter oder ein anderer Beteiligter am Raub bei der Tatbegehung eine Schusswaffe, ein

61 Übersetzung übernommen aus: *Weigend*, Das polnische Strafgesetzbuch.

62 Ebd.

Messer oder einen anderen, ähnlich gefährlichen Gegenstand bzw. ein Überwältigungsmittel verwendet sowie wenn der Täter oder ein anderer Beteiligter in einer anderen das menschliche Leben unmittelbar gefährdenden Art und Weise handelt (Art. 280 § 2 pol. StGB).

Strafrahmen B/C_3 Freiheitsstrafe von 2 bis zu 12 Jahren und im m.s.F. Freiheitsstrafe von 3 Monaten bis zu 5 Jahren – gilt beim nicht qualifizierten Raub (Art. 280 § 1 und Art. 283 pol. StGB).

Abbildung 9: Einstufungen der Tatschwere bei vorsätzlicher Körperverletzung im polnischen Strafrecht

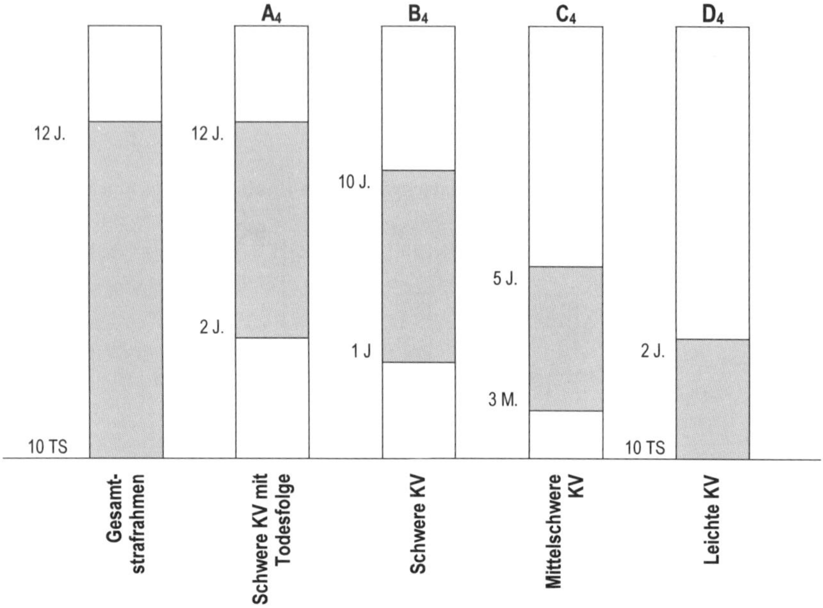

Strafrahmen A_4 Freiheitsstrafe von 2 bis zu 12 Jahren – gilt, wenn die Körperverletzung nach Art. 156 § 1 pol. StGB den Tod eines Menschen zur Folge hat (Art. 156 § 3 pol. StGB).

Strafrahmen B_4 Freiheitsstrafe von 1 Jahr bis zu 10 Jahren – gilt, wenn der Täter einem anderen eine schwere Gesundheitsschädigung –Verlust des Sehvermögens, des Gehörs, der Sprache oder der Zeugungsfähigkeit, ein andere schweres Gebrechen, eine schwere, unheilbare Krankheit oder eine langwierige, das Leben ernsthaft gefährdende Krankheit, eine unheilbare psychische Krankheit, eine vollständigen oder wesentliche endgültige Berufsunfähigkeit oder eine endgültige wesentliche Verunstaltung oder Entstellung des Körpers – zufügt (Art. 156 § 1 pol. StGB).[63]

[63] Ebd.

Strafrahmen C_4 Freiheitsstrafe von 3 Monaten bis zu 5 Jahren – gilt, wenn der Täter eine andere als die im Art. 156 § 1 pol. StGB bezeichnete Verletzung der Funktionen eines Körperteils oder eine andere Gesundheitszerrüttung verursacht (Art. 157 § 1 pol. StGB).[64]

Strafrahmen D_4 Geldstrafe, Freiheitsbeschränkungsstrafe oder Freiheitsstrafe bis zu 2 Jahren – gilt, wenn der Täter eine Verletzung der Funktionen eines Körperteils oder eine Gesundheitszerrüttung verursacht, die nicht länger als 7 Tage andauert (Art. 157 § 2 pol. StGB).[65]

Abbildung 10: Einstufungen der Tatschwere beim Diebstahl im polnischen Strafrecht

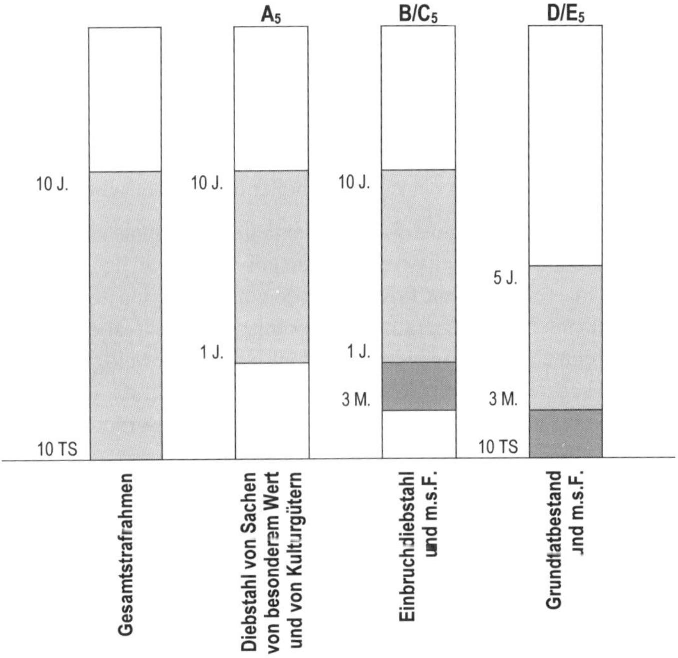

Strafrahmen A_5 Freiheitsstrafe von einem Jahr bis zu 10 Jahren – gilt beim Diebstahl von Sachen von bedeutendem Wert sowie beim Diebstahl von Sachen von besonderer Bedeutung für Kultur (Art. 294 i.V.m. 278 § 1 pol. StGB).[66]

---

[64] Ebd.

[65] Ebd.

[66] Zu den Voraussetzungen der Anwendbarkeit der Strafrahmen A_5 und B/C_5 im Einzelnen siehe Landesbericht Polen zum Diebstahl im vierten Teil.

Strafrahmen B/C$_5$	Freiheitsstrafe von einem Jahr bis zu 10 Jahren und im m.s.F. Freiheitsstrafe von 3 Monaten bis zu 5 Jahren – gilt beim Einbruchdiebstahl (Art. 279 § 1 und Art. 283 pol. StGB).
Strafrahmen D/E$_5$	Freiheitsstrafe von 3 Monaten bis zu 5 Jahren und im m.s.F. Geldstrafe, Freiheitsbeschränkungsstrafe und Freiheitsstrafe bis zu ein Jahr – gilt beim nicht qualifizierten Diebstahl (Art. 278 §§ 1 und 3 pol. StGB).

C. Einstufungen der Schwere von ausgewählten Delikten – Vergleich

Beim Vergleich der gesetzlichen Einstufung der Schwere einzelner Delikte sind sowohl im Hinblick auf die Breite, als auch auf die Schärfe der Strafrahmen zahlreiche Ähnlichkeiten zwischen deutschem und polnischem Strafrecht zu verzeichnen. Bemerkenswert ist dennoch, dass die Strafrahmen von nicht qualifizierten Deliktsformen sowie die Obergrenzen der Strafrahmen von Qualifizierungstatbeständen im deutschen Strafrecht oft etwas höher als im polnischen Recht sind.

Die Begehung einer nicht qualifizierten sexuellen Nötigung wird beispielweise im deutschen Recht mit Freiheitsstrafe von einem Jahr bis zu 15 Jahren und in einem „minder schweren Fall“ mit Freiheitsstrafe von sechs Monaten bis zu 5 Jahren bestraft. Der entsprechende Strafrahmen im polnischen Recht ist eine Freiheitsstrafe von sechs Monaten bis zu acht Jahren. Liegt eine Vergewaltigung vor, so kann nach dem polnischen Strafrecht höchstens eine Freiheitsstrafe von zwölf Jahren verhängt werden, solange keine zusätzlichen Strafschärfungsgründe gegeben sind.

Beim nicht qualifizierten Raub ist der Täter nach deutschem Recht mit einer Freiheitsstrafe von einem Jahr bis zu 15 Jahren und in einem „minder schweren Fall“ mit Freiheitsstrafe von sechs Monaten bis zu fünf Jahren zu bestrafen. Nach polnischem Recht hat das Gericht hingegen in einem „minder schweren Fall“ des Raubes eine Freiheitsstrafe von mindestens drei Monaten und höchstens fünf Jahren, und beim nicht qualifizierten Raub eine Freiheitsstrafe von mindestens zwei Jahren und höchstens zwölf Jahren zu verhängen.

Gewisse Unterschiede zwischen den untersuchten Rechtsordnungen bestehen schließlich im Hinblick auf die gesetzliche Einstufung der Schwere einer vorsätzlichen Körperverletzung. Für die absichtliche oder wissentliche Verursachung einer schweren Körperverletzung sowie für eine Körperverletzung mit Todesfolge droht nach deutschem Recht sogar eine Freiheitsstrafe von 15 Jahren. Die gleichen Fälle sind nach polnischem Recht aus dem Strafrahmen für vorsätzliche Verursachung einer schweren Körperverletzung – Freiheitsstrafe von einem Jahr bis zu zehn Jahren – und beim Eintritt der Todesfolge aus einem etwas erhöhten Strafrahmen – Freiheitsstrafe von zwei bis zu zwölf Jahren – zu bestrafen.

Über die beschriebenen Differenzen hinaus ist noch anzumerken, dass das deutsche Strafrecht sich durch eine deutlich höhere Anzahl von Qualifizierungstatbeständen oder ähnliche Strafzumessungsregeln als das polnische Recht auszeichnet, was bis auf die Tötungstatbestände bei allen untersuchten Delikten geradezu auffällig ist. Dies bedeutet, dass viele Fallkonstellationen im deutschen Recht aus dem Grundtatbestand herausgenommen und dem verschärften Strafrahmen zugeordnet werden. Zwar sind Qualifizierungstatbestände des deutschen Rechts sehr oft mit milderen Sonderstrafrahmen für „minder schwere Fälle" versehen, was den Eindruck erwecken kann, dass die tatsächlichen Untergrenzen der Qualifizierungsstrafrahmen im deutschen Recht niedriger liegen als im polnischen Recht. Es muss dennoch darauf hingewiesen werden, dass das polnische Recht eine allgemeine, unbenannte Strafrahmenmilderungsgrundlage nach Art. 60 § 2 pol. StGB kennt, die bei allen Delikten anwendbar ist, wenn selbst die niedrigste Strafe innerhalb des Regelstrafrahmens unangemessen streng wäre.

Aus den bisherigen Bemerkungen kann noch nicht der Schluss gezogen werden, das deutsche Sanktionssystem sei schärfer als das polnische. Das Bild der beiden Sanktionssysteme verändert sich, sobald man die gesetzliche Ausgestaltung und die Rolle der einzelnen Strafsanktionen in den Vergleich einbezieht. Wie bereits oben in diesem Teil festgestellt wurde, verfügen die untersuchten Strafrechtssysteme über ein unterschiedliches Instrumentarium zur Einstufung der schwersten Kriminalität. Die relativ milde lebenslange Freiheitsstrafe des deutschen Rechts entspricht ihrem Empfindlichkeitsgrad nach *de facto* der 25-jährigen Freiheitsstrafe des polnischen Rechts. Für beide Sanktionen besteht in der jeweiligen Rechtsordnung die gleiche Mindestverbüßungsdauer von 15 Jahren. Die lebenslange Freiheitsstrafe des polnischen Rechts mit der Mindestverbüßungsdauer von 25 Jahren und der Möglichkeit ihrer Verlängerung durch das erkennende Gericht beim Vorliegen besonderer Umstände hat dagegen im deutschen Recht keine Entsprechung. Berücksichtigt man dies, so wird es beispielsweise deutlich, wie viel schärfer die angedrohten Strafen für nicht privilegierte Tötungsdelikte im polnischen Recht im Vergleich zum deutschen sind.

Das unterschiedliche Instrumentarium zur Einstufung der schwersten Kriminalität kann aber noch eine andere Bedeutung haben. Eine im Vergleich zum deutschen Recht deutlich höhere gesetzliche Obergrenze des Sanktionsniveaus kann ein generell stärkeres Bedürfnis zur strengen Bestrafung von Straftätern in Polen indizieren. Dies wird auch verständlich, sobald man den übermäßig hohen Repressivitätsgrad der Strafrechtspraxis in der Volksrepublik Polen bis in die 80er Jahre sowie die Tatsache berücksichtigt, dass noch Ende der 80er Jahre Todesurteile vollstreckt wurden. Die gesetzliche Androhung von besonders harten Strafsanktionen für Mord im geltenden polnischen Strafrecht kann die Verhängung von besonders hohen Strafen auch bei anderen schweren Straftaten wie Vergewaltigung oder schwerem Raub nach sich ziehen. Der Nachweis dafür, dass sich die polnische Strafrechtspraxis im Vergleich zur deutschen in Wirklichkeit durch ein höheres

Sanktionsniveau auszeichnet, ist eine allgemeine empirische Erkenntnis, wonach etwa 65 % aller jährlich verhängten Strafen in Polen Freiheitsstrafen und etwa 80 % aller jährlich verhängten Strafen in Deutschland Geldstrafen sind. Eine verlässliche, wissenschaftlich gesicherte Aussage über das tatsächliche Sanktionsniveau kann freilich nur im Rahmen einer umfangreichen empirischen Untersuchung gemacht werden, die hier nicht möglich war.

Abschließend ist festzuhalten, dass die Strafrahmen des deutschen Strafrechts zwar entweder vergleichbar hoch oder sogar etwas schärfer als im polnischen Recht sind. Eine wissenschaftlich gesicherte Aussage über die Höhe der verhängten Strafen in den beiden Ländern kann darauf jedoch nicht gestützt werden. Es bestehen vielmehr Hinweise darauf, dass die polnische Strafrechtspraxis repressiver als die deutsche ist.

D. Einstufungen der Tatschwere von verschiedenen Delikten innerhalb einer Rechtsordnung

Dieses Unterkapitel beschäftigt sich mit der Frage, inwiefern den Gewichtsunterschieden zwischen verschiedenen strafrechtlich geschützten Rechtsgütern bei der Strafrahmenfestlegung Rechnung getragen wird. Bereits am Anfang kann festgestellt werden, dass die Tötung eines Menschen sowohl im deutschen als auch im polnischen Strafrecht aus einem Strafrahmen bestraft wird, der deutlich höher als die Strafrahmen für alle anderen Delikte liegt. Die Strafandrohung bei qualifizierter Tötung im polnischen Recht – lebenslange Freiheitsstrafe oder 25-jährige Freiheitsstrafe ohne Alternative – und bei Mord im deutschen Recht – lebenslange Freiheitsstrafe ohne Alternative – wurde von beiden Gesetzgebern sogar eigens für diese Delikte geschaffen. Im Folgenden wird somit das Verhältnis der gesetzlichen Einstufungen der Schwere der sexuellen Nötigung, des Raubes, der Körperverletzung und des Diebstahls im Rahmen der jeweiligen Rechtsordnung untersucht.

I. Deutsches Recht

Im deutschen Strafrecht fallen zunächst zahlreiche Ähnlichkeiten zwischen den gesetzlichen Einstufungen der Tatschwere beim Raub und bei der sexuellen Nötigung auf. Bei beiden Delikten sind sowohl der Grundstrafrahmen als auch die Strafrahmen der Qualifizierungstatbestände gleich hoch. Die einzelnen Qualifizierungsmerkmale beim Raub gemäß § 250 Abs. 1 und 2 dt. StGB stellen bis auf das Merkmal der Bandenmäßigkeit und das Merkmal nach § 250 Abs. 2 Nr. 2 dt. StGB sogar eine wörtliche Wiederholung der Qualifizierungsmerkmale bei sexueller Nötigung nach § 177 Abs. 3 und 4 dt. StGB dar. Die Beantwortung der Frage, ob eine solche Gleichbehandlung beider Delikte auf der Gesetzesebene gerechtfertigt ist, bedarf eines Vergleichs der jeweils geschützten Rechtsgüter. Auf der einen Seite sind es das Eigentum (bzw. der Gewahrsam) sowie die Freiheit der Willensentschließung und auf der anderen Seite die sexuelle Selbstbestimmung. Die Bestrafung aus dem gleichen Strafrahmen könnte gerechtfertigt werden, solange die sexuelle Nötigung nicht einen Eingriff in die engste Intimsphäre eines Menschen darstellt und die Form einer Vergewaltigung annimmt. Eine Vergewaltigung ist nämlich ihrem Gewicht nach mit einem Raub nicht zu vergleichen. Dem trägt auch der deutsche Gesetzgeber Rechnung, indem er bei einer Vergewaltigung einen verschärften Strafrahmen – Freiheitsstrafe nicht unter zwei Jahren – für in der Regel anwendbar erklärt (§ 177 Abs. 2 Nr. 1 dt. StGB).

Bemerkenswert ist im deutschen Strafrecht ferner eine relativ niedrige Bewertung der Körperverletzung. Beim Vergleich mit dem Raub fällt auf, dass dessen Grundstrafrahmen – Freiheitsstrafe nicht unter einem Jahr und im m.s.F. von sechs Monaten bis zu fünf Jahren – höher als der Strafrahmen für schwere Körperverletzung nach § 226 Abs. 1 und 3 dt. StGB ist – Freiheitsstrafe von einem Jahr bis zu zehn Jahren und im m.s.F. von sechs Monaten bis zu fünf Jahren. Eine nicht unerhebliche Unverhältnismäßigkeit der gesetzlichen Strafandrohungen im deutschen Recht wird ferner daran deutlich, dass ein schwerer Raub 1. Grades gemäß § 250 Abs. 1 dt. StGB – darunter Fälle des Beisichführens eines Werkzeugs beim Raub, der Bandenmäßigkeit und der Herbeiführung der Gefahr einer schweren Gesundheitsschädigung – aus dem gleichen Strafrahmen wie eine Körperverletzung mit absichtlicher oder wissentlicher Verursachung schwerer Folgen nach § 226 Abs. 2 i.V.m. Abs. 1 dt. StGB bzw. wie eine Körperverletzung mit Todesfolge zu bestrafen ist.

Bei Einbeziehung gesetzlicher Strafandrohungen für Diebstahl wird deutlich, dass eine Körperverletzung nach dem Konzept des deutschen Gesetzgebers an sich nicht viel schwerer als ein Diebstahl wiegt. Gleich hoch sind jedenfalls die Grundstrafrahmen der beiden Delikte sowie die Strafrahmen für schwere Körperverletzung gemäß § 226 Abs. 1 und 3 dt. StGB und schweren Bandendiebstahl gemäß § 244a dt. StGB. Eine deutliche Anhebung des Strafrahmens für Körperverletzung erfolgt erst bei einer absichtlichen oder wissentlichen Verursachung schwerer Folgen (§ 266 Abs. 2 dt. StGB) und beim Eintritt der Todesfolge (§ 227 dt. StGB).

2. Polnisches Recht

Die Unverhältnismäßigkeit von gesetzlichen Strafandrohungen ist im polnischen Strafrecht noch deutlicher als im deutschen. Dies zeigt sich zunächst beim Vergleich des Strafrahmens für den qualifizierten Raub nach Art. 280 § 2 pol. StGB – Freiheitsstrafe nicht unter 3 Jahren – mit den Strafrahmen anderer Delikte. Der Tatbestand des qualifizierten Raubes nach Art. 280 § 2 pol. StGB erfasst unter anderem auch weniger schwerwiegende Fälle der Verwendung von Waffen oder Messern zu Nötigungszwecken ohne einen unmittelbaren Angriff auf die körperliche Unversehrtheit. Trotzdem ist der einschlägige Strafrahmen gleich dem Strafrahmen für Vergewaltigung durch mehrere gemeinschaftlich nach Art. 197 § 3 pol. StGB und höher als der Strafrahmen für nicht qualifizierte Vergewaltigung nach Art. 197 § 1 pol. StGB – Freiheitsstrafe von zwei bis zu zwölf Jahren. Beim Vergleich mit den Körperverletzungstatbeständen fällt auf, dass die gesetzliche Strafandrohung beim qualifizierten Raub nach Art. 280 § 2 pol. StGB schärfer als der Strafrahmen für schwere Körperverletzung nach Art. 156 § 1 pol. StGB – Freiheitsstrafe von einem Jahr bis zu zehn Jahren – und sogar schärfer als der Strafrahmen für schwere Körperverletzung mit Todesfolge nach Art. 156 § 3 pol. StGB ist – Freiheitsstrafe von zwei bis zu zwölf Jahren.

Über die hohen Strafandrohungen beim Raub hinaus ist im polnischen Strafrecht noch eine besonders niedrige Bewertung der Körperverletzung bemerkenswert. Der Strafrahmen für mittelschwere Körperverletzung (Art. 157 § 1 pol. StGB) entspricht zusammen mit dem Strafrahmen für leichte Körperverletzung (Art. 157 § 2 pol. StGB) der Höhe nach dem Grundstrafrahmen des Diebstahls zusammen mit dem Strafrahmen für dessen „minder schwere Fälle" (Art. 278 § 1 und 3 pol. StGB) – jeweils eine Strafandrohung vom gesetzlichen Mindestmaß der Geldstrafe bis zu fünf Jahren Freiheitsstrafe. Die gesetzliche Einstufung der Schwere einer schweren Körperverletzung nach Art. 156 § 1 pol. StGB – Freiheitsstrafe von einem Jahr bis zu zehn Jahren – entspricht hingegen genau der Einstufung der Schwere eines Diebstahls von Sachen von bedeutendem Wert sowie von Sachen von besonderer Bedeutung für die Kultur (Art. 294 i.V.m. Art. 278 § 1 pol. StGB). Härter als ein qualifizierter Diebstahl kann erst eine schwere Körperverletzung mit Todesfolge nach Art. 156 § 3 pol. StGB – Freiheitsstrafe von zwei bis zu zwölf Jahren – bestraft werden.

Das Missverhältnis zwischen den gesetzlichen Bewertungen der Schwere der Eigentums- bzw. Gewahrsamsbeeinträchtigung einerseits und der Körperverletzung andererseits verschärft sich noch bei der Berücksichtigung der Strafschärfungsgründe des Allgemeinen Teils. Die allgemeinen Qualifizierungsmerkmale der Gewerbsmäßigkeit und der Tatbegehung im Rahmen einer kriminellen Gruppe oder Vereinigung nach Art. 65 § 1 pol. StGB werden nämlich vor allem bei den Vermögens- oder Eigentumsdelikten, darunter beim Diebstahl, Anwendung finden. Bei einem gewerbsmäßig begangenen Einbruchdiebstahl (Art. 279 i.V.m. Art. 65 § 1 pol. StGB) wird beispielsweise die obere Strafrahmengrenze auf 15 Jahre Freiheitsstrafe angehoben. Dies kann in Anbetracht der Höhe des Strafrahmens bei Körperverletzungsdelikten keineswegs als verhältnismäßige Strafandrohung angesehen werden.

3. Schlussfolgerungen

Eine nähere Betrachtung der gesetzlichen Strafandrohungen in beiden untersuchten Rechtsordnungen hat gezeigt, dass bei der Festlegung ihrer Höhe weder im deutschen noch im polnischen Strafrecht den Gewichtsunterschieden zwischen verschiedenen Rechtsgütern genügend Rechnung getragen wird. Die Bildung eines einwandfreien Abstufungssystems wäre zwar angesichts der hohen Anzahl von strafrechtlich geschützten Rechtsgütern einerseits und der begrenzten Zahl von Strafrahmentypen andererseits kaum möglich und auch nicht nötig. Für eine genauere Differenzierung der Schwere von verschiedenartigen Rechtsgutsverletzungen bleibt jedenfalls genügend Raum im Rahmen der richterlichen Strafzumessung. Auf der Gesetzesebene sollte jedoch zumindest ein Missverhältnis zwischen der Bewertung von höchstpersönlichen Gütern wie Leben, körperlicher Unversehrtheit oder sexueller Selbstbestimmung einerseits und der Bewertung von solchen Gütern wie Eigentum, Gewahrsam oder Vermögen andererseits vermieden werden.

Korrekturbedürftig sind in beiden Rechtsordnungen vor allem die gesetzlichen Einstufungen der Schwere von Körperverletzungs- und Raubdelikten. Die Lösung kann allerdings nicht allein in einer wesentlichen Erhöhung der Strafrahmen bei den Körperverletzungsdelikten bestehen, da dies zu weiteren Problemen, nämlich zur Einengung des bereits engen richterlichen Spielraums bei der Bestrafung von Tötungsdelikten führen könnte. Auch eine generelle Herabsetzung der Mindeststrafen beim Raub wäre vermutlich nicht durchsetzbar. Was bleibt, sind vor allem Änderungen der oberen Strafrahmengrenzen und gewisse Verschiebungen im Bereich der Qualifizierungsmerkmale.

Bei den Qualifizierungsmerkmalen ist zwischen solchen zu unterscheiden, die auf den Erfolgsunwert und auf die Frage der Fahrlässigkeit oder Vorsätzlichkeit der Herbeiführung zusätzlicher Tatfolgen bezogen sind, und solchen, die allein das Ausmaß des Handlungsunwerts, d.h. die Frage der Gefährlichkeit der Ausführungshandlung betreffen. Nur das Vorliegen der Merkmale aus der ersten Gruppe sollte die Verschiebung der oberen Strafrahmengrenze zur Folge haben. Die Abstufung der Tatschwere beim Vorliegen der Merkmale aus der zweiten Gruppe sollte hingegen allein durch entsprechende Veränderung der unteren Strafrahmengrenze zulässig sein. Auf diese Weise könnte eine gewisse Übersichtlichkeit aller Schwerestufen eines Delikts gewonnen werden. Es könnte dadurch beispielsweise vermieden werden, dass Raub unter Verwendung von gefährlichen Werkzeugen allein zur Bedrohung genau so schwer oder sogar schwerer als eine absichtliche schwere Körperverletzung bestraft wird. Um dieses Ergebnis sowie eine gewisse Verhältnismäßigkeit der Strafandrohungen beim Raub und bei der Körperverletzung zu erzielen, müssten in beiden Rechtsordnungen noch die oberen Strafrahmengrenzen bei gefährlichen Raubformen ohne unmittelbaren Angriff auf die körperliche Unversehrtheit herabgesetzt und bei den Körperverletzungstatbeständen erhöht werden.

Schlussfolgerungen

I. Einführung

Die folgenden Ausführungen sind nicht in erster Linie dem die Untersuchung abschließenden Rechtsvergleich gewidmet, sondern konzentrieren sich auf die Beantwortung von ausgewählten Sachfragen rechtlicher Natur und auf sie bezogene Vorschläge *de lege ferenda*. Es handelt sich zunächst um die Frage nach den Kriterien der Abstufung der Tatschwere, die dem Regelungsbereich des Allgemeinen Teils zugehören. Des Weiteren sind hier die Regelung einer allgemeinen, unbenannten Strafmilderungsgrundlage sowie die Rechtsfigur der „minder schweren Fälle" zu bewerten. Anschließend werden die verallgemeinerten Abstufungskriterien des Besonderen Teils näher umschrieben und darauf aufbauend eine alternative Methode der Abstufung der Tatschwere im Besonderen Teil vorgeschlagen. Zum Schluss ist noch die Problematik der Einstufung der Deliktsschwere im Verhältnis zwischen verschiedenen Delikten innerhalb einer Rechtsordnung kurz anzusprechen.

II. Kriterien der Abstufung der Tatschwere im Allgemeinen Teil

Im Hinblick auf die Kriterien der Abstufung der Tatschwere im Allgemeinen Teil des Strafrechts sind zwischen der deutschen und der polnischen Strafrechtsordnung zahlreiche Ähnlichkeiten, aber auch gewisse Unterschiede zu verzeichnen. Die Letzteren beziehen sich vor allem auf die Einstufung der Schwere einer versuchten Straftat, der Tatbegehung durch Unterlassen, einer irrtumsbedingten Straftatbegehung sowie auf die Einstufung der Tatschwere bei der Überschreitung der Grenzen eines rechtlich anerkannten Rechtfertigungs- oder Entschuldigungsgrundes. Diese Unterschiede verlieren jedoch an Gewicht, sobald man andere Lösungen der jeweiligen Rechtsordnung berücksichtigt: Obwohl es im polnischen Strafrecht an einer ausdrücklichen Strafmilderungsgrundlage für die Fälle eines unbeendeten Straftatversuchs und der Tatbegehung durch Unterlassen fehlt, kann in diesen Fällen ein „besonders begründeter Fall" nach Art. 60 § 2 pol. StGB angenommen und ein gemilderter Strafrahmen angewandt werden. Im deutschen Recht kann der an sich aus dem Regelstrafrahmen zu bestrafende Fall der Überschreitung der Grenzen eines Rechtfertigungsgrundes in vielen Fällen sogar milder als im polnischen Recht bestraft werden, indem ein Erlaubnistatbestandsirrtum angenommen und der Strafrahmen für Fahrlässigkeitsdelikte angewandt wird. Die Unterschiede im Hinblick auf die gesetzliche Differenzierung der Tatschwere bei verschiedenen Irrtumsarten zwischen den untersuchten Rechtsordnungen können bei entsprechender Strafzumessungspraxis in Wirklichkeit nur unwesentlich sein.

Viel deutlicher als bei den allgemeinen Strafmilderungen sind die Unterschiede im Hinblick auf die Strafschärfungen des Allgemeinen Teils. Im Gegensatz zum deutschen Recht verlagert der polnische Gesetzgeber immer häufiger Strafschärfungsregelungen in den Allgemeinen Teil.[1] Diese Strafschärfungen sind dann auf alle Deliktstypen des Besonderen Teils einschließlich ihrer qualifizierten Formen anwendbar. In letzterem Fall kommt es somit zur doppelten Strafrahmenschärfung.

Der Vergleich von Strafmilderungs- und Strafschärfungsbestimmungen des Allgemeinen Teils hat sich nicht nur wegen festgestellter Differenzen zwischen den untersuchten Rechtsordnungen, sondern schon deswegen gelohnt, weil ein wertender Vergleich mehrerer Rechtsordnungen allgemeinere Folgerungen hinsichtlich der Frage ermöglicht, welche Abstufungskriterien grundsätzlich zum Regelungsbereich des Allgemeinen Teils und welche zum Regelungsbereich des Besonderen Teils gehören. Eine klare Abgrenzung zwischen dem Allgemeinen und Besonderen Teil des Strafrechts unter diesem Gesichtspunkt ist um der Rechtssicherheit und des Schuldprinzips willens unerlässlich.

Zum Regelungsbereich des Allgemeinen Teils gehören diejenigen Abstufungskriterien, die von den Besonderheiten einzelner Deliktstypen grundsätzlich unabhängig sind. Eine solche Deliktsbezogenheit ist bei den Strafschärfungsbestimmungen, bei denen auf den Schuldgrad oder Handlungsunwert abgestellt wird, stets zu bejahen, da jede Veränderung der oberen Strafrahmengrenze aus den genannten Gründen stets auch etwas über das Gewicht aussagt, das dem durch den jeweiligen Straftatbestand geschützten Rechtsgut vom Gesetzgeber beigemessen wird. Dies gilt hingegen nicht für die Verschiebungen der unteren Strafrahmengrenze, da jede Straftatbegehung unabhängig vom Deliktstypus die Stufe der geringen Strafwürdigkeit erreichen kann. Die Abstufungen der Tatschwere im Allgemeinen Teil müssen folglich auf die Strafmilderungsbestimmungen beschränkt bleiben. Als unrechtsbezogene Milderungskriterien kommen hier in Betracht: Grad der Gefährdung eines Rechtsguts bei der unterbliebenen Rechtsgutsverletzung und Form der Straftatbegehung (Unterlassen oder aktives Tun). Zum Regelungsbereich des Allgemeinen Teils gehören ferner sämtliche schuldbezogene Strafmilderungskriterien, da sie die Frage „Warum“ und nicht „Was getan wurde?“ betreffen. Zu diesen Kriterien zählen: das Vorliegen von Interessenkonflikten, das Vorliegen von Irrtümern

[1] In den letzten Jahren wurden der Hooliganismus-Charakter der Tat gemäß Art. 57a pol. StGB und der terroristische Charakter der Tat gemäß Art. 65 § 1 pol. StGB als neue allgemeine Strafschärfungsgründe in das Strafgesetzbuch von 1997 eingeführt.

sowie der Grad der Verminderung der Schuldfähigkeit. Schließlich ist im Allgemeinen Teil noch die Einstufung der Schwere des Beitrags des Teilnehmers zu regeln.

Im Hinblick auf den Grad der Gefährdung eines Rechtsguts bei der unterbliebenen Rechtsgutsverletzung ist als Mindestprogramm die Einführung einer fakultativen Strafrahmenmilderung für den untauglichen und unbeendeten Versuch zu fordern, wobei im letzteren Fall die Angemessenheit des milderen Strafrahmens indiziert sein sollte. In beiden Fällen wird nicht nur der Erfolgs-, sondern auch der Handlungsunwert erheblich vermindert. Der unbeendete Versuch stellt eine Übergangsstufe von der grundsätzlich straflosen Vorbereitung zum strafbaren beendeten Versuch dar, bei dem es lediglich an dem beabsichtigten Erfolg fehlt. Beim untauglichen Versuch ist eine fakultative Milderung des Strafrahmens wegen der Schwierigkeiten bei der Grenzziehung zwischen dem tauglichen und untauglichen Versuch nötig. Der Versuch als Form der Straftatbegehung ist *de facto* als ein allgemeines abstraktes Gefährdungsdelikt zu betrachten, das mit einem fakultativen gemilderten Sonderstrafrahmen zu versehen ist. Dieser Sonderstrafrahmen sollte die Tatschwerestufe erfassen, die zwischen den kaum noch strafwürdigen Fällen der offensichtlichen Untauglichkeit des Versuchs einerseits und den Fällen der nur geringen Missachtung der Ursachenzusammenhänge oder sonstiger Erfahrungssätze durch den Täter andererseits eingeordnet werden kann.

Hinsichtlich der Form der Straftatbegehung – aktives Tun oder Unterlassen – ist nach dem Vorbild des deutschen Rechts[2] eine fakultative Strafrahmenmilderung in den Fällen der Tatbegehung durch Unterlassen zu empfehlen. Die Schaffung eines milderen Sonderstrafrahmens scheint in diesen Fällen vor allem deswegen notwendig zu sein, weil die Grenze zwischen Strafbarkeit und Straflosigkeit bei der Tatbegehung durch Unterlassen wegen der weitgehenden Unbestimmtheit des Kreises der Normadressaten sehr vage ist. In Wirklichkeit sind einzelne Garanten je nach ihrer Stellung oder den Umständen des Einzelfalls in unterschiedlichem Maß zur Abwendung des tatbestandsmäßigen Erfolges verpflichtet. Gerade um diese Graduierbarkeit zu berücksichtigen und einen fließenden Übergang zwischen Strafbarkeit und Straflosigkeit zu gewährleisten, ist die Möglichkeit der Strafmilderung bei der Tatbegehung durch Unterlassen erforderlich.

Das schuldbezogene Milderungskriterium des Vorliegens von Interessenkonflikten ist nach dem Vorbild des polnischen Rechts[3] durch die Bildung einer allgemeinen Strafmilderungsgrundlage für die Fälle der Überschreitung der Grenzen eines rechtlich anerkannten Rechtfertigungs- oder Entschuldigungsgrundes zu berücksichtigen. Auf diese Weise würde eine breite gesetzliche Grundlage für die Berücksichtigung sämtlicher schuldmindernder Interessenkollisionen, darunter konfliktgeladener Situationen, entstehen. Gemeint sind hier Fälle, in denen der Täter unter

---

2 Vgl. Teil 2, II.E.3.

3 Vgl. Teil 2, III.D.6. und 7.

einem gesteigerten Motivationsdruck steht, in dem er ein bestimmtes Rechtsgut zum Zweck des Schutzes eines anderen Rechtsguts preisgibt. Der mildere Sonderstrafrahmen würde hier vor allem den Übergang von den gerechtfertigten oder entschuldigten und somit straflosen Taten zu den aus dem Regelstrafrahmen zu bestrafenden Straftaten etwas entschärfen. Zu beachten ist jedoch, dass um überhaupt von der Überschreitung der Grenzen eines Rechtfertigungs- oder Entschuldigungsgrundes sprechen zu können, zumindest deren Wesensmerkmale vorliegen müssen. Als solche des Notstands sind beispielsweise anzusehen: das Handeln gerade zur Rettung eines Rechtsguts, eine nicht unerhebliche Wahrscheinlichkeit des Eintritts einer unmittelbaren Gefahr für ein Rechtsgut sowie ein gewisser zeitlicher Zusammenhang zwischen der Handlung des Täters und dem Eintritt unmittelbarer Gefahr.

Bei den Fällen der irrtumsbedingten Straftatbegehung kommt es nicht in erster Linie auf die Frage der prinzipiellen Strafrahmenmilderung an, sondern vor allem auf die Differenzierung der Tatschwere im Verhältnis zwischen verschiedenen Irrtumsarten. Diese Differenzierung kann nicht nach dem Vorbild des polnischen Rechts allein nach dem Kriterium des Vorliegens einer vorsätzlichen Verwirklichung des Tatbestands im engeren Sinne erfolgen, da ein solcher Ansatz den Unterschieden im Schuldbereich nicht genügend Rechnung trägt. Insbesondere kann bei der Bildung verschiedener Tatschwerestufen nicht auf das subjektive Handlungsunrecht (Vorsatz-Fahrlässigkeit) abgestellt werden, da das Rechtsgut, unabhängig davon, ob ein Vorsatz im rechtstechnischen Sinne vorliegt oder nicht, in allen Irrtumsfällen in gleichem Maß gefährdet wird. Diese Gefährdung besteht darin, dass eine irrtumsbedingte Handlung objektiv gesehen auf Rechtsgutsverletzung gerichtet ist, solange der Irrtum vom Täter nicht erkannt wird. Vorzugswürdig ist somit das dreistufige, allein an Schuldgesichtspunkte[4] anknüpfende Modell nach deutschem Recht. Die niedrigste Tatschwerestufe erfasst nach diesem Modell den Tatbestandsirrtum und den Erlaubnistatbestandsirrtum. Für beide Fälle ist die Überzeugung des Täters von der Rechtmäßigkeit seines Handelns im Zusammenhang mit der Fehlvorstellung von den Umständen der Außenwelt kennzeichnend. Die erhöhte Schuld beim Erlaubnistatbestandsirrtum wegen der Tatbegehung trotz des Bewusstseins der Rechtsgutsverletzung wird durch den gesteigerten Motivationsdruck wieder ausgeglichen. Eine etwas höhere Tatschwerestufe bilden die Fälle des Irrtums über das Vorliegen von sachlichen Voraussetzungen eines Entschuldigungsgrundes. In diesen Fällen erhält der Täter ein zusätzliches Warnsignal, indem er sich der Rechtswidrigkeit seiner Handlung bewusst ist. Der höchsten Tatschwerestufe innerhalb der Irrtumsfälle wird die Straftatbegehung infolge eines Irrtums über die Rechtslage zugeordnet. Die Begehung der Straftat beruht hier nicht auf bloßer Unaufmerksamkeit hinsichtlich der Umstände der Außenwelt, sondern allein auf der Ignoranz der in der Gesellschaft geltenden Wertvorstellungen.

---

4 Unter „Schuld“ wird dabei das „Andershandelnkönnen“ im Sinne der normativen Schuldtheorie verstanden.

Im Hinblick auf das Kriterium der verminderten Schuldfähigkeit ist zunächst anzumerken, dass die Beschränkung der allgemeinen Milderungsgrundlage auf die Fälle pathologisch bedingter Verminderung der Schuldfähigkeit nicht sachgerecht wäre. Zum Regelungsbereich des Allgemeinen Teils gehören nämlich sämtliche ihrer Natur nach nicht deliktsbezogenen Schuldminderungsgründe, darunter auch nicht pathologisch bedingte Affektzustände. Werden auch die letzteren bereits im Allgemeinen Teil als Strafmilderungsgründe berücksichtigt, so wird nicht nur ein einheitlicher Maßstab für die Berechnung des gemilderten Strafrahmens bei allen Deliktstypen geschaffen, sondern es wird auch das Problem der Strafrahmenwahl beim Zusammentreffen von privilegierenden und qualifizierenden Merkmalen in vielen Fällen (z.B. bei Tötungsdelikten) beseitigt.

Ebenso wie beim Vorliegen eines Irrtums ist auch in den Fällen erheblich verminderter Schuldfähigkeit eine Differenzierung zwischen verschiedenen Tatschwerestufen notwendig. Aus einem obligatorisch gemilderten Strafrahmen sind Täter mit einer auf pathologischen Ursachen beruhenden, meist dauerhaften, erheblichen Verminderung der Schuldfähigkeit zu bestrafen. Zur Abgrenzung von diesen Fällen sollte hingegen bei temporären Affekt- und Trunkenheitszuständen lediglich eine fakultative Strafmilderung gelten. Die Anwendbarkeit des Regelstrafrahmens läge insbesondere nahe, wenn der Täter sich vorsätzlich in den Zustand verminderter Schuldfähigkeit (Affekt- oder Trunkenheitszustand) versetzt, um vorhandene innerliche Hemmungen zu überwinden bzw. die Straftatbegehung in diesem Zustand voraussehend sich damit abfindet.[5] Der gemilderte Strafrahmen könnte unter Umständen auch dann unangemessen erscheinen, wenn die starke Erregung auf krasser Missachtung von den in der Gesellschaft vertretenen Wertvorstellungen beruht, z.B. wenn der Affektzustand seine Ursache in Rassenhass hat, oder ein krasses Missverhältnis zwischen dem verletzten und dem im Affektzustand angegriffenen Rechtsgut besteht.

Parallel zu den allgemeinen Abstufungen der Tatschwere ist im Allgemeinen Teil noch die Ein- und Abstufung der Schwere des Beitrags eines Straftatteilnehmers zu regeln. Auf abstrakt-theoretischer Ebene scheint die in den beiden untersuchten Rechtsordnungen vorgesehene Differenzierung zwischen der Schwere der Tat eines Gehilfen und eines Anstifters gerechtfertigt zu sein.[6] Die Bestrafung des Gehilfen aus einem milderen Strafrahmen beruht nach dem Konzept des polnischen Gesetzgebers auf dem Gedanken, dass die Hervorrufung eines Tatentschlusses in wesentlich höherem Maß zur Gefährdung eines Rechtsguts beiträgt als die Förderung einer beschlossenen Straftat. Im deutschen Schrifttum wird hingegen zur Begründung der gleichen gesetzlichen Lösung darauf hingewiesen, dass das

---

[5] In diesen Fällen wird an den Grundgedanken der Rechtsfigur der *actio libera in causa* in dem Sinne angeknüpft, dass das Vorverschulden des Täters eine höhere Strafe begründen sollte.

[6] Vgl. Teil 2, II.F.1. und III.D.8.

Handlungsunrecht der Haupttat dem Gehilfen nur eingeschränkt zugerechnet werden kann, da er den Haupttäter zur Vornahme der Tathandlung im Gegensatz zum Anstifter in der Regel nicht motiviert.

Durch Vorschriften des Allgemeinen Teils zu regeln ist weiterhin der Ausgangsstrafrahmen für die strafbare Teilnahme. Denkbar sind hier zwei Modelle. Während im deutschen Strafrecht die Teilnahme dem Wortlaut nach lediglich als Beteiligung an einer fremden, die Strafbarkeit des Teilnehmers begründenden rechtswidrigen Tat aufgefasst wird,[7] geht der polnische Gesetzgeber von der Selbstständigkeit des Unrechts der Beihilfe und Anstiftung und somit von der Unabhängigkeit der Strafbarkeit der Tat eines Gehilfen und eines Anstifters von der Haupttat aus.[8] Verwirklicht somit der Täter weniger als das vom Anstifter oder Gehilfen Gewollte, so kommt dies nach dem deutschen Recht bei der Strafrahmenwahl auch dem Teilnehmer zugute. Nach polnischem Recht ist hingegen die Strafe für den Gehilfen oder Anstifter in der Regel dem Strafrahmen für die von ihnen gewollte und geförderte Straftat zu entnehmen.[9] Welches der beiden Modelle vorzuziehen ist, kann im Rahmen dieser Untersuchung im Einzelnen nicht behandelt werden. Es kommt hier in Wirklichkeit auf eine Frage allgemeiner Natur an: Welche Rolle sollte bei der Bewertung der Schwere einer Tat dem vom Handlungsunwert zu unterscheidenden Erfolgsunwert zukommen? Der Erfolgsunwert der Anstiftung und Beihilfe besteht jeweils in der Veranlassung der Haupttat oder in der tatsächlichen Steigerung einer unmittelbaren Gefahr für das Rechtsgut. Für das Modell des deutschen Strafrechts könnte jedenfalls das Argument sprechen, dass der weitgehende Verzicht auf das Akzessorietätsprinzip nach dem Vorbild des polnischen Strafrechts zur erheblichen Ausdehnung der Strafbarkeitsgrenzen führen könnte.

III. Allgemeine, unbenannte Strafmilderungsgrundlage und die Rechtsfigur der „minder schweren Fälle“

Nachdem die allgemeinen Abstufungskriterien näher erläutert wurden, stellt sich die Frage, ob neben den bezeichneten Milderungsgründen noch eine generalklauselartig formulierte Strafmilderungsgrundlage im Allgemeinen Teil nach dem Vorbild des polnischen Rechts (ein besonders begründeter Fall – Art. 60 § 2 pol. StGB) nötig ist. Dies ist zu verneinen. Über die erläuterten Abstufungskriterien (schuldbezogene Strafmilderungskriterien, Grad der Gefährdung eines Rechtsguts bei unterbliebener Rechtsgutsverletzung, Form der Straftatbegehung) hinaus sind kaum

[7] Vgl. Teil 2, II.F.1.

[8] Vgl. Teil 2, III.D.8.

[9] Eine fakultative Strafrahmenmilderung kommt nach dem polnischen Recht erst bei erfolgloser Teilnahme in Betracht.

noch andere, an die Tatschwere anknüpfende Milderungskriterien allgemeiner Natur denkbar. Die Einführung einer allgemeinen und unbenannten Strafmilderungsgrundlage hätte somit eine generelle Erweiterung aller Strafrahmen nach unten und im Einzelfall die Gefahr der Unterbewertung von manchen strafrechtlich geschützten Rechtsgütern zur Folge. Eine solche Milderungsgrundlage wäre folglich ausschließlich als Instrument zur Abstufung der Tätergefährlichkeit (spezialpräventives Kriterium) bzw. als Instrument zur Förderung der Schadenswiedergutmachung durch den Täter sinnvoll.

In diesem Zusammenhang ist noch kurz auf die in beiden untersuchten Rechtsordnungen verwendete Generalklausel der „minder schweren Fälle“ einzugehen. Die entscheidende Frage betrifft hier die Kriterien für die Wahl des milderen Strafrahmens. Wegen des Regelungsortes der „minder schweren Fälle“ nur bei ausgewählten Delikten im Besonderen Teil sollte bei der Strafrahmenwahl, im Gegensatz zu der im deutschen Schrifttum vertretenen Auffassung, weder auf schuldmindernde Umstände noch auf spezialpräventive Bedürfnisse abgestellt werden. Die Berücksichtigung dieser Umstände oder Bedürfnisse gehört nämlich, wie bereits oben angemerkt, zum Regelungsbereich des Allgemeinen Teils. Bei der Regelung der „minder schweren Fälle“ sollte es folglich allein auf die Besonderheiten des Unrechts des jeweiligen Deliktstypus ankommen. Die Bestimmung eines Sonderstrafrahmens für „minder schwere Fälle“ sollte in erster Linie den Differenzen im Hinblick auf die Graduierbarkeit des Ausmaßes der Rechtsgutsverletzung zwischen verschiedenen Delikten im Vollendungsstadium Rechnung tragen. Bei den Gefährdungsdelikten sollte es bei der Bildung von Sonderstrafrahmen für „minder schwere Fälle“ statt auf den abstufbaren Erfolgsunwert auf die Graduierbarkeit der Gefährdung des Rechtsguts durch das im jeweiligen Straftatbestand umschriebene Vollendungsdelikt ankommen.

Begrenzt man die Kriterien der Wahl des milderen Strafrahmens für „minder schwere Fälle“ auf die Besonderheiten des Unrechts des jeweiligen Deliktstypus, so liegt es nahe, anstelle einer Generalklausel eine präzisere Formulierung der Voraussetzungen des Strafrahmenwechsels zu verwenden. Diese Formulierung sollte den Besonderheiten des jeweils geschützten Rechtsguts Rechnung tragen.

IV. Abstufungen der Tatschwere im Besonderen Teil

Als Form der Abstufung der Tatschwere im Besonderen Teil des Strafrechts kommt in erster Linie die Strafrahmenschärfung infrage. Die meisten Milderungskriterien gehören, wie bereits oben angedeutet wurde, zum Regelungsbereich des Allgemeinen Teils. Im Zusammenhang mit den einzelnen Deliktstypen des Besonderen Teils bleibt nur Raum für eine Milderungsregelung, die den Differenzen zwischen verschiedenen Delikten im Hinblick auf Graduierbarkeit des Ausmaßes der Rechtsgutsverletzung Rechnung trägt.

Aus dem Vergleich der Strafrahmenabschichtungssysteme im Besonderen Teil der untersuchten Strafgesetze ergeben sich Unterschiede vor allem in den Methoden der Abstufung der Tatschwere. Am deutlichsten wird dies bei den Diebstahlstatbeständen. Der deutsche Gesetzgeber versucht – auf Kosten der Rechtssicherheit – ein möglichst hohes Maß an Schuldangemessenheit der Strafen sicherzustellen, indem er bei der Strafrahmenabschichtung Generalklauseln in Form von „besonders schweren Fällen“ verwendet. Diese werden durch zahlreiche nicht zwingende Regelbeispiele näher erläutert (vgl. § 243 Abs. 1 Satz 2 dt. StGB). Die im Übrigen vorgesehenen klassischen Qualifizierungstatbestände (z.B. § 244 und § 244a dt. StGB) können in Wirklichkeit als zwingende Beispiele besonders schwerwiegender Fälle betrachtet werden, da der Qualifizierungsstrafrahmen im Strafrahmen für „besonders schwere Fälle“ vollständig enthalten ist.

Der polnische Gesetzgeber versucht hingegen vor allem Rechtssicherheit zu gewährleisten, indem er nur ganz wenige Qualifizierungstatbestände (z.B. Art. 279 und 294 pol. StGB) vorsieht, die stets einen zwingenden Charakter haben und abschließend geregelt werden. Dies geht allerdings zulasten der Schuldangemessenheit der Strafen.

Beide Modelle der Strafrahmenabschichtung im Besonderen Teil haben folglich ihre Vor- und Nachteile. Es stellt sich die Frage, ob hier nicht ein Zwischenweg vorzuziehen wäre. Ausgangspunkt bei der Bildung eines alternativen Strafrahmenabschichtungsmodells ist die Feststellung, dass sich bereits anhand eines Vergleichs von den einzelnen Strafschärfungsgründen in zwei Strafrechtsordnungen generalisierbare Abstufungskriterien herausarbeiten lassen, deren Katalog als abgeschlossen angesehen werden kann. Als solche sind anzuerkennen: Grad der Verwerflichkeit von Beweggründen, Ausmaß der Verletzung des unmittelbar geschützten Rechtsguts, Verletzung von nicht unmittelbar geschützten Rechtsgütern, Gefährlichkeit der Ausführungshandlung für das unmittelbar angegriffene Rechtsgut und schließlich Gefährlichkeit der Ausführungshandlung für andere Rechtsgüter als das unmittelbar angegriffene. Es würde sich empfehlen, diese Kriterien im Gesetzestext entsprechend formuliert als standardisierte Strafrahmenänderungsgründe zu verwenden (z.B. Handeln aus besonders verwerflichen Beweggründen, Verletzung eines Rechtsguts von erheblichem subjektivem oder objektivem Wert, besondere Gefährlichkeit der Ausführungshandlung für unmittelbar angegriffene oder sonstige Rechtsgüter) und bei den einzelnen Delikten durch zahlreiche Regel- bzw. zwingende Beispiele (je nach dem Gewicht des jeweiligen Strafänderungsgrundes) näher zu erläutern. Die besondere Strafwürdigkeit einer Straftat beim Vorliegen eines Regelbeispiels müsste stets vor dem Hintergrund des jeweils einschlägigen Strafschärfungskriteriums geprüft werden. Der Qualifizierungstatbestand des Diebstahls könnte beispielsweise wie folgt gefasst werden:

Der verschärfte Strafrahmen gilt:

– *beim Diebstahl von Sachen von erheblichem subjektivem oder objektivem Wert.* Ein solcher Fall liegt in der Regel vor, wenn der Wert der Sache X Euro übersteigt, die Sache eine erhebliche Bedeutung für die Kultur hat oder, wenn der Eigentümer seinen besonders starken Willen, die Sache vor dem Zugriff seitens unberechtigter Dritter zu schützen, durch Vornahme besonderer Sicherheitsvorkehrungen deutlich zum Ausdruck gebracht hat;
– *bei der Verletzung von zusätzlichen Rechtsgütern von nicht unerheblichem Gewicht im Rahmen der Ausführungshandlung.* Ein solcher Fall liegt in der Regel vor, wenn der Täter zur Ausführung der Diebstahlshandlung Hausfriedensbruch oder Sachbeschädigung begeht oder mit der Religionsausübung zusammenhängende Interessen verletzt;
– *bei erheblicher Gefährlichkeit der Ausführungshandlung für das angegriffene Rechtsgut.* Ein solcher Fall liegt in der Regel bei Diebstahl unter Ausnutzung der Hilflosigkeit des Opfers, beim Diebstahl von öffentlich ausgestellten Sachen sowie beim Bandendiebstahl vor;
– *bei Gefährlichkeit der Ausführungshandlung für andere Rechtsgüter von erheblichem Gewicht.* Ein solcher Fall liegt in der Regel vor, wenn der Täter ein für Leib oder Leben gefährliches Werkzeug mit der Absicht, es als Nötigungsmittel zu verwenden, bei sich führt.

Natürlich kommen nicht alle oben genannten Abstufungskriterien bei jedem Deliktstypus infrage. Vielmehr muss man bei der Bildung verschiedener Tatschwerestufen eines Delikts stets die Besonderheit des geschützten Rechtsguts in Erwägung ziehen, sodass manche der genannten Abstufungskriterien bei vielen Straftatbeständen von vornherein ausscheiden werden.[10] Das hier vorgeschlagene Modell der Abstufung der Tatschwere im Besonderen Teil vermeidet einerseits die für das polnische Strafrecht typische Kasuistik und anderseits so unklare und allgemeine Begriffe wie „besonders schwere Fälle“. An dieser Stelle kann folglich Stellung zu der im dritten Teil näher untersuchten Rechtsfigur der „besonders schweren Fälle“ genommen werden. Nach der hier vertretenen Ansicht kann von der Verwendung dieser – verfassungsrechtlichen Einwänden und sonstigen Bedenken ausgesetzten – Abstufungsmethode im Besonderen Teil schon deshalb abgesehen werden, weil eine bessere Methode zur Abschichtung des Gesamtstrafrahmens zur Verfügung steht.

Im Folgenden sind die einzelnen Strafschärfungskriterien des Besonderen Teils näher zu erläutern.

[10] Dazu siehe unten.

A. Grad der Verwerflichkeit von Beweggründen (Gesinnungsunwert)

Beim schuldbezogenen Qualifizierungskriterium der Verwerflichkeit von Beweggründen stellt sich vor allem die Frage nach einem genaueren Maßstab, an dem die Verwerflichkeit gemessen werden sollte. Erst nachdem dies geklärt ist, kann der entsprechende Strafschärfungsgrund durch Regel- oder zwingende Beispiele näher erläutert werden. Die im deutschen und polnischen Schrifttum vorgeschlagenen Begriffsbestimmungen der „besonders niedrigen Beweggründe“ bei den Tötungsdelikten setzen sich hauptsächlich aus zwei Elementen zusammen.[11] Das erste, positive Definitionselement ist die egoistische Einstellung des Täters und das Handeln allein zur Befriedigung eigener Bedürfnisse und Wünsche. Das zweite, negative Element besteht darin, dass die Tatbegehung nicht zur Befriedigung elementarer, biologischer oder psychischer Bedürfnisse erfolgt bzw. nicht von schicksalhaften sozialen Situationen oder sonstigen Konfliktlagen bestimmt ist. Häufig bedienen sich Autoren bei der Definition der „besonders verwerflichen Beweggründe“ des Kriteriums der Relation zwischen dem Zweck der Handlung und dem Mittel bzw. zwischen dem Tatanlass und der Tatfolge.

Hilfreich bei der Bestimmung des Maßstabes, nach dem die Verwerflichkeit der Beweggründe des Täters bewertet werden könnte, kann ein Blick auf diejenigen Milderungsgründe sein, die an die Motivation des Täters anknüpfen. Es handelt sich um die Begehung einer Straftat im Affekt (vgl. § 213 dt. StGB und Art. 148 § 4 pol. StGB) und um das Vorliegen von Interessenkonflikten bei der Überschreitung der Notstands- oder Notwehrgrenzen (vgl. Art. 25 § 2 und Art. 26 § 3 pol. StGB). In beiden Fällen wird der Täter besonders stark von Impulsen der Außenwelt zur Tat veranlasst, die entweder in der Verletzung von rechtlich anerkannten Rechtsgütern oder in der Gefahr für solche Güter bestehen. Daraus kann geschlossen werden, dass die Beweggründe desto weniger entschuldbar und zugleich desto verwerflicher sind, je weniger solche äußeren Impulse auf die Entscheidung des Täters hinwirken. Besonders niedrige Beweggründe sind somit immer dann zu bejahen, wenn der Täter eine Straftat begeht, ohne dass er dies zur Abwendung zumindest einer geringen Gefahr für eigene oder fremde Rechtsgüter oder andere sozial anerkannte Interessen (z.B. wirtschaftliche) tut bzw. ohne dass seine Tat eine Reaktion auf eine zumindest geringe Rechtsgutsverletzung oder -gefährdung darstellt. Eine solche von den äußeren Impulsen unabhängige Motivation wird freilich in der Praxis wegen der meistens vorkommenden Vielfältigkeit der Beweggründe nur selten der Fall sein. Folglich muss hier auf das krasse Missverhältnis zwischen dem rechtswidrigen Erfolg einerseits und dem Grad der Gefährdung sowie dem Gewicht von gefährdeten bzw. verletzten Rechtsgütern oder Interessen andererseits abgestellt werden.

11 Vgl. Teil 4, II.A.2.a) dd) und II.B.2.c).

Aus diesen Anmerkungen kann geschlossen werden, dass eine Strafrahmenabschichtung nach dem Kriterium der Verwerflichkeit der Beweggründe nicht bei jedem Deliktstypus nötig und möglich wird. Dies liegt daran, dass nicht jedes Schutzobjekt genügend großen Wert hat, um ein krasses Missverhältnis zu anderen, schutzwürdigen Rechtsgütern oder Interessen begründen zu können. Ein solches Missverhältnis wird z.B. beim Diebstahl nur ganz selten vorliegen. Die Bildung einer besonderen Tatschwerestufe nach dem Kriterium der Verwerflichkeit der Beweggründe wäre hingegen insbesondere bei den Delikten gegen die körperliche Unversehrtheit und gegen das Leben durchaus empfehlenswert. Als gesetzliche Beispiele für besonders niedrige Beweggründe kommen hier u.a. in Betracht: die Begehung einer Straftat aus Habgier, zur Befriedigung des Geschlechtstriebs, aus Zeitvertrieb, aus Freude an der Verletzung von Rechtsgütern anderer, aus Neugierde oder aus Angeberei.

B. Ausmaß der Verletzung des unmittelbar geschützten Rechtsguts (Erfolgsunwert)

Das Qualifizierungskriterium des Ausmaßes der Rechtsgutsverletzung kommt nur bei den Delikten infrage, bei die Verletzung von unmittelbar geschützten Rechtsgütern graduierbar ist. Somit scheidet es bei Tötungsdelikten grundsätzlich aus, da das menschliche Leben stets den gleichen Wert hat. Als Strafschärfungsgrund kommt hier höchstens die Vernichtung von mehreren Menschenleben durch eine Tat in Betracht. Bei sexueller Nötigung kann man hingegen unter dem Gesichtspunkt des Ausmaßes der Verletzung des unmittelbar geschützten Rechtsguts klar zwischen mehreren Tatschwerestufen differenzieren. Als Beispiel für besondere Strafwürdigkeit kann der Fall dienen, in dem der Täter sein Opfer zum Vollzug eines Beischlafs nötigt. Ebenso kann eine Körperverletzung unterschiedliche Dimensionen annehmen. Die Anhebung von Strafrahmengrenzen wird insbesondere bei schwerer Körperverletzung im Sinn des § 226 des deutschen StGB bzw. im Sinn des Art. 156 § 1 des polnischen StGB gerechtfertigt.

Bei den im Rahmen dieser Untersuchung näher betrachteten Abstufungen der Schwere eines Diebstahls kommt es unter dem Gesichtspunkt des Ausmaßes der Rechtsgutsverletzung auf den Wert der gestohlenen Sachen an. Dieser Wert bestimmt sich nicht nur nach dem ökonomischen Verkehrswert von Sachen, sondern auch nach ihrer gesellschaftlichen Bedeutung oder nach der subjektiven Schätzung des Besitzers.

Unter rein ökonomischen Gesichtspunkten empfiehlt es sich, eine Wertmindestgrenze für die Annahme des qualifizierten Diebstahls nach dem Vorbild des polnischen Strafrechts[12] einzuführen. Bei breiten Überschneidungsbereichen zwischen

---

[12] Vgl. Teil 4, III.B.3.

Regel- und Sonderstrafrahmen kann eine solche Grenze als Strafzumessungsrichtlinie dienen, indem die Verhängung von Freiheitsstrafen, die die Mindestgrenze des erhöhten Strafrahmens überschreiten, bei der Annäherung des Wertes der gestohlenen Sachen an die gesetzlich festgelegte Summe besonders naheliegend und die Verhängung von längeren Freiheitsstrafen als die Höchstgrenze des Grundstrafrahmens erst bei deutlicher Überschreitung dieser Summe möglich wird.

Der verschärfte Strafrahmen sollte ferner beim Diebstahl von Sachen von besonderer gesellschaftlicher Bedeutung, und zwar unabhängig von ihrem ökonomischen Verkehrswert gelten. Es handelt sich um die Sachen von besonderer Bedeutung für Kultur, darunter für Kunst, Geschichte oder Wissenschaft.

Die Bewertung der gestohlenen Sachen als besonders wertvoll kann schließlich auf subjektiver Schätzung des Besitzers, unabhängig von ihrem ökonomischen und kulturellen Wert, beruhen. Um der Rechtssicherheit willen sollte freilich der verschärfte Strafrahmen erst dann anwendbar sein, wenn der besonders starke Wille des Besitzers, die Sache vor dem Zugriff seitens unberechtigter Dritter zu schützen, gegenüber potenziellen Tätern genügend deutlich zum Ausdruck gebracht wird. Nach dem deutschen Recht ist dies der Fall, wenn die Sache durch ein verschlossenes Behältnis oder eine andere Schutzvorrichtung gegen die Wegnahme besonders gesichert ist (§ 243 Abs. 1 Satz 2 Nr. 2 dt. StGB).

C. Verletzung von nicht unmittelbar geschützten Rechtsgütern (Erfolgsunwert)

Das Strafschärfungskriterium der Verletzung von nicht unmittelbar geschützten Rechtsgütern kommt bei Delikten infrage, bei denen wegen der Art der Ausführungshandlung, der Art des Tatobjekts oder der Eigenschaft der Person des Täters über die Beeinträchtigung des unmittelbar geschützten Interesses hinaus auch andere strafrechtlich geschützte Rechtsgüter verletzt werden können. Um eine Strafrahmenschärfung rechtfertigen zu können, müssen freilich diese Rechtsgüter ihrem Gewicht nach in einem angemessenen Verhältnis zum unmittelbar geschützten Rechtsgut stehen. Eine Tötung kann beispielsweise nicht allein wegen gleichzeitig verursachter Sachbeschädigung oder eines Hausfriedensbruches zum Mord werden.

Nach dem Kriterium der Folgen der Ausführungshandlung kommt bei den Tötungsdelikten als erfolgsbezogener Strafschärfungsgrund vor allem die Zufügung von körperlichen oder seelischen Schmerzen im Rahmen der Tötungshandlung in Betracht, sofern diese Schmerzen über das für die Tötung erforderliche Maß weit hinausgehen. Es kann sich dabei sowohl um die Verletzung der körperlichen Unversehrtheit des Tötungsopfers als auch anderer Personen handeln. Angesichts der Schwere der drohenden Strafe im Falle einer qualifizierten Tötung ist im Hinblick auf sämtliche strafschärfend wirkende Folgen einer Tötungshandlung zumindest ein bedingter Vorsatz des Täters zu verlangen.

Beim Diebstahl können insbesondere die Begehung eines Hausfriedensbruchs oder die Verursachung einer erheblichen Sachbeschädigung im Rahmen der Diebstahlshandlung strafrahmenschärfend wirken.

Aus etwas anderer Perspektive sind die Fälle zu betrachten, in denen nicht die Art der Ausführungshandlung, sondern der Charakter des unmittelbar angegriffenen Tatobjekts zur Begründung des zusätzlichen Unrechts führt. Dies wird beim Diebstahl der Fall sein, wenn die gestohlenen Sachen, unabhängig von ihrem ökonomischen oder kulturellen Wert, eine unmittelbare Bedeutung für die Religionsausübung oder Äußerung weltanschaulicher Bekenntnisse haben bzw. als Identitätssymbol einer bestimmten Bevölkerungsgruppe benutzt werden. Ein Diebstahl von solchen Sachen verletzt nicht nur das Eigentum, sondern auch andere strafrechtlich geschützte Interessen, mit deren Wahrnehmung die gestohlenen Sachen in einem unmittelbaren Zusammenhang stehen.

Schließlich kann sich der zusätzliche Erfolgsunwert einer Straftat bei vielen Delikten aus der Eigenschaft der Person des Täters ergeben. Eine durch einen Amtsträger begangene Straftat kann nämlich über das unmittelbar beeinträchtigte Rechtsgut hinaus auch das Vertrauen der Allgemeinheit in die Rechtsstaatlichkeit der Ausübung der Staatsgewalt verletzen.

D. Gefährlichkeit der Ausführungshandlung für das unmittelbar angegriffene Rechtsgut (Handlungsunwert)

Bei vielen Delikten kommt als Strafrahmenabschichtungskriterium der Grad der Gefährlichkeit der Ausführungshandlung für das unmittelbar angegriffene Rechtsgut in Betracht. Die Frage, die hier relevant ist, lautet: Inwiefern wird dem angegriffenen Opfer bzw. dem Rechtsgutsinhaber die Möglichkeit der Ergreifung von Verteidigungs- oder Rettungsmaßnahmen entzogen? Oder anders formuliert: In welchem Ausmaß ist das unmittelbare Tatobjekt dem Täter ausgeliefert?

Eine Strafrahmenschärfung unter dem Gesichtspunkt besonderer Gefährlichkeit der Ausführungshandlung für das unmittelbar angegriffene Rechtsgut kommt hauptsächlich in zwei Fallkonstellationen in Betracht: Der Täter nutzt eine besondere, von ihm nicht unbedingt herbeigeführte Lage zur Begehung einer Straftat aus. Gemeint ist hier eine bewusste Ausnutzung wesentlich eingeschränkter Fähigkeit oder Möglichkeit des Rechtsgutsinhabers, seine Interessen zu verteidigen. U.a. wird dies bei einer heimtückischen Tötung (Ausnutzung der Arglosigkeit des Opfers) nach dem Vorbild des deutschen Rechts[13] sowie bei der Tötung von vertei-

[13] Vgl. Teil 4, II.A.2.a) ee).

digungsunfähigen Behinderten, Kindern oder Bewusstlosen der Fall sein. Unter den Diebstahlsdelikten sind unter diesem Gesichtspunkt insbesondere Diebstahl unter Ausnutzung der Hilflosigkeit, eines Unglücksfalls oder einer gemeinen Gefahr sowie der Diebstahl von öffentlich ausgestellten Kulturgütern nach dem Vorbild des deutschen Rechts[14] härter zu bestrafen.

Über die bewusste Ausnutzung einer vom Täter vorgefundenen Lage hinaus kann sich eine besondere Gefährlichkeit der Ausführungshandlung auch aus den vom Täter angewandten Methoden oder Mitteln ergeben. Bei den Delikten gegen Leib und Leben kommt hier als Strafschärfungsgrund nach dem Vorbild des polnischen Rechts[15] insbesondere die Verwendung von Verletzungsmitteln infrage, die aus weiten Entfernungen mit der Folge angewandt werden können, dass dem Opfer nur ganz wenig Raum für die Ergreifung von Verteidigungs- oder Rettungsmaßnahmen verbleibt (z.B. Verwendung von Schusswaffen). Bei vielen Delikten kann ferner die Tatbegehung durch mehrere Täter gemeinschaftlich, insbesondere im Rahmen einer kriminellen Zwecken dienenden organisierten Gruppe, einen Strafschärfungsgrund darstellen. Eine solche Handlungsweise erhöht wesentlich die Wahrscheinlichkeit der Rechtsgutsverletzung und ist somit im Vergleich zu anderen Fällen stets strafwürdiger.

E. Gefährlichkeit der Ausführungshandlung für andere Rechtsgüter als das unmittelbar angegriffene (Handlungsunwert)

Beim Qualifizierungskriterium der Gefährlichkeit der Ausführungshandlung für andere Rechtsgüter als das unmittelbar angegriffene wird der Erfolgsunwert im Sinne der Verletzung von zusätzlichen Rechtsgütern nicht vorausgesetzt. Dieses Minus an Erfolgsunwert sollte durch ein Plus an Handlungsunwert ausgeglichen werden, indem der verschärfte Strafrahmen erst bei einer konkretisierten Gefahr für Rechtsgüter von erheblichem Gewicht zur Anwendung kommen dürfte.

Dies wird zunächst der Fall sein, wenn wegen der fehlenden Beherrschbarkeit der vom Täter angewandten Mittel zur Begehung einer Straftat in der konkreten Situation eine Gefahr für hoch geschätzte Rechtsgüter unbeteiligter Dritter wie Leben oder körperliche Unversehrtheit besteht. Als Beispiel kann hier das Mordmerkmal der Verwendung von gemeingefährlichen Mitteln nach dem deutschen Strafrecht dienen.[16]

14 Vgl. Teil 4, III.A.2.d) und e).

15 Vgl. Teil 4, II.B.2.d).

16 Vgl. Teil 4, II.A.2.a) gg).

Des Weiteren kann der verschärfte Strafrahmen auch dann angemessen erscheinen, wenn die Begehung einer Straftat aus der Sicht des Täters einen Schritt in Richtung der Begehung eines weiteren Delikts gegen höchstpersönliche Güter wie Leben, Leib, sexuelle Selbstbestimmung oder andere gleichrangige Rechtsgüter darstellt. Im Gegensatz zum Qualifizierungsgrund der Verwendung von gemeingefährlichen Mitteln kommt es in diesen Fällen nicht unbedingt auf die Schaffung objektiver Bedingungen für die Verletzung weiterer Rechtsgüter an. Eine Gefahr für Rechtsgüter Dritter besteht vielmehr darin, dass die Begehung einer Straftat zur Ermöglichung einer anderen schwerwiegenden Tat *de facto* einen Versuch oder eine Vorbereitung der Nachttat darstellt. Das vom deutschen Gesetzgeber verwendete Mordmerkmal der Tötung mit Ermöglichungsabsicht[17] kann den hier gestellten Anforderungen an die Voraussetzungen des Strafrahmenwechsels nicht Genüge tun, da es an der Bestimmung des Mindestgewichts von Rechtsgütern fehlt, die im Rahmen der Nachtat angegriffen werden sollten. Um so weniger ist die Strafrahmenschärfung bei der Tötung zur Verdeckung einer Straftat gerechtfertigt, da die Verletzung des Interesses der Allgemeinheit an der Aufklärung von Straftaten im Vergleich zu anderen Delikten nur ein geringes Gewicht hat.

Schließlich können unter dem Gesichtspunkt der Gefährlichkeit der Ausführungshandlung für andere Rechtsgüter als das unmittelbar angegriffene auch die Fälle schärfer bestraft werden, in denen der Täter zur Erzielung seiner kriminellen Zwecke bereit ist, im Bedarfsfall zusätzlich auch gewichtige Rechtsgüter wie Leben oder körperliche Unversehrtheit anzugreifen. Dies wird insbesondere der Fall sein, wenn der Täter bei der Straftatbegehung ein für Leib oder Leben gefährliches Werkzeug mit der Absicht, es zumindest als Nötigungsmittel zu verwenden, bei sich führt. Die im deutschen Strafrecht u.a. beim Diebstahl vorgesehenen Qualifizierungsmerkmale des Beisichführens eines gefährlichen Werkzeugs und des Beisichführens eines Werkzeugs mit Verwendungsabsicht gemäß § 244 Abs. 1 Nr. 1 dt. StGB können auch hier den gestellten Anforderungen an die Voraussetzungen der Strafrahmenschärfung nicht genügen.

V. Einstufungen der Tatschwere von verschiedenen Delikten innerhalb einer Rechtsordnung

Anzusprechen ist zuletzt noch, wie ein Missverhältnis zwischen gesetzlichen Einstufungen der Schwere verschiedener Delikte im Rahmen einer Rechtsordnung zu vermeiden ist. Die Untersuchung ergab, dass bei der Bildung von Strafrahmen weder im deutschen noch im polnischen Strafrecht den Gewichtsunterschieden

[17] Vgl. Teil 4, II.A.2.a) hh).

zwischen verschiedenen Rechtsgütern genügend Rechnung getragen wird.[18] Die Bildung eines einwandfreien Abstufungssystems wäre aber angesichts der hohen Anzahl von strafrechtlich geschützten Rechtsgütern einerseits und der begrenzten Zahl von Strafrahmentypen andererseits auch kaum möglich. Für eine genauere Differenzierung der Schwere von verschiedenartigen Rechtsgutsverletzungen bleibt jedenfalls genügend Raum im Rahmen der richterlichen Strafzumessung. Auf der Gesetzesebene sollte freilich zumindest ein Missverhältnis zwischen der Bewertung von höchstpersönlichen Gütern wie Leben, körperlicher Unversehrtheit oder sexueller Selbstbestimmung einerseits und der Bewertung von solchen Gütern wie Eigentum, Gewahrsam oder Vermögen andererseits vermieden werden.

Nach der hier vertretenen Ansicht könnten die festgestellten Missverhältnisse bei gesetzlichen Einstufungen der Deliktschwere zumindest zum Teil durch gewisse Verschiebungen im Bereich der Qualifizierungsmerkmale entschärft werden. Bei den Qualifizierungsmerkmalen ist zwischen solchen zu unterscheiden, die auf den Erfolgsunwert und auf die Frage der Fahrlässigkeit oder Vorsätzlichkeit der Herbeiführung zusätzlicher Tatfolgen bezogen sind, und denjenigen, die das Ausmaß des Handlungsunwerts, d.h. die Frage der Gefährlichkeit der Ausführungshandlung betreffen. Nur das Vorliegen der Merkmale aus der ersten Gruppe dürfte die Verschiebung der oberen Strafrahmengrenze zur Folge haben. Die Abstufung der Tatschwere beim Vorliegen der Merkmale aus der zweiten Gruppe sollte hingegen allein durch entsprechende Veränderung der unteren Strafrahmengrenze zulässig sein. Auf diese Weise könnte eine gewisse Übersichtlichkeit über alle Schwerestufen eines Delikts gewonnen werden. Beispielsweise könnte dadurch vermieden werden, dass die Verwendung von gefährlichen Werkzeugen allein als Drohungsmittel genau so schwer oder sogar schwerer als die absichtliche Verursachung einer schweren Körperverletzung bestraft wird.

[18] Vgl. Teil 5, III.D.

Literaturverzeichnis

Alberts, Harald, Gesetzliche Strafmilderungsgründe und richterliche Strafrahmenwahl. Kiel 1985.

Altenhain, Karsten, Die Mitwirkung eines anderen Bandenmitglieds. ZStW 113 (2001), 112–145.

Andrejew, Igor u.a. (Hrsg.), System prawa karnego. Bd. 4. Teil 2. Wrocław u.a. 1989.

Anttila, Inkeri, Neue Tendenzen der Kriminalpolitik in Skandinavien. ZStW 95 (1983), 739–748.

Arzt, Gunther, Die Neufasssung der Diebstahlbestimmungen. Gleichzeitig ein Beitrag zur Technik der Regelbeispiele. JuS 1972, 515–520.

Arzt, Gunther/Weber, Ulrich, Strafrecht. Besonderer Teil. 2. Auflage, Bielefeld 2000.

Bafia, Jerzy/Mioduski, Kryspin/Siewierski, Mieczysław, Kodeks karny. Komentarz. Warszawa 1987 (zit. *Bafia/Miodunki/Siewierski,* Kodeks).

Baumann, Jürgen, Resozialisierungsgedanke und Rechtsgüterschutz im 1. und 2. Strafrechtsreformgesetz. DRiZ 1970, 2–9.

Baumann, Jürgen/Weber, Ulrich, Strafrecht. Allgemeiner Teil. 9. Auflage, Bielefeld 1985.

Baumann, Jürgen/Weber, Ulrich/Mitsch, Wolfgang, Strafrecht. Allgemeiner Teil. 11. Auflage, Bielefeld 2003.

Beckmann, Heinrich, Zur Neuregelung der vorsätzlichen Tötungsdelikte. GA 1981, 337–361.

Behm, Ulrich, Zur Auslegung des Merkmals „Wohnung“ im Tatbestand des § 123 und § 244 Abs. 1 Nr. 3 StGB. GA 2002, 153–164.

Bergmann, Matthias, Die Milderung der Strafe nach § 49 Abs. 2 StGB. Heidelberg 1988.

Bernsmann, Klaus, Zur Konkurrenz von „privilegierten“ (§§ 213, 216, 217) und „qualifizierten“ (§ 211) Tötungsdelikten. JZ 1983, 45–53.

Bertram, Günter. In: Hans-Heinrich Jescheck (Hrsg.), Ist die lebenslange Freiheitsstrafe verfassungswidrig? Baden-Baden 1978, S. 157–179.

Blei, Hermann, Strafrecht. Allgemeiner Teil. 18. Auflage, München 1983.

Bloy, René, Unrechtsgehalt und Strafbarkeit des grob unverständigen Versuchs. ZStW 113 (2001), 76–111.

Bock, Michael, Kriminologie und Spezialprävention. ZStW 102 (1990), 504–533.

– Ideen und Schimären im Strafrecht. ZStW 103 (1991), 636–656.

– Prävention und Empirie – über das Verhältnis von Strafzwecken und Erfahrungswissen. JuS 1994, 89–99.

Bock, Wolfgang/Mährlein, Christoph, Die lebenslange Freiheitsstrafe in verfassungsrechtlicher Sicht. ZRP 1997, 376–381.

Bojarski, Marek (Hrsg.), Prawo karne materialne. Warszawa 2004.

Bojarski, Tadeusz, Odmiany podstawowych typów przestępstw w polskim prawie karnym. Warszawa 1982.

– Polskie prawo karne. Zarys części ogólnej. Warszawa 2002.

Bornemann, Wolfram, Das Zusammentreffen vertatbestandlichter Strafmilderungs- und Strafschärfungsgründe. Baden-Baden 2002.

Bosch, Nikolaus/Schindler, Dierk, Ausnutzen der Wehrlosigkeit des Opfers zur Verdeckung einer peinlichen Situation – Heimtücke, Verdeckungsabsicht oder niedriger Beweggrund? Jura 2000, 77–84.

Bożyczko, Zbigniew, Kradzież z włamaniem w świetle doktryny i orzecznictwa sądów polskich. NP 1967, Nr. 7–8, 901–917.

Braunsteffer, Heike, Anmerkung zum Urteil des BGH v. 3.4.1975 – 4 StR 62/75. NJW 1975, 1570–1571.

Brocker, Lars, Das Tatbestandsmerkmal der Verdeckungsabsicht. MDR 1996, 228–229.

Bruns, Hans-Jürgen, Gesetzesänderung durch Richterspruch? In: Karl Heinz Gössel (Hrsg.): Strafverfahren im Rechtsstaat. Festschrift für Theodor Kleinknecht zum 75. Geburtstag am 18. August 1985. München 1985, S. 49–62.

– Das Recht der Strafzumessung. Köln u.a. 1985.

– Neues Strafzumessungsrecht? Köln u.a. 1988.

– Zur Auslegung des § 13 II StGB. In: Hans-Heinrich Jescheck (Hrsg.), Festschrift für Herbert Tröndle zum 70. Geburtstag am 24. August 1989. Berlin/New York 1989, S. 125–137.

Bryła, Małgorzata, Zabójstwo ciężkie w polskim kodeksie karnym. Prok. i Pr. 2001, Nr. 3, 61–73.

Buchała, Kazimierz, Ogólne dyrektywy sądowego wymiaru kary w projekcie k.k. PiP 1969, Nr. 2, 305–315.

– Granice obrony koniecznej. Palestra 1974, Nr. 5, 33–46.

– System sądowego wymiaru kary według kodeksu karnego z 1969 r. a problemy kodyfikacji prawa karnego. PiP 1981, Nr. 8, 29–41.

– Prawo karne materialne. Warszawa 1989.

– System sądowego wymiaru kary w projekcie kodeksu karnego. In: Stanisław Waltoś (Hrsg.), Problemy kodyfikacji prawa karnego. Księga ku czci Profesora Mariana Cieślaka. Kraków 1993, S. 131–147.

– Problemy wyboru wiodącej dyrektywy wymiaru kary według art. 54 projektu kodeksu karnego z 1995 r. Przegląd prawa karnego 1995, Nr. 13, 5–19.

Buchała, Kazimierz (Hrsg.), Komentarz do kodeksu karnego. Część ogólna. Warszawa 1994 (zit. *Bearbeiter*, in: Buchała (Hrsg.), Komentarz).

Buchała, Kazimierz/Zoll, Andrzej, Polskie prawo karne. Warszawa 1995.

Buchała, Kazimierz/Zoll, Andrzej, Kodeks karny. Część ogólna. Kraków 2000 (zit. *Bearbeiter*, in: Buchała/Zoll, Kodeks).

Budyn, Magdalena, Motywacja zasługująca na szczególne potępienie (próba analizy). Prok. i Pr. 2000, Nr. 9, 23–43.

Calliess, Rolf-Peter, Die Rechtsnatur der „besonders schweren Fälle" und Regelbeispiele im Strafrecht. JZ 1975, 112–118.

– Der Rechtscharakter der Regelbeispiele im Strafrecht. NJW 1998, 929–935.

– Die Strafzwecke und ihre Funktion. In: Guido Britz u.a. (Hrsg.), Grundlagen staatlichen Strafens. Festschrift für Heinz Müller-Dietz zum 70. Geburtstag. München 2001, S. 99–118.

Cieślak, Marian, O węzłowych pojęciach związanych z sensem kary. NP 1969, Nr. 2, 195–213.

Ćwiąkalski, Zbigniew, Nadzwyczajne złagodzenie kary w praktyce sądowej. Warszawa 1982.

– Błąd co do bezprawności czynu w polskim prawie karnym. Kraków 1991.

Daszkiewicz, Krystyna, Nadzwyczajne złagodzenie kary w polskim kodeksie karnym. Warszawa 1976.

– Ciężkie zabójstwa (nowe regulacje w prawie karnym). Monitor Prawniczy 1997, Nr. 12, 479–483.

– Przestępstwa przeciwko życiu i zdrowiu. Warszawa 2000.

Dölling, Dieter, Generalprävention durch Strafrecht: Realität oder Illusion? ZStW 102 (1990), 1–20.

– Zur spezialpräventiven Aufgabe des Strafrechts. In: Dieter Dölling (Hrsg.), Jus humanum: Grundlagen des Rechts und Strafrecht. Festschrift für Ernst-Joachim Lampe zum 70. Geburtstag. Berlin 2004, S. 597–609.

Dreher, Eduard, Über die gerechte Strafe. Heidelberg 1947.

– Was bedeutet Milderung der Strafe für den Versuch? JZ 1956, 682–683.

– Anmerkung zum Urteil des BGH vom 27.01.1956 – 2 StR 432/55. MDR 1956, 499–501.

– Doppelbewertung von Strafbemessungsumständen. JZ 1957, 155–158.

– Gedanken zur Strafzumessung. JZ 1968, 209–214.

– Der Irrtum über Rechtfertigungsgründe. In: Hans Lüttger (Hrsg.), Festschrift für Ernst Heinitz zum 70. Geburtstag am 1. Januar 1972. Berlin 1972, S. 207–228.

Dukiet-Nagórska, Teresa, Kradzież z włamaniem. NP 1981, Nr. 10-11-12, 74–85.

Ebert, Udo, Das Vergeltungsprinzip im Strafrecht. In: Hans-Henrik Krummacher (Hrsg.), Geisteswissenschaften – wozu? Stuttgart 1988, S. 35–56.

Ebert, Udo/Kühl, Kristian, Das Unrecht der vorsätzlichen Straftat. Jura 1981, 225–236.

Eisele, Jörg, Die Regelbeispielsmethode im Strafrecht. Tübingen 2004.

Eser, Albin, Empfiehlt es sich, die Straftatbestände des Mordes, des Totschlags und der Kindestötung (§§ 211 bis 213, 217 StGB) neu abzugrenzen? Gutachten D für den 53. Deutschen Juristentag. München 1980.

Fabry, Josef, Der besonders schwere Fall der versuchten Tat. NJW 1986, 15–20.

Feuerhelm, Wolfgang, Stellung und Ausgestaltung der gemeinnützigen Arbeit im Strafrecht. Wiesbaden 1997.

Fischer, Thomas, Strafgesetzbuch und Nebengesetze. 55. Auflage, München 2008 (zit. Fischer).

Freund, Georg, Strafrecht. Allgemeiner Teil. Berlin/Heidelberg 1998.

Frisch, Wolfgang, Revisionsrechtliche Probleme der Strafzumessung. Köln u.a. 1971.

– Gegenwärtiger Stand und Zukunftsperspektiven der Strafzumessungsdogmatik. ZStW 99 (1987), 349–388 und 751–805.

– Der Irrtum als Unrechts- und/oder Schuldausschluss im deutschen Strafrecht. In: Albin Eser/Walter Perron (Hrsg.), Rechtfertigung und Entschuldigung. Bd. 3. Freiburg im Breisgau 1991, S. 217–289.

– Die Strafrahmenmilderung beim Versuch. In: Manfred Seebode (Hrsg.), Festschrift für Günter Spendel zum 70. Geburtstag am 11. Juli 1992. Berlin/New York 1992, S. 381–411.

– Individualprävention und Strafzumessung. In: Hans-Jörg Albrecht u.a. (Hrsg.), Internationale Perspektiven in Kriminologie und Strafrecht. Festschrift für Günther Kaiser zum 70. Geburtstag. Berlin 1999, S. 765–792.

Frisch, Wolfgang/Bergmann, Matthias, Zur Methode der Entscheidung über den Strafrahmen. JZ 1990, 944–954.

Frosch, Hartmut, Die allgemeine Rückfallvorschrift des § 48 StGB. Tübingen 1976.

Gallas, Wilhelm, Zum gegenwärtigen Stand der Lehre vom Verbrechen. ZStW 67 (1955), 1–47.

– Zur Struktur des strafrechtlichen Unrechtsbegriffes. In: Arthur Kaufmann u.a. (Hrsg.), Festschrift für Paul Bockelmann zum 70. Geburtstag am 7. Dezember 1978. München 1979, S. 155–179.

Gardocki, Lech, Uszanować tradycję. Palestra 1993, Nr. 3-4, 33–38.

– Prawo karne. 14. Auflage. Warszawa 2008.

Geilen, Gerd, Zur Entwicklung und Reform der Tötungsdelikte. JR 1980, 309–316.

Geppert, Klaus, Die Anstiftung (§ 26). Jura 1997, 299–305.

– Zum „Waffen“-Begriff, zum Begriff des „gefährlichen Werkzeuges“, zur „Scheinwaffe“ und zu anderen Problemen der neuen §§ 250 und 244 StGB. Jura 1999, 599–605.

Górniok, Oktawia u.a., Kodeks karny. Komentarz. Gdańsk 2005 (zit. *Bearbeiter*, in: Górniok u.a., Kodeks).

Górniok, Oktawia (Hrsg.), Kodeks karny. Komentarz. Warszawa 2006 (zit. *Bearbeiter*, in: Górniok (Hrsg.), Kodeks).

Gössel, Karl Heinz, Zur Strafbarkeit des Versuchs nach dem 2. Strafrechtsreformgesetz. GA 1971, 225–236.

– Über die sog. Regelbeispielstechnik und die Abgrenzung zwischen Straftat und Strafzumessung. In: Thomas Weigend (Hrsg.), Festschrift für Hans Joachim Hirsch zum 70. Geburtstag am 11. April 1999. Berlin 1999, S. 183–205.

Gössel, Karl Heinz/Dölling, Dieter, Strafrecht. Besonderer Teil. Teil 1. 2. Auflage, Heidelberg 2004.

Goydke, Jürgen, Die Strafrahmenbestimmung in minder schweren Fällen und beim Vorliegen gesetzlicher Milderungsgründe. In: Reinhard Böttcher u.a. (Hrsg.), Festschrift für Walter Odersky zum 65. Geburtstag am 17. Juli 1996. Berlin/New York 1996, S. 371–385.

Gribbohm, Günter, Zur Neuabgrenzung der Straftatbestände des Mordes, des Totschlags und der Kindestötung. ZRP 1980, 222–226.

Günther, Hans-Ludwig, Lebenslang für „heimtückischen Mord"? NJW 1982, 353–358.

Hajduk, Tomasz, Wypadki przestępstw mniejszej wagi (ze szczególnym uwzględnieniem kradzieży z włamaniem). Prok. i Pr. 2002, Nr. 5, 51–64.

Hassemer, Winfried, Einführung in die Grundlagen des Strafrechts. 2. Auflage, München 1990.

Heine, Günter, Tötung aus „niedrigen Beweggründen". Berlin 1988.

– Mord und Mordstrafe: Grundmängel der deutschen Konzeption und rechtsvergleichende Reformüberlegungen. GA 2000, 305–319.

Heinz, Wolfgang, Sanktionierungspraxis in der Bundesrepublik Deutschland im Spiegel der Rechtspflegestatistiken. ZStW 111 (1999), 461–503.

Hettinger, Michael, Das Doppelverwertungsverbot bei strafrahmenbildenden Umständen. Berlin 1982.

Herzberg, Rolf Dietrich, Die Unterlassung im Strafrecht und das Garantenprinzip. Berlin 1972.

– Das Zusammentreffen privilegierender und qualifizierender Umstände bei den Tötungsdelikten. JZ 2000, 1093–1100.

– Zur Strafbarkeit des untauglichen Versuchs. GA 2001, 257–272.

Hirsch, Hans Joachim, Die verfehlte deutsche Gesetzesfigur der „besonders schweren Fälle". In: Dieter Dölling u.a. (Hrsg.), Festschrift für Karl Heinz Gössel zum 70. Geburtstag am 16. Oktober 2002. Heidelberg 2003, S. 287–302.

Hochberg, Leo, Rzecz o włamaniu. NP 1956, Nr. 9, 73–81.

Hoffmann, Peter, Zum Verhältnis der Strafzwecke Vergeltung und Generalprävention in ihrer Entwicklung und im heutigen Strafrecht. Göttingen 1992.

Hörnle, Tatjana/von Hirsch, Andrew, Positive Generalprävention und Tadel. GA 1995, 261–282.

Horn, Eckhard, Neuerungen der Kriminalpolitik im deutschen Strafgesetzbuch 1975. ZStW 89 (1977), 547–569.

– Gesamtwürdigung – Sinn und Unsinn eines Rechtsbegriffes. In: Gerhard Dornseifer u.a. (Hrsg.), Gedächtnisschrift für Armin Kaufmann. Köln 1989, S. 573–594.

Horstkotte, Hartmuth, Zusammentreffen von Milderungsgründen (§ 50 StGB). In: Hans-Heinrich Jescheck u.a. (Hrsg.), Festschrift für Eduard Dreher zum 70. Geburtstag am 29. April 1977. Berlin 1977, S. 265–282.

Jakobs, Günther, Strafrecht. Allgemeiner Teil. 2. Auflage, Berlin/New York 1991.

Jescheck, Hans-Heinrich, Die Krise der Kriminalpolitik. ZStW 91 (1979), 1037–1064.

Jescheck, Hans-Heinrich/Weigend, Thomas, Lehrbuch des Strafrechts. Allgemeiner Teil. 5. Auflage, Berlin 1996.

Jędrzejewski, Zbigniew, Bezprawie usiłowania nieudolnego. Warszawa 2000.

Kaczmarek, Tomasz, Materialna istota przestępstwa i jego ustawowe znamiona. Wrocław 1968.

– Sędziowski wymiar kary w PRL. Wrocław u.a. 1972.

– W sprawie nadmiernej represyjności polityki karnej. NP 1981, Nr. 5, 101–107.

– O racjonalizacji sądowego karania w ujęciu projektu kodeksu karnego z 1991. In: Stanisław Waltoś (Hrsg.), Problemy kodyfikacji prawa karnego. Księga ku czci Profesora Mariana Cieślaka. Kraków 1993, S. 161–170.

– O pozytywnej prewencji ogólnej w ujęciu projektu kodeksu karnego z 1994 r. Palestra 1995, Nr. 3-4, 63–72.

Kaiser, Günther, Kriminalpolitik in der Zeitenwende. In: Bernd Schünemann (Hrsg.), Festschrift für Claus Roxin zum 70. Geburtstag am 15. Mai 2001. Berlin/New York 2001, S. 989–1000.

Karlsruher Kommentar zur Strafprozessordnung. 5. Auflage, München 2003 (zit. KK-*Bearbeiter*).

Kasprzycki, Janusz, Zabójstwa kwalifikowane. CPKiNP 1999, Nr. 2, 123–140.

Kaufmann, Armin, Die Dogmatik der Unterlassungsdelikte. Göttingen 1959.

– Zum Stande der Lehre vom personalen Unrecht. In: Günter Stratenwerth (Hrsg.), Festschrift für Hans Welzel zum 70. Geburtstag am 25. März 1974. Berlin 1974, S. 393–414.

Kaufmann, Arthur, Das Unrechtsbewusstsein in der Schuldlehre des Strafrechts. Mainz 1949.

– Das Schuldprinzip. Heidelberg 1976.

Kindhäuser, Urs, Zur Anwendbarkeit der Regeln des Allgemeinen Teils auf den besonders schweren Fall des Diebstahls. In: Kurt Schmoller (Hrsg.), Festschrift für Otto Triffterer zum 65. Geburtstag. Wien 1996, S. 123–136.

– Strafrecht. Besonderer Teil, 2. 4. Auflage, Baden-Baden 2005.

Kochanowski, Janusz, Redukcja odpowiedzialności karnej. Warszawa 2000.

Köhler, Michael, Über den Zusammenhang von Strafrechtsbegründung und Strafzumessung. Heidelberg 1983.

Köhler, Michael, Zur Strafbarkeit des Mordes bei „außergewöhnlichen Umständen“ – BGHSt 30, 105. JuS 1984, 762–770.

Köhne, Michael, Verfassungsmäßigkeit der lebenslangen Freiheitsstrafe 25 Jahre nach BVerfGE 45, 187 ff. JR 2003, 5–9.

Kokot, Rajnhardt, Zabójstwo kwalifikowane. Wrocław 2001.

Kolasiński, Błażej, Dyrektywy wymiaru kary wobec sprawców określonych w art. 65 k.k. Prok. i Pr. 2002, Nr. 5, 37–50.

Konarska-Wrzosek, Violetta, Dyrektywy wyboru kary w polskim ustawodawstwie karnym. Toruń 2002.

Kotsalis, Leonidas, Verminderte Schuldfähigkeit und Schuldprinzip. In: Gunther Arzt u.a. (Hrsg.), Festschrift für Jürgen Baumann zum 70. Geburtstag, 22. Juni 1992. Bielefeld 1992, S. 33–42.

Krajewski, Krzysztof, Kilka uwag w kwestii tzw. pozytywnej prewencji generalnej. In: Leon Tyszkiewicz (Hrsg.), Problemy nauk penalnych. Prace ofiarowane Pani Profesor Oktawii Górniok. Katowice 1996, S. 90–99.

Krauß, Detlef, Erfolgsunwert und Handlungsunwert im Unrecht. ZStW 76 (1964), 19–68.

Kubala, Włodzimierz, Wypadek przestępstwa mniejszej wagi. WPP 1972, Nr. 3, 318–328.

Kühl, Kristian, Strafrecht. Allgemeiner Teil. 5. Auflage, München 2005.

Kuhlen, Lothar, Die Unterscheidung von vorsatzausschließendem und nichtvorsatzausschließendem Irrtum. Frankfurt am Main 1987.

Küper, Wilfried, Die Rechtsprechung des BGH zum tatbestandssystematischen Verhältnis von Mord und Totschlag – Analyse und Kritik. JZ 1991, 761–766, 862–869 und 910–915.

– Die Geringwertigkeitsklausel des § 243 Abs. 2 StGB als gesetzestechnisches Problem. NJW 1994, 349–352.

– Zur Problematik der Verdeckungsabsicht bei „außerstrafrechtlichem“ Verdeckungszweck. JZ 1995, 1158–1164.

– Verwirrungen um das neue „gefährliche Werkzeug“ (§§ 244 I Nr. 1a, 250 I Nr. 1a, II Nr. 1 StGB). JZ 1999, 187–194.

– „Waffen“ und „Werkzeuge“ im reformierten Besonderen Teil des Strafgesetzbuchs. In: Udo Ebert u.a. (Hrsg.), Festschrift für Ernst-Walter Hanack zum 70. Geburtstag am 30. August 1999. Berlin/New York 1999, S. 569–590.

– Motiv-Intentionalität und Zweck-Mittel-Relation. In: Eva Graul (Hrsg.), Gedächtnisschrift für Dieter Meurer. Berlin 2002, S. 191–207.

Kürschner, Wolfgang, Die materielle Rückfallklausel des § 48 StGB. Heidelberg 1978.

Lackner, Karl/Kühl, Kristian, Strafgesetzbuch. Kommentar. 26. Auflage, München 2007 (zit. *Lackner/Kühl*).

Leipziger Kommentar. Strafgesetzbuch. Hrsg.: Burkhard Jähnke/Heinrich Wilhelm Laufhütte u.a. 11. und 12. Auflage, Berlin 1992 ff. (zit. LK-*Bearbeiter*).

Lernell, Leszek, Niektóre zagadnienia kodyfikacji prawa karnego. PiP 1954, Nr. 12, 693–723.

– Podstawowe zagadnienia penologii. Warszawa 1977.

Lesch, Heiko, Zur Einführung in das Strafrecht: Über den Sinn und Zweck staatlichen Strafens. JA 1994, 510–519 und 590–599.

Leyendecker, Natalie Andrea, (Re-)Sozialisierung und Verfassungsrecht. Berlin 2002.

Lüderssen, Klaus, Krise des Resozialisierungsgedankens? JA 1991, 222–228.

Maiwald, Manfred, Bestimmtheitsgebot, tatbestandliche Typisierung und die Technik der Regelbeispiele. In: Karl Lackner u.a. (Hrsg.), Festschrift für Wilhelm Gallas zum 70. Geburtstag am 22. Juli 1973. Berlin/New York 1973, S. 137–162.

– Zur Problematik der „besonders schweren Fälle" im Strafrecht. NStZ 1984, 433–440.

Makarewicz, Juliusz, Kodeks karny z komentarzem. Lwów 1938 (zit. *Makarewicz*, Kodeks).

Mały Rocznik Statystyczny Polski 2006 (Concise statistical yearbook of Poland). Warszawa 2006.

Marek, Andrzej, W sprawie społecznego niebezpieczeństwa czynu. NP 1966, Nr. 2, 199–207.

– Obrona konieczna w prawie karnym. Warszawa 1979.

– Prawo karne. 5. Auflage, Warszawa 2004.

– Kodeks karny. Komentarz. 4. Auflage, Warszawa 2007 (zit. *Marek*, Kodeks).

Maurach, Reinhart, Deutsches Strafrecht. Allgemeiner Teil. Karlsruhe 1971.

Maurach, Reinhart/Gössel, Karl-Heinz/Zipf, Heinz, Strafrecht. Allgemeiner Teil. Bd. 2. 7. Auflage, Heidelberg 1989.

Maurach, Reinhart/Schroeder, Friedrich-Christian/Maiwald, Manfred, Strafrecht. Besonderer Teil. Bd. 1. 8. Auflage, Heidelberg, 1995.

Maurach, Reinhart/Zipf, Heinz, Strafrecht. Allgemeiner Teil. Bd. 1. 8. Auflage, Heidelberg 1992.

Mayer, Hellmuth, Strafrecht. Allgemeiner Teil. Stuttgart/Köln 1953.

Mącior, Władysław, Stopień społecznego niebezpieczeństwa czynu jako priorytetowa dyrektywa sądowego wymiaru kary. PiP 1973, Nr. 12, 100–111.

– O usiłowaniu reformowania prawa karnego. PiP 1992, Nr. 10, 87–94.

– Formy popełnienia przestępstwa w projekcie kodeksu karnego z 1995 r. PiP 1996, Nr. 7, 74–82.

Meier, Bernd-Dieter, Strafrechtliche Sanktionen. Berlin u.a. 2001.

Melezini, Mirosława, Granice czasowe kary pozbawienia wolności (stan obecny i proponowane zmiany). In: Lech Gardocki u.a. (Hrsg.), Gaudium in litteris est. Księga jubileuszowa ofiarowana Pani Profesor Genowefie Rejman. Warszawa 2005, S. 449–462.

Meyer-Goßner, Lutz, Strafprozessordnung. 50. Auflage. München 2007 (zit. *Meyer-Goßner*).

Mielczarek, Katarzyna, Wybrane zagadnienia związane z karą dożywotniego pozbawienia wolności. In: Leszek Bogunia (Hrsg.), Nowa kodyfikacja prawa karnego. Bd. 4. Wrocław 1999, S. 99–110.

Mioduski, Kryspin, Społeczne niebezpieczeństwo czynu jako zagadnienie terminologii. WPP 1955, Nr. 3, 16–31.

Mitsch, Wolfgang, Grundfälle zu den Tötungsdelikten. JuS 1996, 121–125.

Montenbruck, Axel, Zur Aufgabe der besonders schweren Fälle. NStZ 1987, 311–314.

Müller-Dietz, Heinz, Integrationsprävention und Strafrecht. In: Theo Vogler (Hrsg.), Festschrift für Hans-Heinrich Jescheck zum 70. Geburtstag. Berlin 1985, S. 813–827.

Münchener Kommentar zum Strafgesetzbuch. Hrsg.: Wolfgang Joecks/Klaus Miebach. München 2003 ff. (zit. MK-*Bearbeiter*).

Müssig, Bernd, Mord und Totschlag. Köln u.a. 2005.

Neumann, Ulfrid, Zum Verhältnis von minder schwerem Fall des Totschlags (213 StGB) und Mord (§ 211 StGB) nach dem 6. Strafrechtsreformgesetz. In: Jörg Arnold u.a. (Hrsg.), Menschengerechtes Strafrecht. Festschrift für Albin Eser zum 70. Geburtstag. München 2005, S. 431–442.

Neumann, Ulfrid/Schroth, Ulrich, Neuere Theorien von Kriminalität und Strafe. Darmstadt 1990.

Nickolai, Werner/Reindl, Richard (Hrsg.), Lebenslänglich. Kontroverse um die Abschaffung der lebenslangen Freiheitsstrafe. Freiburg 1993.

Nomos Kommentar. Strafgesetzbuch. Hrsg.: Urs Kindhäuser u.a. 2. Auflage, Baden-Baden 2005 (zit. NK-*Bearbeiter*).

Nowe kodeksy karne z 1997 r. z uzasadnieniami. Warszawa 1997.

Otto, Harro, Die Mordmerkmale in der höchstrichterlichen Rechsprechung. Jura 1994, 141–152.

– Grundkurs Strafrecht. Die einzelnen Delikte. 5. Auflage. Berlin/New York 1998.

– Grundkurs Strafrecht. 6. Auflage. Berlin/New York 2000.

Palka, Przemysław, Zabójstwo z użyciem broni palnej w kodeksie karnym z 1997. Przegląd Policyjny 1998, Nr. 2, 20–34.

Radecki, Wojciech, Ochrona dóbr kultury w nowym kodeksie karnym. Prok. i Pr. 1998, Nr. 2, 7–20.

Rautenberg, Erardo C., Verminderte Schuldfähigkeit. Heidelberg 1984.

Rejman, Genowefa (Hrsg.), Kodeks karny. Część ogólna. Komentarz. Warszawa 1999 (zit. *Bearbeiter*, in: Rejman (Hrsg.), Kodeks).

Rengier, Rudolf, Der Große Senat für Strafsachen auf dem Prüfstand. NStZ 1982, 225–230.

– Strafrecht. Besonderer Teil 1. 6. Auflage, München 2003.

– Strafrecht. Besonderer Teil 2. 5. Auflage, München 2003.

Roxin, Claus, Die Behandlung des Irrtums im Entwurf 1962. ZStW 76 (1964), 582–618.

– Unterlassung, Vorsatz und Fahrlässigkeit, Versuch und Teilnahme im neuen Strafgesetzbuch. JuS 1973, 197–202 und 329–337.

– Zur jüngsten Diskussion über Schuld, Prävention und Verantortlichkeit im Strafrecht. In: Arthur Kaufmann u.a. (Hrsg.), Festschrift für Paul Bockelmann zum 70. Geburtstag am 7. Dezember 1978. München 1979, S. 279–309.

– Zur Entwicklung der Kriminalpolitik seit den Alternativentwürfen. JA 1980, 545–552.

– Strafrecht. Allgemeiner Teil. Bd. 1. München 2006.

Rüping, Hinrich, Zur Problematik des Mordtatbestandes. JZ 1979, 617–621.

Sakowicz, Andrzej, Sankcja bezwzględnie oznaczona. PiP 2006, Nr. 5, 18–31.

Saliger, Frank, Anmerkung zum Urteil des BGH vom 31.01.1995 – 1 StR 780/94, StV 1998, 19–21.

Schild, Wolfgang, Der strafrechtsdogmatische Begriff der Bande. GA 1982, 55–84.

Schlothauer, Reinhold/Sättele, Alexander, Zum Begriff des „gefährlichen Werkzeugs" in den §§ 177 Abs. 3 Nr. 1, 244 Abs. 1 Nr. 1a, 250 Abs. 1 Nr. 1a StGB i.d.F. des 6. StrRG, StV 1998, 505–509.

Schmidhäuser, Eberhard, Urteil des BVerfG vom 21.6.1977. JR 1978, 265–271.

Schmidhäuser, Eberhard/Alwart, Heiner, Strafrecht. Allgemeiner Teil. 2. Auflage, Tübingen 1984.

Schönke, Adolf/Schröder, Horst, Strafgesetzbuch. Kommentar. 27. Auflage, München 2006 (zit. Schönke/Schröder-*Bearbeiter*).

Schreiber, Hans-Ludwig, Widersprüche und Brüche in heutigen Strafkonzeptionen. ZStW 94 (1982), 279–298.

Schröder, Horst, Gesetzliche und richterliche Strafzumessung. In: Karl Engisch u.a. (Hrsg.), Festschrift für Edmund Mezger zum 70. Geburtstag, 15.10.1953. München 1954, S. 415–428.

Schumann, Karl F., Positive Generalprävention. Heidelberg 1989.

Sienkiewicz, Zofia, Społeczne niebezpieczeństwo czynu jako dyrektywa sądowego wymiaru kary (na tle teorii i praktyki sądowej). Wrocław 1977.

Sowada, Christoph, Zur Strafbarkeit wegen Mordes bei strafvereitelungsfremder Verdeckungsabsicht. JZ 2000, 1035–1045.

Spendel, Günter, Zur Lehre vom Strafmass. Frankfurt am Main 1966.

Spotowski, Andrzej, Karalność w razie braku zagrożenia dobra prawnego. PiP 1988, Nr. 7, 75–81.

Stefański, Ryszard A., Okoliczności uzasadniające przyjęcie „wypadku mniejszej wagi", Prok. i Pr. 1996, Nr. 12, 125–131.

Stratenwerth, Günter, Die fakultative Strafmilderung beim Versuch. Festgabe zum Schweizerischen Juristentag. Basel 1963, S. 247–266.

Stratenwerth, Günter/Kuhlen, Lothar, Strafrecht. Allgemeiner Teil 1. Köln u.a. 2004.

Streng, Franz, Schuld, Vergeltung, Generalprävention. ZStW 92 (1980), 637–681.

– Strafrechtliche Sanktionen. 2. Auflage, Stuttgart 2002.

Systematischer Kommentar zum Strafgesetzbuch. Gesamtredaktion: Hans-Joachim Rudolphi. 2., 4., 6., 7. und 8. Auflage (zit. SK-*Bearbeiter*).

Szczepaniec, Maria, Regulacja błędu co do kontratypu w polskim prawie karnym. CPKiNP 2000, Nr. 2, 99–110.

Szerer, Mieczysław, O kradzieży z włamaniem. NP 1956, Nr. 4, 47–51.

– Karanie a humanizm. Warszawa 1964.

Szumski, Jerzy, Problem kary dożywotniego pozbawienia wolności. PiP 1996, Nr. 1, 3–18.

Świda, Witold, Prawo karne. 4. Auflage, Warszawa 1989.

Timpe, Gerhard, Strafmilderungen des Allgemeinen Teils des StGB und das Doppelverwertungsverbot. Berlin 1983.

Toepel, Friedrich, Zur Architektur der Bandendelikte. ZStW 115 (2003), 60–90.

Uzasadnienie do projektu kodeksu karnego. Warszawa 1994.

Wahle, Eberhard, Zur strafrechtlichen Problematik „besonders schwerer Fälle“, erläutert am Beispiel der Verkehrsunfallflucht. GA 1969, 161–180.

Warda, Günter, Zur gesetzlichen Regelung des vermeidbaren Verbotsirrtums. ZStW 71 (1959), 252–280.

Warylewski, Jarosław, Prawo karne. Część ogólna. Warszawa 2005.

Wąsek, Andrzej (Hrsg.), Kodeks karny. Część szczególna. 2. Auflage. Warszawa 2004/2005 (zit. *Bearbeiter*, in: Wąsek (Hrsg.), Kodeks).

Wąsik, Józef, Projekt „reanimacji“ kary dożywotniego pozbawienia wolności. In: Tadeusz Bojarski/Edward Skrętowicz (Hrsg.), Problemy reformy prawa karnego. Lublin 1993, S. 187–195.

Weber, Hartmut-Michael, Die Abschaffung der lebenslangen Freiheitsstrafe. Baden-Baden 1999.

Weigend, Ewa, Das polnische Strafgesetzbuch. Kodeks karny. Freiburg 1998.

Weigend, Thomas, Neoklassizismus – ein transatlantisches Missverständnis. ZStW 94 (1982), 801–814.

– Die kurze Freiheitsstrafe – eine Sanktion mit Zukunft? JZ 1986, 260–269.

Welzel, Hans, Das deutsche Strafrecht. 11. Auflage, Berlin 1969.

Wessels, Johannes, Zur Problematik der Regelbeispiele für „schwere“ und „besonders schwere Fälle“. In: Friedrich-Christian Schroeder u.a. (Hrsg.), Festschrift für Reinhart Maurach zum 70. Geburtstag. Karlsruhe 1972, S. 295–310.

Wessels, Johannes/Beulke, Werner, Strafrecht. Allgemeiner Teil. 37. Auflage, Heidelberg 2007.

Wessels, Johannes/Hettinger, Michael, Strafrecht. Besonderer Teil/1. 31. Auflage, Heidelberg 2007.

Wessels, Johannes/Hillenkamp, Thomas, Strafrecht. Besonderer Teil/2. 30. Auflage. Heidelberg 2007.

Wilk, Leszek, Kara dożywotniego pozbawienia wolności i problemy jej łagodzenia. PiP 1998, Nr. 6, 14–30.

– Kwestia prewencji generalnej na tle kodeksu karnego z 1997 r. PiP 2000, Nr. 2, 47–55.

Woesner, Horst, Neuregelung der Tötungstatbestände. NJW 1980, 1136–1140.

Wojnar, Eugeniusz, Uwagi na tle przestępstwa kradzieży z włamaniem. NP 1966, Nr. 7–8, 870–883.

Wolff, Ernst Amadeus, Das neue Verständnis von Generalprävention und seine Tauglichkeit für eine Antwort auf Kriminalität. ZStW 97 (1985), 786–830.

Wolf, Gerhard, Mörder oder Totschläger?. In: Knut Amelung (Hrsg.), Festschrift für Hans-Ludwig Schreiber zum 70. Geburtstag am 10. Mai 2003. Heidelberg 2003, S. 519–532.

Wolter, Władysław, Zasady wymiaru kary w kodeksie karnym z 1969 r. PiP 1969, Nr. 10, 507–523.

– Uwagi o łagodzeniu i zaostrzaniu kary. PiP 1973, Nr. 1, 50–59.

– Uprzywilejowane typy przestępstw. PiP 1976, Nr. 1–2, 105–111.

– Jak rozumieć wyrażenie "sąd może zastosować nadzwyczajne złagodzenie kary". PiP 1977, Nr. 6, 102–108.

Zawłocki, Robert, Pojęcie i funkcje społecznej szkodliwości czynu w prawie karnym. Warszawa 2007.

Zelga, Adam, Wypadki mniejszej wagi w kodeksie karnym. Palestra 1972, Nr. 1, 58–67.

Zielinski, Diethart, Handlungs- und Erfolgsunwert im Unrechtsbegriff. Berlin 1973.

Zieschang, Frank, Besonders schwere Fälle und Regelbeispiele – ein legitimes Gesetzgebungskonzept? Jura 1999, 561–568.

Zipf, Heinz, Die Strafmaßrevision. München 1969.

Zoll, Andrzej, O reformie prawa karnego (W odpowiedzi W. Mąciorowi). PiP 1992, Nr. 1, 95–99.

– Założenia politycznokryminalne kodeksu karnego w świetle wyzwań współczesności. PiP 1998, Nr. 9–10, 40–50.

Zoll, Andrzej (Hrsg.), Kodeks karny. Część ogólna. Komentarz. Kraków 2004 (zit. *Bearbeiter*, in: Zoll (Hrsg.), Kodeks).

Zoll, Andrzej (Hrsg.), Kodeks karny. Część szczególna. Komentarz. Kraków 2006 (zit. *Bearbeiter*, in: Zoll (Hrsg.), Kodeks).

Schriftenreihe des Max-Planck-Instituts für ausländisches und internationales Strafrecht

Die zentralen Veröffentlichungen des Max-Planck-Instituts für ausländisches und internationales Strafrecht werden in Zusammenarbeit mit dem Verlag Duncker & Humblot in den folgenden vier Unterreihen der „Schriftenreihe des Max-Planck-Instituts für ausländisches und internationales Strafrecht“ vertrieben:

- „Strafrechtliche Forschungsberichte“,
- „Kriminologische Forschungsberichte“,
- „Interdisziplinäre Forschungen aus Strafrecht und Kriminologie“ sowie
- „Sammlung ausländischer Strafgesetzbücher in deutscher Übersetzung“.

Diese Publikationen können direkt über das Max-Planck-Institut unter <www.mpicc.de> oder über den Verlag Duncker & Humblot unter <www.duncker-humblot.de> erworben werden.

Darüber hinaus erscheinen im Hausverlag des Max-Planck-Instituts in der Unterreihe „research in brief“ zusammenfassende Kurzbeschreibungen von Forschungsergebnissen und in der Unterreihe „Arbeitsberichte“ Veröffentlichungen vorläufiger Forschungsergebnisse. Diese Veröffentlichungen können über das Max-Planck-Institut bezogen werden.

Detaillierte Informationen zu den einzelnen Publikationen des Max-Planck-Instituts für ausländisches und internationales Strafrecht sind unter <www.mpicc.de> abrufbar.

The main research activities of the Max Planck Institute for Foreign and International Criminal Law are published in the following four subseries of the “Schriftenreihe des Max-Planck-Instituts für ausländisches und internationales Strafrecht” (Research Series of the Max Planck Institute for Foreign and International Criminal Law), which are distributed in cooperation with the publisher Duncker & Humblot:

- “Strafrechtliche Forschungsberichte” (Reports on Research in Criminal Law),
- “Kriminologische Forschungsberichte” (Reports on Research in Criminology),
- “Interdisziplinäre Forschungen aus Strafrecht und Kriminologie” (Reports on Interdisciplinary Research in Criminal Law and Criminology), and
- “Sammlung ausländischer Strafgesetzbücher in deutscher Übersetzung” (Collection of Foreign Criminal Laws in German Translation).

These publications can be ordered from the Max Planck Institute at <www.mpicc.de> or from Duncker & Humblot at <www.duncker-humblot.de>.

Two additional subseries are published directly by the Max Planck Institute for Foreign and International Criminal Law: “research in brief” contains short reports on results of research activities, and “Arbeitsberichte” (working materials) present preliminary results of research projects. These publications are available at the Max Planck Institute.

Detailed information on all publications of the Max Planck Institute for Foreign and International Criminal Law can be found at <www.mpicc.de>.

Max-Planck-Institut für ausländisches und internationales Strafrecht

Auswahl aus dem strafrechtlichen Veröffentlichungsprogramm:

S 114.1 *Ulrich Sieber/Karin Cornils* (Hrsg.)
Nationales Strafrecht in rechtsvergleichender Darstellung
– Allgemeiner Teil –
Band 1: Grundlagen
2009 • 790 Seiten • ISBN 978-3-86113-849-5 € 55,00

S 114.2 Band 2: Gesetzlichkeitsprinzip – Internationaler Geltungsbereich – Begriff und Systematisierung der Straftat
2008 • 470 Seiten • ISBN 978-3-86113-860-0 € 41,00

S 114.3 Band 3: Objektive Tatseite – Subjektive Tatseite – Strafbares Verhalten vor der Tatvollendung
2008 • 490 Seiten • ISBN 978-3-86113-859-4 € 41,00

S 114.4 Band 4: Tatbeteiligung – Straftaten in Unternehmen, Verbänden und anderen Kollektiven
2010 • 527 Seiten • ISBN 978-3-86113-842-6 € 45,00

S 114.5 Band 5: Gründe für den Ausschluss der Strafbarkeit – Aufhebung der Strafbarkeit – Verjährung
2010 • 718 Seiten • ISBN 978-3-86113-841-9 € 55,00

S 119 *Susanne Forster*
Freiheitsbeschränkungen für mutmaßliche Terroristen
Eine Analyse der Terrorismusgesetzgebung des Vereinigten Königreichs
2010 • 341 Seiten • ISBN 978-3-86113-847-1 € 31,00

S 120 *Lutz Philipp Roth*
Wettbewerbsverzerrungen durch Strafrecht
Strafrechtliche Harmonisierungskompetenz der EG auf Grundlage der Binnenmarktkompetenz des Art. 95 EGV?
2010 • 317 Seiten • ISBN 978-3-86113-846-4 € 31,00

S 121 *Marc Engelhart*
Sanktionierung von Unternehmen und Compliance
Eine rechtsvergleichende Analyse des Straf- und Ordnungswidrigkeitenrechts in Deutschland und den USA
2010 • 889 Seiten • ISBN 978-3-86113-845-7 € 55,00

S 122 *Anna Petrig* (ed.)
Sea Piracy Law / Droit de la piraterie maritime
Selected National Legal Frameworks and Regional Legislative Approaches / Cadres juridiques nationaux et approches législatives régionales
2011 • 161 Seiten • ISBN 978-3-86113-843-3 € 31,00

Max-Planck-Institut für ausländisches
und internationales Strafrecht

Auswahl aus dem kriminologischen Veröffentlichungsprogramm:

K 142 *Constantin Rehaag*
Prinzipien von Täterschaft und Teilnahme in europäischer Rechtstradition
Berlin 2009 • 518 Seiten • ISBN 978-3-86113-094-9 € 35,00

K 143 *Benjamin Kurzberg*
Jugendstrafe aufgrund schwerer Kriminalität
Berlin 2009 • 278 Seiten • ISBN 978-3-86113-095-6 € 31,00

K 144 *Telemach Serassis/Harald Kania/Hans-Jörg Albrecht* (eds.)
Images of Crime III
Berlin 2009 • 218 Seiten • ISBN 987-3-86113-096-6 € 31,00

K 145 *Juliane Laule*
Berücksichtigung von Angehörigen bei der Auswahl und Vollstreckung von Sanktionen
Berlin 2009 • 282 Seiten • ISBN 978-3-86113-097-0 € 31,00

K 146 *Yen-Ching Chao*
Einwirkungen der Grundrechte auf die Beweisverbote im Strafprozessrecht
Im Hinblick auf die Situation in Taiwan und in der VR China
Berlin 2009 • 272 Seiten • ISBN 978-3-86113-098-7 € 31,00

K 147 *Wen Fan*
Kriminelle Karrieren
Berlin 2009 • 359 Seiten • ISBN 978-3-86113-099-4 € 31,00

K 148 *Figen Özsöz*
Rechtsextremistische Gewalttäter im Jugendstrafvollzug
Berlin 2009 • 292 Seiten • ISBN 978-3-86113-100-7 € 35,00

K 149 *Anne Wildfang*
Terrorismus
Berlin 2010 • 314 Seiten • ISBN 978-3-86113-101-4 € 31,00

K 151 *Carolin Quenzer*
Jugendliche und heranwachsende Sexualstraftäter
Berlin 2010 • 292 Seiten • ISBN 978-3-86113-103-8 € 35,00

K 152 *Tim Lukas*
Kriminalprävention in Großsiedlungen
Berlin 2010 • 315 Seiten • ISBN 978-3-86113-104-5 € 35,00